DIDATTICA

82

Pier Cesare Rivoltella (ed.)

Gli EAS tra didattica e pedagogia di scuola

Il metodo, la ricerca

Scholé

Scholé è un marchio dell'Editrice Morcelliana

Via Gabriele Rosa, 71 - 25121 Brescia

LegoDigit srl - Via Galileo Galilei 15/1 - 38015 Lavis (TN)

ISBN 978-88-284-0562-7

Pier Cesare Rivoltella

Introduzione

L'idea dell'EAS, l'Episodio di Apprendimento Situato, si è fatta strada a partire dal 2011 e poi ha trovato spazio per essere fermata nel 2013. Il libro in cui questo è accaduto, quello in cui il metodo è stato istituito, *Fare didattica con gli EAS. Episodi di Apprendimento Situato* (Rivoltella, 2013), era pensato come un compromesso tra il saggio teorico e il manuale: assecondavano la prima idea i capitoli scritti da me, facevano da supporto e strumento alla seconda le schede di approfondimento curate da molti di coloro che a distanza di dieci anni hanno contribuito a questo volume. Con l'Editore avevamo ragionato a lungo sul titolo. Sembrava un azzardo: criptico, descriveva un oggetto che ancora non esisteva, temevamo che potesse risultare estraneo alle pratiche degli insegnanti, che lo si potesse accogliere con sospetto. Poi decidemmo di rischiare e andò bene, perché l'acronimo è entrato nel lessico della didattica di scuola che se ne è appropriata al punto di ritenere che abbia una storia più lunga, come di sicuro pensava chi ha scritto che io avrei contribuito a portarlo in Italia.

Questa storia di appropriazione ha vissuto momenti di segno diverso.

Di sicuro sorprendente è stato scoprire forme inattese di diffusione del metodo. Penso all'invito che ho ricevuto nel marzo del 2022 dall'Università di Pavia a prendere parte a un seminario on line sulla didattica delle scienze della terra. Lì ho scoperto che l'Istituto Nazionale di Geologia e Vulcanologia, grazie alle sue ricercatrici Giovanna Piangiamore ed Elena Maramai, aveva sviluppato degli EAS per la prevenzione dei rischi correlati ai terremoti, nell'ambito di un progetto Erasmus+ dal titolo "Knowrisk". Ma penso anche a come gli EAS siano diventati il formato metodologico dei pacchetti formativi per il primo intervento nei casi di rianimazione cardio-polmonare: anche in questo caso il merito è stato di un ricercatore, Andrea Scapigliati, del Policlinico Gemelli di Roma, e dei formatori dell'IRC, l'associazione dei rianimatori cardio-polmonari; anche in questo caso, lo spazio di elaborazione è stato un progetto Erasmus+ dal titolo "LifeForce". Se poi penso a come gli EAS siano passati anche nella pratica pastorale offrendo un'occasione di metodo ai catechisti e agli educatori nel contesto degli oratori, la sorpresa si apre alla consapevolezza di una flessibilità e di un'adattabilità del metodo alle diverse situazioni e ai diversi specifici educativi e formativi.

Ma proprio in questa stessa estensione applicativa va cercato anche il limite, ovvero la normalizzazione del metodo. Come sempre capita, fino a quando i cultori di un metodo, di una disciplina, di un contenuto, sono pochi, non si fa fatica a garantirne il rispetto: la scarsa numerosità è sintomo di controllo. Quando il numero cresce, il controllo, invece, diminuisce. E così capita che si chiami EAS anche ciò che EAS non è, che le pratiche addomestichino il metodo fino a modificarlo, che il rispetto "filologico" della sua forma originale lasci spazio a sue più o meno libere (e corrette) interpretazioni. La reazione istintiva è di rimpiangere il tempo in cui era ancora patrimonio di pochi; ma poi, pensandoci, ci si accorge che questo è lo scotto da pagare sempre alla circolazione delle idee e che in fondo il fatto che molti ne parlino e lo usino attesta che il metodo si è alla fine imposto, è entrato nelle pratiche della scuola.

Cosa si può dire dell'EAS? In maniera molto sintetica, si può dire che esso funzioni come un organizzatore ad almeno tre livelli.

In primo luogo è un *organizzatore professionale*. Ovvero, lavorare per EAS costringe l'insegnante a fare i conti con i suoi tre "verbi professionali".

Anzitutto il comunicare, perché, se si lavora per EAS, "si parla di meno e si parla dopo". I momenti "informativi", o "restitutivi", in cui l'insegnante parla e la classe prende appunti, si riducono al framework concettuale, che chiude in classe la fase preparatoria, e alla lezione a posteriori, che completa la fase ristrutturativa. Parla di meno, l'insegnante che lavora per EAS, e questo comporta che sviluppi un migliore controllo del proprio eloquio, impari l'arte della sintesi, comprenda che è più efficace suggerire che saturare il tempo di discorsi. E parla dopo, perché la logica didattica dell'EAS è "rovesciata": non c'è lezione a priori cui segua l'applicazione dei concetti, ma attività di ricerca e riflessione cui segue la correzione degli errori e la fissazione dei concetti.

Cambia anche il modo di progettare: farlo con gli EAS significa portare l'attenzione sulla progettazione delle attività, i contenuti arrivano dopo e in relazione alle attività che si è deciso di far svolgere (e questo, soprattutto nella scuola secondaria, non è facile da far accettare). Non solo. Il lavoro per EAS, come in tutte le didattiche attive, prende più tempo in classe e questo comporta di sacrificare una parte degli argomenti che si intende trattare. La didattica per EAS esige un curricolo breve, richiede che si selezionino i contenuti: questo credo sia uno dei punti-chiave, se non la questione fondamentale.

Da ultimo cambia il modo di valutare. L'EAS da questo punto di vista funziona da dispositivo di valutazione diffusa, ovvero fornisce all'insegnante un numero indefinito di elementi valutabili, sintonizzandosi sulla stessa lunghezza d'onda della Nuova Valutazione e in particolare dell'Embedded Assessment.

L'EAS è anche un *organizzatore metodologico*. Non pretende di inventare nulla; offre, piuttosto, a molti spunti che provengono dalla storia della didattica, l'opportunità di essere rilanciati all'interno di un nuovo contesto. Sicuramente il metodo EAS è: un metodo attivo, basato sul fare, sull'anticipazione cognitiva, sulla didattica metacognitiva; si avvale del lavoro individuale ma anche del lavoro di gruppo; trova supporto nell'adozione di tecnologie digitali (anche se questo non rappresenta una pregiudiziale: si possono fare EAS *unplugged*, "carta e penna"); fa pensare a Célestin Freinet, a Maria Montessori, a don Milani, a Mario Lodi. In didattica occorre sempre diffidare di coloro che pensano di aver scoperto qualcosa. Invece si può dar credito a chi, riconoscendo i suoi debiti con il passato, prova a individuare nuovi modi di raccordare le idee, di renderle operative, di lavorare alla contemporaneità con l'oggi.

Infine, l'EAS è un *organizzatore culturale*. Dietro all'EAS c'è un'idea di scuola: l'EAS è un dispositivo didattico che abilita una didattica dell'attualità, promuove il Learning Design, favorisce la valutazione diffusa. Questo significa che il valore dell'EAS non sta nel tecnicismo dei suoi singoli momenti, quanto piuttosto nella capacità dell'insegnante di pensarne la portata complessiva, di favorirne l'impatto sulle scelte della scuola. Lavorare per EAS significa comprendere che il sapere di scuola è il risultato del lavoro intellettuale che si svolge nella classe e che si cerca di far assumere allo studente come stile di lavoro: infatti, la riuscita dell'EAS dipende anche dalla qualità e dall'ampiezza del lavoro dello studente in fase anticipatoria, dal fatto che assuma una postura di ricerca.

Questo libro è il prodotto di un itinerario di ricerca. L'idea che ne sta alla base nasce nel marzo del 2022: in vista del decennale del metodo, pensare a produrre una serie di affondi sulla fortuna critica del metodo nella ricerca e nella scuola. Nascono così alcuni cantieri di lavoro.

Il primo viene dedicato al ripensamento del metodo: tiene ancora? Necessita di qualche aggiustamento? Come si declina in relazione alle diverse discipline e ai gradi di scuola? Vengono invitati a far parte del cantiere insegnanti esperti del metodo, si individuano cinque temi-chiave e a ciascuno si dedica un pomeriggio di discussione seminariale tra aprile e settembre del 2022. Il risultato di quei seminari è confluito nella prima parte di questo libro.

Gli altri cantieri lavorano invece più sul versante delle ricadute, degli *effect sizes* degli EAS. Anche in questo caso vengono individuati dei temi-chiave e attorno a ciascun tema si costituisce un piccolo gruppo di lavoro:

- la presenza degli EAS nella letteratura scientifica nazionale e internazionale;
- la discorsivizzazione sugli EAS nei social, soprattutto degli insegnanti;
- la presenza degli EAS nelle annate della rivista «Essere a scuola»;
- l'analisi retrospettiva delle attività di formazione condotte dal CREMIT sugli EAS;
- l'EAS nelle pratiche degli insegnanti;
- l'EAS come dispositivo di valutazione;
- l'EAS per la formazione nel campo della rianimazione cardio-polmonare;
- l'EAS nella pastorale;
- l'EAS nella didattica universitaria.

L'obiettivo di questi cantieri era di lavorare sulle evidenze, ovvero di cercare nei dati la conferma di alcune percezioni o consapevolezze già suggerite dalla ricerca teorica e dalla pratica.

Tutti questi gruppi di lavoro, compreso quello degli insegnanti esperti, si sono ritrovati in un clinic promosso dal CREMIT a Castelsardo nel luglio del 2022. La discussione comune ha consentito di precisare le scelte e aggiustare il tiro per poi avviare il lavoro di scrittura.

Tutto il materiale è stato collocato in uno spazio *Drive* condiviso e sottoposto a un processo di peer review, tra i diversi autori all'interno del singolo gruppo, tra i gruppi e, in ultima istanza, da parte mia.

In uno degli incontri del cantiere degli insegnanti esperti, l'ultimo, dedicato a riflettere sull'EAS come dispositivo di scuola, la discussione mi aveva portato a suggerire che la scuola si possa pensare come uno spazio liminale, in linea con la riflessione di Victor Turner (riprendo e approfondisco questo spunto nel cap.5). Giuseppe Morrone, insegnante di filosofia che insieme a Fabio Fiore ha scritto per la collana "A scuola con gli EAS" un bellissimo libro sugli EAS e la filosofia (Fiore, Morrone, 2019), riprendendo il mio riferimento teatrale a Turner, aveva ricordato il libro di Grotowski (1968) *Per un teatro povero* per poi chiedersi se si potesse applicare anche alla scuola il ragionamento del grande regista polacco: cosa non possiamo togliere alla scuola perché non cessi di essere scuola? Grotowski rispondeva riguardo al teatro: attore, spettatore, quel che passa in mezzo. Per una "scuola povera" vale lo stesso: non si possono togliere l'insegnante, gli studenti, quel che passa in mezzo.

Mi era subito sembrato un ottimo spunto e me lo ero appuntato per recuperarlo proprio in questa introduzione. Cosa passa lì in mezzo? Almeno due cose. Anzitutto l'apertura di un mondo: lì in mezzo succede che ciascuno abbia l'opportunità di definire la sua Umwelt (von Uexküll, 1933), di prendere di mira le cose da una certa prospettiva, di costituirle di senso. In secondo luogo l'attivazione del desiderio: lì in mezzo succede che ciascuno scopra quello cui davvero aspira. Vale sia per l'insegnante che per lo studente: io ho sempre imparato molto dai miei studenti, prima a scuola e poi all'università, e insegnando ho scoperto cosa davvero desideravo.

Un ultimo spunto che funziona anche da chiusura di questa introduzione. Platone nel *Fedone* fa ricordare a Socrate che il cigno, cui di solito si riconosce una voce sgraziata, canta una sola volta e lo fa meravigliosamente, prima di morire. Spero che valga lo stesso per questo libro che è sicuramente l'ultimo lavoro sistematico che dedicherò al costrutto dell'EAS (e spero proprio che sia anche il più bello, il più compiuto) ma è anche l'ultimo lavoro che firmo come direttore del CREMIT e come professore dell'Università Cattolica: anche in questo caso spero che suggelli in maniera degna una traiettoria di pensiero e di vita che è stata la mia per oltre vent'anni.

I

Lo sfondo concettuale dell'EAS. Learning design, apprendimento situato, microlearning

Pier Cesare Rivoltella

1. La genesi del costrutto: cosa è morto e cosa è vivo dell'EAS

Nel 1907 Benedetto Croce si chiedeva nel titolo di un saggio destinato a diventare famosissimo cosa fosse vivo e cosa fosse morto della filosofia di Hegel. La stessa domanda muove la nostra riflessione in questo capitolo e, in fondo, nell'intero volume. A distanza di dieci anni dalla sua introduzione nel dibattito teorico sulla didattica e nella pratica di insegnamento, cosa rimane valido dell'EAS e cosa invece, messo a distanza, si dimostra meno attuale, se non superato? Nello specifico, in questo capitolo, ci concentreremo sui suoi presupposti teorici, cioè su quelle che la ricerca lusofona con bella immagine chiama le "idèias norteadoras", ovvero le idee che orientano, che indirizzano. E procederemo in tre passaggi: in questo primo paragrafo rifletteremo sull'importanza di ragionare sui presupposti teorici dell'EAS, sulla sua natura di costrutto concettuale che si forma nella zona di convergenza di precise linee di filiazione culturale; passeremo poi a vedere quali presupposti dimostrano tenuta, quali di essi si sono imposti come vere e proprie matrici culturali dell'EAS e quali altri devono far registrare la necessità di qualche piccolo aggiustamento (§ 2); nel corpo del capitolo prenderemo in esame, invece, alcune istanze teoriche che, non pensate al momento di concepire l'EAS, nel corso di questi anni si sono dimostrate pertinenti rispetto al significato didattico dell'EAS (§§ 3-5); infine, nell'ultimo paragrafo, ci occuperemo prospetticamente delle questioni che meritano di essere poste segnalandole all'attenzione della ricerca e della sperimentazione didattica.

Partire dalla genesi del concetto, riflettere sulle matrici teoriche dell'EAS, non è un'operazione superflua. Comprendere adeguatamente gli aspetti teorici serve a non far banalizzare l'EAS nelle sue parti costitutive ovviando al problema di una sua ricezione superficiale (un problema, questo, con cui hanno a che fare tutte le pratiche che si affermano su media e larga scala, una sorta di prezzo da pagare alla diffusione e alla notorietà).

Il framework da tenere presente per condurre quest'operazione è costruito sulle tre idee che costituiscono la struttura dell'EAS e sui tre verbi che ne sintetizzano le fasi.

Le tre idee.

(1) L'EAS è un episodio. La sua episodicità, il fatto che sia circoscritto nel tempo e rispetto al contenuto, lo lega al microlearning, ne suggerisce l'attualità in relazione ai temi dell'attenzione e del curricolo breve, suggerendo di leggerlo nella prospettiva di un continuo processo di andata e ritorno tra logica macro e attività micro.

(2) L'EAS è situato. Il fatto di essere in situazione, sempre contestualizzato, aggancia gli orientamenti embodied nella ricerca delle scienze cognitive degli ultimi anni indicando nel ruolo del corpo e nel significato situato (Gee, 2013) due capisaldi della didattica per EAS.

(3) Infine, l'apprendimento. Episodicità e situazione vanno pensati come fattori di una didattica funzionale a sviluppare apprendimento. Non un apprendimento qualsiasi, bensì un apprendimento significativo o profondo (Ausubel, 2004; Novak, 2001).

I tre verbi.

(1). Anticipare. La fase preparatoria dell'EAS esercita la previsione, uno dei principi della semplessità, come indica Berthoz (2009). Dal punto di vista di una filosofia della conoscenza, questo si può leggere riconoscendo nell'EAS il funzionamento di un dispositivo ermeneutico: anticipare significa sviluppare un primo pre-sapere a-tematico di quanto poi, nelle altre due fasi, sarà tematizzato. La conoscenza non come esperienza lineare (dalla *tabula rasa* all'idea), ma come circolo ermeneutico, ritorno tematizzante su quanto già a-tematicamente era in qualche modo conosciuto. Nella prospettiva delle scienze cognitive, questo movimento allena la previsione, e cioè allena l'apprendimento, visto che prevedere per molti autori significa apprendere (Frith, 2007). Il ciclo della previsione comporta di selezionare gli input che provengono dal campo percettivo, categorizzarli, servirsi dell'analogia per sottoporli a comparazione e utilizzare il risultato di questo lavoro per anticipare e/o sostituire (Rivoltella, 2014).

(2) Produrre. La fase operatoria dell'EAS è quella più esplicitamente neo-attivista, segnata dal lavoro collaborativo e dalla realizzazione di artefatti. Il modello è la scuola-laboratorio di Freinet e l'apprendimento attraverso il fare che Dewey e la Montessori avevano già indicato come la forma più efficace di apprendimento.

(3). Riflettere. La fase ristrutturativa è il momento metacognitivo dell'EAS, quello in cui la classe viene accompagnata a riflettere sulle attività svolte. Si tratta della fase più delicata e, probabilmente, più importante. Un fare che non sia riflessivo non si configura come esperienza ma solo come attività e un'attività può risultare magari interessante, coinvolgente, divertente, ma non necessariamente produce apprendimento. È un aspetto da tenere molto ben presente soprattutto in quelle classi in cui insegnanti molto (forse troppo) vivaci propongono attività a ciclo continuo, perdendo di vista il significato del fare e non riuscendo alla fine a produrre davvero apprendimento.

Incrociando questi criteri si ottiene la tabella 1; in essa proviamo a individuare i singoli aspetti/momenti dell'EAS in cui i tre verbi e i tre descrittori dell'EAS vengono fatti funzionare.

	Anticipare	Produrre	Riflettere
Episodio	Stimolo	Attività collaborativa	Debriefing
Situato	Precomprensione	Contestualizzazione	Analisi retrospettiva
Apprendimento	Problem solving /posing	Learning by doing	Reflective learning

Tabella 1 - Le idee e i verbi alla base dell'EAS

Per tornare alla domanda da cui siamo partiti, ci sembra di poter rispondere che probabilmente poco o niente è morto dell'EAS; sono solo cambiati alcuni riferimenti culturali e il contesto entro cui la didattica per EAS viene oggi proposta. Nulla di diverso da quel che è sempre successo: un quadro teorico si trasforma sempre, pur rimanendo fedele a se stesso, in relazione alle nuove evidenze della ricerca, alle occorrenze che più sono in discussione, in ultima istanza allo *Zeitgeist*, lo spirito del tempo, che orienta e suggerisce.

2. Learning Design: da Freinet, a Barbiana, a DEPIT

La cornice di riferimento dell'EAS, e in qualche modo l'orizzonte cui si possono ricondurre quasi tutti gli aspetti teorici che lo rendono riconoscibile, è sicuramente il *Learning Design*: un elemento che già era presente nel volume del 2013 e che oggi mi sento di confermare in modo anche più convinto. Provo a spiegare perché.

Il tema del design, in origine (Rivoltella, 2013), era stato inquadrato a partire dal parallelismo con il Multiliteracy Framework. La prospettiva Multiliteracy, come è noto, era stato uno dei risultati del lavoro del New London Group, concretizzatosi tra le altre cose in un volume del 2000, cui avevano collaborato tra gli altri anche Gunther Kress e James Paul Gee, intitolato proprio *Multiliteracy* (Cope, Kalantzis, 2000). I curatori del volume, Bill Cope e Mary Kalantzis, hanno dedicato diversi contributi al Design for Learning (Cope, Kalantzis, 2004) e all'insegnante come designer (Cope, Kalantzis, 2010) e la loro illustrazione delle tre azioni fondamentali su cui il Multiliteracy Framework si regge, me le faceva sembrare allora perfettamente funzionali a essere presentate comparativamente mettendole in relazione con le tre fasi dell'EAS: (1) la fase del *designed*, in cui la classe riflette sull'attualità per selezionare i costrutti culturali su cui lavorare, in fondo poteva essere fatta corrispondere alla fase preparatoria; (2) il *designing*, ovvero il momento dello smontaggio e del rimontaggio delle forme culturali nell'officina cognitiva dell'aula, pareva decisamente riconducibile alla fase operatoria, contraddistinta dalla centralità del fare; (3) infine, nella fase del *redesigned*, la classe sottopone a esposizione interna ed esterna il risultato del proprio lavoro, ricollocandolo nel flusso della cultura, come in fondo succede nel momento ristrutturativo dell'EAS.

Nel 2015, insieme a Pier Giuseppe Rossi, abbiamo tradotto il libro più importante di Diana Laurillard (2012) che, allo University College of London, aveva a sua volta lavorato sul paradigma del Learning Design giungendo anche lei a mettere a punto un framework, il Conversational Framework. Quel lavoro di traduzione ci ha portato ad avviare con lei un rapporto di collaborazione che, tra le altre cose, ha preso corpo nel 2017 nella partecipazione comune a un progetto europeo, DEPIT (cfr. Scheda 2), dove l'acronimo sta per *Designing for Personalization and Inclusion with Technologies*. Oltre a rappresentare l'occasione per mettere a tema la questione del rapporto tra macro e microprogettazione (su cui ci soffermiamo nel prossimo capitolo), il progetto ha offerto lo spunto per lo sviluppo di una app, denominata anch'essa DEPIT, che rappresenta concettualmente e tecnologicamente un dispositivo per articolare tra loro la prospettiva generale del Learning design con il costrutto dell'EAS. Se nel 2013 l'analogia tra Framework Multiliteracy ed EAS era appunto tale (un'analogia), oggi la coerenza tra Conversational Framework ed EAS è fondata sul lavoro concettuale e di sviluppo svolto nell'ambito del progetto DEPIT.

Ma alla logica del design si possono ricondurre almeno altre tre istanze teoriche che, alla luce del percorso di questi dieci anni, si sono dimostrate decisamente pertinenti rispetto all'impostazione didattica degli EAS.

La prima è l'idea del *montaggio di oggetti culturali* di Pierre Francastel (2005a, 2005b). Nel 2013 si trattava di un'intuizione. Mi piaceva l'idea di fare transfer cognitivo di questo concetto dal campo delle scienze del teatro e dello spettacolo a quello della ricerca didattica. Studiando la festa rinascimentale, Francastel ne coglie il funzionamento allegorico e politico nel processo di smontaggio e rimontaggio culturale: il laboratorio dell'allestimento scenico diviene lo spazio in cui gli elementi della cultura su cui si intende operare vengono rimontati (dopo averli isolati dal loro contesto di esistenza) per poter essere ricollocati nella cultura del tempo, proprio attraverso la performance. Il "ponte" per facilitare il transfer mi era stato offerto, proprio nel 2013, dal titolo dell'appuntamento annuale degli insegnanti Mac Users, *Teniamoci per mouse*, che Apple Education Italia mi aveva invitato ad aprire con una mia relazione: *Dire, fare, pubblicare*. Negli anni successivi, gli interventi che in diverse occasioni mi sono stati chiesti in materia di EAS, mi hanno portato di nuovo su quest'idea del montaggio culturale approfondendola in almeno due direzioni.

(1) *Il valore politico del fare scuola*. L'11 novembre del 2012, salgo a Barbiana insieme all'amico Luca Toschi, professore dell'Università di Firenze, da sempre vicino alla Fondazione Don Milani. Senza aver combinato di incontrarci lì, ci troviamo Michele Gesualdi. Inizia un dialogo che ci porta a passare quasi un'intera giornata accompagnati da Gesualdi in un viaggio della memoria in cui lui racconta e a noi sembra che il Priore sia appena uscito dalla canonica per farvi ritorno da un momento all'altro. Michele ci

aveva mostrato i "libri di testo" di Barbiana: cartelloni appesi alle pareti, grandi album su cui i ragazzi avevano incollato immagini ritagliate dalle riviste che la mamma di Don Lorenzo "mandava su" dopo averle lette e sotto le quali le didascalie, scritte a mano, servivano a risemantizzarle. E si era ragionato di come quella "scuolina" in cima al Mugello avesse potuto partecipare al dibattito sulla scuola (con *Lettera a una professoressa*). È qui il senso del fare politica: capire che il lavoro intellettuale che si fa in scuola, smontando e rimontando la cultura, può (deve) incidere sul dibattito attivo in cui si esprime la cittadinanza.

(2) *Le forme attuali del fare e del pubblicare*. Quello che a Barbiana erano i giornali, da ritagliare per poi farne collage e cartelloni a supporto della didattica, e che a Vence, nella classe di Freinet, negli anni '20 era la tipografia scolastica, negli ultimi anni si è andato aggiornando nelle diverse forme del coding, del making, del tinkering, e oggi delle diverse applicazioni dell'Intelligenza Artificiale. Anche in tutti questi casi si tratta di smontare e rimontare. L'EAS aiuta a farlo in modo tale che non si riduca tutto solo a una forma di attività senza spessore, ma così che il fare sia sempre spazio di riflessione e di pensiero.

La seconda istanza legata al design che l'EAS consente di richiamare (e che nel libro del 2013 forse non era stata adeguatamente sviluppata) è l'idea della *comunicazione generativa*. È il titolo e il concetto che sta alla base di un bel libro di Luca Toschi (2011), ancora oggi attualissimo. A cosa si contrappone la comunicazione generativa? Agli script, alla dittatura degli script. Uno script è un form, un campo da riempire senza preoccuparsi del layout. È quel che rende il self publishing facile e immediato. Non ci si deve preoccupare del formato, o del carattere, o dell'impaginazione, o di come risulterà in linea il testo che stiamo per pubblicare: si sceglie un foglio di stile, si riempie un campo vuoto e poi l'applicazione compila tutto secondo il foglio di stile che abbiamo scelto. Quel che si scambia in favore dell'usabilità, è il controllo sul processo e l'accettazione dello standard: infatti, per quanta scelta vi sia tra i fogli di stile disponibili, si tratterà sempre di un catalogo limitato e standardizzato, senza possibilità per l'utente di intervenire direttamente a modificarlo. L'istanza della comunicazione generativa è invece in favore di una comunicazione trasparente, in cui il codice si vede e vi si può operare. Esattamente l'operazione che prova a fare l'EAS con la cultura: smontare consente di capire e di passare poi a montare con una diversa consapevolezza.

La terza e ultima istanza conduce alla didattica laboratoriale nella proposta di Freinet. Qui non è solo il fare in quanto relativo alla fase operatoria a funzionare da *trait d'union* con la didattica per EAS, ma almeno altri tre elementi.

(1) Anzitutto la *lezione a posteriori*. Quando con gli insegnanti, nelle formazioni, ragiono su come il lavorare per EAS trasformi la comunicazione didattica, dico spesso che l'insegnante che lavora per EAS «parla di meno e parla alla fine». Infatti, se si eccettua il sintetico *framework concettuale* che, in aula, precede il lancio dell'attività collaborativa della fase preparatoria, l'unico spazio disteso di comunicazione per l'insegnante è in

fase ristrutturativa quando, dopo aver richiamato e corretto errori e misconceptions, procede a fissare i concetti emersi in quella che Freinet chiamava appunto "lezione a posteriori". L'iprite, durante la guerra, aveva compromesso i polmoni di Freinet: non sarebbe riuscito a parlare molto nemmeno se lo avesse voluto. Ma certo il fatto di spostare alla fine lo spazio del suo dire gli consentiva di far fare prima esperienza alla classe e di accompagnarla al momento della concettualizzazione con un maggiore livello di consapevolezza sui contenuti affrontati.

(2) Questo rende ragione del fatto che Freinet avesse già colto l'utilità didattica di "rovesciare la lezione" molto tempo prima che Mazur (1991) fornisse una prima descrizione di quella che più tardi si sarebbe chiamata *Flipped Lesson*. Nell'EAS la logica è la stessa. Non si parte dalla lezione, per poi arrivare all'applicazione attraverso l'esercizio e il problem solving, ma si muove da uno stimolo, si incoraggia il lavoro in autonomia dello studente (in fase preparatoria) per poi estenderlo al lavoro collaborativo (in fase operatoria), si passa dalla discussione nel grande gruppo per individuare errori e *misconceptions* e solo a questo punto l'insegnante "fa lezione". Per usare il linguaggio di Gee (2013) che concepisce l'aula come un campo semiotico dotato di grammatiche interne (e cioè di regole del gioco), queste grammatiche si apprendono efficacemente in modo implicito e non esplicito: si impara a giocare giocando, non leggendo il libretto delle istruzioni!

(3) Il terzo elemento è il *tema vivente*. Freinet chiama così l'innesco del movimento didattico, il tema di attualità da cui partire. Lo stesso accade nell'EAS, in cui un tema vivente in qualche modo è sempre legato alla situazione-stimolo che dà avvio alla fase preparatoria. Al tema vivente sono legate le due prospettive della didattica dell'attualità e della co-investigazione tra insegnante e allievi. Ne diciamo qualcosa incrociando il tema dell'attualità non solo con gli EAS, ma anche con i media.

Jacques Gonnet aveva dedicato alcune pagine del suo libro *Éducation aux Médias* (Gonnet, 1997) al rapporto tra i media, l'attualità e l'educazione. Il libro, parte della fortunata serie "Que sais-je?" della PUF, ha avuto una pessima traduzione italiana nel 2001 cui va comunque riconosciuto il merito di averlo fatto conoscere anche nel nostro Paese. Gonnet, agli inizi della sua carriera insegnante di filosofia al liceo francese di Los Angeles e poi autore televisivo, è stato professore di Pedagogia all'Université de Paris 3, Sorbonne Nouvelle. Qui ha fondato e diretto il CREDAM (Centre de recherches et d'études sur l'éducation à l'actualité et aux médias) indirizzando la sua ricerca alla Media Education e allo studio di alcune grandi figure della pedagogia e dell'educazione novecentesche: Celestine Freinet, Janusz Korczack, Maria Montessori. Nel 1982 fonda il CLEMI (Centre de liaison de l'enseignement et des médias d'information) all'interno del Ministero dell'educazione; lo dirigerà fino al 2004. Con Jacques abbiamo condiviso un periodo intenso e vivacissimo, tra la metà degli anni '90 e i primi anni 2000, un periodo in cui ero spesso a Parigi, nella storica sede del CLEMI, in Rue de Vaugirard. Pensavo a tutto questo mentre cercavo il libro sugli scaffali della mia libreria e aprendolo trovo la dedica di Jacques, di cui mi ero completamente dimenticato. "Breschia, le 20 mars 1999". Eravamo a "Breschia" per un seminario internazionale che avevo organizzato insieme a Cesare Scurati in Università Cattolica. "Pour mon ami Pier Cesare Rivoltella qui si a donné à penser autrement l'imaginaire de l'éducation aux médias, très chaleureusement, Jacques Gonnet". Rimango a pensare davanti alla scrittura minuta e precisa di Jacques e trovo che mi avesse fatto uno straordinario complimento. Scorro le pagine e vado al punto che mi interessa.

Lavorare con i media a scuola serve secondo Gonnet a favorire i legami, il dialogo tra i giovani e tra le generazioni, a ridefinire il rapporto tra l'insegnante e i suoi studenti. L'insegnante perde la sua posizione centrale, non gioca più il ruolo di chi deve impartire il sapere; gli studenti vengono sollecitati ad assumere un ruolo maggiormente attivo.

Immaginiamoci un caso concreto. Pensiamo a una classe che voglia riflettere sul COVID a partire da quel che ne dicono le discorsivizzazioni sociali dei media, dai telegiornali ai social. È facile individuare alcune dimensioni del lavoro didattico.

La prima è sicuramente di ordine metodologico. L'insegnante accompagnerà gli studenti a confrontare i documenti, a verificare l'attendibilità delle fonti (il *fact checking*, con quel che ne deriva in relazione alla possibilità di individuare e neutralizzare le *fake news*), a costruire dei veri e propri dossier come dovrebbe succedere al giornalista professionista e come appartiene alla postura del ricercatore.

Ma l'attualità di ciò su cui si sta lavorando suggerisce subito un'altra dimensione della didattica. La si può trovare proprio nella scarsa distanza che separa i fatti di cui si sta discutendo e il punto di vista dell'insegnante e dei suoi ragazzi. Per valutare le fonti, metterle a confronto, fornirne una spiegazione critica, serve solitamente che passi un tempo sufficientemente lungo; quando si è troppo a ridosso dei fatti, tutto questo lavoro di analisi non sembra possibile. Questo è quel che spiega le reticenze degli insegnanti a lavorare in classe sulla contemporaneità stretta: toglie loro vantaggio, non consente di avere il conforto della letteratura, li chiama a esporsi azzardando ipotesi interpretative non adeguatamente supportate da quel che la ricerca ha già fissato. In fondo, quando lavora sull'attualità, l'insegnante è senza rete, come certi acrobati del circo!

«E se questo limite si dimostrasse essere un'opportunità per lavorare in maniera diversa?» si chiede Gonnet.

La risposta è affermativa, a diversi livelli.

Sul piano epistemologico – quello di un'epistemologia dell'insegnamento – essere senza rete di fronte all'attualità significa per l'insegnante riconoscersi dentro una prospettiva di razionalità limitata: egli non è chi sa tutto per definizione; può sbagliare. In *Un'idea di scuola* (2018) evocavo l'idea dell'insegnante incompiuto proprio per sottolineare questa interpretazione fallibilista del ruolo professionale. Quest'insegnante fallibile perde molto della sua sporgenza rispetto ai suoi studenti. Sul piano professionale è un insegnante maggiormente disponibile all'ascolto, predisposto ad accettare che nella classe compaiano e si confrontino punti di vista differenti, capace di recuperare una certa umiltà che consiste nello sguardo libero dagli *apriori* del ricercatore.

Qui prende corpo quella che Gonnet chiama *pedagogia dello scambio*, ovvero la capacità dell'insegnante di mettere in prospettiva le conoscenze sottraendole sempre di nuovo alla tentazione di un'affermazione dogmatica. Per tornare al nostro esempio: riflettere sull'attualità immediata, come nel caso del COVID, significa partire dalla malattia e dalla sofferenza dell'oggi e ricondurla ai temi generali della vita e della morte, all'esperienza storica del contagio con i suoi significati, a ciò che esso rappresenta per gli uomini e a come li predispone, nel bene e nel male, gli uni verso gli altri.

Quel che siamo venuti osservando consente, infine, di tornare ai compiti della scuola e di comprendere come il lavorare sull'attualità aiuti a realizzarli. Scrive Gonnet: «La scuola adempie allora due volte alla sua missione: trasmette conoscenze e crea fiducia. Autorizza delle domande, individuali e di gruppo, che contribuiscono a costruire positivamente le identità, favorisce le scoperte nella modalità del rispetto. Soprattutto svolge una funzione insostituibile: risponde a delle attese» (Gonnet, 1999; 106).

Il concetto di attesa è fondamentale. Essere capace di dar corpo alle attese degli studenti è di certo una delle competenze più sofisticate dell'insegnante. Essa richiede equilibrio. Se ci si lascia infastidire dall'eccesso di domande e di sollecitazioni della classe, troppo preoccupati del "programma", il rischio è di non offrire spazio allo scambio e di rompere la relazione di fiducia di cui si diceva. D'altro canto non si può nemmeno sacrificare la progettazione svolta secondo logica e intenzionalità didattica a qualsiasi spunto venga suggerito dal brulicare quotidiano dell'attualità. Occorre imparare a inserire in modo naturale domande e sollecitazioni in quanto è stato già progettato in anticipo nella consapevolezza che, ad esempio nel caso del COVID, non vi sarà una sola disciplina che non sia in grado di apportare il proprio contributo al riguardo, dalla letteratura (la peste, da Boccaccio a Camus) alla filosofia (soggetto e comunità da Cartesio a Hartmut Rosa), dalla biologia (i virus, i vaccini) alle scienze umane e sociali (i legami, la solidarietà, l'individualismo).

Quando Jacques scriveva, gli EAS non esistevano ancora: ma sembra davvero che ne descrivesse la logica sottesa.

3. L'apprendimento significativo

Che tipo di apprendimento intende promuovere l'EAS? Lavorare per EAS comporta delle differenze, a livello di outcome formativi, rispetto al caso in cui si adottino altre scelte didattiche? La risposta, normalmente, è che l'EAS ambisce a produrre apprendimenti significativi. Cosa significa?

L'esperienza che a volte ciascuno di noi, da studente, ha fatto è di avere sviluppato apprendimento meccanico. Capita quando si studia mnemonicamente, spesso senza comprendere realmente quel che si sta studiando. E nel caso di una didattica (e di una valutazione) molto tradizionale, se la verifica è appiattita sulla restituzione del contenuto, si può addirittura sperare di spuntare una sufficienza a fronte di un apprendimento di questo tipo. L'altra caratteristica dell'apprendimento meccanico è la labilità: si dimentica in fretta quel che si è studiato meccanicamente, sia perché è spesso il risultato di maratone notturne a ridosso della prova, sia perché non ha prodotto assimilazione.

La comprensione e l'assimilazione sono invece le due caratteristiche distintive dell'apprendimento significativo, o profondo. È tale un apprendimento in cui il nuovo viene assimilato al vecchio o vi viene ricondotto per accomodamento. I due concetti di assimilazione e accomodamento sono tecnici e risalgono alla teoria piagetiana degli schemi mentali. Uno schema mentale è uno script, una sceneggiatura che noi applichiamo alla soluzione di una situazione-problema, una sequenza di azioni formata da comportamenti coerenti e ripetibili e che funziona nella prospettiva del problem solving. Questi schemi si consolidano sulla base della loro continua applicazione trasformandosi progressivamente in habitus, ovvero in sequenze di azioni irriflesse e automatiche che rispondono a situazioni-problema abituali. L'assimilazione e l'adattamento sono i due processi attraverso i quali gli schemi mentali funzionano: l'assimilazione riconduce la nuova informazione/apprendimento a uno schema già esistente; l'accomodamento modifica uno schema già esistente sulla base di una nuova informazione/apprendimento.

L'EAS può facilitare questo processo a diversi livelli. Sicuramente contribuisce a mettere in relazione il nuovo (nella forma dello stimolo) con le conoscenze già possedute dallo studente, il lavoro individuale che gli si chiede di fare in fase preparatoria. Confrontandosi con lo stimolo e cercando delle soluzioni, lo studente può capire di quali strumenti concettuali già disponga e quali invece gli manchino e magari provare a modificare i suoi schemi mentali per renderli adatti all'obiettivo. Anche la fase operatoria può servire al riguardo. Il lavoro in piccolo gruppo favorisce il confronto cognitivo, costringe a mettere le proprie idee in tensione con quelle degli altri, spinge il modellamento tra pari. Infine, la fase ristrutturativa, grazie al lavoro che vi si fa sull'errore e sulla correzione delle misconception, favorisce il ritorno metacognitivo su quanto è stato fatto e discusso: anche questo sostiene la possibilità di ottenere apprendimenti profondi. Ma cosa significa tutto questo? Si può rispondere che significa attivare l'intelligenza degli studenti, sviluppare le loro competenze.

Sono passati più di trent'anni da quando Howard Gardner (1983) diede uno scossone alle teorie correnti in materia di intelligenza. La consapevolezza allora diffusa era che l'intelligenza si misurasse, che fosse possibile indicarla attraverso un quoziente: il QI, il Quoziente di Intelligenza. Gardner reagiva contro l'idea del QI per due sostanziali ragioni.

La prima era che quell'idea considerava l'intelligenza come qualcosa di esclusivamente genetico, non dando il giusto valore ai condizionamenti ambientali, come se l'intelligenza fosse una dotazione di base dell'individuo, secondo l'opinione diffusa (ancora oggi) che essa dipenda dalla "quantità di materia grigia" di cui si dispone alla nascita. La ricerca neuroscientifica avrebbe dato ragione a Gardner dimostrando la plasticità del nostro cervello. Questo significa che lungo l'arco della vita il cervello si modifica, non solo perché per svariate ragioni perde o elimina neuroni (*pruning*) e ne genera di nuovi, ma soprattutto perché i fattori ambientali incidono sulla sua organizzazione neuronale. Ogni stimolo, ogni esperienza che noi facciamo, si traduce nell'attivazione di una relazione sinaptica tra i nostri neuroni. Siamo intelligenti non perché dotati di neuroni (di neuroni solitari non ce ne faremmo nulla!) ma perché questi neuroni elaborano tra loro relazioni complesse il cui fine è l'adattamento dell'uomo al mondo, o meglio, la trasformazione del mondo perché possa essere adatto all'uomo (Rivoltella, 2012).

La seconda ragione è che l'ipotesi del QI rendeva "piatta" la nostra intelligenza. Non tutti ci accostiamo ai problemi allo stesso modo. C'è chi porta tutto sempre sul piano dei numeri: se non quantifica, se non traduce tutto in grandezze misurabili, non capisce. Altri devono farsi spiegare a parole, o devono poter leggere un testo. Ma c'è chi predilige l'approccio iconico, chi quello corporeo… Gardner introduce così l'idea che noi non disponiamo di una sola intelligenza monolitica, ma di più intelligenze, otto o dieci. L'immagine rende, anche se è una forzatura (e Gardner lo sapeva bene). Non ci sono tante intelligenze, ma l'intelligenza di ciascuno di noi è il mix, individualmente diverso, di diversi possibili accessi al sapere: iconico, sinestesico, numerico, logico-verbale, ecc. La ricerca sperimentale nel campo della genetica applicata (Asbury, Plomin, 2014) dà ragione a Gardner, dimostrando che le nostre intelligenze sono tutte diverse e risultano dall'insieme della genetica e dei condizionamenti ambientali.

La critica gardneriana porta a una ridefinizione dell'intelligenza: essa non è più una "quantità" indicata da un coefficiente numerico, ma la nostra capacità di risolvere problemi (o meglio, di costruire e risolvere problemi).

Esistono, per semplificare molto e seguendo la riflessione del neuroscienziato Elkonon Goldberg (2009), due tipi principali di problemi.

Ci sono problemi che prevedono sempre una soluzione vera ed escludono tutte le altre in quanto false. È il classico caso dei problemi di scuola, riconducibili tutti a una serie finita di casi che, attraverso l'esercizio, servono ad allenare la capacità dello studente di riconoscerli e poi di applicare a essi il giusto schema di soluzione. Nel linguaggio della didattica si parla a questo riguardo di abilità, ovvero di problem solving procedurale: imparo a riconoscere i problemi, imparo le relative soluzioni, imparo ad applicare le soluzioni giuste ai problemi giusti. Tutti siamo passati da questa palestra a scuola. Vale per la matematica come per la grammatica: in classe con l'insegnante conosciamo i problemi e gli algoritmi di soluzione, a casa con gli esercizi alleniamo la nostra capacità di riconoscere e applicare.

La seconda categoria di problemi sono quelli che non prevedono una soluzione vera: possono prevedere soluzioni diverse (o non prevederne affatto), non necessariamente ce ne sono di più o meno corrette. Non solo. Questi problemi non sono riconducibili a una serie finita di casi e questo fa saltare il meccanismo didattico che abbiamo conosciuto poco sopra. L'insegnante a scuola non riesce a esaurire tutta la casistica: ci saranno sempre problemi che non rientreranno tra quelli "svolti insieme", ci sarà sempre una mano che si alza dal fondo della classe per dire: "Ma Prof, questo non l'abbiamo fatto!". Qui il problem solving procedurale non serve, ma occorre trovare strategie di soluzione non preventivamente imparate: si parla di problem solving euristico. Di fronte a un problema che non conosco faccio ricorso a quel che so e alle abilità di problem solving che ho capitalizzato, lavoro per analogia (c'è qualcosa di questo problema che assomiglia ad altri che ho già incontrato?), cerco strade che prima non avevo mai battuto.

Credo che quel che nel linguaggio della didattica si definisce competenza abbia a che fare proprio con quest'ultimo tipo di attività. Lo studente competente è capace di problem solving euristico, ovvero, posto di fronte a una situazione-problema che non conosce riesce a trovare una strategia di soluzione attingendo a quello che sa e che sa fare. Come si capisce, è quello che normalmente nella vita di tutti i giorni succede, ed è quello che evolutivamente è sempre successo nella storia dell'ominazione. Essere competenti significa saper attivare la propria intelligenza.

Se le cose stanno così, allora si capisce che il problema non è che a scuola si lavori nella prospettiva delle competenze o dei contenuti, ma che si creino le condizioni perché il bambino possa sviluppare le sue competenze, ovvero la sua intelligenza. Per farlo serve propiziare il suo incontro con i saperi, allenare le sue abilità (routines, problem solving procedurale), porlo di fronte a setting operativi complessi chiedendogli di mettere a punto strategie originali di soluzione.

Scriveva Piaget (1948; 95) in *Dove va l'educazione*: «Lo scopo dell'educazione intellettuale non è quello di saper ripetere o conservare verità bell'e fatte, perché una verità che viene ripetuta non è che una mezza verità: ma è piuttosto quello di apprendere a conquistare da se stessi il vero, a rischio di metterci molto tempo e di passare per tutte le traversie che una attività reale richiede». Si può applicare perfettamente all'EAS e al tipo di apprendimento – significativo e profondo – che esso mira a sviluppare.

4. I presupposti embodied dell'EAS

Ricordo sempre ai miei studenti che una delle leggi non scritte della didattica è che più si contestualizzano gli apprendimenti e più si facilita il compito della classe; non contestualizzarli, già significa aggiungere carico cognitivo accessorio. Il carico cognitivo accessorio (*Extraneous load*), seguendo Sweller (Sweller *et al.*, 2019), è rappresentato da informazioni non necessarie che possono distrarre e/o da scelte didattiche come spiegare velocemente, o gestire male i tempi della didattica, tra cui si può inserire anche il fatto di non ricorrere a esempi affrontando gli argomenti in maniera decontestualizzata. Questa legge non scritta, è stata in qualche modo formalizzata da Gee (2013; 191) in quello da lui definito come «principio del significato situato»: «I significati dei segni (parole, azioni, oggetti, artefatti, simboli, testi) sono situati nell'esplorazione corporea e non generali o decontestualizzati. Il significato viene scoperto a partire dal basso attraverso esperienze concrete». In questo principio sono impliciti i guadagni apportati alla teoria della conoscenza dalla filosofia del linguaggio del secondo Novecento (in modo particolare il Wittgenstein delle *Ricerche filosofiche*) e dal paradigma dell'Embodied Cognition nell'ambito delle scienze cognitive.

Quando si parla di "secondo Wittgenstein" si fa riferimento alla seconda parte della vita e dell'attività del grande filosofo austriaco, quella successiva alla precoce pubblicazione del *Tractatus Logico-philosophicus* e al suo temporaneo ritiro dalla vita accademica per fare prima il maestro elementare e poi il giardiniere in un convento di suore. Pensava di aver già detto tutto quello che aveva da dire, Wittgenstein, e coerentemente aveva pensato di ritirarsi per dedicarsi ad altro. Proprio l'incontro con il mondo dei bambini gli fornisce nuovi elementi per tornare sulla sua teoria del linguaggio e immaginarla da una nuova prospettiva. I bambini giocano, imparano a parlare giocando. Scrive Wittgenstein (1953; 13): «Possiamo immaginare che l'intero processo dell'uso delle parole (...) sia uno di quei giochi mediante i quali i bambini apprendono la loro lingua materna. Li chiamerò "giochi linguistici" (...). E si potrebbe chiamare gioco linguistico anche il processo del nominare i pezzi, e quello consistente nella ripetizione, da parte dello scolaro, delle parole suggerite dall'insegnante. Pensa a taluni usi delle parole nel gioco del giro-giro-tondo».

Semplificando potremmo dire che il gioco linguistico è caratterizzato da almeno due aspetti. Il primo sono delle regole - Gee (2013) le chiamerebbe "grammatiche interne" - in base alle quali giocare. Senza queste regole, senza l'indicazione del modo in cui comportarsi nel gioco, non è possibile giocare. «La domanda "Che cos'è, propriamente, una parola?" è analoga alla domanda: "Che cos'è un pezzo degli scacchi?"» (Wittgenstein, 1953; 66). La conseguenza è che cambia strutturalmente il modo di pensare il significato: esso non è più l'oggetto che viene designato da una parola, ma l'uso che si fa della parola in un determinato gioco linguistico: «(...) la parola "significato" si può definire così: Il significato di una parola è il suo uso nel linguaggio» (Wittgenstein, 1953; 33). In questa sintetica affermazione è contenuta la formulazione del principio d'uso.

Il secondo aspetto è che questa idea pragmatica del significato e del linguaggio ha come effetto di evidenziare il valore del linguaggio come di un'attività umana. Wittgenstein (1953; 67) lo esprime così: «Noi riportiamo le parole, dal loro impiego metafisico, indietro al loro impiego quotidiano». L'uso metafisico delle parole è il loro uso decontestualizzato, lontano dai contesti di vita e professionali, disincarnato rispetto a quel tipo particolare di attività che il linguaggio è.

Proprio questo riferimento alla parola incarnata, al suo stretto rapporto con l'esperienza e l'attività del soggetto, offre lo spunto per introdurre l'altro riferimento, quello all'Embodied Cognition.

Il punto di avvio per capire cosa abbia comportato l'avvento della prospettiva embodied nelle scienze cognitive è la *teoria della mente computazionale e rappresentazionale*, ispirata al cognitivismo. Come osservano Caruana e Borghi (2016) essa si costruisce su due metafore: (1) *la mente come computer* che comporta l'idea che la performance cognitiva si possa spiegare in termini algoritmici e che cioè il ragionamento sia una forma di calcolo, in linea con una lunga tradizione che da Hobbes e Leibniz arriva fino ai computazionalisti contemporanei, da Hilary Putnam a Marvin Minsky; (2) *la mente come sandwich*, ovvero l'idea che la parte importante del panino non siano le due fette di pane (l'input sensoriale e l'output motorio) ma quello che ci sta in mezzo (i processi cognitivi). Questo porta a concentrarsi in maniera totalmente disincarnata solo su quel che accade a livello mentale: lo stimolo sensoriale, fornito l'input che dà il via alla cognizione, non ha più importanza e nemmeno l'ha l'azione, pensata solo come conseguenza motoria del processo cognitivo.

Questa teoria viene superata dalle nuove scienze cognitive in due direzioni: il rifiuto dell'idea del sandwich mentale sulla base della constatazione che i processi cognitivi hanno carattere emergente e dipendono dalla relazione sensorimotoria dell'agente con l'ambiente in cui opera, come hanno fatto vedere i teorici dell'enattivismo (Rossi, 2011); il superamento della metafora del computer e la nuova concettualizzazione dei processi cognitivi sulla base del concetto di simulazione «intesa come la riattivazione di pattern sensorimotori, estrapolati dalla loro funzione motoria e sfruttati in processi cognitivi differenti da quelli per cui quei pattern si sono evoluti o durante i quali si sono costituiti» (Caruana, Borghi, 2016; 22). La ricerca neuroscientifica ha consentito di fondare queste convinzioni su evidenze empiriche: basti pensare alla scoperta del sistema specchio da parte del Gruppo di Parma (Rizzolatti, Sinigaglia, 2006) e alle conseguenze di questa scoperta per la riconcettualizzazione del rapporto tra conoscenza e azione e la messa a fuoco proprio del concetto di simulazione incarnata (Gallese, Lakoff, 2005; Gallese, Migone, Eagle, 2006; Gallese, Guerra, 2015).

L'EAS si costruisce su queste premesse teoriche in relazione a due istanze: l'anticipazione cognitiva e l'apprendimento in contesto. E in questo modo recupera almeno altre tre istanze teoriche importanti.

L'anticipazione cognitiva è attiva soprattutto nella prima fase dell'EAS, quella preparatoria. Il carattere situato di questa attività va cercato nella sua funzione di favorire la prima formazione di un pre-sapere a-tematico dello studente sul problema di cui l'EAS intende occuparsi. Questo pre-sapere, oltre a consentire di leggere l'EAS nella prospettiva del circolo ermeneutico (come accennavamo in apertura di questo capitolo), ha la funzione di consentire allo studente di esercitarsi in autonomia nella elaborazione di domande, a partire da quel problema, e nel primo tentativo di fornire delle risposte. La circolarità di pre-sapere a-tematico e successiva tematizzazione e il riferimento all'autonomia dello studente non possono non richiamare l'ermeneutica e la Montessori.

Nella fase operatoria, soprattutto, l'EAS dà anche prova di favorire lo sviluppo di apprendimento in contesto. Il punto di avvio è sempre una situazione-problema che però in questo caso viene sottoposta al piccolo gruppo e comporta la realizzazione di un artefatto. La contestualizzazione non è solo riconducibile alla dimensione operativa, ma anche al fare insieme (le negoziazioni all'interno del gruppo costituiscono un importante elemento di radicamento e aggancio, oltre che un vincolo con cui fare i conti). L'altro elemento che riconduce al contesto è la possibilità di pensare all'attività in fase operatoria nei termini di un piccolo compito autentico, con quel che che ne deriva circa la possibilità di "aprire" la didattica spostandola dallo spazio artificiale della classe e riportandola verso la vita. In questo movimento della scuola verso la vita si coglie chiaramente anche il presupposto neo-attivista della didattica per EAS.

5. La questione del Microlearning

Il microlearning è sicuramente un presupposto teorico coerente rispetto alla logica dell'EAS. Nello specifico, appartiene all'EAS la duplice idea che ridurre il formato del contenuto di apprendimento e circoscriverne il peso informativo possa servire a sviluppare apprendimenti più efficaci: in questo sta il significato dell'episodicità, che l'EAS sia un episodio di apprendimento. Da questo punto di vista, si dimostra ancora pertinente il riferimento alla teoria della semplessità di Berthoz. Nel 2013, in fase di definizione del metodo, la prospettiva del fisiologo francese sembrava centrale per l'EAS. In *Che cos'è un EAS* (Rivoltella, 2016) avevo pubblicato la fotografia dello schema a matita del metodo che avevo abbozzato proprio sulla prima pagina del libro di Berthoz mentre all'Università di Salerno lo ascoltavo durante uno dei seminari che in quegli anni erano dedicati alle *Traiettorie non lineari di ricerca*. L'idea era che l'EAS potesse funzionare da dispositivo semplesso in campo didattico, un po' come tutti i dispositivi didattici nella misura in cui svolgono una funzione di mediatori. Il carattere semplesso sta nella possibilità del dispositivo didattico di consentire allo studente di fronteggiare la complessità ma senza banalizzarla attraverso la semplificazione. E nello specifico è proprio il carattere micro e il lavoro sul tempo proprio dell'EAS che consentono di richiamare la teoria della semplessità, in modo particolare la *rapidità* che Berthoz riconosce come uno strumento importantissimo di tipo semplesso. «La rapidità presuppone soluzioni eleganti, non necessariamente semplici, ma efficaci. Presuppone l'anticipazione, la previsione delle conseguenze dell'azione indispensabile per catturare una preda o sfuggire a un predatore» (Berthoz, 2009; 9). L'altro tratto distintivo che consente di comprendere come si possa rispondere in maniera rapida a un problema complesso è lo «scomporre i problemi complicati in sottoproblemi più semplici grazie a moduli specializzati, a costo di dover in seguito ricomporre l'insieme» (Ivi). Rapidità, anticipazione, previsione, logica della scomposizione: sono tutti elementi che si possono rintracciare nel dispositivo dell'EAS e che ne confermano il carattere semplesso.

Tornando alla episodicità dell'EAS, nel microlearning "aziendale" questo risultato si ottiene grazie alla "pillolizzazione". La metafora della pillola di contenuto funziona bene per descrivere un contenuto - un Learning Object, si potrebbe dire con il linguaggio classico dell'e-Learning - di breve durata (poche righe e, data la breve durata, funzionale a mantenere l'attenzione di un fruitore che vi acceda in mobilità o che comunque non abbia un tempo disteso da dedicarvi, come chi si accosta alla formazione on the job o nei ritagli di tempo) e molto ben focalizzato su una porzione limitata di informazione.

Nell'EAS, la gestione del tempo è presente sia a livello macro (l'EAS, nel suo complesso, deve essere contenuto se possibile nella stessa sessione di lavoro, una o due ore in tutto[1]) che a livello micro (l'EAS non ha solo breve durata nel suo complesso, ma anche al suo interno è articolato in fasi e ciascuna fase in TLA - Teaching and Learning Activities).

Le motivazioni didattiche a supporto di questa scelta vanno cercate nella possibilità di mantenere in modo più efficace l'attenzione della classe e nella teoria del carico cognitivo cui facevamo cenno nel paragrafo precedente: ridurre i tempi di attenzione, spezzare il ritmo del lavoro, disarticolare la sessione didattica in TLA, sono tutti accorgimenti che possono aiutare a non aggiungere carico cognitivo accessorio. Invece, dal punto di vista della professionalità dell'insegnante, questa logica di microlearning che l'EAS adotta trova le sue ragioni nel fatto che costringe gli insegnanti a emanciparsi dalle loro pratiche tradizionali. Le due discontinuità più evidenti, da questo punto di vista, sono la rinuncia alla frontalità tipica della lezione e la necessità per l'insegnante di ripensarsi in una prospettiva laterale rispetto agli apprendimenti: questo non vuol dire che l'insegnante che lavora per EAS si riduca a uno scaffolder come nella didattica costruttivista, ma sicuramente la sua presenza si caratterizza, più che per la trasmissione, per un ruolo di esperto critico e metacognitivo che affianca gli studenti nel lavoro co-investigativo pur senza mai rinunciare alla sua asimmetria culturale e didattico-educativa.

In questi dieci anni di diffusione degli EAS nelle classi, sul microlearning si sono appuntate alcune osservazioni che hanno rilevato come proprio questo aspetto dell'EAS, di fatto un punto di forza, possa trasformarsi in un elemento di debolezza. Due sono le principali criticità che a questo riguardo sono state evidenziate. Cerchiamo per ciascuna di argomentare delle ragioni da addurre come risposta.

(1) *La frammentarietà*. Uno dei modi per descrivere la nostra cultura è di indicare nella frammentarietà (Roncaglia, 2018) uno dei suoi tratti distintivi. Si tratta di un tema che già le teorie del postmoderno avevano messo in luce, collegandolo al tramonto delle Grandi Narrazioni, cioè delle spiegazioni del mondo che avevano fino a quel momento funzionato da orizzonte di senso per favorire la comprensione delle cose. In una cultura del frammento, pedagogicamente parlando, occorrerebbe aiutare a cogliere

[1] Il tema della durata temporale dell'EAS viene ripreso nel § 3 del cap.4.

relazioni, fornire quadri di insieme, facilitare la costruzione di cornici di senso. L'EAS, frammentario a sua volta, non rischia di fare il contrario e quindi, invece di favorire la ricomposizione, concorrere alla frammentazione?

Si può rispondere che l'EAS è un episodio, non episodico. Cosa intendo dire? L'EAS non asseconda una deriva del frammento, ma prova ad affermare una logica di ricomposizione, almeno in due modi: al suo interno, funzionando da cornice per le diverse TLA che lo compongono; verso l'esterno, mantenendo sempre presente il riferimento alla dimensione macro di cui è ritaglio, un elemento che risulta particolarmente evidente nel funzionamento dell'applicativo DEPIT[2].

(2) *La superficialità*. Ridurre il tempo a disposizione per lo svolgimento di un argomento, ridurre allo stesso modo lo spazio di intervento dell'insegnante, ridurre di riflesso anche il numero degli argomenti che l'insegnante può affrontare in classe, sembrano essere tutti elementi che fanno correre alla didattica per EAS il rischio di assecondare il pensiero breve nel lavoro dell'insegnante e nell'apprendimento degli studenti. In questa critica, l'accezione che si attribuisce al pensiero breve è la stessa che ce lo fa riconoscere nei tweet di Twitter: come si può andare in profondità nello spazio di pochi caratteri? Come si può essere esaustivi in poche parole su argomenti di grande complessità? L'obiezione è, quindi, che l'EAS - dispositivo di pensiero breve - semplificherebbe la realtà condannando chi ne fa uso in scuola inevitabilmente alla superficialità nell'analisi.

Diciamo anzitutto che non è detto che il pensiero breve rappresenti una malattia del pensiero. Come Geary (2005) mostra in maniera efficace, infatti, da una parte il pensiero breve viene incontro ai limiti di durata dell'esistenza umana («La vita è troppo breve per scrivere libri lunghi»), dall'altra ottiene in profondità quel che perde in larghezza. Andare all'essenziale non è ridurre, ma provare a cogliere quel che realmente conta, il senso profondo dei costrutti. Quindi, il pensiero breve non obbedisce all'esigenza di assecondare per forza gli habitus dei ragazzi, non semplifica, non snatura, ma semplessamente prova attraverso l'individuazione dell'essenziale a ridurre la frammentarietà della cultura di cui si diceva sopra.

6. Questioni da sviluppare

Concludo questo capitolo indicando alcune questioni che o rimangono aperte (e quindi possono essere messe in agenda dalla ricerca di sviluppo sugli EAS) o meritano di essere riprese e approfondite.

Un primo tema mi è stato suggerito dal lavoro che sugli EAS Pier Giuseppe Rossi ha svolto nella sua sperimentazione sul design didattico e che ha esplicitato nella pro-

[2] Ci soffermiamo sul rapporto tra micro e macro nell'EAS nel prossimo capitolo, dedicato al tema del curricolo. Su DEPIT si veda il contenuto della Scheda 2.

gettazione delle lezioni realizzate per il *Nuovo agire didattico* (Rivoltella, Rossi, 2022). La fase preparatoria, come Rossi la concepisce, potrebbe essere finalizzata a far emergere il conflitto cognitivo: fornire uno stimolo e chiedere al singolo studente di elaborare una risposta consente subito dopo di far confrontare i punti di vista (degli studenti, del docente, di quanto riportato in letteratura). Questo serve a: costruire la conoscenza, il che avviene sempre in situazione di conflitto cognitivo; promuovere la cultura dell'errore (che trova nell'EAS un vettore anche nella fase ristrutturativa); favorire lo sviluppo di quella contraddizione senza ostilità che dovrebbe albergare in ogni classe vivace e concentrata sull'apprendimento, una classe che, come dice Rosa (2020), «crepita».

Un secondo tema, anche questo molto presente nella ricerca di Pier Giuseppe Rossi, è quello del raccordo tra macro e microprogettazione. Avremo modo di tornarci nel prossimo capitolo dedicato al curricolo, ma già qui si può anticipare l'importanza di articolare strettamente tra di loro i due momenti. Un'esclusiva attenzione sul momento macro, farebbe perdere inevitabilmente in profondità e dettaglio; una chiusura nel micro finirebbe per assecondare quella logica di frammentarietà che come abbiamo visto qualcuno rimprovera all'EAS. Tenere unite le due prospettive, passare di continuo dal macro al micro e dal micro al macro, consente la ricomposizione del frammento. Il raccordo, letto in questa prospettiva, diviene un vero e proprio filo conduttore che testimonia anche della creatività del processo didattico.

Terzo tema: personalizzazione e individualizzazione. Si tratta di un tema su cui ci si era già soffermati dopo i primi due anni di sperimentazione del metodo (Rivoltella, 2015). In quel contesto si era messo l'accento in particolare sul carattere inclusivo della didattica per EAS, un carattere suggerito da alcuni progetti di sperimentazione condotti in situazioni didattiche non standard come la scuola in ospedale o le piccole scuole. Quella prima intuizione avrebbe bisogno di ulteriore ricerca per arrivare a delle evidenze a riguardo. Nello specifico andrebbero stressati i temi del rapporto tra inclusività e lavoro in piccolo gruppo, della possibile articolazione degli EAS con il Cooperative Learning (a partire da alcune tesi di laurea discusse negli ultimi anni in Università Cattolica), del valore partecipativo della didattica per EAS. Senza scordarsi il tema dell'inclusione dei gifted students (una delle insegnanti che hanno contribuito alla pubblicazione di questo libro in uno dei seminari che sono serviti a redigerlo aveva commentato: «L'eccellenza con l'EAS fiorisce») e delle classi a elevata complessità cui ha di recente dedicato un bellissimo libro Davide Zoletto (2022).

Un'altra questione è il rapporto degli EAS con la didattica per Situazioni-problema. Si indica con questo nome un metodo didattico che trova le sue origini nel pensiero di Dewey e viene formalizzato per la prima volta dalla McMaster University in Ontario negli anni '60 del secolo scorso in un'attività di formazione nell'ambito delle scienze cliniche che getta le basi per il Problem Based Learning (PBL). Nello specifico, è riconducibile all'EAS un tipo particolare di didattica per situazioni-problemi, qualificata come "micro", nella quale il processo didattico invece di essere sviluppata su più incontri prevede una sola sessione di lavoro della durata di 150/180 minuti. Analoga anche la struttura della sessione didattica che nella proposta della Salini (2008) prevede: (1) uno *spazio problema*, in cui viene chiesto di chiarire i termini del problema e di esplicitare la tematica su cui si tratta di lavorare; (2) uno *spazio risoluzione*, in cui si risemantizza il sapere già posseduto dal gruppo, si distribuiscono i ruoli, si definiscono gli obiettivi; (3) uno *spazio riflessione*, in cui si mette a punto la relazione ai fini della condivisione, si avvia una riflessione sul sapere elaborato, si procede all'autovalutazione e valutazione del lavoro.

L'ultimo tema cui si può far cenno è quello della valutazione. L'EAS può essere considerato un compito autentico, se lo si analizza nella prospettiva della valutazione diffusa. Per ogni EAS, l'insegnante può trovarsi a disporre di un artefatto individuale per ciascuno studente (frutto del lavoro preparatorio) e di un artefatto di gruppo per ciascuno studente (risultato della fase operatoria). In più, mentre i gruppi lavorano in fase operatoria, l'insegnante attraverso delle check-list li può osservare, ricavando elementi di valutazione relativi alle competenze relazionali e sociali. Mentre i gruppi espongono il loro lavoro per mezzo dei loro portavoce, con un'altra check-list l'insegnante ne può valutare la prestazione orale e poi, nella discussione che segue, annotare le domande interessanti, le obiezioni, le controargomentazioni. L'esito è di uscire dalla classe, dopo ogni EAS, con un numero cospicuo di elementi valutabili. Si tratterebbe di fare sperimentazione in questa direzione, soprattutto nelle scuole secondarie, per tradizione meno avvezze alla valutazione diffusa.

SCHEDA 1

EAS e motoria: l'estensione applicativa del metodo, la sperimentazione didattica

Maria Cristina Garbui, David Maria Rivoltella[1]

1. *L'EAS come dispositivo semplesso tra corpo, cervello e ambiente*

Per rispondere al bisogno di ridurre l'entropia odierna dei saperi e di renderli maggiormente accessibili è necessario realizzare un'esperienza educativa che assuma significato nelle azioni che utilizzano come significante la corporeità (Rivoltella, 2021) favorendo un agire didattico che privilegi il paradigma dell'inibizione (Houdé, 2017): questa è l'ipotesi che ha fatto da guida alla nostra idea del rapporto tra EAS e attività motoria e che ha ispirato la conseguente sperimentazione.

Indagare il rapporto tra la metodologia EAS e il concetto di corpo in contesto educativo-didattico e formativo richiede di sviluppare un'analisi operativa che tenga presente tre chiavi di lettura delineate a partire da recenti studi neuroscientifici.

1. L'EAS si rinnova come dispositivo semplesso (Rivoltella, 2014), embodied (Rizzolatti *et al.*, 1988) e sintetico (Gardner, 2022) in quanto (1) con la sua specifica tripartizione fronteggia la drastica riduzione dei ritmi dell'attenzione focalizzata degli studenti di oggi adottando una prospettiva di microlearning; (2) risponde al problema del sovraccarico cognitivo proponendo differenti attività in uno stesso episodio di apprendimento e (3) interroga costantemente la memoria di lavoro, intesa come spazio di lavoro cosciente che mantiene, manipola e trasforma le informazioni per brevi periodi di tempo consentendone un utilizzo immediato (Guillery-Girard, Eustache, in Houdé, Borst, 2018).

2. Il corpo nella sua integrità viene inteso come mediatore indispensabile nei processi di insegnamento-apprendimento, in quanto si rivela possibilità e limite di tutto quello che possiamo percepire interagendo con il mondo circostante (Bochicchio, Rivoltella, 2017).

3. Il nostro cervello simulatore ed emulatore di mondi (Berthoz, 2011) è in costante dialogo con le nostre percezioni ed esercita un importante ruolo nella flessibilità, nella

[1] Gli autori condividono la concettualizzazione, l'impostazione metodologica e la scrittura del contributo. Poi, nello specifico, Maria Cristina Garbui ha scritto i §§ 1 e 2; David Maria Rivoltella il § 3. Revisione, editing e supervisione scientifica sono di Pier Cesare Rivoltella.

plasticità, nella discriminazione, nell'identificare ciò che è nuovo e nel trovare le risposte per adattarsi a circostanze inedite, improbabili persino, incrementando le proprie capacità predittive e anticipatrici (Zollo *et al.*, 2015).

La riflessione sulla corporeità didattica in azione (Sibilio, 2017) si sta affacciando sul panorama educativo-didattico e formativo in modo sempre più preponderante, in vista di progettare, creare e attuare percorsi che riconoscano nel singolo *atto motorio* un (1) costruttore di ponti cognitivi, un (2) designer di ambienti e (3) un tessitore empatico di (inter)connessioni significative.

Sin dal principio, il corpo situato e incarnato si mostra come mediatore attivo che fa dell'esperienza la base del nostro apprendimento e come dispositivo semplesso (Berthoz, 2014) nella misura in cui si pone esso stesso come strategia complessa adottata per far fronte a un problema.

Come apprendiamo attraverso il corpo? Dal punto di vista neuronale è importante evidenziare come l'ipotesi del marcatore somatico (Damasio, 1994) abbia rivoluzionato il nostro modo di intendere le emozioni e gli stati corporei che vengono da esse provocati (1): quando ci troviamo in determinate situazioni spesso percepiamo l'insorgere di uno stato corporeo che contrassegna come positivo o negativo un apprendimento sulla base di sentimenti derivati da una stimolazione percettiva, così che possa essere rievocato dalla nostra memoria al bisogno. Si apprende quindi facendo esperienza, un'esperienza che passa anche e soprattutto dal corpo, dal corpo in azione, dal corpo in movimento all'interno di un setting in cui è possibile sperimentare, scoprire, interagire, creare la novità, sfidandosi nel battere strade nuove inibendo habitus precedentemente interiorizzati.

Promuovere un apprendimento *embodied* si rivela essere funzionale nel momento in cui la relazione tra corpo e ambiente (2) viene esperita da soggetti incarnati che ne svelano l'indissolubilità: un ambiente è percepito, visitato e investito di significato, ricorda Merleau-Ponty, e quindi non può prescindere dal corpo. Perché? Nel momento in cui un corpo entra in relazione con l'ambiente, quest'ultimo accoglierà le nostre azioni sia in potenza sia in atto; persino l'astrazione e la generalizzazione possono produrre apprendimento se radicato in un'esperienza corporea del mondo (Rivoltella, 2012). In questa prospettiva è necessario varcare il confine della materialità agendo in modalità *context-oriented*: riconfigurare gli ambienti di apprendimento contribuendo a favorire, decodificare e interpretare relazioni, interazioni e azioni che emergono dalle differenti soggettività in un contesto dato (Rossi, Rivoltella, 2019).

Il sistema specchio contribuisce alla creazione di nuove connessioni sinaptiche codificando l'obiettivo di un'azione (Rizzolatti, 2001) svolta da terzi e lo riproduce proprio a partire dai comportamenti osservati in base alle nostre esigenze, consentendoci di adottare quanto appreso anche in altri contesti.

In linea con quanto appena descritto, il corpo in-relazione si rivela tessitore empatico di (inter)connessioni significative (3) nel momento in cui definiamo le emozioni come «il modo in cui noi balliamo insieme e il fare ciò è al centro dell'avventura umana» (Trevarthen, 2011; 125). E questa danza si fonda essenzialmente e primariamente sulla natura relazionale dell'azione, che Vittorio Gallese definisce "simulazione incarnata". Tale teoria intende spiegare il meccanismo specchio (Rizzolatti, Sinigaglia, 2019) e i fenomeni a esso connessi, come la consapevolezza spaziale, la visione degli oggetti, l'immaginazione mentale e i diversi aspetti del linguaggio. Si può quindi affermare che l'intersoggettività non sia confinata solo in una prospettiva meta-rappresentazionale, dichiarativa, in terza persona: disponiamo di un sé corporeo che ci consente di percepire l'emozione dell'altro come costituita e direttamente compresa attraverso il riutilizzo degli stessi circuiti neurali su cui si fonda la nostra esperienza, in prima persona, di quella data emozione. Questi assunti sono in linea con la teoria motoria dell'empatia, secondo cui la stessa viene generata dall'imitazione interna delle azioni degli altri. Questo meccanismo permette di indovinare le loro intenzioni, di capire le loro motivazioni e di attribuire loro credenze o pensieri su cose ed esseri. Si distingue però dalla simpatia, che a volte si deve inibire, e che è solo imitazione e contagio emotivo, non comportando un cambiamento di punto di vista (Berthoz, 2021).

2. La sperimentazione didattica di EAS&Motoria

Quali possibili evidenze osservabili possono corroborare le considerazioni finora presentate?

Il progetto *EAS&Motoria,* avviato in collaborazione con il Centro di Ricerca sull'Educazione ai Media all'Innovazione e alla Tecnologia (CREMIT) dell'Università Cattolica di Milano nel 2021, si presenta come valido esempio.

Un EAS normalmente occupa una sessione di lavoro di un paio d'ore. Oltre a questo, al suo interno si rintraccia un'organizzazione ternaria che consente di individuare una fase preparatoria, una fase operatoria e una fase ristrutturativa. Ciascuna di esse, al suo interno, è caratterizzata da attivazioni diverse e di differente intensità, articolate in momenti che sono diversificati per tipologia di attività e che prevedono che il corpo sia il protagonista indiscusso di ogni singolo passaggio.

A partire dalle sperimentazioni svolte presso scuole primarie e secondarie di primo grado che hanno posto in dialogo la metodologia EAS con l'apprendimento e l'insegnamento dell'educazione motoria (Garbui *et al.*, 2021) è possibile proporre un affondo che ripercorra il ritmo ternario dell'EAS e ne sottolinei la compenetrazione con il paradigma motorio (Fedeli *et al.*, 2022).

EAS&Motoria getta radici sia nel piano d'azione globale dell'OMS (Organizzazione Mondiale della Sanità) che persegue l'obiettivo di «assicurarsi che tutte le persone abbiano accesso [...] a diverse opportunità di essere fisicamente attivi nella loro vita quotidiana, come mezzo per migliorare la salute individuale e della comunità oltre a contribuire allo sviluppo sociale, culturale ed economico di tutte le nazioni» (WHO,

2017) sia partendo dal costrutto di Episodio di Apprendimento Situato in vista di avvalorare il processo di insegnamento-apprendimento embodied per la didattica legata ai diversi campi di esperienza e alle differenti discipline curricolari.

Il corpo viene inteso come mediatore indispensabile nei processi di insegnamento-apprendimento: perché?

Per rispondere al bisogno di realizzare un'esperienza educativa che tenga conto del paradigma motorio è necessario conferire una forma riconoscibile alla didattica (Cannon *et al.*, 2021).

La sperimentazione didattica, avviata a partire dal 2021 in una sezione della scuola dell'infanzia e cinque classi dell'Istituto Achille Ricci di Milano, ha strutturato e proposto attività articolate in EAS che hanno promosso esperienze radicate nella vita quotidiana mantenendo il carattere interdisciplinare proprio del dialogo che si è innestato, in fase di ideazione dell'intera proposta, anche all'interno delle nostre professionalità di insegnanti (carattere disciplinare), media educator (aspetto media-educativo) ed esperti in educazione motoria (focus corporeo). Il percorso *EAS&Motoria* si inserisce in questo contesto grazie a una compenetrazione tra la tripartizione proposta nel metodo EAS e l'educazione motoria. Come si declina questo aspetto?

Dopo aver individuato il contesto (ambiente, tempi, destinatari) e l'obiettivo specifico (disciplinare e/o interdisciplinare) della proposta didattica, la progettazione dell'attività prende avvio da uno stimolo iniziale (fase preoperatoria) che fornisce il framework concettuale e motorio di riferimento, per poi orientarsi verso la fase successiva (operatoria), che prevede la condivisione di una consegna operativa che ingaggia gli studenti a titolo esperienziale nella produzione di un artefatto. La fase ristrutturativa aggancia in chiave metariflessiva l'agito, che diviene "agito riflessivo": tra i processi percettivi, cognitivi *grounded* e motori vi è un rapporto di circolarità tale per cui l'azione influenza sia la percezione, legata a un corpo biologico oppure a una implementazione artificiale, sia il pensiero astratto (Caruana, Borghi, 2016). Appropriarsi di un concetto, sia concreto sia non, significa simulare l'esperienza con il suo referente, riattivarla per identificare una vicarianza d'uso in altre situazioni: esprimere e ripercorrere il proprio vissuto porta a concepire il linguaggio stesso come esperienza che include anche aspetti sociali ed emozionali. Il ricordo di attività motorie esperite, l'ascolto della narrazione di altri, una propria e personale produzione linguistica vanno a indagare il significato delle parole che si utilizzano per connotare un determinato agito. Esso diventa riflessivo nel momento in cui all'interno di un confronto attivo e dinamico si generano ipotesi interpretative e/o si condividono strategie e punti di vista adottati nella risoluzione di una situazione-problema, attuando così un circolo virtuoso di valutazione e sviluppo della propria esperienza (Pascoletti, 2014).

Come avviene dunque la progettazione in termini operativi di un EAS legato al paradigma della motoria? All'interno della **Tabella 1** è possibile ripercorrerne i passaggi-guida.

Azioni dell'EAS	Indicazioni operative
Attività in anticipo fornita dal docente alla classe	Quali ipotesi proporre? Quali attese dovranno essere sottoposte a validazione? Quale attività oppure problema da risolvere può essere offerto?
Il docente inizia esponendo un framework concettuale	Quale esperienza si può approfondire (osservazione di un movimento finalizzato a...)? Quale aspetto motorio si intende indagare (attenzione, percezione, equilibrio, schemi motori di base...)? Si possono prevedere dei collegamenti interdisciplinari? È possibile riferirsi ad esperienze extrascolastiche vissute? Quale connessione con l'attività di anticipo e quale con l'attività successiva?
Somministra alla classe una situazione-stimolo	Quale possibile coinvolgimento? Con quale piccola attività/gesto che preveda l'utilizzo di azioni motorie (coinvolgimento dei sensi, esplorazione dello spazio e del tempo, percezione del proprio corpo, attività di coordinazione...) si intende avviare la/le attività? Quali materiali presentare che stimolino interesse e curiosità?
Assegna un compito	Quale problema può essere presentato? Quale sfida? Quali sono gli obiettivi del lavoro che si desidera rendere espliciti e condivisi? Quali indicazioni offrire per svolgere la consegna? Quale artefatto motorio si chiede di realizzare (un percorso, una staffetta, un esercizio di...) per risolvere il problema condiviso? La consegna consente di utilizzare in modo nuovo ciò che è già stato appreso? Spinge ad applicare il già noto in contesti differenti? Ne consente una trasposizione in forma e rilanci altri?
La classe si organizza per lavorare al compito assegnato	In quale setting (ambiente online/indoor/outdoor, tempo, strategie didattiche) operare? Come predisporre il setting? Quali indicazioni devono essere seguite per portare a termine il compito assegnato? Come si organizza il singolo/il gruppo di lavoro?
Produce un artefatto	L'artefatto è di carattere esperienziale e si sviluppa sin dalle prime fasi dell'EAS. Si chiede di produrre un artefatto che si lega al compito assegnato e può essere: una variante di un gioco noto in base ad alcuni criteri condivisi, un filmato di un esecuzione di una coreografia, proposta di un vademecum di attività con un particolare focus stabilito...
I gruppi espongono il loro lavoro Si discute insieme Il docente guida il debriefing e svolge la lezione a posteriori correggendo gli errori e fissando i concetti	Il lavoro di debriefing permette una riflessione aperta e continua in relazione alle strategie motorie sviluppate e messe in atto nelle attività proposte, che possono suggerire applicazioni anche in altri contesti oltre che promuovere una messa in prospettiva di conoscenze ed affermazioni che consentano di fissare un agito riflessivo.

Tabella 1 - Guida alla progettazione di un EAS con paradigma motorio.

Il risultato è, quindi, una sessione di lavoro "mossa" (Rivoltella, 2017) e immersiva (Panciroli, Macauda, 2019) a 360 gradi, in quanto prevede un *cambiamento di posizione* e punti di vista (Goldberg, 2019) sia dal lato del designer riflessivo - il docente - sia dal lato del discente; *mette in movimento* (Rossi, Rivoltella, 2022) sia la progettazione stessa che si plasma per rispondere ai bisogni del contesto sia gli attori che sono coinvolti poiché sono chiamati a formulare ipotesi di risoluzione dei problemi e ad attivarsi agendo con il proprio corpo per risolverli; rende l'apprendimento esplicito *manifestandolo ad altri* attraverso la creazione di artefatti culturali di carattere motorio che vengono prodotti in ogni fase dell'EAS, in particolare nella fase operativa, e poi condivisi a livello interno (la classe, ad esempio) oppure esterno (sul sito della scuola, ecc.); *prevede un portarsi in un luogo* inteso come onlife (Pasta, Rivoltella, 2022) ed *esige l'entrare in azione* sia per allenare il sistema senso-motorio del singolo (Sawyer, 2015) e prendere maggiore consapevolezza del sé corporeo come identità (Barenberg *et al.*, 2011) sia per implementare le proprie funzioni esecutive (Borst, 2018) in materia di memoria di lavoro, inibizione, flessibilità cognitiva, pianificazione, risoluzione dei problemi e ragionamento.

3. EAS&Motoria scende in campo

La **Tabella 2** si rivela testimone di una sperimentazione a carattere progettuale-operativo di *EAS&Motoria*. In particolare, l'EAS "Dimmi come ti muovi e ti dirò chi sei!" è stato messo in atto da una classe seconda della scuola primaria dell'Istituto Achille Ricci in vista di utilizzare il linguaggio corporeo e motorio in forma originale e creativa per cimentarsi nelle camminate degli animali ed esprimere in lingua inglese informazioni, stati d'animo, semplici aspetti del proprio vissuto e i propri bisogni immediati.

All'interno della progettazione emerge come tratto caratteristico quello di una spiccata interdisciplinarità che coinvolge l'educazione motoria, la lingua inglese e la prospettiva scientifica espressa in attività di CLIL. Per alimentare la coesione di gruppo all'interno della classe e rendere il clima maggiormente positivo si è pensato di introdurre l'attività dapprima attraverso una proposta individuale per poi estenderla a una gruppale, mettendo in relazione gli studenti tra loro. L'attenzione prestata all'esercizio svolto in quadrupedia nello spazio-aula consente agli studenti di impersonificare il gesto/camminata dell'animale, sperimentandone la velocità (piano, lento), la frequenza (corto, lungo) e la direzione (avanti, indietro, destra, sinistra) del passo.

Nella progressione dell'esercitazione si andrà via via a combinare tali caratteristiche per rendere l'attività gradualmente sempre più sfidante a livello di ingaggio motorio dello schema di base analizzato.

Target	Scuola Primaria (classe 1 - 2)
Disciplina/e coinvolte	Ed. Motoria Inglese Scienze (CLIL)
Traguardo/i di competenza	Utilizza il linguaggio corporeo e motorio per utilizzare in forma originale e creativa modalità espressive e corporee. Svolge i compiti secondo le indicazioni date in lingua straniera dall'insegnante, chiedendo eventualmente spiegazioni per esprimere informazioni, stati d'animo, semplici aspetti del proprio vissuto e del proprio ambiente ed i propri bisogni immediati. Classifica gli esseri viventi per riconoscerne le principali caratteristiche.
Competenze europee	Competenza personale, sociale e capacità di imparare ad imparare; competenza multilinguistica
Dimensione/i di competenza	Sperimenta schemi motori di base (correre e gattonare) Comprende le indicazioni (veicolate in lingua inglese) Classifica con terminologia specifica quanto sperimenta e impara (in italiano - linguaggio scientifico).
Indicatori	Identifica i vocaboli degli animali in lingua inglese Combina le abilità motorie di base secondo le varianti esecutive (quadrupedia) Distingue i movimenti degli animali (quadrupedia in avanti veloce, quadrupedia in avanti, quadrupedia lenta, quadrupedia all'indietro) Riorganizza gli elementi appresi attraverso schemi condivisi (cartellone)
Materiali necessari	PC/LIM e casse audio / stampa degli allegati citati

Scheda 1. EAS e motoria: l'estensione applicativa del metodo, la sperimentazione didattica

Titolo dell'EAS: *Dimmi come ti muovi e ti dirò chi sei!*

Fasi	Progettazione	Tempo
Preparatoria [Logica didattica: problem setting]		
Attività in anticipo	In aula vengono sparse delle flashcards di animali e relativi movimenti in lingua italiana (**Allegato 1**) che si chiede agli studenti di associare in modo libero. Si suggerisce di utilizzare un timer per rendere l'attività maggiormente sfidante.	15'
Framework	Classificazione degli animali in base al loro movimento (in relazione ad uno schema motorio di base - spostarsi in quadrupedia) nello spazio (focus: frequenza, ampiezza, direzione del passo, posizione supina o prona)	
Stimolo	"*Animal Sounds Song*" (**Allegato 2**) in lingua inglese in cui vengono presentati alcuni animali precedentemente incontrati. Durante la riproduzione del video l'insegnante potrà proporre di associare ad ogni animale un movimento che li rievoca.	
Consegna (dell'attività da fare in classe)	Gli studenti sono chiamati a sperimentare in palestra differenti schemi motori seguendo le indicazioni del docente, in vista di provvedere alla realizzazione di un cartellone condiviso in cui comparirà la classifica gli animali trattati in base al loro movimento.	10'

Fasi	Progettazione	Tempo
Operatoria [Logica didattica: learning by doing] **Gestione dell'attività di produzione**	In palestra, il docente avvia il gioco "I like to move it!". All'interno del campo di gioco uno o due studenti cercheranno di prendere gli altri compagni, senza oltrepassare le linee di confine di un campo delimitato, assumendo di volta in volta l'aspetto di un animale prestabilito (leone, gambero, tartaruga e ragno). L'insegnante condivide le regole con il gruppo classe: • I bambini si possono muovere liberi nel campo spostandosi su due piedi • Coloro che vengono presi (con un tocco) assumono le sembianze dell'animale del compagno che li ha presi • Tutti coloro che oltrepasseranno i confini di gioco saranno considerati presi • Vincono tutti coloro che riescono a rimanere liberi, senza essere presi Il gioco prende avvio dopo che l'insegnante ha risposto alle eventuali domande di chiarimento proposte dagli studenti. La fine del gioco viene decretata dalla condizione di vittoria degli uni (studenti liberi) o degli altri (studenti che prendono). Si consiglia di: • Durante la sfida tra "tartarughe", tutti i bambini impersonano tale animale. Coloro che vengono presi/oltrepassano i confini dovranno posizionarsi in posizione supina (pancia in su) • Utilizzare un timer per scandire il tempo delle partite • Assegnare un movimento a ciascun animale come segue: - quadrupedia in avanti: cane - quadrupedia indietro: gambero - quadrupedia veloce: ghepardo - quadrupedia lenta: tartaruga • Adottare la lingua inglese per dare istruzioni e nominare l'animale di riferimento per quella partita • Prevedere più partite legate ad uno stesso animale di riferimento	40'

Fasi	Progettazione	Tempo
Ristrutturativa [Logica didattica: reflective learning]		20'
Debriefing	In aula, il docente guida una lezione dialogata in cui gli studenti iniziano a classificare gli animali finora incontrati in base al loro modo di muoversi (schema motorio di riferimento - camminare, saltare, spostarsi in quadrupedia, frequenza - veloce/lento, ampiezza - lungo/corto, direzione del passo - avanti, indietro, laterale) all'interno di un cartellone creato con i disegni e contributi degli studenti (**Allegato 3**).	
Lezione a posteriori	In palestra, gli studenti lavorando a titolo individuale compilano una board game (**Allegato 4**) in cui sono chiamati a identificare i vocaboli scritti in lingua inglese relativi agli animali (vedi **Allegato 1**) All'interno della fase operatoria il focus dell'attività può orientarsi alla corsa, al salto e allo strisciare, ad esempio: • camminare in avanti: pinguino • saltare con piccoli salti: coniglio • saltare con grandi salti: canguro • strisciare in avanti veloce: serpente • strisciare in avanti lento: lumaca	
Valutazione[2]	**Fase operativa** Check-list di osservazione - docente **Fase ristrutturativa** Rubrica di valutazione - docente	
Allegati citati	Allegato 1 - Flashcards Allegato 2 - Animal Sounds Song (min 0:00 a 4:00) Allegato 3 - Cartellone Allegato 4 - Board Game	

Tabella 2 - Esempio di una progettazione EAS secondo il paradigma motorio

[2] Per approfondire cfr. in Internet, URL: https://www.cremit.it/easmotoria-ottobre-2022/

In conclusione, è possibile affermare che leggere l'EAS nella prospettiva del corpo consente di contribuire allo sviluppo di nuove competenze, quelle legate all'esercizio di una cittadinanza onlife (Rivoltella, 2022), destinando le proprie energie all'indagine legata alla dimensione relazionale intesa come corporeità in azione. Un corpo in movimento è un *ricerc-attore* (Garbui, Rivoltella, 2023) che prende l'iniziativa (*actor, -oris*) di ricercare le novità per alimentare il desiderio di imparare del nostro cervello (Daheane, 2019). In tal senso si può quindi sostenere che si apprende sempre con il proprio corpo.

Quali sviluppi possibili per la ricerca e la didattica? Avvincente sarà poter continuare la ricerca per rispondere alla sfida posta dagli algoritmi e dal metaverso.

Le esperienze e le progettazioni più significative legate al progetto *EAS&Motoria*, insieme ad alcuni approfondimenti tematici, sono stati raccolti all'interno di una sezione dedicata accessibile nel sito del CREMIT (al link: https://www.cremit.it/easmotoria/) oppure inquadrando il QR Code qui riportato.

II

EAS e curricolo

Pier Cesare Rivoltella, Alessandro Sacchella[1]

1. Il Curricolo: significato e articolazioni

«Il curricolo di istituto è espressione della libertà d'insegnamento e dell'autonomia scolastica e, al tempo stesso, esplicita le scelte della comunità scolastica e l'identità dell'istituto. La costruzione del curricolo è il processo attraverso il quale si sviluppano e organizzano la ricerca e l'innovazione educativa» (Annali, 2012; 12).

Le scuole danno corpo alla propria autonomia didattica attraverso il curricolo che è, per definizione, «*un insieme di esperienze di apprendimento, progettate, attuate e valutate da un'autonomia scolastica per il perseguimento di obiettivi formativi*». Il curricolo è "materiale vivo" in quanto rappresenta il grado di consapevolezza che una scuola ha del suo compito. Quindi, non buone intenzioni ma parole che descrivono la rappresentazione anticipata e ideata di un percorso organizzato di esperienze di apprendimento (Maccario, 2013), dove si sviluppano competenze chiave adeguate alla scuola di oggi. Questo significa che è la singola istituzione scolastica, in dialogo con il territorio e ponendo attenzione alle specificità culturali del contesto in cui opera, a definire il "cosa", pur nel rispetto dei traguardi di competenza e degli obiettivi di apprendimento suggeriti dalle Indicazioni Nazionali. La ricerca didattica, inoltre, ha riconsiderato il concetto di progettazione didattica inserendola in una più ampia prospettiva di lavoro, quella del Learning Design (Laurillard, 2018) in cui viene superata la logica strettamente burocratica intesa come adempimento del tempo dei programmi. Il Learning Design, come vedremo meglio più avanti in questo capitolo, rilancia la funzione fondamentale della progettazione nelle sue diverse dimensioni: architettonica, cosa fare e quando; ergo-

[1] Gli autori condividono l'impostazione e i contenuti del capitolo. Nello specifico, Alessandro Sacchella ha scritto i §§ 1, 2, 4, Pier Cesare Rivoltella i §§ 3 e 5. Revisione, editing e supervisione scientifica sono di Pier Cesare Rivoltella.

nomica, il rispetto e la gestione del carico cognitivo; editoriale, il design dei materiali didattici. Il curricolo non sfugge a questa riconcettualizzazione e diviene lo sfondo necessario dell'agire didattico. Si propone come dispositivo che consente di portare uno sguardo altro sulla pratica e che contemporaneamente si avvale del sapere in essa inscritto, mettendo in atto processi virtuosi di cambiamento e di coscientizzazione all'interno delle scuole. Tutto questo necessita di porre attenzione alla crescita rapida ed esponenziale del sapere, ma anche al venir meno dei criteri di orientamento all'interno di esso. Attraverso il curricolo è possibile "*dare ordine al caos*" (Deleuze, 1991) poiché, in questa fase di grandi cambiamenti, servono nuove competenze che, innestandosi su un patrimonio culturale, possano rispondere efficacemente ai bisogni attuali e alle sfide del futuro. Il curricolo per obiettivi non consente di dare forma all'approccio che si basa sulla competenza, la quale si pone come sintesi fattiva e soggettiva di conoscenze e abilità. Il curricolo orientato alle competenze include il conoscere e l'agire, cioè la conoscenza e come essa viene utilizzata nella pratica, ma abbraccia anche *l'essere* (Barnett, Coate, 2005) cioè quelle disposizioni personali quali il pensiero critico, la capacità di affrontare problemi complessi, la collaborazione con gli altri, la comunicazione multimediale e l'autonomia come suoi elementi costitutivi necessari per crescere come soggetti riflessivi. Esso prevede e consente agli studenti di affrontare la complessità del mondo attuale, superando gli orizzonti delle discipline, valorizzandone il personale rapporto con le stesse in modo da adattarsi alle nuove condizioni e agli sviluppi scientifici in continua evoluzione. Un curricolo che superi gli orizzonti attuali delle conoscenze e delle competenze disciplinari permette agli studenti di sviluppare un senso di sé che può essere interpretato come un rapporto personale con la disciplina e che consenta loro di andare al di là della casuale esperienza posseduta (Laurillard, 2018). Così il curricolo viene vissuto come "*una prova di futuro*". È necessario un equilibrio tra conoscenze e abilità dato il loro stretto rapporto interno dove le abilità entrano in contatto con le conoscenze e la conoscenza, ponendosi come sintesi riflessiva, agisce come veicolo per sviluppare abilità. Un curricolo equilibrato includerà sia apprendimenti su abilità cognitive trasversali alla disciplina, sia competenze specifiche della disciplina che non possono essere trasferite in altre discipline.

Dati questi presupposti, possiamo concludere che il curricolo descrive e organizza, in modo organico, tutto il percorso cui gli studenti di quella particolare realtà scolastica possono accedere per essere gradualmente accompagnati verso il proprio "*successo formativo*".

Il traguardo finale sarà sicuramente il risultato delle mediazioni e delle differenze personali ma le opportunità di successo dovranno essere garantite in partenza a tutti gli alunni. Ecco perché il curricolo non potrà che essere un documento "vincolante". Per quella scuola, per quei docenti, per quegli studenti esso costituisce la matrice di sviluppo di tutte le possibili personalizzazioni. È solo attraversando il "curricolo di scuola" che si sviluppano le esperienze significative che permettono ai soggetti di formarsi in modo responsabile e attivo, sia sul piano intellettuale che su quello emotivo-affettivo. Si tratta dunque di un artefatto complesso ma centrale per costruire e comprendere l'offerta formativa della scuola, la cui strutturazione è devoluta dalla normativa agli insegnanti, i quali si pongono all'interno della ricerca di modelli o suggerimenti educativi che possano aiutarli nella predisposizione di un documento che non risponda esclusivamente alla necessità di adempiere a un obbligo burocratico, ma possa assolvere ai compiti di sviluppare e organizzare la ricerca didattica e sia un reale *sapere-strumento* (Vinatier, Altet, 2008) a cui rivolgersi tanto per progettare quanto per ripercorrere l'azione.

2. Il curricolo generativo nella logica EAS

Parlare di ricerca e di innovazione educativa e didattica oggi significa creare le condizioni perché la scuola, nell'elaborazione, o meglio, nella revisione del curricolo, possa realmente dialogare con il suo tempo. La natura, infatti, del processo che genera un curricolo è un'operazione che risponde a un *bisogno culturale*. Una vera innovazione curricolare non consiste nel progettare o istituzionalizzare il cambiamento, ma nel realizzare un atto di discernimento anche per valorizzare ciò che esiste. L'idea di curricolo a cui facciamo riferimento è quella di un **curricolo generativo** che «(...) facilita il progressivo incontro, fin dalla scuola dell'infanzia, dei bambini con i saperi, cioè con le parole, i linguaggi, le conoscenze, gli strumenti, che permettono la ricostruzione culturale dell'esperienza vissuta, dell'ambiente, dello spazio» (Cerini, 2012; 106). In base a questa definizione proviamo a individuare alcuni aspetti portanti che rappresentano lo sfondo per rinnovare un curricolo di scuola capace di innovazione, sostenibilità e partecipazione, cittadinanza e sapere.

Curricolo innovativo. Il curricolo non può solo limitarsi agli apprendimenti ma deve favorire il *"diventare grandi degli studenti"* accompagnandoli in un inserimento nel reale con esperienze culturali progettate, fondative e compiute. Questo implica la necessità di uno sforzo per superare immagini consolidate di un curricolo come elenco di discipline e saperi connessi all'interno di un quadro orario standard o da un lungo «elenco di conoscenze e abilità collegabili a traguardi formativi costituiti dalle competenze e strutturati per unità formative con forte enfasi sull'interdisciplinarietà» (Nicoli, 2012; 31). È necessario che il curricolo sia un percorso di ricerca, di azione culturale e didattica capace di innovazione. La scuola, per essere un'organizzazione educativa di qualità, coglie i bisogni e le domande del contesto, legge e accompagna il cambiamento, apprende dall'esperienza e si modifica dimostrando flessibilità e progettualità. Un curricolo generativo invita a un allargamento dello sguardo che porti l'insegnamento a prendersi cura di un apprendimento capace di andare oltre l'aula, oltre la dimensione accademica, per contaminarsi con la realtà. Una prospettiva questa che è stata inserita anche nelle Indicazioni 2012 quando si afferma che: «La scuola è investita da una domanda che comprende insieme l'apprendimento e il saper stare al mondo» (Annali,

2012; 7). Questa capacità di innovazione meditata deve partire dalla tradizione scolastica che connota la scuola e richiede necessariamente un'elevata professionalità di tutti gli operatori.

Curricolo sostenibile. Base fondamentale della cultura della sostenibilità è la concezione non individualistica e non privatistica dei saperi, delle azioni sociali, della progettazione. La cultura, quindi, si deve fondare su un'idea di "cura" dei beni sociali comuni. Per questo la sostenibilità si può veramente affermare solo attraverso la "partecipazione". Un curricolo sostenibile deve permettere di acquisire un'istruzione di qualità, equa e inclusiva, e promuovere opportunità di apprendimento permanente per tutti. Ripensare il curricolo adottando l'idea di sostenibilità come paradigma di riferimento significa ritrovare in ogni esperienza processi di rigenerazione umana, sociale e culturale che tengano conto delle sfide sociali, ambientali ed economiche di oggi.

Curricolo di cittadinanza. In questo modo il curricolo assume caratteristiche di cittadinanza in quanto aiuta gli studenti delle scuole di ogni ordine e grado a diventare **cittadini attivi**, informati, responsabili e capaci di assumersi responsabilità per loro stessi e per le loro comunità, a tutti i livelli, locale, nazionale e internazionale.

Curricolo inclusivo. Il curricolo deve porre attenzione ai due elementi fondanti della scuola, la relazione tra le persone e il contesto di apprendimento dentro e fuori la scuola. Questo significa l'ideazione di esperienze che rispettino le potenzialità di tutti e di ognuno e la costruzione di spazi e occasioni di sperimentazione di modalità diverse di costruzione del sapere. In questa logica il curricolo diventa uno strumento di costruzione di comunità, in quanto tutti possano avere le stesse occasioni di apprendere e crescere attraverso il fare esperienza con gli altri. L'attenzione al contesto richiede la costruzione di un ambiente dotato di cultura viva e mosso dal desiderio di sapere, dove ognuno può trovare il proprio posto nel mondo. Un curricolo inclusivo dove il contesto è strutturato in modo ordinato, con dimensioni adeguate, reali, dove gli studenti hanno la possibilità di ricevere, elaborare, immagazzinare ciò che viene dal contesto (Montessori, 1952). In questa prospettiva il curricolo propone apprendimenti significativi di appropriazione e di trasformazione in quanto permette di allargare gli sguardi, portando l'insegnamento verso la cura di un apprendimento capace di andare oltre l'aula per contaminarsi con la realtà.

Curricolo come "*bussola orientativa*". Questo significa non una quantità di oggetti culturali da apprendere o performance da esaminare ma un cammino profondo orientato a uno scopo dotato di valore e riconosciuto dall'alunno che ne è il protagonista. Potremmo dire un curricolo come *"un'avventura"* svolta insieme lungo un percorso capace di risonanza, che abbia una direzione, una bussola, e guide capaci che sappiano suscitare il desiderio di essere parti agenti di una cultura viva. Questi aspetti devono permettere di generare un curricolo rinnovato che, nella logica EAS, non può che essere un curricolo breve, fatto di snodi essenziali, di macrocategorie esportabili, di mappe pedagogiche per navigare il sapere, di costrutti chiave. Solo in questo modo sarà possibile lasciarsi alle spalle il nozionismo sterile (Rivoltella, 2018) favorendo invece l'appropriazione culturale senza di cui nessuna testa, per quanto ben fatta, può funzionare .

3. Gli EAS e il curricolo: macro e microprogettazione

Dopo aver spiegato nel paragrafo precedente quale sia l'idea di curricolo che in questo volume condividiamo, si tratta ora di entrare nello specifico del rapporto tra gli EAS e il curricolo.

Probabilmente i due grandi modi di ragionare sul rapporto tra gli EAS e il curricolo sono di chiedersi, da una parte, (1) cosa il curricolo produca sugli EAS e dall'altra (2) cosa gli EAS producano sul curricolo. Impostare in questo modo l'analisi significa cogliere la complessità del rapporto tra dispositivi didattici (come l'EAS) e logiche organizzative di scuola: un rapporto mai lineare e mai basato su nessi di causazione diretta.

Proviamo a capire cosa il curricolo produca sugli EAS in questo paragrafo; nei successivi prenderemo in considerazione, invece, l'altro versante del problema (cosa gli EAS producono sul curricolo) occupandoci di come lavorare per EAS comporti l'essenzializzazione del curricolo (§3), la trasversalità rispetto alle discipline (§4) e un'apertura della didattica sull'asse dentro/fuori rispetto alla classe (§5).

Diciamo subito che il curricolo cui pensiamo è organizzato per competenze. Non ci si può occupare in questa sede del ricco dibattito che si è prodotto nel nostro Paese al riguardo[2]. Alcune precisazioni, tuttavia meritano di essere fatte.

La competenza non è il cavallo di Troia che serve al mercato per entrare nella cittadella fortificata della scuola. Tanto meno lavorare per competenze significa "svendere" la scuola all'azienda. Per dirla con la Nussbaum (2012), non crediamo che lavorare per competenze significhi pensare a un'istruzione per il profitto; l'istruzione è sempre per la democrazia, ha sempre di mira lo sviluppo del pensiero critico e del pensiero posizionale, ma questo non significa che non si possa servire delle competenze come criterio organizzativo, di design e docimologico.

La competenza non è alternativa rispetto ai contenuti. Non si possono insegnare competenze vuote; la competenza non è un formalismo, ma la capacità di fare problem solving euristico[3] e, in quanto tale, si esercita sempre su un contenuto. Vale, per il

[2] Per limitarci ai contributi principali, pensiamo al lavoro di Mario Castoldi (2011; 2013; 2016; 2017), Franca Da Re (2013), Roberto Trinchero (2016), Luciano Benadusi (2018). Anche Alessandro Sacchella - con le colleghe Paola Amarelli, Luciana Ferraboschi e Laura Metelli - ha preso parte a questo dibattito (Amarelli *et al.*, 2013) ragionando di competenze nella prospettiva della pedagogia istituzionale (le Indicazioni nazionali) e della teoria del curricolo.

[3] Il problem solving euristico si differenzia dal problem solving procedurale perché, mentre quest'ultimo consiste nell'imparare ad applicare soluzioni note a problemi noti, il primo, invece, costringe a lavorare su problemi non noti per i quali non si posseggono già gli schemi di soluzione. In questo caso il soggetto dà fondo alle sue risorse e, basandosi sul pensiero analogico e sulla capacità di fare transfer

rapporto tra competenza e contenuto, quel che Vico nella sua *Scienza nuova* diceva del rapporto tra filosofia e filologia: i contenuti senza le competenze sono ciechi, le competenze senza i contenuti sono vuote.

Infine, occorre osservare che il dispositivo delle competenze è funzionale a una didattica centrata sullo studente. Spesso, per spiegare come il design per competenze si differenzi dalla tradizionale progettazione per obiettivi, si sottolinea come esso sia un modello di progettazione, per così dire, rovesciato. Quando si progetta per competenze si parte dalla fine, ovvero dal profilo dello studente che si prova a sviluppare in uscita da una classe o da un grado di istruzione. Definito il razionale di quello che lo studente deve sapere in uscita, si torna indietro e si progettano le prove con cui valutare queste competenze e le attività (con i relativi contenuti) attraverso le quali svilupparle. Come si capisce, al centro dell'attenzione è lo studente, quello che dovrà imparare, il suo profilo di apprendimento.

E allora come si salda il curricolo per competenze con la progettazione per EAS? Diciamo che l'EAS inizia lì dove la progettazione per competenze finisce (almeno dal punto di vista del suo output, ovvero del curricolo di scuola come artefatto che si offre all'insegnante allo stesso tempo come cornice istituzionale e strumento di lavoro). Ci spieghiamo.

Una progettazione per competenze muove sempre dalle Indicazioni Nazionali i cui traguardi di competenza, però, sono spesso troppo "larghi" per poter essere operazionalizzati e soprattutto misurati in relazione al loro effettivo raggiungimento. Essi hanno quindi bisogno di essere *declinati*. Il concetto di declinazione è tecnico e fa riferimento al passaggio dal macro al micro, alla progressiva specificazione del traguardo a livelli sempre più "fini".

Secondo una metodologia ormai abbastanza condivisa, la traiettoria della declinazione (in cui consiste la macroprogettazione, ovvero la costruzione del curricolo di scuola) può essere descritta attraverso i seguenti passaggi:

1) dai traguardi alle *dimensioni* di competenza. Una dimensione di competenza è un aspetto generale della competenza sui cui si sta lavorando, come è il caso dello scritto o dell'orale in relazione alla competenza linguistica;

2) dalle dimensioni ai *criteri* di competenza. Un criterio di competenza è il parametro in base al quale si valuta lo sviluppo o meno di una dimensione di competenza. Quindi, nel caso dello scritto, i criteri in base ai quali valutarne la padronanza saranno, ad esempio, la correttezza ortografica, grammaticale, sintattica, ecc.;

cognitivo, recupera strumenti e concetti già a sua disposizione adattandoli alla soluzione del nuovo problema. Questi due modi di fare problem solving possono essere compresi sulla base delle due strategie di presa di decisione note come veridical decision making e adaptive decision making (Goldberg, 2009): nel primo caso si tratta di riconoscere l'unica risposta vera tra tante false, nel secondo quella più funzionale tra diverse possibili altrettanto valide.

3) dai criteri agli *indicatori* di competenza. Per stabilire se un criterio sia stato o meno soddisfatto, occorre rifarsi a delle evidenze. Nel caso dell'esempio su cui ci stiamo esercitando, gli indicatori che consentono di soddisfare il criterio ortografico saranno: l'uso della virgola, dell'accento, ecc.

Proprio gli indicatori di competenza sono la parte della declinazione dei traguardi di competenza che innesca la microprogettazione dell'insegnante.

Dopo aver individuato gli indicatori su cui intende lavorare con la classe, l'insegnante progetta un'attività a partire da essi. È il classico lavoro di *lesson planning* in cui consiste il design didattico, la "preparazione delle lezioni"[4]. In altre parti di questo libro torniamo (e altri autori tornano) sulla questione. Nella nostra tradizione didattica, soprattutto alla scuola secondaria, non abbiamo abitudine alla progettazione esplicita, ovvero a un design che passi attraverso la definizione, passo dopo passo, su supporto (cartaceo o digitale), di obiettivi, fasi, strumenti della lezione[5].

L'EAS offre all'insegnante un layout per il *Learning Design* (Laurillard, 2012) e quindi si propone come caso di microprogettazione esplicita. Esso viene progettato a partire dall'indicatore (o dagli indicatori) su cui si intende far lavorare la classe e proprio il fatto di essere circoscritto, sia dal punto di vista della durata temporale che del contenuto, favorisce la sua coerenza con una logica di progettazione come quella per competenze in cui le attività didattiche vengono progettate al fine di operazionalizzare pochi indicatori per volta favorendo la concentrazione della classe.

Quando si parla di *Learning Design* si fa riferimento a una teoria che vede nella didattica agita in classe lo spazio di articolazione tra insegnamento e apprendimento. Laurillard (2012), ad esempio, nella sua proposta teorica - il *Conversational Framework* (cfr. Figura 1) - suggerisce all'insegnante una dashboard su cui si possano scegliere e articolare tra loro 4 tipi di apprendimento (basato sulla comunicazione dell'insegnante e dei pari e sul modellamento dell'insegnante e dei pari) e 6 tipi di insegnamento (basato su acquisizione di informazioni, ricerca, produzione, pratica, collaborazione, discussione).

[4] Quando parlano di *lesson planning*, gli insegnanti anglofoni non fanno riferimento alla sola lezione frontale (*lecture*), ma a una qualsiasi sessione di lavoro in classe che può essere progettata secondo diverse metodologie di lavoro, compresa la lezione frontale. Occorre tenerlo presente anche quando si usa nella nostra lingua il termine "lezione".

[5] Prevale nella nostra tradizione di scuola, soprattutto quando l'insegnante è esperto, una progettazione implicita che tende in molti casi a identificarsi con l'assenza della progettazione. Si intende con questo l'*habitus* dell'insegnante, che si forma con l'esperienza attraverso la ripetizione della prestazione, a sapere in modo tacito quanto tempo normalmente prenda una certa lezione, che difficoltà e che attenzioni comporti, con quali materiali e passaggi debba essere svolta. Le ragioni che ispirano questo approccio sono relative alla possibilità di risparmiare tempo (progettare esplicitamente costa parecchio in termini di tempo) e alla precomprensione che porta a non vedere nella progettazione uno strumento di lavoro ma solo un adempimento burocratico. Di fatto la progettazione esplicita è fondamentale per almeno tre ragioni: 1) consente il controllo delle azioni didattiche favorendone precisione ed efficienza; 2) favorisce la documentazione pedagogica delle attività svolte; 3) rende possibile il ritorno riflessivo dell'insegnante sulla propria pratica offrendole/gli un'opportunità di sviluppo professionale.

Nella prospettiva del *Learning Design* la microprogettazione è finalizzata alla realizzazione di *Teaching and learning Activities* (TLA) e in *Didattica inclusiva con gli EAS* (Rivoltella, 2015) avevamo fornito una definizione dell'EAS che lo qualificava appunto come una TLA. Tornando con più calma sulla questione, crediamo sia più corretto dire che l'EAS è un dispositivo didattico che consiste di una o più TLA, riconoscendo in questo modo all'EAS uno status di aggregatore didattico (Rossi, Pentucci, 2021).

Proprio in questa funzione di aggregazione si coglie il primo dei due livelli ai quali macro e microprogettazione di complicano.

Il primo livello è la necessità di fornire allo studente delle cornici funzionali a comprendere i frammenti di cui la cultura in cui vive e la stessa cultura di scuola sono fatte (come abbiamo già visto nel primo capitolo).

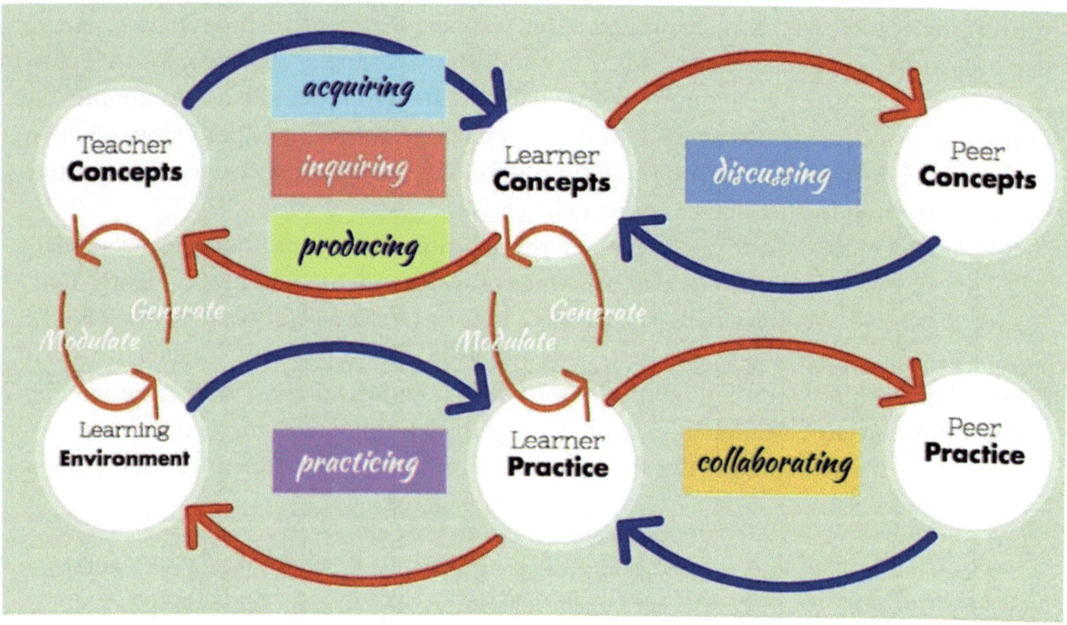

Figura 1 - Il Conversational Framework di Diana Laurillard

Il secondo livello, invece, ha a che fare con la necessità, quando si fa didattica, di ottemperare sempre contemporaneamente a due logiche: una logica "micro" di focalizzazione sul problema/tema su cui si sta lavorando e una logica "macro" di "localizzazione" del lavoro didattico che si sta svolgendo in relazione con un quadro più generale di cui esso è parte. Questa doppia esigenza deve essere garantita per un apprendimento efficace: appiattirsi solo sul micro significherebbe produrre disorientamento e frammentazione; rimanere sul "macro" vorrebbe dire non approfondire mai e limitarsi a una considerazione solo generale dei fenomeni.

Una possibilità di rendere disponibili le due dimensioni, gli EAS (micro) e il curricolo (macro), per gli insegnanti e per gli studenti, consentendo di passare in tempo reale dall'una all'altra, è DEPIT (cfr. Scheda 2), un applicativo (o meglio, un dispositivo didattico) che è il risultato dell'omonimo progetto europeo (sviluppato in collaborazione dalle università di Macerata, Udine, Cattolica e Siviglia con l'University College of London) e di una sperimentazione con insegnanti e studenti di Scienze della Formazione primaria proprio nella direzione indicata.

4. L'essenzialità: il curricolo breve, esemplarità e trasferibilità

Il metodo EAS è improntato al 'pensiero breve'. Ma cosa significa parlare di pensiero breve?

Il pensiero breve non è un pensiero affrettato, povero, depotenziato, per il quale è impossibile l'approfondimento. La brevità, come l'ha definita la tradizione retorica, consiste nel dire molte cose in poche parole, e se fosse possibile a fare pensare di più di quanto si dica.

Il pensiero breve tende a usare poche parole precise per giungere alla formulazione più adeguata e più pulita; significa usare bene il tempo di cui si dispone, cogliendo l'essenziale per saperlo trasmettere nel modo più efficace. Inoltre, sviluppare apprendimenti significativi richiede decisamente tempi distesi per "attraversare l'esperienza" (Rivoltella, 2013, 2017, 2021). Costruire una didattica sulle attività degli studenti, quindi, significa impiegare più tempo. Pensare di costruire un curricolo ampio va in netto contrasto con la possibilità reale di ottenere allo stesso tempo apprendimenti significativi (Ausubel, 1968). Il risultato è che una didattica non può salvaguardare sia la profondità, sia la quantità dei contenuti. Se opto per i contenuti, sacrifico la profondità, se opto per la profondità dovrò sacrificare dei contenuti. Quantità e qualità, ampi contenuti e appropriazione degli stessi, sono aspetti che si autoescludono e diventa inevitabile dover affrontare in classe un numero inferiore di contenuti. Collocandosi in questa prospettiva il curricolo per EAS non può che essere un curricolo breve, ovvero deve interrogarsi su cosa sia possibile sacrificare in quantità per guadagnare in profondità e qualità.

Da questa affermazione nasce il problema di decidere cosa sia realmente essenziale che gli studenti imparino a scuola. Essenziale non è il minimo, ma è il sapere che apre creando reti di conoscenza.

Il metodo EAS offre agli studenti saperi essenziali in quanto permette di "*essere e pensare*" anziché "*trasmettere*" ciò che la cultura dà per esistente. Se non permettiamo ai nostri studenti di costruire il sapere attraverso azioni di anticipazione, produzione e riflessione, stiamo solo proponendo "*chiacchiere saccenti*". Un sapere essenziale è vivo, generativo, trasformativo, in quanto è un sapere in atto, di cui gli studenti fanno esperienza. I saperi volti all'essenza sono saperi di lungo respiro e portano a pensare le cose nella prospettiva del passato, del presente e del futuro, indipendentemente dal loro utilizzo immediato e prossimo venturo. Sono saperi di libertà in quanto valorizzano le differenze e le diversità.

L'EAS consente agli studenti di dare un senso alle conoscenze, permette l'integrazione delle nuove informazioni con quelle già possedute e l'utilizzo delle stesse in contesti e situazioni differenti, sviluppa la capacità di problem solving, di pensiero critico e metariflessivo e permette la trasformazione delle conoscenze in vere e proprie competenze.

Vari autori affermano che l*a risoluzione di problemi dà uno scopo all'apprendimento che può diventare "significativo" per la persona solo se essa ne comprende l'utilità per i suoi scopi* [6]. Le indicazioni Nazionali 2012 ci dicono che «le trasmissioni standardizzate e normative delle conoscenze, che comunicano contenuti invariati, pensati per individui medi, non sono più adeguate. Al contrario, la scuola è chiamata a realizzare percorsi formativi sempre più rispondenti alle inclinazioni personali degli studenti, nella prospettiva di valorizzare gli aspetti peculiari della personalità di ognuno» (Annali, 2012; 8). Fine ultimo dell'insegnamento-apprendimento, dunque, non è accumulare il maggior numero di nozioni, ma "allenare" progressivamente le capacità di concettualizzare, organizzare e risolvere problemi, per trasferire successivamente il proprio apprendimento ad altri contesti reali.

Il curricolo breve orienta l'attività quotidiana in classe verso lo sviluppo, in tutti gli allievi, di qualità personali dinamiche, non conformistiche o passive; tende ad abilitarli alla scoperta e alla realizzazione dei personali talenti individuali e del proprio potenziale di apprendimento, attraverso percorsi di qualità che aprano a una prospettiva metacognitiva. Lavorare per EAS implica la possibilità di lasciare agli studenti, nella fase preparatoria il tempo della scoperta, nella fase operatoria il tempo della produzione e del lavoro di gruppo, nella fase ristrutturativa il tempo della metacognizione. Non si tratta dunque di "trasmettere il sapere" ma di portare gli alunni a scoprire mettendosi in gioco attivamente, affrontando situazioni nuove e sfidanti, condividendo impegni e responsabilità.

Un curricolo essenziale è quello ove i docenti hanno collegialmente individuato i nuclei fondanti delle discipline che possono essere, per gli alunni, generativi di nuove conoscenze, determinando così lo sviluppo di competenze personali e sociali. È que-

[6] Ausubel, Rogers, Novak, Duffy, Seely Brown, Jonassen - solo per fare alcuni nomi - hanno provato a dare risposte alla domanda che ogni docente, a un qualche punto della propria carriera, si pone: come posso rendere significativo ciò che mi trovo a insegnare?

sta la logica del curricolo breve che conduce inevitabilmente gli insegnanti a doversi interrogare su cosa sia possibile sacrificare in quantità per guadagnare in profondità e qualità. La scuola non può essere il luogo dell'enciclopedismo. D'altra parte l'essenzializzazione dei saperi non può nascere come riduzione dei contenuti dettata da necessità esterne all'attività educativa, ma soltanto come continua rielaborazione delle discipline da parte di insegnanti che cercano di rispondere all'esigenza degli studenti e che dipendono dalla realtà in cui lo studente vive, dalle sue attitudini. L'esigenza di un'attenta selezione impone di individuare i contenuti più adatti, in buona sostanza quelli irrinunciabili. Come sceglierli? Seguendo la lezione di Ausubel (1967) e Gardner (1999) i criteri potrebbero essere quelli dell'esemplarità e della trasferibilità. Un contenuto è esemplare quando si può ritenere rappresentativo di una vasta categoria di altri contenuti che, svolto quello principale, possono anche non essere affrontati tematicamente. Gardner (1996; 28) sostiene la necessità di «favorire negli studenti l'acquisizione di un'adeguata padronanza di concetti, principi e abilità» che gli permettano di fronteggiare situazioni inedite, unitamente alla capacità di arricchire autonomamente le proprie strumentazioni concettuali qualora insufficienti rispetto all'obiettivo da raggiungere. Provocatoriamente suggerisce l'ipotesi di costruire un intero curricolo di scuola su tre grandi contenuti: l'evoluzione, la Shoah e il *Così fan tutte* di Mozart: «Sono tre contenuti dotati di forte esemplarità. Affrontare la Shoah significa affrontare i temi della violenza, della discriminazione, delle possibilità della letteratura e dell'arte di fronte al male, della follia umana, dell'organizzazione dello sterminio, della guerra, dell'esistenza di Dio» (Rivoltella, 2016; 62). È trasferibile in altri contesti ciò che si apprende riguardo a un contenuto dato se tutto ciò mette poi in condizione lo studente di operare per analogia e transfer applicativo su altri costrutti ed esperienze riconducibili a esso. Per restare al caso della Shoà, P.C. Rivoltella afferma: «il dispositivo che in esso è possibile individuare può servire a comprendere tutti i casi precedenti di persecuzioni, dall'Impero romano al genocidio armeno» (*Ibi*; 62). La trasferibilità è una competenza dello studente e non la predisposizione del contenuto.

Nel momento in cui gli studenti colgono grazie all'EAS la capacità di trasferire e applicare ad altro le conoscenze, acquisiscono una competenza complessa in cui si fondano le capacità di problem solving e di soluzione euristica dei problemi. Proprio in relazione alla trasferibilità, alla orchestrazione degli schemi d'azione di cui ciascuno di noi si dota lungo l'arco della sua esistenza, si può individuare il nesso prioritario che lega il curricolo breve con la logica delle competenze. Se si ritiene che l'insegnamento consista nello sviluppare la capacità di pensiero, allora si comprende che per sviluppare il sistema delle competenze di un intero curricolo potrei, come docente, aver bisogno di un numero ridottissimo di contenuti. L'alleggerimento non implica tuttavia la strutturazione di un curricolo "minimo". Esso richiede, invece, la selezione oculata di quei tipi di conoscenza che risultano essenziali e fondanti di una disciplina sul piano epistemologico e adeguati alle strutture cognitive dell'allievo. A titolo esemplificativo possiamo sostenere che la comprensione dei problemi non si realizza con l'elencazione di meri contenuti sempre più vasti e frammentati, bensì con l'introduzione del discente ai quadri teorici e metodologici, con l'individuazione degli snodi propri di ciascuna disciplina, al fine di promuovere modalità di elaborazione progressivamente sempre più complesse. Si tratta di costruire "*una testa ben fatta*", con le conoscenze che sono oggi spendibili per "stare nel mondo" anziché "*una testa ben piena*" (Morin, 2000) traboccante di contenuti che, se non sono utilizzabili, finiscono per essere affidati alla memorizzazione meccanica e destinati a essere presto dimenticati da parte dei ragazzi.

In questo modo si sposta l'attenzione dall'insegnamento del docente alle priorità dell'apprendimento centrato sulla persona che impara, utilizzando e finalizzando opportunamente i contributi che ciascuna disciplina può offrire al dispiegarsi positivo di tale processo. Il curricolo centrato sullo studente che apprende è sottoposto alla regola della "doppia fedeltà": da una parte agli "oggetti culturali", dall'altra ai "soggetti che apprendono"; mentre questa seconda è principio ispiratore del curricolo, la prima rappresenta la tensione dell'insegnamento verso la conquista delle forme del sapere così come si presentano all'uomo di oggi con i loro codici più o meno rigorosi, le loro metodologie di indagine e le risposte più o meno significative che riescono a fornire alle domande essenziali dell'esistenza. Si delinea così la necessità per gli insegnanti di elaborare un curricolo che deve saper riscoprire i contenuti essenziali, quelli che contano effettivamente nella formazione odierna degli alunni, i quali sono oggi già proiettati in un mondo per larga parte ancora sconosciuto e che devono, pertanto, poter affrontare con una dotazione significativa sia di vecchi che di nuovi "alfabeti" (Annali, 2012; 32).

Non si tratta quindi solo di concentrarsi sulla materia da riorganizzare; i contenuti da proporre non sono solo quelli ritenuti significativi in riferimento allo statuto epistemologico della disciplina; si tratta di tener conto anche dei bisogni apprenditivi dello studente nello spazio-tempo in cui vive la propria esperienza. (Ferraboschi, 2021). Si tratta di rendersi conto che anche i processi di lettura profonda, che richiedono un tempo lento e un pensiero riflessivo, potrebbero andare perduti in una cultura in cui mezzi di comunicazione e di insegnamento privilegiano velocità, immediatezza e grandi quantità di informazioni (Woolf, 2018). Da qui possiamo cogliere che i saperi essenziali nascono come risposta dettata dal cambiamento nel momento in cui si sceglie cosa diventa irrinunciabile, pena lo svuotamento della disciplina stessa. Morin (1998; 412) sostiene che «la scuola continua nel suo errore di separare le discipline piuttosto che unificarle, formando così giovani sempre meno capaci di avvicinarsi alla complessità dei problemi che il futuro ci riserva».

Il curricolo breve, che necessariamente deve essere inclusivo, non può non investire anche il piano della mediazione didattica la quale va orientata non all'immagazzinamento delle conoscenze ma alla promozione dei guadagni formativi che gli studenti possono derivare dall'incontro con i saperi essenziali. Riflettere sulla costruzione di un curricolo di scuola così pensato deve portare i docenti a chiedersi (Ferraboschi, 2021):

- Quali sono, nelle diverse discipline, le conoscenze e le abilità senza le quali l'alunno non può fare approfondimenti e collegamenti con ulteriori conoscenze?
- Quali conoscenze e procedure come insegnante della disciplina ritengo fondative della materia che insegno?
- Ci sono dei contenuti ridondanti e inutili che possiamo sfrondare per guadagnare in profondità e in qualità (Rivoltella , 2013)?
- Quali aspetti o contenuti disciplinari sono ritenuti "esemplari" (Gardner, 1999) o capaci di promuovere nell'alunno "apprendimento significativo " (Ausubel, 1967)?
- Quali saperi risultano "formativi" per riuscire a essere contemporaneamente fondamentali nella cultura e nella disciplina ma anche adeguati alle strutture motivazionali e cognitive dello studente (Fiorentini, 2008)?

Il curricolo EAS quindi si costruisce a partire da episodi situati di apprendimento riferiti a temi significativi, fondamentali per lo sviluppo negli studenti di riflessioni sui temi del mondo e della cittadinanza globale: sulla natura, la società e la sostenibilità. L'obiettivo infatti è formare dei cittadini adeguatamente attrezzati e competenti per rispondere alle sfide di una società complessa, in continua evoluzione e altamente tecnologizzata al cui interno emergono ancora drammatiche contraddizioni e disparità.

5. La trasversalità: gli EAS tra le discipline

L'essenzializzazione del curricolo, la possibilità che l'EAS offre alla scuola di immaginare un "curricolo breve" (come anche di articolare tra loro il dentro e il fuori rispetto alla classe, come vedremo nel prossimo paragrafo), può consentirci di recuperare a un più profondo livello di comprensione quanto scrivevamo nel 2013 riguardo all'EAS come dispositivo semplesso (Berthoz, 2009). Più che semplessificare i saperi per renderli accessibili alla comprensione dello studente, l'EAS semplessifica proprio il curricolo, rendendolo funzionale a fronteggiare le due questioni del tempo e dello spazio, entrambe problemi di difficile soluzione per la scuola: il problema del tempo perché allude a come occuparsi di un sapere che di continuo cresce su se stesso all'interno di un quadro orario che invece rimane fisso e a come farlo in modo da non produrre negli studenti sovraccarico cognitivo ma apprendimenti significativi; il problema dello spazio perché fa riferimento alla necessità di creare delle passerelle cognitive ed esperienziali tra il contesto della classe e i contesti informali e i terzi spazi (Potter, McDougall, 2017) nei quali, fuori di essa, gli studenti costruiscono la loro cultura e sviluppano apprendimenti.

Nello specifico, in questo paragrafo, l'attenzione cade su un terzo modo dell'EAS di funzionare da dispositivo semplesso, ovvero la sua natura di dispositivo interdisciplinare. Procediamo con ordine e, in due passaggi, proviamo a (1) chiarire concetto e utilità dell'interdisciplinarità in scuola e a (2) mostrare come l'EAS possa funzionare in questa prospettiva.

Figura 2 - Un'immagine (ironica) dell'intotalizzabilità dei saperi

Il punto di partenza è quella che già Pierre Levy (1997) definiva la intotalizzabilità del sapere in quella che in quegli anni veniva chiamata cybercultura. Il sapere è sicuramente intotalizzabile, cioè non abbracciabile da un unico punto di vista (come forse è stato possibile per l'ultima volta a Dante nella *Commedia*), in un sistema socio-culturale in cui la conoscenza cresce su stessa a ritmo velocissimo e in cui la massa delle informazioni disponibili eccede di gran lunga le reali necessità dei soggetti. Ma forse si può oggi portare alle estreme conseguenze la considerazione di Levy, parlando di un'intotalizzabilità dei singoli saperi: non è la cultura in quanto tale, nella sua natura di sintesi dell'intero sapere di un'epoca, a non consentire più uno sguardo di insieme, ma anche le singole scienze, le singole discipline, soggette a una deriva di specializzazione funzionale sempre più solo alla focalizzazione sul singolo frammento (Figura 2).

Questa situazione, se possibile, nella scuola è ancor più concretamente sperimentabile. Infatti, il tradizionale dispositivo di scuola è costruito sulla separazione delle materie e sull'organizzazione dell'orario sulla base della coincidenza dell'ora di lezione, con la presenza dell'insegnante e, appunto, la singola materia (Figura 3). Questo tipo di consapevolezza epistemologica e di organizzazione scolastica produce una logica strettamente monodisciplinare che: (1) dal punto di vista didattico comporta contenuti focalizzati, collocati in modo sequenziale e correlati a idee riconducibili alle singole discipline; (2) dal punto di vista professionale la difficoltà a lavorare in compresenza o per classi aperte. E così, di fronte a un sapere sempre più all'insegna della complessità, che si sottrae a punti di vista monodisciplinari, la scuola risponde con un'organizzazione didattica che proprio sui punti di vista monodisciplinari è costruita.

Figura 3 - La separazione delle materie e l'organizzazione dell'orario scolastico

Il superamento di questo tipo di prospettiva è possibile in diverse direzioni: la multidisciplinarietà, la interdisciplinarità, la transdisciplinarità. La loro definizione dal punto di vista didattico si può far risalire al convegno di Nizza del 1970, organizzato dall'OCSE in collaborazione con il *Centre de Recherche sur l'Innovation de l'Enseignement* della locale Università. Durante quel convegno Piaget (1972) intervenne definendo tre diversi tipi di relazione tra le discipline, che corrispondono ad altrettanti livelli di superamento della monodisciplinarità; le coordinate del discorso piagetiano ci sembrano ancora oggi valide.

Il primo livello è quello della *multidisciplinarietà,* ovvero il caso in cui «la soluzione di un problema richieda informazioni a due o più scienze o settori di conoscenza senza però che le discipline messe a profitto siano modificate o arricchite da quella che le utilizza» (Piaget, 1972; 96). Per fare un esempio curricolare è quel che capita quando l'insegnante di matematica e quello di filosofia si accordano per trattare ciascuno dal suo punto di vista il problema dell'infinito nei paradossi di Zenone e nella teoria dei numeri reali.

Il secondo livello è quello dell'*interdisciplinarità*, e in questo caso «la collaborazione fra discipline diverse o fra settori eterogenei di una medesima scienza conduce a interazioni vere e proprie, a reciprocità di scambi tale da determinare mutui arricchimenti» (Piaget, 1972; 97). Per restare al caso precedente, i due insegnanti progettano insieme la lezione (o il ciclo di lezioni) in modo tale che la discussione dei paradossi possa essere sviluppata così da far vedere che una loro confutazione passa dal rilievo della confusione tra punto fisico e punto geometrico e da altre considerazioni tecniche come ad esempio mostrato da Russell nei suoi *Principles of Mathematics*.

L'ultimo livello è quello della *transdisciplinarità*, e cioè il caso «che non si limiti al raggiungimento di interazioni e reciprocità fra ricerche scientifiche, ma collochi tali legami dentro a un sistema totale privo di frontiere stabili fra le discipline» (Piaget, 1972; 99). È quello che Morin (1990; 1994b; 1994c) chiama *metadisciplinarità*. In buona sostanza, se passiamo ancora una volta sul piano dell'esempio didattico, vorrebbe dire affrontare il problema dell'infinito sfruttando la compresenza dei due insegnanti (e magari anche di altri insegnanti) e lavorando alla sua discussione attraverso i presupposti concettuali delle diverse discipline portati in gioco congiuntamente e argomentati al di là delle loro specificità disciplinari.

L'EAS - e introduciamo così il secondo passaggio del nostro ragionamento - può contribuire a questo tipo di superamento e integrazione delle specificità disciplinari?

La risposta si può organizzare a più livelli.

Anzitutto si può osservare come il design dell'EAS, la sua progettazione di struttura e l'insieme delle attività e della documentazione che esso richiede, possa essere aperto in prospettiva di condivisione, magari anche con l'aiuto di una piattaforma di file sharing (*Drive, Dropbox, Onedrive*). Ovvero: è anzitutto l'attività di creazione dell'EAS che può prevedere il contributo di diversi insegnanti di diverse discipline e questo ai diversi livelli di "profondità pluridisciplinare" previsti da Piaget.

Questa progettazione pluridisciplinare si traduce subito anche in una forma di economia metodologica perché significa che le stesse due ore (se stiamo pensando a un EAS di questa durata) potranno essere funzionali a più discipline e questo rappresenta un'estensione del tempo della didattica: invece di dedicare due ore a Zenone in filosofia e altre due ore in matematica, gliene vengono dedicate due di filosofia-e-matematica.

Ancora, l'EAS - che come vedremo (cfr. Scheda 8) è un potentissimo dispositivo di valutazione formatrice (Hadji, 1992) e diffusa (Earl, 2012) - si presta moltissimo a essere pensato come un compito di performance che prevede la verifica delle competenze a più livelli. Infatti, essendo quasi sempre il risultato dell'EAS la produzione di un artefatto, spesso multimediale, non è difficile immaginare che attraverso l'artefatto si possano verificare non solo le competenze sviluppate dalle discipline coinvolte direttamente sui suoi contenuti (nel nostro esempio, la matematica e la filosofia), ma anche altre discipline che abbiano uno spazio strumentale in esso (l'italiano o la lingua straniera, ad esempio, per quanto attiene la dimensione comunicativa e veicolare; l'educazione ai media come dimensione della cittadinanza digitale se viene prevista la produzione multimediale, ecc.). Da ultimo, sul piano strutturale, una classe che lavori per EAS (di qui l'importanza che non sia il singolo insegnante a farlo) è una classe in cui il baricentro della didattica si sposta dalle ore di disciplina agli EAS e gli insegnanti sono di fatto costretti a lavorare insieme. Si capisce da questo come l'EAS, a questo livello, agisca sul curricolo nella doppia direzione della forzatura del dispositivo di scuola (ad esempio della identificazione di ora-insegnante-disciplina) e della promozione di una più convinta collegialità.

6. L'apertura: gli EAS dentro e fuori la classe

L'idea del "dentro e fuori la scuola" sostiene la concezione di un'istituzione scolastica intesa come "sistema aperto", capace di allargare il proprio orizzonte formativo e operativo al contesto sociale, economico e territoriale (Brint, 2007) e di esercitare verso di esso un ruolo attivo e propositivo. Obiettivo è quello di porre lo studente al centro del progetto educativo e creare le condizioni ottimali per garantirgli il successo scolastico contrastando l'abbandono e contribuendo alla sua piena realizzazione sociale come cittadino (Goodlad, 1984).

Nel manifesto delle Avanguardie educative promosso dall'Indire, nel quinto orizzonte, leggiamo: «Una scuola aperta all'evoluzione dei saperi e dei metodi è in grado di cogliere e accogliere il cambiamento, permettendo alla propria comunità di modernizzare il servizio scolastico in sinergia con le richieste del territorio»[7]. Il curricolo breve accoglie al suo interno l'innovazione del cambiamento creando quella sinergia necessaria tra scuola e territorio in quanto pone attenzione al "dentro", ossia a tutto ciò che attiene al fare scuola ed è generativo del sapere formale, ma con un'attenzione costante al "fuori", rappresentato dalle iniziative promosse dalle istituzioni, dalle associazioni, dalle aziende e da tutte quelle entità che con la scuola possono interagire e collaborare, nonché relative agli spazi di libera aggregazione degli studenti. Il territorio è il luogo fisico in cui la scuola si colloca, ma anche il complesso di relazioni che si instaurano tra gli attori locali, lo scenario socioculturale che si struttura attorno alla scuola, il portato di richieste specifiche e di proposte esemplari di lavoro per la collettività. Una scuola aperta all'esterno sa instaurare un percorso di cambiamento basato sul dialogo e sul confronto per arricchire il proprio servizio attraverso un'innovazione continua che garantisca la qualità del sistema educativo. Perché un museo, un cinema o una biblioteca diventino "luogo educativo" non serve che il "contenitore" si sposti, ma che si rinnovi il legame tra lo studente e un museo, tra un adolescente e il cinema, tra un bambino e una biblioteca. Perché questo avvenga è

[7] Cfr. in Internet, URL: https://innovazione.indire.it/avanguardieeducative/il-manifesto#oriz5.

fondamentale non tanto portare i banchi altrove ma costruire esperienze e relazioni significative ed efficaci (Augè, 2009). «Leggendo i diversi ambienti come un continuum le cui parti sono tenute insieme dall'esperienza, importo ed esporto da uno all'altro di questi ambienti le informazioni che li riguardano usandole di volta in volta in contesti nuovi per i quali non erano state pensate» (Rivoltella, 2012).

L'utilizzo del metodo EAS consente di riconfigurare gli spazi e i tempi dell'insegnamento e dell'apprendimento formale, offerto dalle istituzioni scolastiche e formative che garantiscono una certificazione, e quelli dell'apprendimento informale, che avviene nei contesti extrascolastici e negli ambienti della vita familiare e aggregativa, all'interno di una logica di apprendimento ma anche di servizio nella comunità educante. L'informale è spesso abitato dalle tecnologie. I media digitali infatti sono proiettati verso la sfera etica della cittadinanza digitale.

Compito della scuola non è solo quello di portare le tecnologie in classe con l'illusione, così, di creare una "scuola tecnologica e digitale". Lo sforzo è di acquisirne le logiche e portarle all'interno di una didattica innovativa ed efficace al fine di fornire agli studenti risposte e supporto per essere protagonisti della loro cultura nella società dell'informazione.

Il metodo EAS per le sue caratteristiche si presta a un apprendimento basato sul web (Web Based Learning), in tutte le sue fasi, in quanto prevede una costante relazione con il "fuori", il territorio, attraverso una reale attivazione personale dell'allievo, "dentro", che, con il suo contributo, co-costruisce l'episodio di apprendimento situato. Infatti proprio il fatto che l'episodio è situato, permette di mettere in contesto gli apprendimenti nella consapevolezza che più i contenuti sono astratti e decontestualizzati e più aggiungono difficoltà accessoria al lavoro di apprendimento degli studenti.

Progettare e agire per EAS aiuta il docente a far entrare nella propria attività didattica la *New Literacy* (Rivoltella, 2020) che comprende la *Digital Literacy* e la *Media Literacy*, cioè l'alfabetizzazione degli allievi alla grammatica e alla sintassi necessarie per muoversi nel mondo digitale, e obbliga gli insegnanti a mettere le proprie discipline a confronto e a contatto con la rete e con tutto quello che rappresenta e vi si trova. La *New Literacy* richiede un docente attento alla contemporaneità e disposto a trasferire in classe non soltanto la propria cultura ma anche quella che gli proviene dalla cultura del web e del mondo social. Questo perché «oggi per insegnare è indispensabile entrare in una logica di apprendimento che non può prescindere dalle abitudini e dai consumi culturali degli allievi» (Bricchetto, 2021).

Questo modo di far scuola fornisce ai giovani risposte e supporto per essere protagonisti della loro cultura nella società dell'informazione, acquisendo competenze che non sono legate a una disciplina in particolare, ma il cui sviluppo è legato a una modalità di apprendere e operare che è in stretta connessione con la realtà circostante.

Progettare EAS, tra macro e micro: il progetto DEPIT

Serena Triacca[1]

1. Breve descrizione del progetto

DEPIT (*Designing for Personalization and Inclusion with Technologies*) è un progetto finanziato nel 2017 dal programma Erasmus+ (2017-1-IT02-KA201-036605) volto a supportare, entro il framework metodologico della Design-Based Implementation Research (Gomez Zaccarelli, Fishman, 2017), il processo di progettazione didattica al fine di renderlo esplicito e condivisibile (Conole, 2013).

L'intento è sviluppare un'applicazione che consenta di produrre artefatti visuali per la progettazione didattica, a partire dai principi del *Learning Design* e del *Visual Design*: l'artefatto progettuale viene concepito come "mediatore didattico", trasformandosi «[...] da strumento di supporto per il docente a mediatore utilizzabile in classe con gli studenti» (Rossi, 2016; 27). Il fatto che tale mediatore sia utilizzabile e modificabile direttamente alla LIM, durante la lezione, gli consente di funzionare sia come mappa per orientare gli studenti a una chiara visione del proprio percorso di apprendimento, sia come aggregatore che può essere arricchito grazie ai contributi degli stessi studenti.

I ricercatori delle tre università partner hanno lavorato a stretto contatto con insegnanti e sviluppatori per l'ideazione, il testing e la validazione di un'app rivolta a professionisti afferenti a diversi paesi Europei e sistemi educativi[2]. Il principale riferimento teorico è rappresentato dal Conversational Framework di Diana Laurillard, già adottato nel 2013 per lo sviluppo della web app *Learning Designer* da parte del team dell'UCL Knowledge Lab guidato dalla docente inglese[3].

«L'iniziativa - si legge sul sito che documenta il progetto - è un esempio di sinergia tra attività di formazione, ricerca e innovazione, che fornisce un metodo di lavoro in-

[1] Serena Triacca si è occupata della concettualizzazione e della stesura del contributo. Revisione, editing e supervisione scientifica sono di Pier Cesare Rivoltella.

[2] Il progetto ha coinvolto diversi soggetti: Università di Macerata (prof. Pier Giuseppe Rossi), Università Cattolica del Sacro Cuore (prof. Pier Cesare Rivoltella), University College London (Diana Laurillard), Universidad de Sevilla (prof. Juan de Pablo Pons), tre reti di scuole del primo ciclo (due italiane e una andalusa), associazioni di settore e la software-house Infofactory, spin-off dell'Università di Udine.

[3] In Internet, URL: https://www.ucl.ac.uk/learning-designer/.

novativo per formatori e studenti e che si basa sulle opportunità offerte dalle tecnologie digitali»[4].

2. *Alla scoperta dell'app DEPIT*

Proviamo di seguito a illustrare le principali caratteristiche di DEPIT, applicativo multipiattaforma per computer desktop (Windows, Apple, Linux) e mobile (Android, iOS) disponibile con interfaccia italiana, inglese e spagnola[5]. La versione desktop è portabile, ovvero non necessita di installazione sul dispositivo ospite ma può essere eseguita anche da pendrive.

Innanzitutto, DEPIT è stata sviluppata per consente agli insegnanti di realizzare percorsi formativi (*educational path*) che si possono snodare in tre strutture correlate (livelli):

- il **curricolo**, i cui nodi sono i **moduli** (card azzurre, livello macro);
- i singoli **moduli**, i cui nodi sono le **sessioni** (card viola, livello meso);
- le singole **sessioni**, i cui nodi sono le **attività** (card arancioni, livello micro).

Il numero dei livelli non è rigidamente prefissato: si potrebbe infatti ideare una struttura con due soli livelli o con più di tre livelli.

I nodi hanno l'aspetto di carte da gioco. Oltre al titolo e a un'immagine identificativa, le card "modulo" e "sessione" consentono di completare una sezione descrittiva con i seguenti elementi:

- titolo, descrizione, tempi, parole-chiave;
- obiettivi e competenze;
- una sezione privata, visibile solo al docente, con annotazioni iniziali e finali.

In aggiunta, nelle card "attività" si può specificare la tipologia di apprendimento sollecitata (acquisizione, produzione, pratica, ricerca, collaborazione, discussione) e dettagliare ulteriormente la tipologia di attività di apprendimento (cfr. Figura 1) secondo lo schema dei "modi di apprendimento e insegnamento" del Conversational Framework.

La grafica della mappa può essere curata per rendere l'ambiente più accogliente, lavorando sulla personalizzazione di diversi elementi: le frecce per la connessione fra le card, l'inserimento di immagini che supportano la memorizzazione, il posizionamento di forme geometriche, utilizzabili anche come "cornici" delle card stesse (cfr. Figura 2).

[4] In Internet, URL: http://depit.eu/.

[5] Il lavoro tra ricercatori, docenti e sviluppatori ha consentito un progressivo rilascio delle versioni dell'app fino all'ultima versione 1.1.0.

Ascoltare una lezione, un podcast o un webcast
Lettura di articoli, libri di testo, documenti digitali, siti Web e risorse
Guardare demo, video o animazioni
Progetta e crea artefatti individualmente o in gruppo
Presenta ad un pubblico
Rifletti sulle attività
Valuta e impara ricevendo un feedback costruttivo
Produzione e archiviazione di documenti digitali, risorse, foto, video, animazioni, blog, e-portfolio
Indagare su situazioni autentiche
Problem-solving - risolvi i problemi o rispondi alle grandi domande
Navigazione e ricerca di informazioni tramite consulenza e guida online
Confronto e analisi di idee ed informazioni
Utilizzo di strumenti digitali per raccogliere e analizzare dati e ricercare e valutare informazioni e idee
Rifletti sulle attività, discussione per rivedere i passaggi precedenti
Discussione sincrona e asincrona per articolare idee e domande
Discussione faccia a faccia e online (forum e chat)
Utilizzo degli strumenti di conferenza Web
Utilizzo di modelli
Simulazioni
Laboratori virtuali e gite sul campo

Figura 1 - Esempio di tipologie di attività di apprendimento

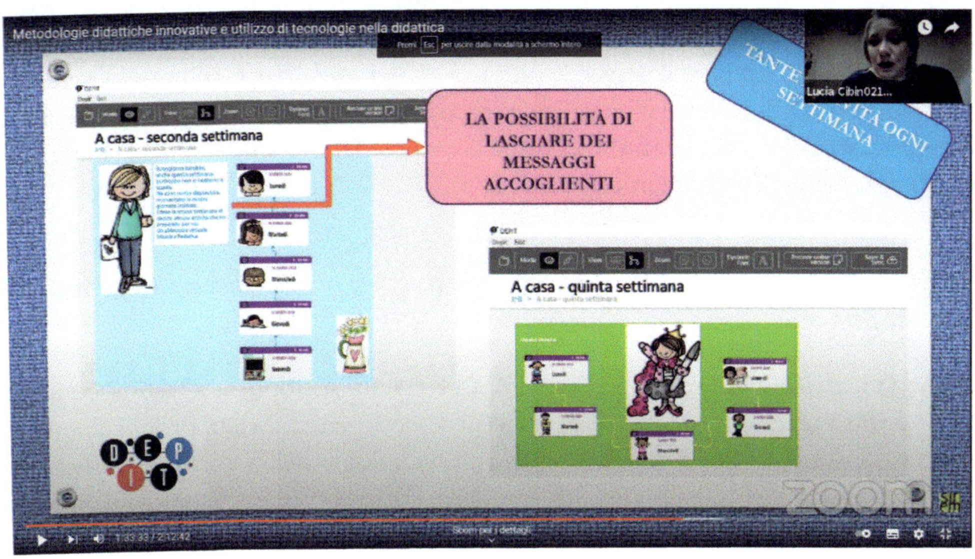

Figura 2 - Esempio di organizzazione di una mappa in DEPIT in Didattica a Distanza (DAD)[6]

[6] Il 19/05/2020, nell'ambito del progetto DEPIT, si è svolto un seminario nazionale dal titolo "Metodologie didattiche innovative e utilizzo delle tecnologie nella didattica". Lo screenshot inserito in Fig. 2 è tratto dalle slide a supporto dell'intervento della maestra Federica Deganutti (IC Pordenone Torre), che illustra come DEPIT sia stato utilizzato con la sua classe terza durante la pandemia. In Internet, URL: https://tinyurl.com/54v26z9r.

In DEPIT, le mappe possono essere integrate dai materiali didattici predisposti dal docente, inseriti come allegato oppure come link, nel caso rimandino a risorse online (ad esempio un video su YouTube o una selezione di siti web).

Come è intuibile, l'applicativo agevola l'azione di documentazione dell'insegnante, intesa come pratica generativa (Torello, 2011): le card possono infatti essere completate con fotografie delle attività, con note audio e con le produzioni degli studenti, arricchendo la mappa lungo il percorso; ciò consente alla classe di «[...] riprendere i contenuti e, soprattutto i materiali – testi e immagini – prodotti in essa, fornendo agli studenti ancore sia cognitive, sia emotive per recuperare vissuti e conoscenze» (Rossi, Pentucci, 2021; 238).

Dal punto di vista dell'usabilità, si segnala che l'interfaccia è nel complesso intuitiva: operare sulle mappe si rivela semplice, potendo agire sui diversi elementi con il drag&-drop (trascina e rilascia), funzionale soprattutto nel caso in cui si lavori su superfici interattive come quelle della LIM e del tablet. Inoltre, la presenza delle "briciole di pane" (ovvero il percorso di navigazione dei diversi livelli con link attivi) consente a colpo d'occhio di rendere evidente agli utenti la posizione della pagina corrente rispetto alla struttura della mappa.

Stante quanto finora illustrato, possiamo dire che l'artefatto progettuale prodotto in DEPIT, diversamente dalle progettazioni che si inseriscono in format tabellari, risulta essere a tutti gli effetti un Graphic Organizer (GO), inteso come «struttura logico-cognitiva in grado di sostenere il pensiero astratto» (Laici *et al.*, 2019; 160) e, al contempo, un artefatto che «[...] descrive il processo e raccoglie i materiali, mostrando e documentando i processi effettuati in contesto. Non è la mappa dell'argomento, ma la mappa del percorso didattico» (Rossi, Pentucci, 2021; 236).

3. Progettare gli EAS con DEPIT: una sperimentazione con gli studenti di Scienze della formazione primaria

Dopo l'ideazione del prototipo, l'app DEPIT è stata sottoposta a testing con insegnanti del primo ciclo di istruzione e, solo successivamente, è stata proposta anche a studentesse e studenti del corso di Didattica e tecnologie dell'istruzione, collocato al quarto anno del corso di laurea in Scienze della Formazione Primaria dell'Università Cattolica di Milano (a.a. 2018/19).

La logica di fondo di DEPIT, il metodo EAS e le funzioni base dell'applicativo sono stati approfonditi lungo quattro settimane di corso, alternando momenti di lezione frontale a navigazioni guidate e attività pratica in piccolo gruppo e suggerendo agli studenti piccole attività propedeutiche alle lezioni (cfr. Figura 3). L'EAS è stato presentato agli studenti come "aggregatore didattico" di Teaching, Learning Activities (TLA)[7].

[7] Cfr. *supra*, Cap. II. EAS e curricolo.

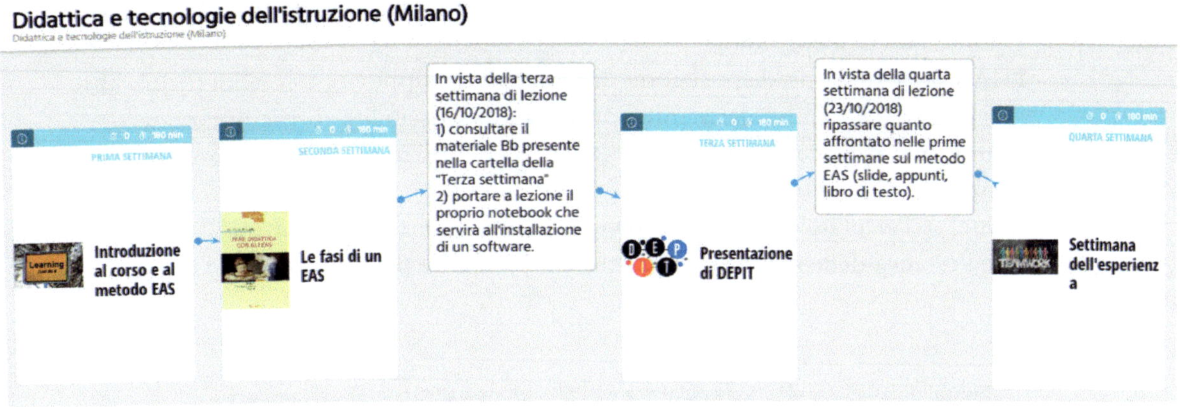

Figura 3 – L'articolazione delle prime quattro settimane del corso di Didattica e tecnologie dell'istruzione in DEPIT (struttura "curricolo")

Il training è culminato nella richiesta di realizzare in piccolo gruppo la progettazione di un Episodio di Apprendimento Situato, servendosi dell'app (cfr. Allegato 1).

A seguito della condivisione degli artefatti progettuali, è stato chiesto agli studenti di valutare il modello di lavoro concentrandosi sull'esperienza di fruizione della app mediata dal docente e sull'esperienza di progettazione, compilando un evaluation tool che è stato somministrato anche agli studenti dell'Università di Siviglia e dell'Università di Macerata[8].

Nello specifico, gli studenti che hanno avuto modo di sperimentare DEPIT, tutti novizi sia rispetto al metodo EAS sia rispetto a DEPIT e al netto delle difficoltà tecniche dovute in particolare ad alcuni bug noti - come l'impossibilità di lavorare a più mani sulla stessa mappa, risolti nelle successive release - hanno valutato piuttosto positivamente la sinergia tra app e didattica dell'EAS. I 76 rispondenti hanno sottolineato i seguenti punti di forza (cfr. Figura 4):

- l'organizzazione per livelli ben si adatta alla struttura tripartita dell'EAS: l'app consente ai novizi di essere sostenuti nel processo di progettazione della sceneggiatura della lezione, articolando gli step previsti dal metodo in maniera rigorosa e apportando le modifiche necessarie anche in corso d'opera;
- la possibilità di riferirsi a un framework condiviso rappresenta una guida molto utile per gli studenti; la scelta delle singole TLA è più oculata e li costringe a

[8] Il momento dell'anno in cui la sperimentazione è stata proposta, dettato dalle tempistiche del progetto europeo, non ha consentito di rilevare l'esperienza uso dell'artefatto progettuale in classe.

interrogarsi sul senso e sul carico cognitivo di ciascuna rispetto all'economia complessiva dell'episodio;
- l'EAS prevede la predisposizione di materiali di supporto, i cosiddetti job aids (Triacca, 2013): particolarmente apprezzata la possibilità di memorizzare ogni singolo file o link nel punto corretto in cui serve, migliorando la gestione dei tempi e la fluidità della lezione;
- infine, se l'artefatto progettuale diventa a tutti gli effetti un *deliverable*, poter curare l'estetica delle mappe è importante per rendere più apprezzabili i contenuti.

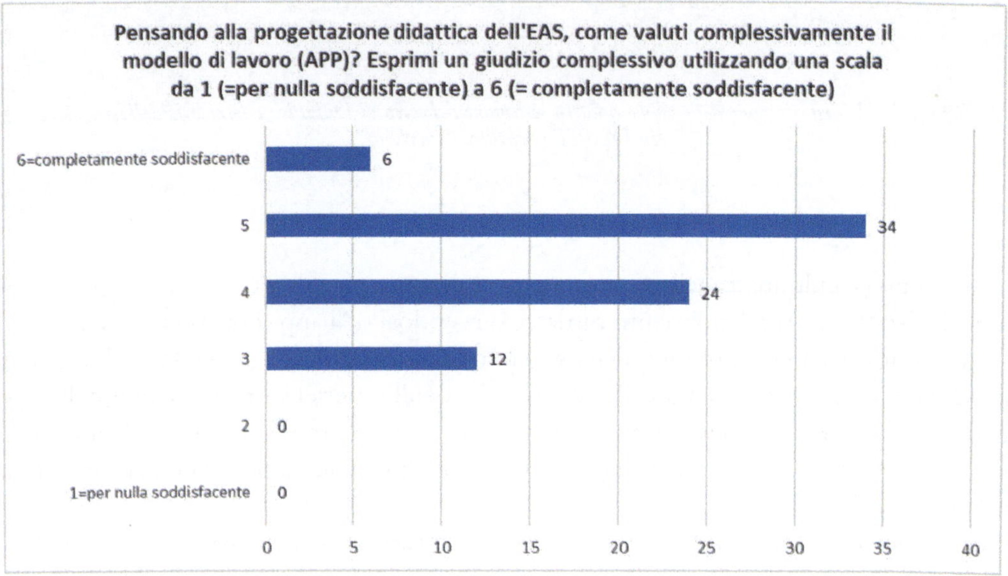

Figura 4 - Valutazione di DEPIT per la progettazione EAS da parte degli studenti di Scienze della Formazione Primaria (n. 76).

L'adozione di DEPIT nell'ambito della formazione *pre-service* può rappresentare, entro una solida cornice di accompagnamento, un valido alleato per apprendere i fondamenti della progettazione secondo il metodo degli Episodi di Apprendimento Situato. I percorsi di tirocinio diretto, in continuità, potrebbero sostenere i futuri insegnanti nell'articolazione della reticolarità fra micro e macro, affinché sia garantita coerenza tra il percorso annuale della disciplina e la singola attività quotidianamente agita in aula.

Come rilevato dalla ricerca di Rossi e Pentucci circa l'impatto di DEPIT sulla professionalità docente (2021), l'accompagnamento all'utilizzo di DEPIT nella formazione in servizio incide sull'incremento di consapevolezza, sul ruolo della progettazione e della sua importanza per la qualità della didattica: essa consente di affinare la capacità di anticipare problemi e di prevedere i tempi, sia di gestire più oculatamente la lezione grazie alla guida della mappa, che aiuta a "riprendere il filo" dopo le naturali deviazioni di percorso sollecitate dalle curiosità degli studenti o da eventuali imprevisti.

Occorre infine ricordare che la progettazione esplicita, soprattutto quando realizzata in condivisione, favorisce il confronto profondo tra professionisti della formazione e il ritorno riflessivo sulle proprie pratiche (Laurillard, 2012): per questo è sempre raccomandabile, anche ai professionisti molto esperti e dotati di lunga esperienza.

Allegato 1. Il mandato di lavoro dell'e-tivity proposta agli studenti

Per creare la struttura del vostro EAS iniziare creando una nuova mappa (New Map), selezionando la modalità Modulo. Denominare la mappa con il nome della classe (ad es. Classe Quinta).

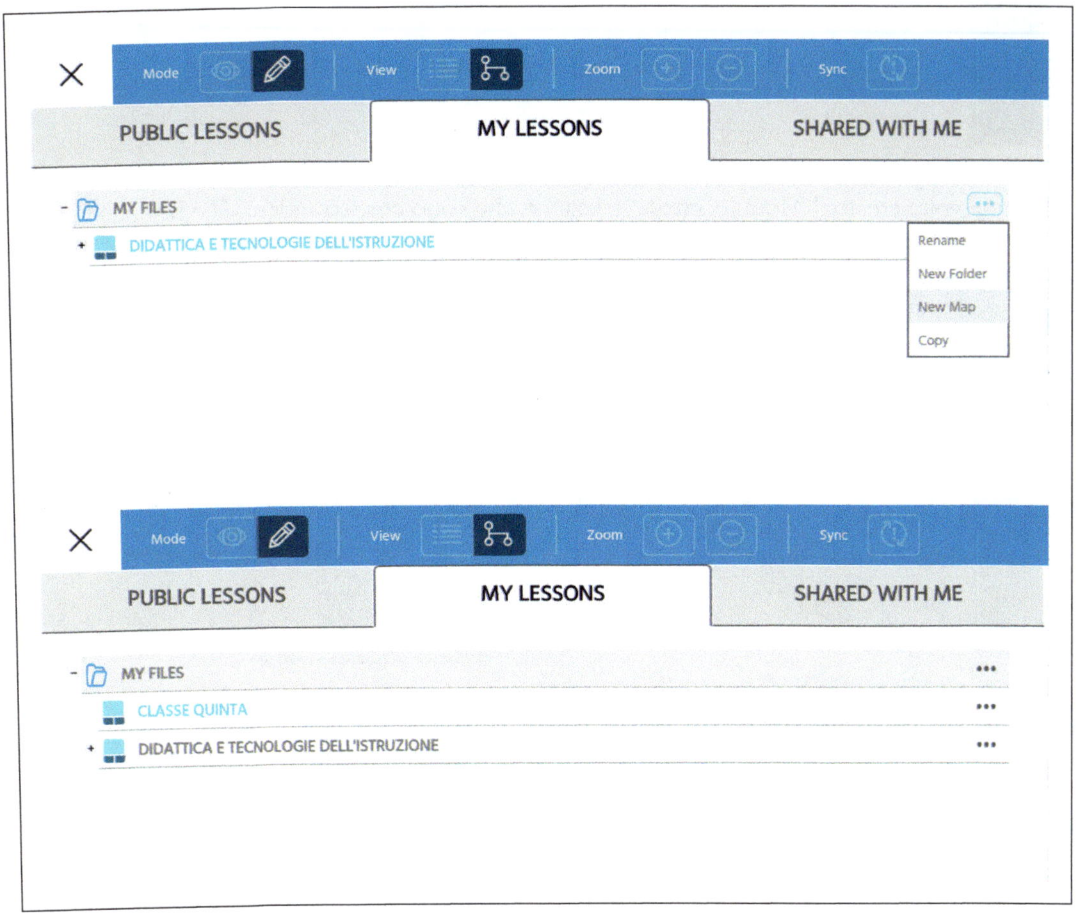

Per entrare nella mappa, cliccate due volte oppure selezionate la voce “Open map”. Cliccate su “Modulo” e trascinatelo nell’area di progettazione. Denominatelo con il titolo che intendete dare al vostro EAS.

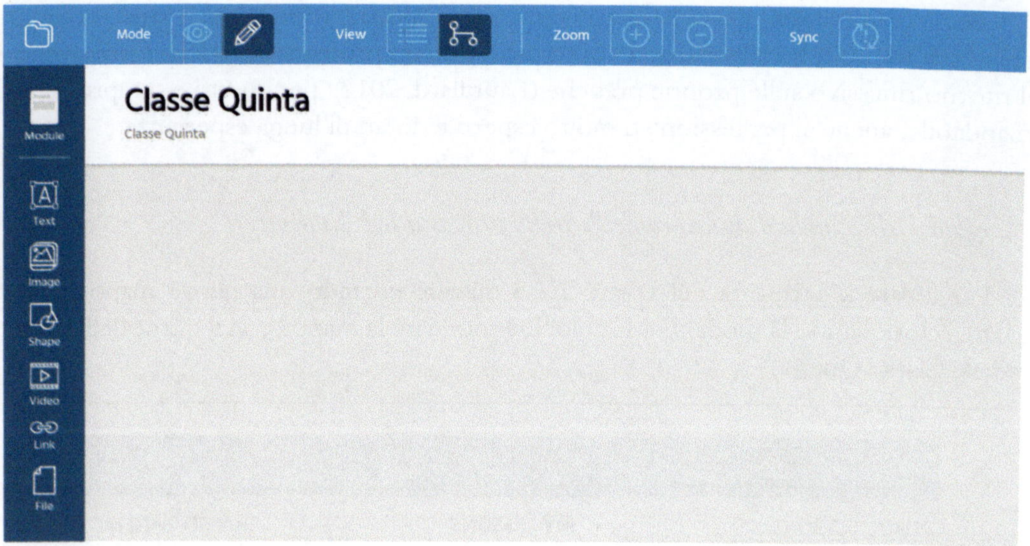

Una volta creato il Modulo, create le lezioni, che sono corrispondenti alle fasi dell’EAS.

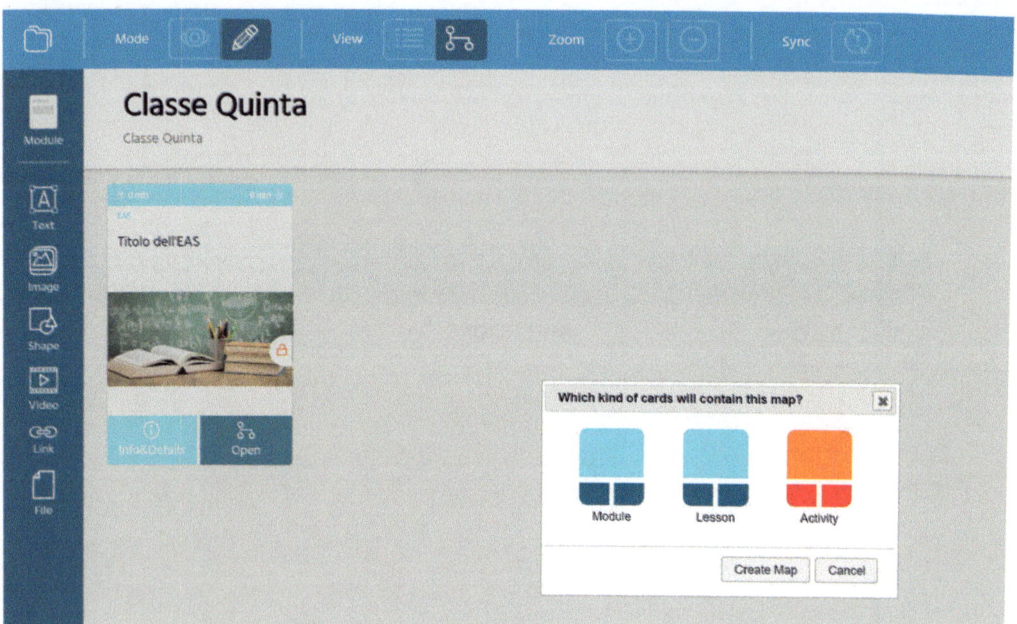

Dentro la lezione create le attività ("Activity"), ovvero gli step di ciascuna fase.

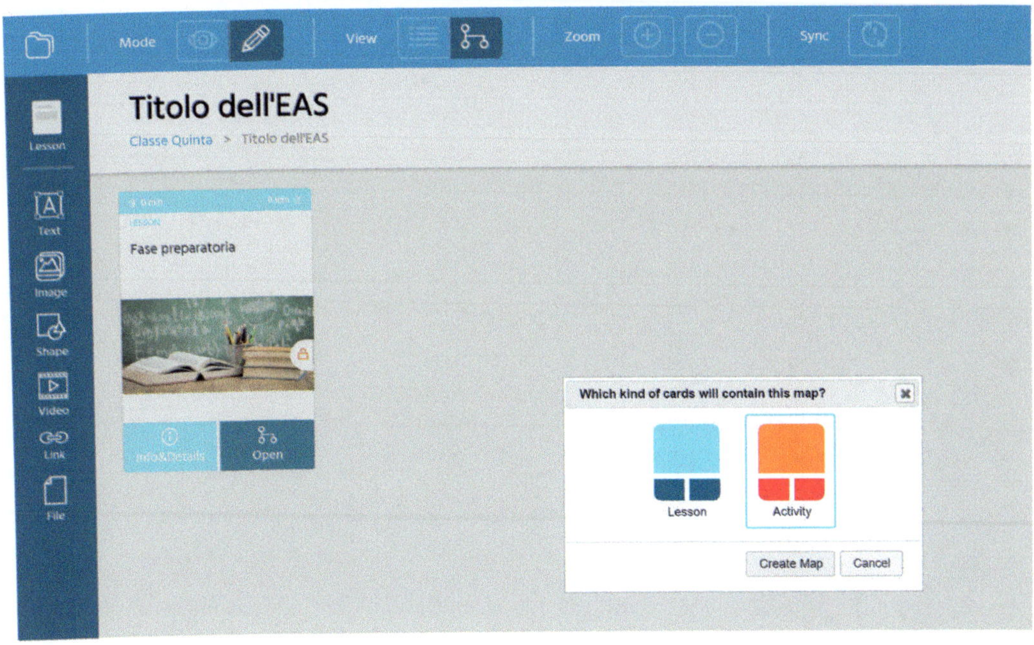

III

Il formato dell'EAS: tra canone e flessibilità

Enrica Bricchetto, Gianna Cannì[1]

1. *La sintassi dell'EAS: cauto elogio della progettazione esplicita*

La progettazione esplicita è la possibilità di firmare una lezione originale, come se fosse una qualsiasi altra opera d'ingegno, usando un format codificato. Il docente *designer* non sarà più schiavo della trasposizione esterna delle discipline proposta dai documenti nazionali, dai manuali in adozione e da antiche liste di contenuti ormai interiorizzate. E questo è l'elogio.

La progettazione esplicita non deve diventare una tagliola che imbriglia e recide la spontaneità, trasformando chi insegna in un compilatore che non muove un passo senza il suo format di fiducia. In realtà, man mano che si lavora per EAS, il docente ha a disposizione alcune lezioni già progettate che può adattare e modificare, condividere: progettare tutti i giorni tutte le lezioni *ex novo* non è praticabile, rischia di usurare l'entusiasmo e di rendere faticosa la postura dell'insegnante progettista. E questo è l'invito alla cautela.

In un contesto scolastico come il nostro, che abbonda di disciplinaristi mentre è carente di esperti di pedagogia e di didattica, è facile pensare che chi padroneggi bene la propria disciplina e abbia qualche dote personale (facondia, simpatia, autorevolezza innata) sia necessariamente un buon insegnante, carismatico e persuasivo. Questo modello di docente si muove perfettamente sulla scena della lezione-conferenza, mentre gli studenti sono il suo pubblico. È ormai pacifico che una simile lezione oggi non sia più praticabile né auspicabile, per mille motivi diversi, che vanno dalla considerazione di come siano cambiati gli studenti e i loro tempi di attenzione alla diffusa consapevolezza che solo una didattica attiva possa coinvolgere e promuovere un apprendimento

[1] Le autrici condividono concettualizzazione e impostazione metodologica del capitolo. Poi, nello specifico, Enrica Bricchetto ha scritto i §§ 2 e 4; Gianna Cannì i §§ 1 e 3. Revisione, editing e supervisione scientifica sono di Pier Cesare Rivoltella.

autentico e profondo. Lo studente deve essere al centro, questo ormai è condiviso da tutti. Ma al centro di cosa?

Perché uno studente sia al centro bisogna disegnargli intorno un preciso ambiente di apprendimento; e senza la progettazione esplicita della lezione questo è impossibile. Verrebbe da dire che solo una lezione frontale possa essere improvvisata sul momento, ma non abbiamo prove di questo. A ogni modo, mettere al centro lo studente significa *disporre* la lezione, darle una forma, soprattutto per quanto concerne quello che lo studente è chiamato a fare: occorrerà predisporre materiali, suggerire risorse anche online, tracciare un percorso di ricerca, problematizzare le questioni, selezionare un microcontenuto da rielaborare, preparare *Job Aids* e mediatori didattici. Dunque, l'elogio della progettazione esplicita è innanzi tutto l'elogio di chi sa mettersi da parte, di chi abbandona la scena per dirigerla, come un regista.

Dal punto di vista del docente, la progettazione esplicita è un'occasione imperdibile per prendere sul serio e valorizzare il proprio lavoro. L'EAS è un dispositivo professionale che stimola la riflessività, ma è anche uno strumento che libera la creatività. La progettazione in tre fasi obbliga a pensare a un'articolazione della lezione in tre atti: è un'operazione di *design*, ma anche di storytelling. Bisogna raccontare una storia convincente, dotata di sostanza e ritmo.

La fase anticipatoria non è l'antefatto o il prologo: quello è implicito e precede. La fase anticipatoria fa iniziare l'EAS *in medias res*: si parte dal conflitto ed è il conflitto che dà senso al resto. La prima operazione, che richiede un impegno creativo da parte del docente, è trasformare un contenuto in un problema, in un oggetto di ricerca, alternando aiuti e ostacoli. Già questa operazione non è neutra né pacifica, perché richiede all'insegnante di usare il presente come reagente per far emergere da un oggetto culturale la domanda che contiene. Il presente, come si vedrà meglio nel paragrafo successivo, è tempo e luogo: si riferisce all'attualità ma si riferisce anche ai presenti, docente e studenti, che condividono quel tempo. La situazione-stimolo iniziale, quindi, dovrà contenere un aggancio al presente e ai presenti; da questo dipende l'interesse a partecipare anche alle fasi successive da parte degli studenti. Si creano le condizioni perché la storia sia ben costruita, si crea cioè quel sistema dinamico all'interno del quale tutti si muoveranno producendo cambiamenti in se stessi e negli altri. I protagonisti di una storia sono quelli che agiscono e che cambiano: nella fase preparatoria si mettono in viaggio alla ricerca di qualcosa che li cambierà, a prescindere dal frutto ultimo dell'azione.

La fase preparatoria contiene anche un'importante sequenza riflessiva, in cui l'azione si ferma, ma che è indispensabile alla direzione che poi prenderà la "storia": il docente seleziona e organizza un contenuto in modo autoriale per il framework, che è la performance - accuratamente pensata prima - di un intellettuale che non solo conosce la disciplina ma che ne ha anche fatto uno strumento personale per leggere la realtà. Il framework non è un'esposizione lineare, non è il capitolo di un audiolibro. La performance del docente è una pratica di integrità, che coinvolge anche la dimensione emotiva e fisica, assimilabile per certi versi a quella dell'attore che vive il suo personaggio o dell'aedo che incarna quello che canta, come ha dimostrato Pier Cesare Rivoltella (2021) in *Drammaturgia didattica*. «Il corpo dell'insegnante, con la sua gestualità, con il timbro della voce è già un potente mediatore didattico attraverso cui si esercita il potere seduttivo dell'educazione» (Cannì, 2018; 57). Il tema della cancellazione e svalutazione del corpo (e quindi della dimensione personale) nei luoghi fisici e simbolici della cultura, centrale nel pensiero femminista, ci porterebbe adesso fuori strada: è sufficiente dire qui che la performance del docente deve restituire un uomo o una donna interi.

È nel framework che emerge la competenza, il rigore ma anche la passione per quello che si insegna e allora il narratore qui prende la parola senza filtri e nascondimenti. Naturalmente non è un'orazione autoreferenziale, ma un momento relazionale in cui il docente svela anche la propria *inclinazione*. In un bel libro intitolato *Inclinazioni. Critica della rettitudine* (2013), la filosofa Adriana Cavarero ragiona sul fatto che la filosofia e in particolare l'etica, tradizionalmente, hanno sempre guardato con ostilità o quantomeno sospetto alle inclinazioni, rubricando sotto questo lemma la schiera temibile dei desideri e delle passioni. Il verbo greco *apoklinein* fa pensare all'abbassarsi, allo sdraiarsi, al cedere, mentre i metodi cui la filosofia ricorre sono, come sosteneva Foucault, richiamato da Cavarero (2013; 8), «dispositivi di verticalizzazione il cui fine è l'uomo *retto*». Nella figura dell'inclinazione, proprio in virtù di questo cedere al desiderio, alla passione, abbandonando una rettitudine autosufficiente, il soggetto esce dal suo asse per sporgersi verso l'altro, si inclina sull'altro in una postura relazionale. Trasferendo il ragionamento sul discorso che si stava fin qui facendo, un framework progettato in autonomia e libertà asseconda l'inclinazione del docente, consente un'operazione di trasposizione radicale e, paradossalmente, di avvicinamento all'altro. Nel framework il docente si espone, si rende *vulnerabile*, ovvero è *in situazione* (Lévinas, 1984; 23). L'autorevolezza del docente si sposta sull'asse inclinato della relazione.

Il docente carismatico che sa stare sulla scena può fare qui la sua comparsa, per una quindicina di minuti, venti al massimo, almeno nella scuola secondaria. Sia il docente carismatico sia l'altro saranno comunque al servizio dell'azione prossima degli studenti.

La fase operatoria è il cuore della narrazione, è la fase in cui succede qualcosa. In gruppo si progetta, si negozia, si divide il lavoro, si produce qualcosa da offrire agli altri, e sarà l'occasione in cui gli studenti si misurano con le forze in campo: verso l'interno, con le loro competenze e verso l'esterno, con le prove da affrontare. Se fossero gli eroi di un racconto, incontrerebbero qui il loro destino. Il lavoro di gruppo va progettato accuratamente, a partire dalla composizione dei gruppi stessi, che può essere casuale (in questo caso, a rotazione, alla fine tutti lavoreranno almeno una volta con tutti) o no, e dal dosaggio della difficoltà (il compito deve essere sfidante ma non scoraggiante, all'interno della Zona di Sviluppo Prossimale di cui parla Vygotskij). Questo è il momento in cui gli studenti comprendono che il lavoro a scuola è un lavoro di relazione, di interconnessione.

Nel debriefing, che non può essere improvvisato ma che richiede l'uso di mediatori e strumenti predisposti dall'insegnante esattamente come le altre fasi, i protagonisti proveranno a trarre *il sugo della storia*, mettendosi in discussione, condividendo cosa hanno capito del loro modo di lavorare. È anche il momento di verificare la tenuta dell'intero impianto della progettazione.

Il lieto fine non è garantito: anche una lezione perfettamente progettata può non funzionare per una serie di variabili non prevedibili. Ostinarsi a seguirla mentre è evidente che gli studenti si stanno perdendo peggiora solo le cose: occorre regolare la lezione, apportare modifiche alla scaletta, discostarsi consapevolmente dalle decisioni prese in precedenza. Come succede agli studenti, gli errori - anche nella progettazione - sono grandi occasioni di apprendimento. Se si è riusciti ad arrivare comunque alla fine, la fase ristrutturativa può fornire al docente molti elementi utili alla autovalutazione. Il che non significa immaginare di correggere il tiro andando incontro ai gusti dello studente, come se fosse un cliente. L'ultima frontiera della progettazione sembrerebbe la co-progettazione dal basso (*bottom-up*), condivisa con gli studenti: l'idea di per sé è suggestiva, evoca una responsabilizzazione, una presa in carico da parte dello studente del proprio apprendimento, però il rischio è quello di una scuola *on demand*, in cui chi consuma si costruisce il prodotto su misura.

La progettazione è invece prerogativa del docente, flessibile quanto basta per accogliere le sollecitazioni che provengono dall'attualità, come si vedrà, dai consumi culturali degli studenti, anche dagli eventi imprevisti, ma comunque pensata dal docente: progettare una lezione significa conoscere l'epistemologia di una disciplina, sapere come essa si struttura, quali sono i suoi nuclei fondanti; insomma, lo può fare solo un esperto. Questo non toglie che gli studenti possano proporre contenuti o attività e che l'insegnante possa inserire questi suggerimenti all'interno della sua lezione.

All'inizio si diceva che non tutte le lezioni saranno progettate secondo il metodo EAS e che non tutte le lezioni avranno una progettazione esplicita, perché progettare richiede moltissimo tempo, inutile negarlo. La progettazione esplicita deve quindi essere sostenibile: progettare in team potrebbe essere un modo per dividere il carico, ma forse la scelta più praticabile è progettare esplicitamente alcuni EAS, che con poche sostituzioni e modifiche genereranno altri EAS. L'EAS diventa veramente una postura, un modo di insegnare quando si scopre, a volte per caso, che non si riesce più a fare una lezione senza creare una situazione-stimolo iniziale in cui gli studenti lavorano in anticipo, una parte di didattica attiva e laboratoriale in classe e una riflessione finale per valutare il percorso. Le logiche dell'EAS a un certo punto sono interiorizzate, agiscono quasi in automatico: ma perché si arrivi a questo, occorre progettare esplicitamente un buon numero di EAS.

2. *Pensare il cambiamento: EAS e attualità*

Per pensare il cambiamento - professionale e relazionale nella comunità scolastica - assumiamo, come docenti, le categorie definite da Pier Cesare Rivoltella nella parte dello sfondo concettuale dedicata alla didattica laboratoriale di Celestin Freinet (cap.1): *tema vivente*, didattica dell'attualità e della co-investigazione; per mettere in atto il cambiamento ci proponiamo di andare oltre lo *script* della progettazione, come abbiamo chiarito nel primo paragrafo di questo capitolo.

Ne consegue uno scenario che non può che essere generativo sul piano didattico a patto che si costruisca una relazione tra docente e classe basata sul riconoscimento di ruoli non statici e sulla contaminazione culturale. La differenza profonda tra la scuola oggi e quella di ieri, cioè prima della rivoluzione di Internet, è che docenti e studenti abitano la stessa dimensione, quella *onlife* (Floridi 2015; 2017). In passato informazione e formazione appartenevano a agenzie ben precise: famiglia, scuola, oratorio, partito. L'*onlife* ha inglobato l'arena dei media e ha reso ogni essere umano onnipotente e debole allo stesso tempo. Di sicuro in cerca di mappe per orientarsi. Essere consapevoli di abitare questa dimensione significa pensare il cambiamento: lavorare per EAS ne può rappresentare il *coté* didattico.

Il paragrafo precedente ci ha chiarito come la prima operazione da parte del docente che progetta un EAS sia trasformare un contenuto in un problema, in cui il presente - inteso come tempo e luogo - sia il reagente: in altri termini partire da un tema vivente. In ogni sguardo - disciplinare o no - si rifrange in modalità diverse quello che è più urgente dell'ecosistema informativo in cui siamo immersi.

Nel momento in cui scriviamo sta imperversando una guerra che interpella tutte e tutti e che non può lasciare indietro la scuola, anzi la costringe a fare i conti con un presente drammatico fatto di quello che succede nelle strade, negli organismi politici e militari e nella rete ma anche nelle classi e nelle scuole (Bricchetto, 2022a; Pasta, 2022). C'è un docente in particolare che deve occuparsene? Tradizionalmente questo è demandato a chi insegna materie umanistiche ma il lavoro per EAS, se si individua una situazione di apprendimento problematica e attuale che si presenti sfidante dal punto di vista cognitivo e richieda pensiero e azione, può riguardare ogni componente del consiglio di classe: fare un EAS significa affrontare l'attualità indagando le ragioni di quello che succede, guardando indietro, avanti e dritto di fronte a noi.

Ammesso, dunque, che l'EAS, per la sua struttura e per la sua natura, promuova una forte relazione con la contemporaneità, Pier Cesare Rivoltella ha reso fin dall'inizio i consumi culturali uno degli aspetti caratterizzanti del metodo. Si tratta di una delle prospettive della *Media Education* (Gonnet 2001; Rivoltella 2013, 2017) secondo la lezione dei *British Cultural Studies* e come emerge dal dibattito nato in Inghilterra «su come la scuola sia chiamata, per poter adempiere al proprio compito di trasmissione culturale, a un lavoro di traduzione dei costrutti e dei contenuti nei linguaggi e nelle forme culturali dell'oggi. Non si tratta di una rinuncia alla Cultura Alta, come spesso credono i più conservatori, ma di un lavoro di mediazione culturale proprio attraverso il quale i valori di quella Cultura possono sperare di sopravvivere. Comprendere questo significa per la scuola tenere conto dei consumi culturali dei più giovani, conoscere le loro subculture e le forme in cui si esprimono, sapere cosa fanno con i media: è importante per potersi sintonizzare sulla stessa lunghezza d'onda ed essere efficaci. Come si capisce il problema non è (solo) di curricolo, ma soprattutto di pedagogie, non di cosa ma di come si insegna» (Rivoltella, 2021; 161).

Progettare EAS in questo senso significa individuare una situazione-problema-stimolo che parta da quelle informazioni, conoscenze, saperi disciplinari, contatti che gli adolescenti acquisiscono in modo "mediato" nell'infosfera, in cui i parametri di autorialità e di attendibilità sono cambiati e in cui la crossmedialità, la transmedialità, l'Intelligenza Artificiale creano sistemi narrativi complessi e affascinanti.

Molte narrazioni, nei vari linguaggi, circolano in rete attraverso i videogiochi, i film, serie tv, webserie, docufiction, video su youtube o su siti o piattaforme dedicate. E ancora le canzoni, gli ambienti virtuali, i meme, i film di animazione, i podcast. Nei social, poi, a seconda della propria bolla, si è "spettautori" di una narrazione a senso unico, in cui si assorbono contenuti e ci si rafforza in opinioni senza avere chiaro il contesto (Pasta, 2021a; 2023).

Serie tv come *Stranger things, Zero, Skam* o *Peaky Blinders*, *Snowpiercer*, *Harlem*, *Fauda*, *Westworld*, facilitano la creazione del conflitto che innesca l'EAS e la trasformazione dei contenuti in problemi. Abbiamo indicato titoli su cui è facile trovare informazioni e sui quali abbiamo lavorato, ma insistiamo che il punto centrale è dare valore al ruolo di spettatore, alla costruzione di nuovi significati che entrano a far parte della cultura personale percepita come stratificata, legata al tempo e ai cambiamenti di docenti e studenti.

Se si tratta di film e di serie TV di tendenza, se ne può dare per scontata la visione, proponendo nel lavoro anticipatorio di individuare le tematiche o gli aspetti tecnici o il dibattito pubblico che hanno sollevato, o lavorare in classe, nelle altre fasi, su piccole parti lasciando sullo sfondo l'insieme. Se si propongono serie TV cult, si può puntare sull'esplorazione, sulla scoperta e sull'interesse profondo per le storie che accomuna adulti e adolescenti (Gottschall, 2014). Il docente sceglie un contenuto adatto a ragionare su un formato narrativo, sul rapporto con le fonti e sulla rappresentazione oppure ad aprire a un discorso disciplinare. *Snowpiercer* è una serie statunitense, distribuita nel 2020, arrivata alla terza stagione, prodotta dal regista sudcoreano Bong Joon-ho che ne aveva già fatto un film nel 2013, a sua volta ispirato a una graphic novel francese. È una distopia crossmediale sul mondo di oggi: malato, freddo, tecnologico e con in sé il germe dell'ingiustizia e della diseguaglianza. Gli spunti sono molteplici. O ancora porsi di fronte a una fiction come *Peaky Blinders* e fare lo sforzo di individuare i temi sottesi, quelli che stanno sotto la vicenda narrata, è stimolante. Come ha ben spiegato Carlo Greppi, nel suo saggio su questa fiction straordinaria, il filo rosso, quello su cui confrontarsi, è il trauma della trincea, non tanto quello che appare come il tema principale, ovvero una guerra tra gang a sfondo razziale (Greppi, 2018).

Il tema vivente, come ha scritto Freinet, è quello che "c'entra" con gli allievi, perché li coinvolge a livello personale, come categoria - perché sono bambini, perché sono adolescenti - oppure perché riguarda quello che succede attorno a loro (a noi). Qualche esempio in più può essere utile. Nel volume *Fare storia con gli EAS. A lezione di Mediterraneo* Enrica Bricchetto è partita da un articolo uscito su "Il Sole 24 ore" per sviluppare un discorso sul commercio nell'età moderna, ma il tema vivente, che sottende tutto l'EAS proposto, è costituito dall'attualità delle traversate dei migranti sulle rotte del Mediterraneo su cui si concentra la terza fase, quella ristrutturativa (Bricchetto, 2016). L'EAS *Bambini da un altro pianeta* è invece stato realizzato poco dopo che Liliana Segre era diventata senatrice a vita. Recentemente i *Fridays for Future* hanno dimostrato il forte coinvolgimento dei giovani sul tema della sostenibilità e della salute del pianeta, così come la guerra in corso non li ha lasciati indifferenti: questi sono temi viventi. C'è una forte richiesta di accesso verso quello che succede nel mondo ma che, come già rilevato, si scontra con l'overload di informazioni che investe ogni individuo così che l'EAS con la sua sceneggiatura rigorosa ma generativa viene di nuovo in aiuto al docente perché non si nutre solo di narrazioni, ma anche di informazioni.

Portali di notizie, siti di musei, podcast, profili social e luoghi in cui circola la stretta attualità: il docente indica agli studenti luoghi della rete che magari non frequentano.

È noto che il meccanismo dei social media porta a stare dentro bolle informative che si autoalimentano. Proporre di seguire per qualche giorno profili social di studiosi, di giornalisti, di divulgatori, di scienziati, di storici, di letterati, è un primo elemento di distinzione, apre al confronto e a opinioni diverse. Oppure concentrarsi sul formato podcast che l'EAS accoglie nella fase anticipatoria, in cui si possono proporre attività di scoperta facendo ascoltare e analizzare i singoli episodi (in alcuni casi poi avviene la fidelizzazione), mentre nella fase operatoria si può proporre di scrivere la scaletta di uno nuovo per poi realizzarlo successivamente.

Un esempio molto interessante è *Stories*, il podcast di Cecilia Sala, che dura tra 8 e 10 minuti. Esce tutti i pomeriggi dal lunedì al venerdì su Spotify ed è prodotto da Choramedia. Cecilia Sala è la prima inviata podcaster: registra le storie, le voci delle persone che incontra, restituisce anche dei veri e propri paesaggi sonori. Una parte molto significativa della sua attività è stata dedicata alla guerra in Ucraina, dove nel mese di marzo del 2022 si è mossa nella direzione contraria dei profughi che lasciavano il paese. I suoi podcast aiutano a comprendere il quadro generale di quella guerra. Cecilia Sala incrocia il sistema transmediale perché è molto attiva nel suo profilo *Instagram* che consente di capire dove si trova, di vedere foto dei luoghi che visita e guardare i suoi video. Scrive anche articoli per "Il Foglio". Nei suoi podcast in pochi minuti racconta una storia viva, che si presta a essere impiegata nell'EAS in tutte e tre le fasi: esplorazione, produzione, riflessione.

L'EAS, sempre ma forse ancor più oggi, ha bisogno di un docente che viva lo spirito del suo tempo. Certo chi insegna da tempo ha bisogno di rafforzarsi nelle *New Literacies*, competenze mediali dinamiche, e lo può fare affidandosi a una cospicua bibliografia (Rivoltella, 2020), a corsi di formazione specialistici e all'autoformazione, mentre per i docenti in ingresso i corsi universitari cominciano a muoversi in questa direzione. Incanalare competenze che gli studenti hanno già con i quadri concettuali propri dei docenti, esperti nei saperi tradizionali, è fondamentale affinché gli studenti siano consapevoli di cosa vedono, di cosa fanno o non fanno, clicchino a ragion veduta, commentino riflettendo e in definitiva apprendano.

3. Spiegare l'EAS: rendere riconoscibili le fasi del lavoro

La progettazione esplicita traccia il percorso, è una mappa. Non è però il viaggio, per quanto il docente - mentre progetta - viva un'esperienza intellettuale molto stimolante. Il viaggio vero è la realizzazione dell'EAS in classe insieme agli studenti.

Nel primo paragrafo si è paragonata la progettazione esplicita alla scrittura di una storia, che vede come protagonisti docente, studenti e, come si è visto nel paragrafo precedente, i loro consumi culturali. Rimanendo in questo parallelismo, una volta in classe la storia va raccontata perché ciascuno possa collocarsi coscientemente all'interno della "narrazione".

Per facilitare l'individuazione del filo narrativo da parte degli studenti, può essere utile sintetizzare la progettazione completa in una scaletta, da proiettare durante la lezione; l'indicazione dei tempi di svolgimento delle diverse fasi sarà anche d'aiuto per mantenere il giusto ritmo. All'inizio il docente presenta la scaletta, annuncia le attività che si andranno a fare. La logica di questa scelta è molto semplice: se sappiamo dove stiamo andando, è più facile muoverci tutti nella stessa direzione[2].

Spiegare le fasi dell'EAS aiuta dunque gli studenti a orientarsi e a tenere il passo.

Rendere riconoscibili i vari momenti della lezione ha però un'altra importante funzione, quella di far emergere il senso di quello che si sta facendo.

La spiegazione dell'EAS deve essere semplice e lineare, non costruisce pericolanti sovrastrutture di intenzioni e aspettative; è importante far emergere in modo chiaro la coesione tra le fasi, illustrare brevemente gli strumenti e i materiali che si utilizzeranno nel corso della lezione; far comprendere il nesso tra la scelta di un consumo culturale degli studenti e la disciplina; esplicitare l'aggancio con l'attualità; se l'EAS ha un titolo,

[2] L'uso di DEPIT (cfr. Scheda 2) può risultare estremamente utile in questa prospettiva proprio per la funzionalità di questo applicativo di consentire il passaggio continuo dalla singola TLA che si sta svolgendo alla cornice generale dell'EAS entro cui la TLA si colloca e del percorso progettuale del periodo o dell'intero anno scolastico.

motivarne le scelta (nel debriefing si potrà anche valutare la corrispondenza tra titolo e contenuto della lezione).

Rendere riconoscibili le parti dell'EAS contribuisce anche a suggerire o rinforzare il metodo di apprendimento: per esempio, capire l'utilità di documentarsi autonomamente prima di affrontare un compito; scoprire che anche quello che si "consuma" in autonomia (serie tv, podcast, giochi) è "cultura", se si utilizzano gli strumenti cognitivi giusti; e poi analizzare e valutare il proprio modo di lavorare sono pratiche che, una volta interiorizzate, risultano estremamente significative e trasferibili anche in altri contesti, producono consapevolezza culturale e soprattutto agganciano, come si è visto nel paragrafo 2, il lavoro scolastico alla vita, nella dimensione dell'*onlife*.

La fase preparatoria è la più aperta, è una situazione-problema che mette in moto strategie individuali: qui naturalmente il docente non spiega né il problema né tantomeno la soluzione (che, peraltro, se il problema è autentico, non è univoca), ma suggerisce un modo di procedere, individua strumenti e risorse. Può mostrare perché quel problema è significativo per lui in prima persona, ma anche in relazione al contenuto della lezione e alle competenze che si vorranno esercitare. Nella fase operatoria il docente spiega cosa gli studenti faranno in gruppo, ma spiega anche perché si è richiesto quell'artefatto, come si inserisce nel contesto culturale in cui siamo immersi, a cosa serve; ragiona sul fatto che quell'attività insegna a fare qualcosa che si potrà poi utilizzare fuori dall'aula. Nella fase ristrutturativa gli studenti acquisiscono l'attitudine a osservarsi, a capire quali sono i loro punti di forza e punti deboli: se il docente spiega l'utilità e il senso di questa metariflessione, gli studenti saranno motivati a prendere sul serio questa fase, che spesso viene confusa con una semplice presentazione dell'artefatto o con una versione aggiornata delle classiche domande da fine lezione, cui nessuno ha mai risposto: "Tutto chiaro? Ci sono domande? Qualcuno vuole aggiungere qualcosa?".

Non si tratta di spiegare le fasi in astratto, come se si volesse presentare il metodo didattico, ma di spiegare i passaggi di quella specifica lezione, della sua coerenza interna in vista di uno scopo quanto più condiviso.

Raramente i docenti mostrano i propri attrezzi del mestiere, eppure non c'è didattica più efficace di quella che si praticava nelle botteghe rinascimentali, dove maestri e allievi condividevano uno spazio, un'opera e gli strumenti per realizzarla. La didattica di bottega è una didattica attiva e per competenze che si pratica ancora oggi nei luoghi di lavoro, ed è basata sull'esempio fornito dal maestro e sulla pratica. Nella bottega rinascimentale i rapporti erano regolati sulla base della diversa padronanza del mestiere, non erano quindi rigidi e cristallizzati. A seconda dell'attività specifica che si svolgeva, alcuni allievi potevano mostrare la loro maestria, potevano persino superare il maestro, come nel caso famoso di Leonardo e Verrocchio, anche se solitamente il disegno del maestro era il marchio della bottega stessa. Nella bottega l'apprendista diventa sempre più autonomo; il maestro dà l'esempio, suggerisce, incoraggia, aiuta ad analizzare l'errore, ma, come in tutte le attività laboratoriali, pratica un progressivo *fading*, una progressiva riduzione degli aiuti (Bruner, 1966). Perché ciò sia possibile anche in un'aula scolastica, lo studente deve essere messo a parte di ciò che si sta facendo, deve comprenderne le logiche e gli scopi, deve avere uno sguardo d'insieme.

Smontare insieme la lezione per capire com'è fatta diventa indispensabile con gli studenti più grandi, che sono quelli che fanno più fatica a trovare il senso di quanto viene loro proposto a scuola. E proprio con loro è particolarmente utile mostrare, come si diceva prima, gli attrezzi del mestiere: l'autorevolezza dell'adulto non è più data per scontata e va conquistata mostrando la propria maestria. Siamo a distanza siderale da un modello di docente che sciorina soltanto contenuti, peraltro oggi reperibili ovunque. Se la scuola fosse solo il luogo dove si acquisiscono informazioni, il docente sarebbe perfettamente inutile. Invece il docente non è sostituibile e non è superfluo soprattutto in questo preciso momento storico in cui si assiste a quella deriva pedagogica che Gert J.J.Biesta chiama "learnification dell'istruzione" (Biesta, 2022): l'apprendimento puro e semplice non è il solo obiettivo dell'insegnamento, esistono un orizzonte di valori e scopi cui l'insegnamento mira che rendono il docente insostituibile. Ma questo orizzonte etico va esplicitato: e allora spiegare le fasi dell'EAS significa anche rivelare le diverse dimensioni dell'educazione e onorare la natura aperta del rapporto docente-studente, che non è riducibile a un rapporto di causa-effetto. Ci pare molto pericolosa l'ideologia sottesa all'idea che il docente predisponga l'ambiente di apprendimento e lo studente impari quello che è stato predisposto e che nella corrispondenza causa-effetto si misuri poi l'efficacia dell'insegnamento stesso. Una lezione raccontata e smontata nelle sue logiche interne rende possibile la libertà dell'apprendimento autentico, che ha sempre l'aspetto dell'imprevedibile; una lezione non dovrebbe mai essere un dispositivo di controllo del risultato. Come ricorda appunto Biesta, il rapporto tra docente e studente, specie adolescente, è di natura dialogica e si basa sull'«instaurarsi di una relazione "adulta" con ciò che può esercitare autorità nel corso della nostra vita» (Ibi; 58).

L'imprevedibilità del risultato è propria della natura delle storie. Se nel paragrafo 1 abbiamo paragonato il docente progettista a uno storyteller, che a differenza dello scrittore pratica l'arte di "lasciare libera una storia" (Cavarero, 1997; 181), la lezione è allora la storia che risulta alla fine, è la cicogna di Blixen. Ne *La mia Africa*, Karen Blixen scrive che da bambina le raccontavano la fiaba di un uomo che di notte, svegliato da un forte rumore proveniente dal vicino stagno, usciva per capire cosa stesse succedendo e, muovendosi, inciampava, cadeva in un fosso, si rialzava, finché non scopriva che si era aperta sul terreno una falla da cui uscivano tutti i pesci dello stagno. Chi le raccontava la storia, nel frattempo tracciava su un foglio gli spostamenti dell'uomo: l'indomani mattina l'uomo si accorgeva che di notte, con i suoi movimenti, aveva disegnato nel campo una cicogna. E una cicogna appariva anche sul foglio. In altri termini, il senso della storia compare alla fine, Ulisse comprende la propria esperienza e piange quando la sente raccontare dall'aedo alla corte dei Feaci, non mentre è per mare: è attraverso la relazione con l'altro e la narrazione di quello che si sta facendo che si comprende pienamente il senso della storia. La storia è ciò che l'esperienza si lascia dietro, non ciò che si prefigge a priori di dar forma all'esperienza.

Abbiamo elogiato la progettazione esplicita, nel paragrafo 1, e qui la lezione spiegata e raccontata, ma tutti i docenti sanno che c'è poi un lato invisibile e silenzioso dell'insegnamento, che è quello che lascia la traccia più profonda e lunga. È la trasmissione genealogica, il riconoscimento tacito di un debito. Viene in mente un bellissimo romanzo di Brian Morton, intitolato *Florence Gordon* (2015). È la storia di una vecchia femminista che diventa un "classico americano" dopo che Martha Nussbaum le dedica una recensione entusiastica nella prima pagina del "New York Times Book Review". Florence è una maestra implicita, lo è anche quando non vuole insegnare nulla e quando delude il desiderio della sua allieva, la nipote Emily, di essere vista e riconosciuta. Emily spera che ci sia una parola solo per lei, un insegnamento chiaro rivolto a lei e invece deve concludere: «Non ci fu alcuna consacrazione; non ci furono ultime parole. La vecchia signora l'aveva elusa ancora una volta. E quello era un modo di vedere la questione. L'altro era che l'insegnamento, la trasmissione di ciò che poteva essere trasmesso, ormai era compiuto» (Morton, 2015; 315). La relazione con sua nonna l'ha cambiata profondamente e quello che ha appreso da lei si condensa nella frase pronunciata dalla stessa Emily per spiegare un nuovo suo modo di affrontare i problemi: «ho studiato con una grande maestra. [...] Ho solo immaginato come avrebbe fatto lei» (Ibi; 294).

In conclusione, il docente ci mette la faccia, si posiziona rispetto a quello che insegna e mostra persino la propria personale cassetta degli attrezzi, ma insegna anche in silenzio. In questo scambio essenziale tra un vero maestro e il suo allievo, le qualità sono quelle rare e preziose descritte da Cristina Campo, di cui si celebra il centenario della nascita quest'anno, in una formidabile raccolta di saggi intitolata *Gli imperdonabili* (1987), qualità che si ritrovano anche nei personaggi di Florence e Emily: la sprezzatura, che coniuga la grazia del ritmo morale e «quella punta estrema di eleganza che è umanità allo stato puro» (Campo, 1987; 101) da parte dell'insegnante, e l'attenzione, nella sua forma di «responsabilità, la capacità di rispondere per qualcosa o qualcuno, che nutre in misura uguale la poesia, l'intesa fra gli esseri, l'opposizione al male» (Ibi; 170) da parte degli studenti.

4. La flessibilità dell'EAS: i contesti

Al termine di questo viaggio all'interno del formato dell'EAS che di fatto è già stato tutto all'insegna della flessibilità di chi abita la scuola - nella progettazione, nella scelta dei contenuti, nell'organizzazione della lezione - proponiamo due approfondimenti: uno sullo statuto dell'emergenza, l'altro sulla formazione. Si tratta di contesti che hanno una forte centratura sulla scuola ma che consentono generalizzazioni più ampie.

4.1. Nell'emergenza

Fa riflettere l'affermazione che, forse, non soltanto a causa della recente pandemia causata dal Covid 19, ma anche di altre situazioni determinate dalle caratteristiche attuali del nostro ambiente, la scuola non possa più essere solo e sempre in presenza. È necessario progettare pensando a presenza e distanza, tenute insieme dal digitale, perché può essere necessario tornare temporaneamente alla didattica a distanza, come sostiene Catlin Tucker, una docente e coach californiana, che ha scritto molti libri per insegnanti a livello divulgativo alto (cfr. il suo blog, in Internet, URL: https://catlintucker.com/): in California, per esempio, capita che chiudano le scuole per settimane, a causa degli incendi. I docenti devono quindi essere preparati a ogni evenienza. Anche in seguito all'invasione dell'Ucraina da parte della Russia; la didattica a distanza nei primi mesi della guerra è servita a bambini e adolescenti ucraini che hanno lasciato le loro città per mantenere un legame con la loro classe e la loro vita.

In questa dimensione di scuola inedita, perché in passato la *presenza* era condizione univoca e non discutibile, è necessario fare riferimento a un modello di lezione metodologicamente forte, ma flessibile rispetto a possibili variazioni.

Per logica conseguenza di quello che abbiamo scritto nei paragrafi precedenti, il metodo in questione è senza dubbio l'EAS, che si adatta perfettamente alle caratteristiche dell'ambiente in cui si instaura la relazione didattica nel momento che stiamo vivendo. Tale ambiente non può essere che misto - fisico, virtuale e relazionale - così come l'apprendimento curricolare non può che essere affiancato da forme di apprendimento non formale e informale.

Ne ha scritto Gino Roncaglia nella quarta sezione della nuova edizione de *L'età della frammentazione* (2018; in particolare il cap.12): l'ambiente fisico è quello della scuola, fatto di aule, corridoi, biblioteca, laboratori, muri, cortili e luoghi di ristoro e di ricreazione; l'ambiente digitale è la propria classe virtuale collocata nella piattaforma scolastica, il registro elettronico e il sito d'istituto.

Nascendo in epoca di rivoluzione digitale, l'EAS fa ricorso al web come luogo di contenuti culturali in cui fare ricerca e con cui aprire alla creatività senza separarsi dal luogo fisico dell'aula. Incarna così la metodologia *Blended* che indica un processo di apprendimento che può essere svolto in classe o in parte in classe e in parte a casa, realizzato con il supporto delle risorse disponibili nel Web. Il docente può così integrare e sviluppare le attività didattiche in presenza con percorsi online da svolgere sia con modalità di lavoro autonomo (consegne di elaborati, di artefatti, scrittura di diari), sia collaborativo in piccoli gruppi (scrittura collaborativa di documenti in spazi wiki o nelle varie piattaforme, costruzione di database e di glossari). La metodologia *Blended*, con gli strumenti adatti e una buona progettazione, consente di superare la dicotomia presenza/distanza, non perché non tenga conto delle differenze tra le due condizioni di fare scuola, ma perché implica un ambiente che tenga costantemente conto delle due dimensioni.

Il metodo EAS si adegua così alla lezione *Web Based*, grazie ad alcune sue caratteristiche quali la progettazione esplicita a cui ci siamo riferite nel primo paragrafo e i consumi culturali esplicitati nel secondo. A queste si aggiungono due elementi: la selezione/creazione di contenuti e l'interazione di qualità.

La selezione o la creazione dei contenuti non può che partire dal concetto di granularità. Contenuti leggeri, che considerino i limiti dell'attenzione e il carico cognitivo, interventi a voce non troppo lunghi, materiali da leggere o da esplorare suddivisi in porzioni dominabili e con ausili che possano guidare l'allievo a utilizzarli. Per fare un esempio, appartengono ai contenuti di granularità fine le videolezioni **Ted Ed** (in Internet, URL: https://ed.ted.com/educator). Per chi lavora alla scuola primaria una funzione analoga può essere svolta da **Brainpop** (in Internet, URL: https://www.brainpop.com/), un sito di apprendimento online pensato per bambini e ragazzi dai cinque ai 15 anni. Vi si trovano video e animazioni di molte discipline. Questi due siti ovviamente non sono le uniche realtà cui i docenti possono attingere ma costituiscono un buon punto di partenza per entrare nella logica di materiali adatti alla fruizione sia sincrona sia asincrona.

In secondo luogo, l'**interazione di qualità**, che implica che ci sia coinvolgimento, che ci sia uno sguardo del gruppo volto nella stessa direzione, che ci si chieda come si sta e come ci si sente durante le attività. Questo significa che il docente deve prevedere continue sollecitazioni in forma di domanda con risposte a voce ma anche scritte per non consentire agli allievi di trasformarsi in spettatori della lezione frontale. In questo, l'adozione di una piattaforma che consenta di fare domande con risposte scritte oppure di avere feedback immediati è decisivo. Anche l'utilizzo di app come Mentimeter, Kahoot, Socrative o Plikers funziona molto bene. Dopodiché interagire significa ascoltare e ascoltarsi, avere interesse per il lavoro degli altri: ecco, questo non dipende dalla presenza o dalla distanza, ma dalla qualità della relazione.

4.2. Nella formazione

La flessibilità dell'EAS consente di applicare il metodo in vari contesti di formazione. Nel capitolo 12 di questo libro si approfondisce quello sanitario (cfr. *infra* p. 273 ss.), ma varie esperienze nel settore educativo hanno dimostrato che funziona bene in ogni situazione in cui è necessario legare strettamente conoscenze e competenze in una prospettiva culturale di responsabilità. L'aspetto esperienziale, in situazione, proprio dell'EAS, diventa la cifra per ogni intervento di formazione. Affrontiamo quello della formazione dei docenti, con la convinzione che possa costituire un modello anche per gli altri.

Il metodo EAS, di fatto, è particolarmente flessibile nel contesto della formazione dei docenti.

Per dare conto di questo ci riferiamo alla nostra esperienza di formatrici EAS in discipline umanistiche ma riteniamo che le nostre considerazioni possano essere senz'altro generalizzate.

Il format in cui ci muoviamo è quello proposto nel capitolo 9: una serie di incontri (nella gran parte dei casi tre o quattro) dove a un primo di presentazione generale e teorica, seguono altri due, generalmente a distanza settimanale, in cui i docenti sono invitati a progettare un loro EAS seguendo una matrice predisposta (cfr. *infra* p. 223 ss.). L'ultimo incontro è dedicato alla discussione della sperimentazione.

Più volte abbiamo toccato con mano quanto il modello proposto dall'EAS richiedesse un grosso sforzo per far comprendere adeguatamente gli aspetti teorici e per evitare la banalizzazione e una sua ricezione superficiale. Per questo è necessario precisare che si tratta di un metodo che unisce la tradizione pedagogica dell'attivismo, del costruttivismo e del costruzionismo alla ricerca di area anglosassone sul cambiamento di paradigma culturale innestato dalla rivoluzione digitale e che si declina sull'applicazione delle tre azioni didattiche – anticipare, produrre, riflettere - basate sulle tre logiche di apprendimento classiche: per scoperta (*problem posing*), "facendo" (*learning by doing*) e "riflettendo" (*reflective learning*). In questa prospettiva bisogna offrire ai docenti spunti concreti per affrontare i temi disciplinari, coniugando l'approfondimento dell'aspetto storico, letterario o di educazione civica, per esempio, con l'aggiornamento scientifico, con l'uso di strumenti propri e con l'aspetto della progettazione didattica innovativa, rappresentata appunto dal metodo EAS, il tutto unito alla dimensione digitale "aumentata" .

Il primo incontro consiste nell'appropriazione del format dell'EAS: proponiamo di leggere un EAS da manuale, realizzato da noi, con esplicitate tutte le parti costitutive per avviare un confronto sulla base di semplici domande: cosa fai già di quello che propone questo format? Cosa non fai mai? Questo genera il primo cortocircuito: tutti fanno separatamente quello che perspicuamente il modello tiene insieme. Inneschiamo così l'aspetto della complessità. Nei successivi incontri analizziamo le singole azioni didattiche applicando le caratteristiche del modello su ogni singola fase. Questo consente l'appropriazione problematica. Realizziamo un breve *framework*, poi interpelliamo la audience con Mentimeter o con un applicativo analogo per avere il polso della situazione; infine, lanciamo un lavoro di gruppo in cui si avvia la progettazione di un EAS. Nelle e-tivity tra un incontro e l'altro proponiamo un'attività individuale che impegna il docente nell'esplorazione e nell'analisi dei contenuti disciplinari da inserire nell'EAS e nella preparazione di piccole attività di produzione.

Tendenzialmente la parte del *designed* è quella che con il bagaglio disciplinare a disposizione funziona meglio, in quanto sposta lo sguardo verso quello che circola nel web e non solo relativamente agli aspetti già codificati. Nel *framework* ragioniamo sulla trasposizione didattica, cioè sul processo di trasformazione dei contenuti disciplinari in oggetti didattici significativi per gli studenti. In questo punto devono emergere i nuclei fondanti della disciplina, di cui il docente è esperto, imprescindibili a livello concettuale e procedurale, che travalicano l'*hic et nunc* della lezione per raggiungere il traguardo finale di far acquisire alle studentesse e agli studenti il punto di vista disciplinare da assumere anche di fronte al mondo.

Il contesto della formazione così intesa - che stressa il modello dell'EAS e lo fa aderire al profilo del docente incompiuto (Rivoltella, 2018) - è piuttosto impegnativo e, al minimo, fornisce stimoli interessanti per rivedere il proprio modo di insegnare, al massimo trasforma il docente in profondità.

SCHEDA 3

I formati dell'EAS: l'editoria

Enrica Bricchetto[1]

1. I formati canonici

Nell'editoria il metodo EAS è presente nei formati "canonici" della sezione "*A scuola con gli EAS*" all'interno della collana *Didattica* di Scholé e della rivista mensile «EAS. Essere a Scuola»: entrambe pubblicate dalla casa editrice Morcelliana e dirette da Pier Cesare Rivoltella, entrambe con un forte valore di formazione e aggiornamento per i docenti.

In "*A scuola con gli EAS*" trovano posto le monografie che affrontano il metodo nella sua dimensione esperienziale unita alla riflessione teorica di insegnanti appartenenti a quella Community EAS che fin dagli esordi ha sperimentato e riflettuto sul metodo: sono usciti fino a questo momento dieci volumi, alcuni di impianto disciplinare relativi alla storia, alle scienze, alla grammatica italiana, alla matematica, alla musica, alla filosofia, altri di taglio più trasversale come quelli dedicati al CLIL, alla didattica interculturale e al calcolo computazionale e uno tematico sulla *Divina Commedia*. Alcuni sono espressamente rivolti a un ordine di scuola, altri sono trasversali:

Rita Marchignoli - Michael Lodi, *EAS e pensiero computazionale. Fare* coding *nella scuola primaria* (II ed.);
Enrica Bricchetto, *Fare storia con gli EAS. A lezione di Mediterraneo. Nella scuola secondaria di II grado*;
Vincenza Leone - Marzia Luzzini, *Fare CLIL con gli EAS. Nella scuola primaria*;
Elena Piritore, *Fare EAS con la musica*;
Anna Soldavini - Francesca Gagliardi, *In viaggio con Dante nella scuola primaria. EAS e didattica dei valori*;
Stefano Macchia - Alfonso D'Ambrosio, *Scienze con gli EAS. Con trentatré esperimenti usando smartphone e tablet*;
Elisa Marchisoni - Laura Montagnoli, *Fare matematica con gli EAS*;
Gianna Cannì, *Didattica interculturale con gli EAS. L'aula come spazio narrativo di inclusione*;
Fabio Fiore - Giuseppe Morrone, *Esercizi di pensiero. Fare filosofia con gli EAS*;
Giuseppe Pelosi, *EAS e grammatica. Le nuove pratiche linguistiche*;

[1] Enrica Bricchetto si è occupata della concettualizzazione e della stesura del contributo. Revisione, editing e supervisione scientifica sono di Pier Cesare Rivoltella.

I titoli della collana
"A scuola con gli EAS" di Scholé.

È evidente che la lettura di un volume offre sia spunti sia approfondimenti.

La rivista mensile «EAS Essere a Scuola» è alla sua sesta annata, ed è ricca di rubriche che vanno dalla didattica delle discipline alla ricerca, alle recensioni di libri e di applicativi, al mondo dei social e alla neurodidattica. Ogni mese ha un inserto dal titolo "Fare scuola".

2. *La rivista* «EAS Essere a Scuola»

Qui trovano spazio, oltre ad articoli dedicati al curricolo verticale e alla didattica inclusiva, gli EAS che vengono progettati dai docenti durante i corsi di formazione oppure da chi sperimenta in classe e poi invia alla rivista, insomma i docenti sono gli autori. Il dossier è curato da Alessandro Sacchella che, con un lavoro di stesura, di rielaborazione e di editing degli EAS proposti, ha creato un archivio di grande interesse e di immediata applicabilità. I docenti trovano qui EAS già progettati e possono riadattarli alle proprie esigenze.

Negli ultimi due anni è stato anche pubblicato un numero unico in *Open Access* dedicato alla stretta attualità: il primo ha avuto come tema la pandemia e il secondo la guerra tra Ucraina e Russia. Entrambi sono disponibili nel sito della Casa Editrice e riportano interessanti indicazioni sul mondo EAS.

2. *I formati digitali*

La vasta attività di ricerca e di formazione di questi ultimi dieci anni ha determinato che in molti luoghi del web si trovino EAS, in alcuni casi aderenti alle caratteristiche del metodo e in altri meno precisi, come si evince dal capitolo 7.

L'obiettivo di questa scheda è dare conto di *Lesson plan* da me pubblicati in situazioni editoriali diverse ed esemplificative di come un EAS possa abitare il web: tutti incarnano l'impostazione didattica che sta dietro la ricerca pedagogica di Pier Cesare Rivoltella che questo libro chiarisce e approfondisce. Nello specifico si declinano sull'applicazione delle tre azioni didattiche – anticipare, produrre, riflettere - basate sulle tre logiche di apprendimento classiche: per scoperta (*problem posing*), "facendo" (*learning by doing*) e "riflettendo" (*reflective learning*), nel rispetto della dimensione del microlearning e del rapporto con la *New Literacy*.

Tutti gli EAS proposti qui sono, oltre che rigorosamente fedeli al metodo, in *Open Access* e rispondono a un'esigenza fondamentale della scuola di oggi: rendere lo studente protagonista del suo apprendimento, mettendolo nella situazione di fare ricerche, esperienze, produzioni di testi e di artefatti digitali, di discutere e di collaborare. Le nozioni si trasformano in conoscenze se ci si lavora. L'attività viene messa al centro e diventa il cuore dell'apprendimento.

Qui di seguito si chiariscono gli aspetti peculiari dell'EAS nel loro spazio digitale e si dà conto di come poterle utilizzare.

2.1. La collana Ri-Creazioni, libri per cittadini consapevoli[2]

La casa editrice *Chiarelettere* dal gennaio del 2021 ha inaugurato una collana di volumi su temi cruciali per l'educazione civica dal titolo *Ri-creazioni.*

3. Il sito della collana Ri-creazioni

[2] In Internet, URL: https://www.ricreazioni.eu/.

Si deve all'allora direttore della casa editrice, Lorenzo Fazio, la decisione di pubblicare la collana *Ri-creazioni* corredata per ogni volume di un laboratorio didattico digitale, che ho realizzato per i primi 4 libri usciti.

I volumi trattano temi di grande rilievo come la convivenza con gli altri, il rispetto delle regole, le banalizzazioni della cultura storica, la ricerca dell'attendibilità, il rapporto con la finanza, il razzismo e l'intercultura in mondi vicini ai giovani, centrali nella progettazione di unità didattica o di attività legate al curricolo di Educazione civica.

L'ambiente digitale di ogni laboratorio è impostato secondo i principi della *Media and Information Literacy* e propone una serie di attività che hanno lo scopo di far scoprire l'autore/l'autrice e il suo mondo attraverso i contenuti digitali, a disposizione di tutti e liberamente scaricabili in formato pdf compilabile oppure in formato word modificabile. Dove c'è il ricorso a un applicativo, si fornisce il tutorial (Bricchetto, 2022b). L'infografica suggerisce l'interfaccia con cui interagire.

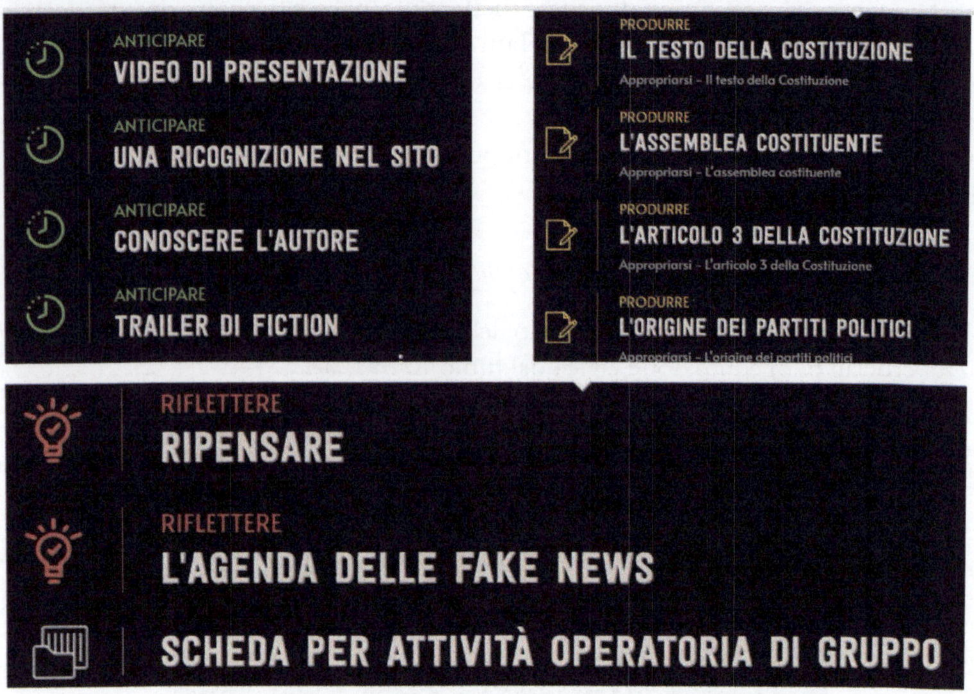

4. Il laboratorio didattico della collana Ri-creazioni

Ogni laboratorio si conclude con una lezione *EAS (Episodi di Apprendimento Situato)*, da proporre alla classe "letteralmente" o modificandola a seconda delle proprie esigenze.

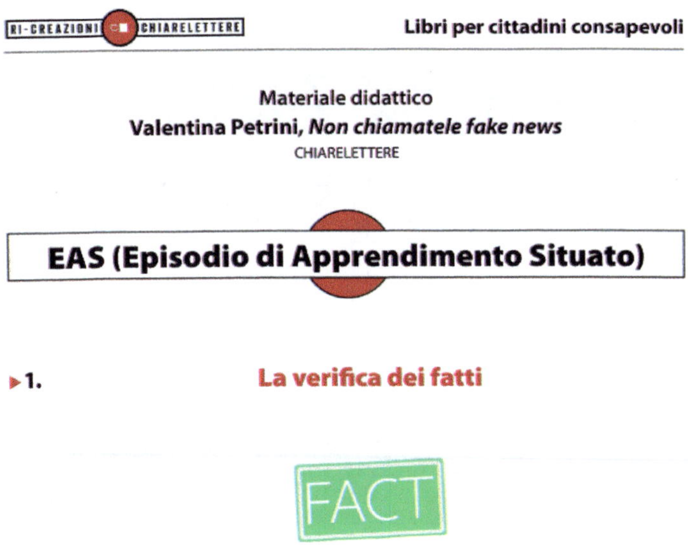

5. L'EAS presente nel laboratorio didattico della collana Ri-creazioni

2.2. Il sito di Istoreto, lavorare nel mondo contemporaneo[3]

Istoreto (Istituto piemontese per la storia della Resistenza e della società contemporanea "G. Agosti") appartiene alla rete nazionale "Ferruccio Parri"[4] e ha una lunga storia: il fondo archivistico originario è del 1947. Da allora Istoreto ha raccolto le carte d'archivio della Resistenza piemontese allargando poi ad altri fondi relativi alla storia del Novecento. Accanto alla ricerca, Istoreto ha una sezione didattica molto attiva nella formazione dei docenti e delle classi.

Dal sito è possibile individuare le parti relative alla didattica della storia, cliccando sul tasto "Didattica" nella barra in alto oppure nei canali tematici che fanno riferimento a grandi aree della storia del Novecento.

[3] In Internet, URL: www.istoreto.it.

[4] In Internet, URL: https://www.reteparri.it/.

6. I canali tematici nel sito di Istoreto

7. Laboratorio didattico del canale Giorno della memoria

All'interno di ogni canale si apre un'interfaccia che presenta quattro tasti che consentono di affrontare i temi dal punto di vista del contesto, forniscono materiali d'archivio e hanno anche un laboratorio didattico al quale possono accedere docenti e studenti.

Cliccando su "Laboratorio didattico" si apre una pagina in cui si trovano i materiali dei corsi di formazione per docenti - realizzati nella modalità descritta nel paragrafo 4 del capitolo III - e almeno un EAS da scaricare, modificare o integrare e utilizzare in classe.

8. L'EAS nel laboratorio didattico del canale Giorno della memoria

2.3. Novecento.org[5]

Novecento. org è una rivista digitale di didattica della storia che recentemente ha dedicato spazio al metodo EAS. Ho potuto infatti pubblicare due articoli.

Il primo dal titolo *Il metodo degli EAS: una proposta per affrontare la crisi dell'insegnamento della storia e il confronto con il presente* propone il metodo EAS come una delle risposte alla crisi dell'insegnamento della storia. All'interno di questo articolo si trova una *EAS Gallery* da cui è possibile prendere in esame tre EAS con relativi materiali che mettono in evidenza come il rapporto tra passato e presente e il tema vivente propri del metodo possano contrastare la narrazione frontale e a senso unico che spesso caratterizza le lezioni di storia.

L'altro è un articolo dal titolo *Beppe Fenoglio, scrittore e partigiano. Una proposta didattica per la conclusione del centenario*, scritto insieme a Enrico Manera, che include un EAS dal

[5] In Internet, URL: https://www.novecento.org/.

titolo *Beppe Fenoglio, scrittore e partigiano*. Dopo aver letto il breve saggio e/o guardato la videolezione di Manera che costituisce il *framework*, si può prendere in esame l'EAS, la cui progettazione andrà precisata da chi decide di realizzarla. Il primo passo è quindi quello di calarla nella propria classe e di immaginarla per l'ordine e il grado in cui si lavora.

9. L'EAS Gallery nel sito della rivista Novecento.org

2.4. Eas per le Trame del tempo[6]

Il manuale *Trame del tempo* di C. Ciccopiede, V. Colombi, C. Greppi, M. Meotto per il triennio della scuola secondaria di 2^ grado, pubblicato nel 2022 dalla Casa Editrice Laterza, è dotato di un apparato digitale ampio e articolato. Questo è stato progettato da me insieme agli autori e si basa su una solida progettazione didattica, di taglio fortemente operativo e pronta all'uso su più livelli: dalle videolezioni alla storiografia, dal lavoro sulle fonti a contributi online autoriali e performativi alla sezione degli EAS. Questi sono 7 nel primo volume e 8 nel secondo e terzo.

[6] In Internet, URL: https://www.laterza.it/libro-scuola.php?isbn=9788842119036.

Nella sezione *Libro+Internet* del sito della Casa Editrice Laterza se ne possono esaminare alcuni. L'intero apparato digitale è invece a disposizione di chi adotta il libro.

10. Un esempio di EAS nei contenuti digitali de Le trame del tempo

Gli EAS in questo caso sono strettamente disciplinari, hanno il *framework* puntato sugli aspetti trattati nei capitoli cui si riferiscono mentre per la fase anticipatoria spesso fanno ricorso a siti di musei, di istituzioni culturali o a contenuti aperti. In effetti rispondono in tutto e per tutto alle caratteristiche descritte nel secondo paragrafo del cap. III: hanno uno stretto rapporto con il presente, tengono conto dei consumi culturali degli studenti e puntano sulla creatività.

Da questo breve excursus si capisce come il formato dell'EAS sia funzionale alle destinazioni editoriali. Pur essendo pubblicati in luoghi digitali diversi, tutti gli EAS proposti possono essere utilizzati nella forma originaria, essere scaricati e modificati per la propria classe oppure possono fornire uno stimolo per creare un nuovo EAS.

SCHEDA 4

I formati dell'EAS: la formazione

Rita Marchignoli[1]

1. *L'attenzione alla formazione*

Dieci anni di EAS hanno significato altrettanti anni di attività formative volte a far conoscere il metodo, in modo più o meno serrato e diffuso, da parte di tutto il gruppo di docenti esperti e di ricercatori universitari costituito dal professor Rivoltella nel giugno del 2013. Esse sono state precedute e supportate nel lungo periodo da diverse occasioni di confronto sul metodo, sessioni di studio, lavoro e collaborazione, sia in presenza che online, riflessioni condivise, opportunità di scambio e di relazione che hanno contribuito a creare non solo le condizioni per un effettivo passaggio dalla teoria alla pratica, con conseguente "messa in campo", ma anche amicizie che perdurano nel tempo nonostante gli impegni e le distanze.

Ripercorrendo i verbali degli incontri della Community EAS[2] dei primi anni, l'attenzione alla formazione è sempre presente e citata come progettazione di "pacchetti formativi", perché, a dispetto del nome (abbiamo sempre rifuggito la logica dei "pacchetti" didattici, ogni corso EAS è sempre stato *tailor made*), il metodo merita percorsi corposi durante i quali offrire ai formandi la possibilità di ascoltare, riflettere, collabora-

[1] Rita Marchignoli si è occupata della concettualizzazione e della stesura del contributo. Revisione, editing e supervisione scientifica sono di Pier Cesare Rivoltella.

[2] La Community EAS è il gruppo di ricerca istituito il 20 giugno 2013 dal Prof. Rivoltella. Scopo del gruppo era la sperimentazione *del* e la riflessione *sul* metodo. Il GdR era composto da docenti di ogni ordine e grado, ricercatori universitari e dirigenti, eterogenei per provenienza e ambito disciplinare. La Community si ritrovava in presenza circa quattro volte all'anno per fare il punto della situazione della sperimentazione e rilanciare con nuove proposte, ma lavorava e si confrontava online, sfruttando i Google gruppi, una repository Drive e Hangout. Da una ristretta cerchia di membri (al primo incontro erano presenti in venti), il GdR ha subito evoluzioni negli anni successivi, fino a contare più di trenta membri. Dai risultati di un questionario somministrato ai membri del GdR tra il 23 Settembre e il 6 Ottobre 2014 dall'allora tesista Rita Migliavacca (tesi di laurea: "Sviluppare e valorizzare la professionalità delle risorse umane del sistema scuola: studio di una community di insegnanti in formazione"), viene sottolineata «la percezione dei membri della community di sentirsi parte di una comunità di pratica» e si evince come «la community sia un sistema auto-organizzato e al tempo stesso sottoarticolato per gruppi di lavoro in cui diventa possibile creare un linguaggio comune, in cui risulta possibile sviluppare pratiche relazionali e comunicative di tipo paritario indipendentemente dai ruoli professionali, gerarchici e organizzativi dei membri coinvolti. È stato possibile inoltre trovare spazi di collaborazione e di riflessione sulle pratiche al fine di sviluppare una didattica innovativa migliorando, di conseguenza, i processi di insegnamento».

re e sperimentare nelle classi/sezioni per testare la reale efficacia del metodo e mettere in luce anche le criticità che permettono di migliorare e migliorarsi.

Se «la formazione è l'esito di un processo di comunicazione» (Falcinelli, 2012; 79) allora si proverà a delineare alcuni aspetti del fare formazione sugli e con gli EAS.

2. *Le esperienze formative*

L'uscita del primo libro, *Fare didattica con gli EAS* (Rivoltella, 2013), ha subito suscitato interesse nelle realtà scolastiche che già avevano intrapreso un percorso di ripensamento della didattica tradizionale a favore di scelte metodologiche attive volte allo sviluppo di competenze e fortemente attente al tema della valutazione diffusa e formativa. Gli EAS Day, giornate dedicate al metodo, proposte con cadenza annuale, gli articoli prima su «Scuola Italiana Moderna» poi su «Essere a Scuola», le "pillole" diffuse sul web hanno contribuito a far conoscere gli EAS al pubblico della Scuola e a farne intuire l'efficacia didattica. Un forte impatto in questo senso ha fornito il corso online *Didattica per competenze e metodo EAS*[3], riproposto in più edizioni, dato il grande successo, tra il 2016 e il 2017: in tempi non sospetti il formato della formazione online ha offerto a un cospicuo numero di studenti e insegnanti l'opportunità di conoscere e approcciarsi al metodo, misurandosi anche con la progettazione di uno o più Episodi di Apprendimento Situato, corretti e rivisti dai formatori individuati per il corso stesso.

La collaborazione del CREMIT con il colosso Samsung, per il progetto Smart Future, a partire dal 2013 e fino a tutto il 2016, ha permesso alle scuole "pilota" partecipanti di tutta Italia, di prender parte a percorsi di formazione EAS condotti sia in giornate dedicate che capillarmente sui territori.

I testi successivi *Didattica inclusiva con gli EAS* (Rivoltella, 2015) e *Che cos'è un EAS* (Rivoltella, 2016), seguiti da tutta una serie di altri contributi di declinazione degli EAS nelle discipline all'interno della collana «A scuola con gli EAS», hanno definito il metodo e promosso interventi formativi sempre più diffusi sul territorio nazionale.

L'esperienza come formatrice EAS, ma anche PNSD[4] (Piano Nazionale Scuola Digitale) e EFT (Equipe Territoriale Formativa), nonché la collaborazione con il Servizio Marconi TSI ER[5] fin dal 2014, mi hanno consentito di progettare un buon numero di percorsi, su diverse tematiche il più delle volte attinenti all'uso del digitale a scuola, sperimentare diverse soluzioni e intrecciare relazioni con centinaia di docenti volenterosi

[3] Il corso, promosso da La Scuola Academy, era condotto in modalità MOOC, prevedeva video esplicativi delle fasi del metodo, schede di approfondimento, forum per i partecipanti e la revisione con feedback valutativo degli elaborati richiesti per la validazione delle ore di formazione. Per un esempio, cfr in internet, URL: https://youtu.be/aCStuLaDizI

[4] Cfr, in internet, URL: https://scuoladigitale.istruzione.it/

[5] Cfr, in internet, URL: https://serviziomarconi.istruzioneer.gov.it/

di innovare la propria didattica. All'affermazione di Rivoltella: «La scuola degli EAS [...] prova a essere una scuola dell'innovazione perché lavora sulle pratiche degli insegnanti, ne favorisce il ritorno riflessivo sulle loro esperienze, fa in modo che possano ripensare al loro progettare, al loro comunicare, al loro valutare. L'innovazione non è una scelta alternativa rispetto alla tradizione, è l'unica chance che la tradizione ha per non andare perduta» (Rivoltella, 2016; 119) fa eco quella di Eugeni che trova "il fondamento dell'innovazione" nella «pratica di una comprensione attiva, personale e critica delle forme discorsive complesse» (Eugeni, 2015; 86).

Questi due assunti descrivono gli sforzi degli interventi formativi degli ultimi dieci anni: da una parte l'introduzione del digitale a scuola (spesso confusa con l'innovazione stessa) e dall'altra l'accompagnamento e la riflessione circa i metodi, i modi e i tempi dell'agire didattico.

Alcune domande meritano risposta. Come veniva proposta la formazione EAS prima della pandemia? Durante e dopo? Quali le difficoltà riscontrate dai docenti e i dubbi sollevati?

Si tenterà di tratteggiare alcune possibili risposte sulla base delle esperienze personali e del confronto con i colleghi formatori.

3. Aspetti della formazione

Già si è detto delle prime formazioni EAS, anche online, ma l'accento va posto sull'organizzazione puntuale dei percorsi di formazione in presenza, condotti da uno o più esperti a seconda della numerosità e del grado scolastico dei docenti coinvolti, con modalità laboratoriali e con tempi distesi (anche mesi o intere annualità scolastiche) per consentire la sperimentazione e la ricerca-azione, anche attraverso l'utilizzo di repository online al fine di favorire la documentazione e la collaborazione in sincrono e in asincrono. Se ci si pensa, ciò ha costituito un metodo di lavoro già molto avanzato in termini di competenza digitale richiesta ai docenti, che venivano accompagnati e aiutati nelle difficoltà tecniche, così da far acquisire loro sicurezza e maggiore consapevolezza dei vantaggi della tecnologia anche per l'organizzazione professionale. Una "spinta gentile" (Thaler-Sunstein, 2014) che ha dato i suoi frutti quando l'emergenza sanitaria ha cambiato le vite di tutti.

Nel gruppo di lavoro EAS molto si è discusso circa un *format* da proporre ai docenti coinvolti nella formazione per aiutarli e condurli nella progettazione degli EAS. Lungi dall'imbrigliare o irrigidire, un *format* voleva e vuole essere uno strumento agile per progettare, individuare competenze e obiettivi, attività e contenuti, predisporre i *setting*, definire i tempi, documentare, fare il *check* delle fasi del metodo EAS, contenere link, esperienze, oggetti digitali da condividere o rivedere e modificare a piacimento. Una traccia per la progettazione esplicita serve al docente che si approcci al metodo (a qualsiasi metodo) per organizzare il pensiero e sviluppare autoefficacia.

Lavorare per EAS significa necessariamente diventare docenti significativi, ossia competenti e credibili (Rivoltella, 2016; 28 e 29).

Lavorare per EAS significa anche non smettere mai di essere curiosi, preparati, attenti alle novità, conoscere i documenti programmatici, approfondire il tema della valutazione e avere uno sguardo aperto a ciò che avviene oltre i confini nazionali.

La pandemia, con i risvolti che ben si conoscono, ha rimescolato le carte della didattica, costringendola all'online, sincrono e asincrono e in seguito a modalità ibride faticosissime. Chi aveva già sperimentato ambienti di apprendimento virtuale, rovesciamento delle lezioni, percorsi EAS, si è trovato meno spiazzato e ha saputo cogliere l'opportunità di trasformare la Didattica a Distanza in Didattica Aumentata Digitalmente. In ogni caso tutti hanno avuto necessità di formarsi per fronteggiare l'emergenza. Sul sito del Servizio Marconi TSI US Emilia Romagna, punto di riferimento per la formazione non solo dell'Emilia Romagna ma nazionale, i dati numerici del periodo marzo/giugno 2020 sono impressionanti: corsi ultimati 549, per 688 incontri e per un totale di 1272 ore di formazione online sincrona, presenze a singolo incontro: 13550. [6]

Chi non aveva ancora acquisito competenze digitali di alcun tipo è corso ai ripari ingurgitando letteralmente quanto più possibile per sopravvivere alla necessità di non fermare il lavoro scolastico; chi invece si trovava già meglio equipaggiato (uso di piattaforme digitali di apprendimento, formazione pregressa, abitudine all'organizzazione professionale attraverso l'uso del digitale, utilizzo dei dispositivi a scuola), grazie anche all'intuizione di dirigenti illuminati e di animatori digitali capaci, ha iniziato a interrogarsi non tanto sul *cosa*, quanto sul *come* e sul *perché*. Si è assistito a una ri-scoperta delle metodologie attive in tutti i gradi scolastici con una forte richiesta formativa in tal senso; richiesta che non si è esaurita con il placarsi dell'emergenza sanitaria, ma che anzi è aumentata, complici anche gli ingenti finanziamenti europei volti alla digitalizzazione e al ripensamento degli ambienti di apprendimento e, per la Scuola Primaria, l'Ordinanza n. 172 del 4/12/2020 su "Valutazione periodica e finale degli apprendimenti delle alunne e degli alunni"[7].

Fare formazione EAS ha significato "spostare" i laboratori dalla presenza all'online, avvalendosi della suddivisione in gruppi da remoto, accompagnando sia in plenaria che nelle sessioni simultanee i docenti nella comprensione del metodo e nella sua sperimentazione in classe/sezione, offrendo percorsi strutturati su più incontri, con revisione delle progettazioni online. È mancata la presenza, ma la sostanza è rimasta e il metodo ha acquisito, se possibile, ancora più efficacia e credibilità, perché se ne è riconosciuta la flessibilità e l'adattabilità, dalla Scuola dell'Infanzia alla Secondaria di II grado.

[6] Cfr, in internet, URL: https://serviziomarconi.istruzioneer.gov.it/labonline/ e, con particolare rif. al periodo Covid 19, https://serviziomarconi.istruzioneer.gov.it/labonline-2019-2020/

[7] Cfr, in internet, URL: https://www.istruzione.it/valutazione-scuola-primaria/allegati/ordinanza-172_4-12-2020.pdf

In particolare, sulla base dei feedback raccolti durante i vari percorsi formativi sul metodo EAS, sono stati messi in luce diversi punti di forza:

- innovazione;
- attenzione alla valutazione formativa e ai processi di apprendimento;
- alunno al centro del processo di apprendimento;
- attività esperienziali e laboratoriali;
- forte carattere inclusivo, soprattutto in fase operatoria;
- docente come *designer*;
- uso del digitale;
- opportunità di documentazione;
- valutazione diffusa;
- possibilità per gli alunni di sentirsi autori, di risolvere e porre problemi;
- lavoro di gruppo;
- relazione;
- sviluppo del pensiero critico attraverso la metacognizione.

Sono stati però sollevati alcuni dubbi e insicurezze, in diversa misura e con motivazioni differenti in base al grado scolastico di docenza :

- forte impegno in termini di tempo da parte dell'insegnante nella ricerca delle risorse e nella preparazione dei materiali;
- mancanza di contemporaneità tra docenti per la gestione della classe e dei gruppi;
- scarsità di risorse (umane, tecnologiche, materiali);
- poca collaborazione tra colleghi;
- fatica a conciliare i tempi della scuola con la progettazione delle attività;
- poca consuetudine alla progettazione esplicita;
- difficoltà nell'individuare competenze e obiettivi;
- senso di inadeguatezza verso le sfide della complessità.

«Una delle difficoltà più consistenti da aggirare quando si propone all'insegnante di lavorare per EAS» è «convincerlo che un metodo dispendioso due volte, a casa e a scuola, convenga» (Rivoltella, 2016; 96).

4. *Riflessioni*

L'esperienza pluriennale come formatrice mi ha dimostrato quanto la citazione sopra sia vera, ma anche quanta voglia e volontà vi sia nei docenti di ogni ordine e grado di mettersi in gioco per migliorare la propria didattica, cercando strategie e modalità innovative sostenibili, replicabili e condivisibili all'interno dei loro contesti. Non esiste un'unica Scuola, ma tante Scuole, ognuna con proprie caratteristiche, esigenze e strutture, talvolta granitiche e difficili da intaccare, altre più porose e malleabili. Occorre dare fiducia alla Scuola.

Il formatore, che è anche insegnante, sa che lavorare per EAS e formare altri docenti sul metodo EAS impatta sul proprio modo di essere in termini di organizzazione professionale, formazione personale continua, riflessione mai esausta sulle proprie pratiche e produzione di oggetti culturali che aiutino nella trasposizione dei punti saldi del metodo. Pensare per EAS struttura fortemente la persona, la aiuta a mettere ordine, canalizzare la creatività, manifestare rispetto per i punti di vista altrui, cercare soluzioni alternative.

Avviene ciò che Rosa definisce "appropriazione trasformativa", che non è solo «una forma di arricchimento, nel senso di incremento di competenze e risorse», ma «significa far mia una cosa tanto da venirne trasformato. Dopo, sono diventato un altro» (Rosa, 2020; 61 e 62).

Scheda 5

I formati dell'EAS: la didattica

Anna Soldavini[1]

1. Lavorare per EAS: una metodologia efficace a partire dalla scuola dell'infanzia

Nell'anno scolastico 2018-2019 è stato avviato un progetto di ricerca biennale sul tema dell'educazione civica digitale in collaborazione tra Università Cattolica e Università degli studi del Molise che ha coinvolto alcune scuole lombarde e molisane del primo ciclo. La sfida era quella di progettare curricoli verticali per lo sviluppo delle competenze mediali a partire dalla scuola dell'infanzia fino alla secondaria di primo grado[2].

L'esperienza ha permesso di comprendere la necessità di sviluppare una progettazione che fosse un continuum nei tre ordini di scuola e ha dato la possibilità di poter valutare come la metodologia EAS potesse essere applicata alla didattica con alunni di età, interessi e bisogni formativi totalmente diversi[3].

Sono state proposte attività di Media Education tenendo conto del target di riferimento, andando a "modulare" il metodo in base all'età e alle effettive conoscenze, abilità e competenze.

L'esperienza svolta come media educator nelle diverse scuole dell'istituto, a distanza di dieci anni dai primi passi mossi verso questa nuova modalità di insegnamento, basata su una logica didattica di problem setting, learning by doing e reflective learning, ha permesso di confermare che gli EAS sono efficaci. L'efficacia è rappresentata dal fatto che promuovono un apprendimento situato in cui l'alunno è protagonista del proprio processo di apprendimento non solo attraverso la risoluzione di problemi e l'imparare facendo, ma anche e soprattutto attraverso momenti metariflessivi che lo portano a ragionare sui processi attivati e sul percorso effettuato.

Ripercorrendo i punti salienti individuati da Rivoltella (2016), oltre all'importanza di preferire l'apprendimento significativo in quanto "traduce in atto il senso dell'agire

[1] Anna Soldavini si è occupata della concettualizzazione e della stesura del contributo. Revisione, editing e supervisione scientifica sono di Pier Cesare Rivoltella.

[2] Cfr. in Internet, URL: https://www.cremit.it/media-education-nel-curricolo-verticale-del-i-ciclo-una-ricerca-collaborativa-in-molise-e-lombardia/.

[3] Una sintesi dei lavori proposti, in Internet, URL: https://padlet.com/anna_soldavini/ic-benedetto-croce-ferno-tjh2htc7sjc8j66o.

competente", è necessario consentire all'alunno di raggiungere una conoscenza situata, contestualizzata e che meglio si disponga a essere appresa.

A questo si aggiunge l'aspetto del microlearning: lavorare cioè su porzioni circoscritte e ridotte a livello temporale. Questo permette al docente di incidere maggiormente sull'apprendimento degli studenti, favorendo l'attenzione e la concentrazione, rendendo l'attività "semplessa" (Berthoz, 2019).

Pensare in termini di semplessità non significa semplificare, ma ridurre la complessità per renderla affrontabile e permetterne il superamento. Dal punto di vista del metodo significa spingere su tre aspetti importanti: la didattica laboratoriale, il rovesciamento della lezione e la metacognizione che porta progressivamente l'insegnante a modificare il proprio agire didattico con una modalità di insegnamento sempre più nell'ottica della "scuola del fare" tanto cara a Freinet. Una figura adulta, dunque, che sostiene, incoraggia, mette alla prova con compiti significativi con un livello di difficoltà leggermente superiore alle potenzialità dello studente per rendere le proposte sfidanti e interessanti agli occhi di chi apprende.

È fondamentale tenere in considerazione però che quando si inizia a lavorare per EAS , in qualunque ordine di scuola, bisogna prevedere un periodo di training iniziale durante il quale si guidano progressivamente gli alunni a comprendere la modalità del lavoro e a diventare sempre più autonomi nella gestione del lavoro.

2. L'esperienza alla scuola dell'infanzia

La problematica che spesso affiora nell'insegnante che decide di progettare per EAS nella scuola dell'infanzia è quella legata alla capacità di organizzare microporzioni di apprendimento e di predisporre attività che si svolgano in tempi ridotti e circostanziati. A questo si aggiunge la difficoltà di prevedere momenti di autoriflessione considerando l'età dei bambini. La didattica per EAS, nella scuola dell'infanzia, deve dunque considerare di svolgere la fase anticipatoria in classe con tempi ridotti che tengano conto delle capacità attentive dei bambini e una fase riflessiva che utilizzi modalità adeguate che permettano di avviare allo sviluppo del pensiero critico in modo graduale. In particolare nell'anticipazione è importante individuare uno stimolo che catturi l'attenzione, incuriosisca, susciti l'interesse. Può essere un oggetto, un breve filmato, la lettura di un libro. Viene introdotta in questo modo una situazione problema da analizzare e provare a risolvere. Il framework concettuale deve rispettare i criteri di brevità e chiarezza: poche sintetiche informazioni di cornice che introducano la fase operatoria in cui i bambini possano essere messi nella condizione di sperimentare e lavorare in autonomia. La fase metariflessiva, quella più importante, deve guidare gradualmente attraverso domande individuali, di riflessione e di stimolo, permettendo a ciascuno di esprimersi secondo i propri tempi. Anche l'uso delle emoticons, soprattutto agli inizi, funge da catalizzatore e diventa un momento significativo al termine delle attività proposte. L'aspetto importante, da non sottovalutare, è quello di pensare di ridurre la fase riflessiva a un banale: "Ti è piaciuta l'attività?"; essa deve piuttosto guidare a ripercorre le fasi del processo di apprendimento per analizzarle in modo critico.

FASE PREPARATORIA

- Deve essere preceduta da un training iniziale in cui si abituano i bambini, specie quelli più piccoli a lavorare insieme;
- è auspicabile condurre la fase in piccoli gruppi, meglio se omogenei per età;
- viene svolta in sezione;
- necessita di uno stimolo forte che catturi l'attenzione del bambino: sono preferibili oggetti, libri illustrati, attività che richiedono l'utilizzo del corpo e dei sensi;
- il framework deve essere breve e sintetico. Può essere di aiuto un cartellone illustrato;
- il lancio della fase successiva deve avvenire con indicazioni sintetiche, chiare, organizzate per step anche attraverso l'uso di immagini esplicative;
- il tempo da dedicare alla fase può oscillare tra i 10 e i 20 minuti in base all'età dei bambini.

FASE OPERATORIA

- È auspicabile, soprattutto con i più piccoli avere la compresenza di due insegnanti;
- può essere svolta individualmente, soprattutto all'inizio, ma è necessario favorire , poco alla volta il lavoro in piccolo gruppo, non superiore alle 3 unità;
- l'insegnante accompagna lo svolgersi dell'attività favorendo inizialmente la modellizzazione, per poi gradualmente lasciare liberi i bambini di proseguire in autonomia;
- considerando i tempi di attenzione ridotti e l'affaticabilità si rende necessario proporre microattività esauribili in un lasso di tempo non superiore ai 40 minuti.

FASE RISTRUTTURATIVA

- Per avviare in modo giocoso la riflessione possono essere utili all'inizio le emoticons o gettoni colorati che i bambini possono deporre in una scatola;
- usare delle flashcards che ripropongono i momenti salienti dell'attività può guidare facilmente i bambini a ritornare sul lavoro svolto e a fissare gli aspetti più significativi;
- molto valido è anche l'utilizzo di video riprese fatte dall'insegnante nelle fasi precedenti e che possono essere commentate attraverso alcune domande stimolo;

- considerando i tempi di attenzione ridotti si consiglia l'uso del circle time alternato a momenti in cui viene richiesta una attività motoria (depositare gettoni nella scatola, ricostruire la linea temporale degli avvenimenti con immagini da collocare su un cartellone di sintesi…);
- la rilevazione degli apprendimenti avviene attraverso la verbalizzazione dell'attività svolta. Questo è fondamentale per capire le motivazioni che spingono il bambino ad agire in un modo piuttosto che in un altro;
- non è possibile proporre una vera lezione a posteriori in quanto risulterebbe dispersivo e noioso per bambini con capacità attentive ridotte a pochi minuti. Per questo motivo spesso con i più piccoli il debriefing si intreccia con il momento della fase operatoria in cui il docente si avvicina e pone domande durante lo svolgimento dell'attività.

3. L'esperienza alla scuola primaria

Nella scuola primaria la validità del metodo è apparsa più che mai in modo evidente nel periodo pandemico con la Didattica a Distanza (DaD). L'emergenza sanitaria ha evidenziato chiaramente l'importanza di ridefinire la propria modalità di insegnamento. Se la lezione trasmissiva, svolta in presenza, deve essere utilizzata in maniera marginale e contenuta nei tempi, perché l'attenzione, come sostenuto da tante ricerche neuroscientifiche, non è sostenibile per lungo tempo neanche dagli adulti e se la pura trasmissione dei contenuti non porta a un apprendimento autentico, a maggior ragione non sarà sostenibile nella DaD e nella DDI. Gli insegnanti hanno compreso in questa fase l'importanza di una delle consapevolezze del metodo EAS: la lezione rovesciata che «comporta di non accettare di ridurre l'insegnamento a lezione più compiti a casa», ma «dare importanza al lavoro degli studenti, investire sul potenziamento della loro autonomia, svilupparne interesse, motivazione e autostima attraverso compiti sfidanti» (Rivoltella, 2016; 7).

Da questa necessità di riprogettarsi, di rimodulare la proposta didattica, gli insegnanti hanno scoperto che se lavorare per EAS era funzionale nelle attività svolte in classe sarebbe divenuta una modalità di lavoro imprescindibile a distanza. L'uso delle tecnologie ha rappresentato un punto di forza per garantire un percorso di apprendimento che ha permesso di far fronte alle difficoltà del fare scuola in un modo completamente nuovo e ha obbligato molti docenti a rivedersi nella loro sfera professionale.

Lavorare per EAS a distanza ha richiesto una progettazione meticolosa, un'attenzione particolare ai tempi, alla distribuzione di attività sincrone e asincrone, al setting necessariamente modificato.

Anche nella realtà della scuola primaria la progettazione per EAS deve tenere conto delle diverse fasce di età e richiede, soprattutto le prime volte, un lavoro di ricerca e di organizzazione che necessita di molto tempo; gli EAS non si possono improvvisare, devono essere pensati in maniera accurata prevedendo tempi, scelta dei materiali, dei dispositivi, organizzazione degli spazi, rimodulazione e riprogettazione. Gli alunni vanno guidati in maniera graduale a una didattica che esula da quella tradizionale, che ridefinisce il setting e la modalità di lavoro.

Anche in questa fascia di età la fase metariflessiva necessita di essere pianificata tenendo conto delle diverse età. Per aiutare gli alunni a sviluppare un pensiero critico sempre più strutturato può essere utile l'utilizzo di checklist per revisionare il percorso effettuato, una mappa di sintesi realizzata con la partecipazione di tutto il gruppo classe, una serie di domande mirate a valutare e autovalutarsi in modo oggettivo.

FASE PREPARATORIA

- Può essere svolta a casa o in classe. Con i bambini delle fasce più basse di età è preferibile svolgerla a scuola evitando che l'adulto a casa si sostituisca al bambino;
- lo stimolo può essere di vario tipo. È consigliabile variarlo spesso affinché non risulti ripetitivo;
- deve suscitare interesse, stimolare la curiosità;
- può essere svolta individualmente, ma anche in coppia o in piccolo gruppo. Con i bambini più grandi può essere attivata con la metodologia del Jigsaw[4];
- nell'organizzare il compito il docente può tenere conto di predisporre attività diverse, sfidanti, ma calibrate sulle potenzialità degli alunni;
- il tempo da dedicare alla fase, se svolto a scuola, può richiedere tempi estesi. È da considerare comunque la necessità di proporre compiti non eccessivamente lunghi (consigliabile un tempo non superiore ai 60 minuti) in modo da garantire la conclusione dell'EAS nella stessa giornata;
- fondamentale ragionare su microattività;
- il framework deve essere breve. Utile una mappa di sintesi che evidenzi i concetti chiave;
- il lancio della fase successiva deve avvenire con indicazioni sintetiche, chiare;
- l'organizzazione della fase operatoria può essere facilmente coadiuvata da check list o da un aggregatore di contenuti come Padlet che aiutino a monitorare le varie tappe del lavoro.

[4] Cfr, in internet, URL: www.jigsaw.org.

FASE OPERATORIA

- L'insegnante predispone la proposta operativa scegliendo i mediatori didattici (Rivoltella, 2016; 85)
- organizza i gruppi di lavoro, e monitora l'attività favorendo il più possibile l'autonomia;
- è da prediligere l'attività in piccolo gruppo;
- è consigliabile formare gruppi casuali per favorire la socializzazione, la collaborazione e la turnazione;
- fondamentale l'attribuzione di compiti all'interno del gruppo favorendo la responsabilità di ciascuno;
- il tempo da dedicare alla fase è auspicabile che non sia superiore ai 90 minuti;
- può essere prevista una condivisione interna (nel gruppo classe) o esterna (attraverso la pubblicazione sul sito o il blog della scuola) (Rivoltella, 2016; 93)

FASE RISTRUTTURATIVA

- Nelle fasce più basse sono valide le modalità già esposte per la scuola dell'infanzia; in particolare se vengono utilizzati mediatori attivi sono utili le video riprese della fase operatoria;
- anche per questo grado di scolarità il debriefing varia a seconda dell'età degli alunni; va stimolata e attivata la riflessione attraverso mappe, schemi di sintesi, check list per fare il punto rispetto a quanto appreso, ai processi attivati;
- la lezione a posteriori fa da integrazione e fissa i concetti;
- è di utilità avere a disposizione uno spazio virtuale in cui poter caricare quanto svolto per una successiva revisione e consolidamento di quanto imparato;
- anche in questo caso il tempo da dedicare alla fase è variabile. Aspetto importante, da non sottovalutare è la necessità di dare adeguato tempo e spazio a tutti di esprimere le proprie considerazioni in merito a quanto svolto. Di utilità può essere una scheda di autovalutazione in cui fare il punto a livello individuale sulle difficoltà riscontrate, sugli apprendimenti consolidati, sulla necessità di integrazioni e revisioni.

4. L'esperienza alla scuola secondaria

Con i ragazzi più grandi la difficoltà che si presenta maggiormente nella progettazione di EAS consiste nella scansione oraria ben determinata dal susseguirsi di diversi docenti tra un'ora e l'altra.

L'attuazione di una didattica per EAS, se vuole essere significativa, deve necessariamente prevedere una condivisione all'interno del consiglio di classe. Cambia il setting, cambia la modalità del lavoro, si dà importanza alla qualità dei contenuti piuttosto che alla quantità.

Questo aspetto richiede un ridimensionamento della visione dell'insegnante, preoccupato del "programma" nella convinzione che questa modalità operativa, se perseguita con costanza, darà esiti altamente significativi. Sulla base delle esperienze svolte è di grande utilità l'utilizzo della metodologia EAS attraverso il Cooperative Learning che permette all'insegnante di garantire a ciascuno l'occasione per esprimersi secondo le proprie capacità, sorretto dai compagni con competenze diverse che combinate insieme possono far scaturire modalità di lavoro arricchenti e significative per ciascuno. Attraverso il dialogo nel piccolo gruppo sperimentato sia in fase preparatoria sia in fase operativa viene data a ciascuno la possibilità di esprimersi, di porre domande in modo informale, in un rapporto alla pari che permette un apprendimento lontano dall'ansia di prestazione e dal timore del giudizio. Gli uni imparano dagli altri: chi è in difficoltà è incoraggiato a porre domande ai compagni più esperti senza correre il rischio di venire giudicato; chi è esperto ha un'occasione per migliorare le proprie competenze imparando a spiegare ciò che ha compreso agli altri, utilizzando la stessa modalità comunicativa, ricevendo feedback positivi o negativi. Entrano in gioco la capacità di organizzarsi, di gestire i tempi di lavoro, di pianificare le fasi delle attività da svolgere.

FASE PREPARATORIA

- Viene svolta principalmente in domestico;
- utile avere uno spazio online in cui inserire i materiali;
- può essere organizzata anche in piccolo gruppo sfruttando applicativi di collaborazione online;
- strumento valido è l'uso della webquest[5] o di una escape room che consente di partire da una situazione problema e catturare in modo significativo gli studenti con un compito sfidante;
- il framework deve essere caratterizzato da brevità e deve servire a colmare gli aspetti che non sono emersi dal lavoro svolto in domestico e a orientare la fase successiva correggendo le misconceptions;
- l'organizzazione della fase operatoria può essere facilmente coadiuvata da check list o da un aggregatore di contenuti come Padlet che aiutino a monitorare le varie tappe del lavoro;
- considerando la rigida scansione oraria delle discipline sono da favorire progettazione transdisciplinari che prevedano il coinvolgimento di più docenti.

[5] Un esempio in Internet, URL: https://sites.google.com/view/informationliteracywebquest/home-page.

FASE OPERATORIA

- È da prediligere l'attività in piccolo gruppo con i criteri già esposti per la scuola primaria;
- il tempo da dedicare alla fase è auspicabile che non sia superiore alle 2 ore;
- può essere prevista una condivisione interna o esterna;
- l'uso dei dispositivi pur non essendo indispensabile favorisce la creatività, permette di mettere al centro l'alunno nel suo processo di apprendimento attraverso la messa in campo delle sue conoscenze e delle sue competenze;
- l'uso del digital storytelling nelle discipline di studio favorisce l'assimilazione dei concetti e la rielaborazione personale dopo una attenta selezione e organizzazione dei contenuti;
- la predisposizione di check list guida l'esecuzione del lavoro che deve essere svolto il più possibile in autonomia e favorisce il controllo evitando la dispersione sui contenuti o sugli aspetti grafici.

FASE RISTRUTTURATIVA

- Nel debriefing è importante favorire lo scambio di riflessioni sia sul proprio percorso, sulle difficoltà riscontrate, sui punti di forza e di debolezza del proprio artefatto, ma diventa significativo sollecitare anche la valutazione dei prodotti degli altri compagni in termini di coerenza, completezza, aspetto estetico;
- utili griglie osservative per una valutazione accurata e oggettiva;
- la lezione a posteriori può prevedere una sintesi dei concetti trattati e una restituzione sintetica ma esaustiva sugli elaborati.

5. Qualche riflessione finale

Le esperienze accennate evidenziano come gli EAS assumano particolare importanza in progetti specifici o situazioni particolari. Viene allora spontanea la domanda: gli EAS possono essere utilizzati anche nella didattica di tutti i giorni?

La risposta è: assolutamente sì. L'insegnante che si avvicina al metodo e lo sperimenta si renderà conto che non potrà più farne a meno, inizierà a progettare con questa modalità che le/gli verrà sempre più naturale. Lo sforzo di adottare una didattica laboratoriale che, soprattutto inizialmente, richiederà una particolare attenzione nella gestione della classe, verrà ampiamente ripagato osservando negli alunni un maggiore coinvolgimento nell'apprendimento, il raggiungimento degli obiettivi con maggiore consapevolezza e facilità, in un'ottica di inclusione e personalizzazione, nel rispetto dei tempi di ciascuno.

Lavorare per EAS richiede un cambio di prospettiva, comporta di aderire a un modello di "educazione lenta". Richiede da parte del team degli insegnanti una condivisione di intenti che deve essere portata avanti collegialmente e che deve essere spiegata e compresa dalle famiglie. Il curricolo diventa breve, necessita una di revisione che mira all'essenziale, selezionando con cura i contenuti favorendo un approccio significativo.

Non è sempre facile, soprattutto agli inizi, abbracciare un metodo se non lo si condividi con gli insegnanti che lavorano nella stessa équipe pedagogica, soprattutto perché la classe diventa un laboratorio del fare che richiede un setting differente dal classico modello trasmissivo.

Anche l'aspetto valutativo cambia. Nella logica del learning by doing vengono meno le problematiche legate alla necessità di una valutazione che diventa sterile se pensata unicamente per prove strutturate che danno ben poco riscontro di quanto realmente l'alunno abbia imparato. È solo attraverso la costruzione di artefatti basati su compiti autentici che l'insegnante può verificare attraverso rubriche costruite ad hoc quali siano le conoscenze, le abilità e le competenze maturate e procedere alla rimodulazione della progettazione sulla scorta dei bisogni emersi.

Un insegnante che lavora per EAS è protagonista di una scuola dell'innovazione che «lavora sulle pratiche degli insegnanti, ne favorisce il ritorno riflessivo sulle loro esperienze, fa in modo che possano ripensare al loro progettare, al loro comunicare, al loro valutare» (Rivoltella, 2013; 119).

SCHEDA 6

EAS, progettazione implicita e pratiche dell'insegnante

Claudia Canesi[1]

1. Le domande dell'insegnante in materia di EAS

La metodologia EAS è ormai affermata e ampiamente collaudata, in ogni ordine e grado di scuola, da tutto il gruppo di ricerca del Cremit e dai molti insegnanti che hanno abbracciato il metodo di Pier Cesare Rivoltella; a livello personale, ho realizzato che l'EAS è diventato uno degli strumenti più potenti a mia disposizione per aiutare l'apprendimento degli studenti. Nella pratica quotidiana, infatti, l'EAS trova il suo posto perché mi consente di arrivare dove non riesco con una lezione frontale, soprattutto in un contesto didattico particolare come è quello della scuola in ospedale: mettendo in situazione l'apprendimento sono in grado di far emergere la metacognizione degli studenti e, contemporaneamente, ho il grande vantaggio di migliorare il grado di inclusione di tutti gli alunni durante le tre fasi. Dopo qualche anno di pratica didattica con la metodologia ho però iniziato a pormi alcune domande che nascevano dalla necessità di continuare a utilizzare l'EAS ottimizzando la fase legata alla progettazione.

La prima questione che mi è parsa evidente, infatti, è che il tempo, sempre tiranno con gli insegnanti, è una delle variabili più incisive quando si decide di progettare per EAS; come ricordato anche all'inizio del capitolo 3, progettare EAS è *time consuming*. E spesso, semplicemente, il tempo per farlo rischia di non esserci.

La seconda cosa che ho notato, mentre lavoravo per EAS, è che molti di essi sono ricorrenti, nella pratica annuale. Già dalla premessa sappiamo che non sempre si progetta un EAS per ogni lezione ma, tendenzialmente, ci si concentra sull'uso del metodo quando si vogliono affrontare aree complesse della disciplina, oppure toccare alcuni temi trasversali che interessano più discipline ovvero più aree della stessa (per esempio, se pensiamo alle lingue straniere: civiltà e grammatica). Ma la necessità e l'importanza di ricorrere a un EAS, in quei momenti che sono degli snodi fondamentali della disciplina, si ripete ogni anno scolastico; a questi EAS "fondamentali" si potranno poi aggiungere gli EAS suggeriti dall'attualità, come ben spiegato ed esemplificato da Bricchetto e Cannì nel capitolo 3.

Come terzo spunto mi preme sottolineare che quando un docente insegna, agisce in un sistema complesso e ricco di variabili; queste variabili sono spesso imprevedibili

[1] Claudia Canesi si è occupata della concettualizzazione e della stesura del contributo. Revisione, editing e supervisione scientifica sono di Pier Cesare Rivoltella.

e modificano l'ambiente nel quale si implementa l'EAS, ma non gli obiettivi previsti dall'EAS in fase di progettazione.

Fatto nostro il principio della necessità della fase di riflessione sulla disciplina e dello step successivo della progettazione della serie di EAS che accompagnano il docente e le sue classi durante l'anno scolastico, e alla luce dell'esperienza personale di uso della metodologia, sia con gli studenti sia in situazioni di formazione dei docenti, provo a dedicare un approfondimento al concetto di progettazione implicita di un EAS; sento infatti la necessità di trasferire - per quanto possibile - ciò che ormai a livello soggettivo, nella mia pratica quotidiana, è diventato un *habitus* mentale. Finora si è parlato della metodologia EAS alla luce della progettazione esplicita e sicuramente essa ne rappresenta il più appropriato spazio di messa a punto; ma questo rischia a volte di spaventare l'insegnante che si accinge ad adottare il metodo. In questa scheda vorrei avviare una riflessione su cosa intenda per progettazione implicita di un EAS, cercando di valutare la fattibilità e l'opportunità di questa scelta.

2. Progettare EAS in modo implicito: si può?

Abbiamo visto che la progettazione scritta di un EAS deve precedere la sua implementazione in classe. Ma cosa succede se ipotizziamo, invece, che un insegnante possa 'proiettare' nella sua mente l'EAS che intende implementare in classe - quasi come fosse un film - poco prima dell'avvio della lezione, recuperando i passaggi fondamentali di ogni fase, ricorrendo alle risorse a sua disposizione in quel momento e facendo affidamento sul proprio *expertise*? Stiamo pensando a uno scenario in cui il docente elabora un EAS senza fissarlo su supporto, prima di metterlo in atto in classe; una progettazione implicita, appunto.

Provo a ripetere le tre domande che derivano dalle questioni che abbiamo visto poco sopra e che mi hanno portato a pensare all'ipotesi della progettazione implicita degli EAS:

1. è possibile implementare il meccanismo ternario di un EAS e deciderne le risorse (lo stimolo, il timing, il compito autentico, e così via) senza, a monte, averne compilato in forma scritta il *template* e aver esplicitato ogni step in una scheda di progettazione?
2. Come esperto della disciplina e della metodologia EAS, avendo chiari gli obiettivi di apprendimento, l'insegnante è in grado di immaginare lo sviluppo di un EAS nelle sue tre fasi, subito prima dell'implementazione in classe?
3. All'avvio di ogni anno scolastico, prima di utilizzare gli EAS progettati in precedenza, è necessario riscriverli e aggiornarli, o tale attività di regolazione può essere svolta in modo implicito, osservando e tenendo conto del sistema-classe nel quale si andrà a operare?

Alla prima domanda posso rispondere immediatamente: ogni percorso di arricchimento professionale che voglia portare l'insegnante a padroneggiare il metodo EAS deve prevedere di progettare in forma scritta gli EAS legati alla propria disciplina. Tuttavia si può pensare all'ipotesi di un EAS progettato in modo implicito. A questo scopo si devono dare alcuni elementi come necessari. In particolare, l'insegnante:

- ha individuato gli snodi fondamentali della disciplina;
- ha fatto esperienza in classe della metodologia;
- ha già progettato in modo esplicito (scritto) lo stesso EAS che, negli anni scolastici seguenti, sarà oggetto di progettazione implicita;
- ha sperimentato in classe almeno una volta l'EAS che, negli anni scolastici seguenti, sarà oggetto di sperimentazione implicita;
- ha pronti a disposizione i materiali di stimolo e di lavoro, diversificati per le eventuali esigenze (es: studenti con BES o NAI) e già collaudati, sempre aggiornati;
- ha ben chiari i concetti di trasposizione e regolazione;
- ha il controllo, dal punto di vista didattico ed emotivo, del sistema-classe nel quale intende attuare l'EAS progettato in modo implicito;
- ha pronte le check list per l'osservazione dell'attività durante lo svolgimento dell'EAS e/o le rubriche di valutazione del compito autentico richiesto.

Ciò premesso, e arrivando alla seconda domanda, ritengo che nella pratica quotidiana dell'insegnante vi sia spazio per la progettazione implicita di un EAS. Il docente abituato a progettare esplicitamente e a lavorare in classe per EAS, infatti, finisce per sviluppare un *habitus* che lo porta in modo naturale a ragionare sulle attività didattiche e a svolgerle secondo il ritmo ternario previsto dal metodo, con tutte le sue implicazioni.

Lo schema dell'avvio della lezione con la fase preparatoria e il conflitto cognitivo, seguita dalla fase operatoria, nella quale lo studente agisce e prova a trovare una soluzione al problema posto dall'insegnante, fino a giungere alla terza fase, quella della ristrutturazione dell'apprendimento, resta - anche se sviluppato in modo implicito - ed è il frutto dell'abitudine di progettare esplicitamente per EAS. La sensibilizzazione alla riflessione e alla progettazione scritta di un EAS, d'altra parte, offre all'insegnante la possibilità di attivare questa modalità praticamente in qualsiasi momento - per esempio quando si rende necessario un 'cambio di passo' durante la lezione - attraverso la progettazione implicita di un EAS, che tenga conto:

1. delle competenze pregresse degli studenti della classe;
2. del tempo e dei materiali a disposizione;
3. del momento dell'anno in cui lo si implementerà;
4. delle motivazioni per le quali si ritiene opportuno attivare da subito l'attività in modalità EAS.

Prendiamo il caso di una classe i cui studenti fatichino a fare proprio un argomento, magari già introdotto secondo lo schema tradizionale di lezione frontale - esercizio; la decisione del docente - in ottica di regolazione fine dell'apprendimento - potrebbe essere quella di "sparigliare le carte" dell'attività e di riavviare la lezione in modalità EAS, avendo in mente quanto detto prima in merito ai prerequisiti dell'insegnante.

Possiamo parlare di uso del metodo EAS, in questa situazione? A mio parere si, se per Episodio di Apprendimento Situato 'implicito' intendiamo lo svolgimento di un EAS a partire da un altro sperimentato in precedenza, ridefinendo i dettagli delle tre fasi (quali gli spazi, i tempi e i materiali) direttamente poco prima o durante l'azione in classe, e considerando tutti i vincoli e le opportunità dati dal contesto. Consapevole delle caratteristiche uniche della situazione nella quale sta operando, l'insegnante mette in atto le azioni previste dall'EAS (fase preparatoria, fase operatoria e fase ristrutturativa) adattandole a quel sistema-classe e agendo sulla leva della regolazione fine grazie all'esperienza che gli deriva dalla sensibilità didattica sviluppata negli anni di uso della metodologia.

Quindi, a partire dall'obiettivo di competenza da raggiungere e rispettando il ritmo ternario dell'EAS il docente comincia a immaginare la sequenza di azioni: seleziona la situazione-problema per la fase anticipatoria e decide i materiali da utilizzare (per esempio: avviare una discussione su quanto è stato appreso finora sull'argomento, poi leggere un brano che aggiunge informazioni e/o guardare in classe o individualmente un video, o ascoltare un podcast); successivamente, passa alla fase operatoria: ipotizza di lasciare un problema da risolvere, o di lanciare una domanda di cui discutere in piccoli gruppi per poi presentare alla classe la risposta, ovvero di proporre una ricerca individuale on line e così via; in ultimo, è il momento per lui di ragionare su come ristrutturare: potrebbe, dopo aver lasciato presentare i gruppi di lavoro, decidere di chiedere le motivazioni alle risposte degli studenti e quindi correggere i *misunderstanding*, ponendo le basi per la definizione condivisa del concetto che è stato fatto esplorare attraverso l'EAS implicito appena svolto.

Per rispondere infine alla terza domanda: ritengo che sia uno sforzo non necessario riscrivere a inizio d'anno tutti gli EAS già progettati; diversamente, trovo importante appuntarsi sulle progettazioni scritte già esistenti, dopo aver implementato in classe un EAS progettato in modo implicito, eventuali aree di miglioramento, quali l'aggiornamento dei link ai materiali (nel tempo si potrebbe aver trovato qualcosa di più efficace), il rivedere le check list o le griglie di osservazione che erano previste per quell'EAS, modificare il compito autentico e così via.

In questo modo, in un dialogo continuo tra progettazione implicita ed esplicita, gli EAS fondamentali per la nostra disciplina, insieme a quelli che si aggiungeranno nel tempo grazie all'esperienza in classe o agli stimoli dell'attualità, formeranno un corpus sempre vivo e a nostra disposizione.

IV

La didattica per EAS tra primo e secondo ciclo

Gianna Cannì, Laura Montagnoli, Elena Valgolio[1]

1. Declinare gli EAS: uno sguardo d'insieme

In questo capitolo si ragionerà sulle attenzioni da tenere nella progettazione di un EAS rispetto alle specificità del target al quale viene proposto: infanzia, primaria, secondaria di primo e secondo grado. Lo si farà partendo da un esempio concreto e sviluppandolo in verticale, appunto dalla scuola dell'infanzia alla secondaria di secondo grado. Naturalmente, nella pratica scolastica, gli EAS sono episodi legati a concrete situazioni educative e non si sviluppano in verticale. L'operazione compiuta in questo capitolo ha un valore esemplificativo e intende mostrare come l'EAS sia flessibile rispetto alle modalità di apprendimento proprie delle diverse età evolutive.

Quel che proveremo a far vedere è come le logiche didattiche sottese alle tre fasi dell'EAS si possano adattare agli ordini di scuola. Variano naturalmente i contenuti, ma la differenza tra gli EAS nei diversi ordini di scuola non è tematica o, meglio, l'aumentare della complessità a livello di contenuti non è, come si vedrà, la differenza più significativa. L'EAS è un dispositivo che il docente "indossa" e adatta al contesto concreto del gruppo classe, ma è anche una postura che corrisponde a una visione precisa della scuola.

L'EAS da cui partiamo - *A ciascuno il suo Encanto* - è pensato per la scuola primaria, ha come destinatari bambini di quarta o di quinta e farà da prototipo utile a individuare approcci, modalità e intenzioni specifiche per ciascun grado di scuola. La costruzione dell'identità è un tema caro alla scuola dell'infanzia, quanto a tutti i gradi di scuola successivi ed è altrettanto complesso da poter essere declinato "a spirale" consolidando la stessa area di contenuto attraverso modalità, approfondimenti e posture differenti.

[1] Le autrici condividono concettualizzazione e impostazione metodologica del capitolo. Nello specifico, Gianna Cannì ha scritto i §§ 3-4, Laura Montagnoli i §§ 5-6, Elena Valgolio i §§ 1-2. Revisione, editing e supervisione scientifica sono di Pier Cesare Rivoltella.

Titolo dell'EAS: *A ciascuno il suo "Encanto*[2]

Target: classe IV/V primaria		
Disciplina/e coinvolte	Matematica, italiano	
Competenze europee Competenza personale e sociale e di imparare a imparare	riflette su di sé e presta attenzione al proprio benessere lavora con gli altri in modo costruttivo	-nomina e riconosce le proprie disposizioni - esplicita le disposizioni su cui può migliorarsi - identifica attraverso esempi le disposizioni del compagno
Traguardo/i di competenza [da IN 2012]	**Dimensioni di competenza**	**Indicatori, evidenze osservabili**
ITALIANO Individua nei testi scritti informazioni utili per l'apprendimento di un argomento dato e le mette in relazione, le sintetizza in funzione anche dell'esposizione orale; acquisisce un primo nucleo di terminologia specifica	interpreta ed esemplifica le informazioni confronta e correla le informazioni	- trova il nome corrispondente a ciascuna disposizione; - riconosce e rappresenta con un'immagine, un esempio le disposizioni - rileva analogie tra le disposizioni e esempi che caratterizzano le potenzialità del compagno/a
MATEMATICA Costruisce ragionamenti formulando ipotesi, sostenendo le proprie idee e confrontandosi con il punto di vista di altri.	utilizza scale graduate in contesti significativi sostiene le proprie idee	- attribuisce graficamente un valore frazionario alla propria disposizione - esplicita attraverso esempi la/le motivazioni delle proprie scelte

[2] Ambiente dove sono caricati tutti i materiali utilizzati: https://padlet.com/distantimaunitiperlascuola/aciascunoilsuoencanto

Fasi	**Progettazione**	**Tempo assegnato**
Preparatoria [Logica didattica: problem setting]	L'insegnante, in classe, chiede ai bambini se hanno già visto il Film di animazione "Encanto", 2021 e mostra loro il trailer: https://youtu.be/begIGODDmAg	5 minuti
Attività in anticipo (può essere svolta a casa o in classe, lo studente risponde individualmente alle richieste)	All'intera classe si propone un gioco interattivo di abbinamenti creato con *word-wall* (https://wordwall.net/resource/54251381/le-nostre-disposizioni). I bambini correlano ciascuna "disposizione" alla relativa descrizione. Il feedback automatico li aiuta a ricordarle e ad agganciare una prima rappresentazione di significati alle stesse. Le disposizioni sono un "talento" che ciascuno di noi possiede in modo più o meno intenso e che, certamente, può essere allenato. Dopo un primo momento di gioco si chiede allo studente di pensare se conosce qualcuno che ha una disposizione (Costa, Kallick, 2007) più sviluppata di un'altra, se lui stesso ne riconosce in sé qualcuna. Gli si chiede inoltre: "Pensando ai tuoi compagni di classe, ai tuoi genitori, amici, VIP… a chi assoceresti una delle disposizioni? Perché? Si propone la visione in classe del brano cantato "La Famiglia Madrigal", dopo aver ascoltato una o due volte il brano, individualmente, ogni studente individua una disposizione per ogni componente della famiglia Madrigal, **All. 1**. Come *job Aids* viene consegnato **l'All. 2** "Una selezione di Disposizioni".	1 ora in classe o tempo individuale a casa
Framework	L'insegnante riprende l'**All. 2** "Una selezione di Disposizioni" e spiega brevemente l'importanza di riconoscere e allenare le disposizioni. Recupera alcuni esempi in cui attribuisce disposizioni a insegnanti e collaboratori della scuola conosciuti dagli studenti. Segnala l'importanza di alcune disposizioni utili in questa attività.	10 minuti
Stimolo	Breve video della durata di 30 secondi che mostra immagini e fotografie che scorrono e che rappresentano le disposizioni. Alcune fotografie riprendono bambini e maestre della classe.	5 minuti
Consegna (dell'attività operatoria da fare in classe)	L'insegnante anticipa la consegna del lavoro che seguirà questa prima parte e comunica che ciascuno lavorerà in una coppia/triade con uno o due compagni. I criteri della scelta dei piccoli gruppi sono a discrezione dell'insegnante. Ogni studente dovrà curare la propria carta e contribuire alla creazione della carta del compagno.	10 minuti

Operatoria [Logica didattica: learning by doing] **Gestione dell'attività di produzione** **Condivisione interna**	Produzione di una carta gioco di ruolo che consente a ciascuno di autovalutare le proprie disposizioni La carta creata è il frutto del lavoro del singolo, ma ciascun compagno di classe può dare suggerimenti a tutti nella creazione della stessa. L'**All. 3** mostra il modello della carta. Le foto delle carte prodotte vengono pubblicate in classroom; ogni compagno potrà lasciare un commento a chi lo desidera. Le carte create vengono anche appese alle pareti della classe.	1 ora e mezza
Ristrutturativa [Logica didattica: reflective learning] **Debriefing** **Lezione a posteriori**	Per il momento dedicato alla riflessione viene utilizzato un dado. Questa è una routine che l'insegnante utilizza per "muovere e orientare la discussione". In questo caso specifico, lanciando il dado potranno uscire abbinati ai singoli numeri le seguenti richieste e l'insegnante, che avrà annotato tutte le rappresentazioni emerse dai prodotti e dai processi, guiderà il debriefing: 1. nomina una cosa nuova imparata oggi; 2. descrivi una sensazione che hai imparato; 3. riconosci il valore positivo del lavoro di qualcun altro; 4. descrivi quale disposizione vorresti allenare; 5. racconta una buona idea che hai sentito; 6. spiega come continuerai questo lavoro. L'insegnante ritorna sulle disposizioni e fissa i concetti emersi, stimola gli studenti a trovare modalità di utilizzo delle carte per mantenere allenate le disposizioni e/o per trovare modalità di gioco.	30 minuti

Scuola dell'infanzia - Il tema delle proprie disposizioni presentato per la scuola primaria, per l'infanzia potrebbe richiamare la costruzione dell'identità e suscitare risposte alla domanda: "Che cosa farò da grande?". L'albo illustrato *Tito Lupotti* (Judes, Bourre, 2014) apre la *fase preparatoria*, dedicata al *problem setting;* in essa viene chiesto ai bambini di motivare le azioni di Tito. Il tema è quello della legittima aspirazione a ciò che si vuole fare da grandi anche in rapporto a propensioni/visioni di realizzazione di sé differenti dai desideri del suo papà. Il framework è l'esplicita richiesta al bambino di immedesimarsi nel protagonista della storia e di correlare la storia con la propria vita. Lo stimolo è un gesto, un richiamo a focalizzare la crescita: l'insegnante, da accovacciata, si alza lentamente e porge le mani verso l'alto.

Il collegamento è allo sviluppo del senso dell'identità personale e del confronto con gli altri che, nella *fase operatoria*, si realizza attraverso la richiesta di creare con i materiali che vengono forniti un personaggio che rappresenti che cosa vuol fare, da grande e/o chi da grande vuole diventare.

La richiesta di prestare attenzione ad aggiungere un elemento che faccia capire le proprie scelte sarà oggetto di dibattito durante la presentazione interna dei prodotti di ciascuno e favorirà il *circle time* con cui si svolgerà la *fase ristrutturativa*.

Scuola secondaria di I grado - La conoscenza delle proprie aspirazioni inizia a farsi un tema ancora più concreto e si accompagna sia al riconoscimento della propria identità, in fase di sviluppo e affermazione, sia alla messa a fuoco dei criteri con cui si compie una scelta, quale quella della scuola del grado successivo.

Un EAS che presenti tali finalità potrebbe fornire, in *fase preparatoria*, alcuni stimoli da analizzare, alla ricerca di criteri di scelta che siano significativi quando è tempo di prendere una decisione (per es. la canzone di Jovanotti *La linea d'ombra*). Stimolati dall'insegnante, gli alunni potrebbero elencare tutte le ragioni che portano a preferire una scuola piuttosto che un'altra: registrate in un documento condiviso, si riprenderanno in seguito. Ciascun alunno potrebbe provare a esprimere, in concreto, quali siano i criteri per la scelta di un paio di scarpe da acquistare, in modo da iniziare a ragionare non sul tema in sé ma sull'importanza di aver messo a fuoco i giusti strumenti di valutazione, in relazione alla scelta da compiere.

Nella *fase operatoria*, dopo aver condiviso i criteri messi a fuoco nella fase precedente, potrebbero spingersi, in piccolo gruppo, a stilare una classifica di importanza dei diversi criteri di scelta precedentemente elencati alla rinfusa nel documento condiviso ed eventualmente, con una riflessione più profonda (guidata da domande e spunti), produrne di nuovi. Il prodotto previsto saranno le motivazioni per cui è stata stilata la top 5 delle prime voci, quelle ritenute fondamentali dal gruppo.

Nella *fase ristrutturativa*, dopo la condivisione, l'insegnante può riflettere circa gli elementi imprescindibili che guidano nelle scelte. La lezione a posteriori potrebbe riguardare gli aspetti da prendere in considerazione nel valutare la proposta di un indirizzo scolastico e in particolare di una scuola (offerta formativa, sbocchi principali, ubicazione ecc.).

Secondaria di II grado - Il tema "*A ciascuno il suo Encanto*", nella secondaria di II grado, si può facilmente declinare, per esempio, in un mini-percorso di orientamento in uscita finalizzato a ridurre la casualità o superficialità nella scelta di una futura carriera universitaria/lavorativa, agganciandola a una progettualità autentica e a una maggiore conoscenza di sé.

Come attività iniziale, in *fase preparatoria*, si chiede di analizzare il proprio modo di "esporsi", di "essere per il mondo" nei social, ma anche nei contesti reali di socializzazione e nella sfera privata allo scopo di individuare la zona liminale tra *chi si è* e *chi si desidera essere*, le attitudini, gli interessi. Nel framework il docente presenta quattro romanzi italiani che affrontano, con umorismo, il tema "giovani e lavoro" da diversi punti di vista (come *Cronache dalla ditta* di Andrea Cisi; *La questione più che altro* di Ginevra

Lamberti; *Perciò veniamo bene nelle fotografie* di Francesco Targhetta; *Il mondo deve sapere* di Michela Murgia). Man mano che si procede in verticale, il *designed*, ovvero gli oggetti culturali, acquistano un peso maggiore e lo studente deve posizionarsi rispetto a essi. È importante anche alternare una tradizione lontana e canonica a prodotti contemporanei, in cui è più immediato riconoscersi. Il trailer del film di Scorsese *The wolf of Wall Street*, che mostra l'illecita ascesa di un *broker* senza scrupoli, chiude la fase preparatoria.

Nella *fase operatoria*, i gruppi - dopo aver condiviso il profilo di sé emerso nella fase precedente - esplorano varie possibilità formative e lavorative: un gruppo si occupa dell'offerta formativa coerente con il percorso di studi fin lì seguito, sceglie 2-3 sedi di università italiane (dopo aver negoziato con gli altri i requisiti imprescindibili); un gruppo lavora sulle offerte formative relative alle nuove professioni legate al mondo digitale; un gruppo lavora sulle università europee; un gruppo analizza il mercato del lavoro della regione di appartenenza. Assegnare ai gruppi la stessa attività, differenziando però l'ambito, rende più significativa in questo caso la messa in comune dei risultati della ricerca.

Si esplicitano nella *fase ristrutturativa* i criteri di selezione, la relazione tra i profili emersi nella fase anticipatoria e le scelte per il futuro.

2. *Sviluppare l'autonomia cognitiva*

L'autonomia è un costrutto complesso che all'infanzia e alla primaria spazia dalla cura della propria persona alla cura delle proprie cose, alla scelta del materiale che può servire, all'uso degli strumenti e delle procedure, al richiamare alla memoria conoscenze e abilità quando serve. E, ancora, alla capacità organizzativa di portare a termine un'attività senza ricorrere al bisogno dell'adulto, sapendo a chi chiedere.

La fase preparatoria di un EAS e il richiamo alla *Flipped Lesson* collocherebbero la consegna del compito di anticipazione cognitiva come un'attività individuale da svolgere a casa. Che il compito sia svolto a casa o in classe sta alla libertà del docente: affinché l'insegnante possa accompagnare lo studente a essere autonomo, rendendo l'attività a bassa direttività, è necessario che la consegna espliciti ciò che gli si richiede e che sia correlata da un *Job Aid* nelle sue diverse funzioni: procedurale, riflessiva e informativa. I *Job Aids* sono una tecnica che si presenta nelle sue diverse forme come un vero e proprio supporto all'apprendimento e al fare; «sono una risorsa utile allo studente per gestire un'attività, facilitano le sue azioni, gli forniscono indicazioni, lo orientano» (Rossett, Gautier-Downes, 1991). Un *Job Aid* con funzione riflessiva ad esempio è quello proposto nell'EAS per la primaria: l'utilizzo del dado per la gestione del debriefing. Nella fase operatoria, la regola condivisa e molto presente nei *Dojo* del "Chiedi a tre e poi a me" può essere utile per incoraggiare gli studenti a usare le proprie risorse prima di correre dal mentore, dall'insegnante. Ritroviamo, invece, la funzione informativa del *Job Aid* in questo specifico esempio nel file relativo alla selezione delle disposizioni (**All.**

2): tante e svariate possono essere le infografiche e i supporti costruiti e da costruire. Nell'infanzia e nella primaria questo strumento si serve spesso del mediatore iconografico. Un altro grande aiuto all'autonomia è infine il ricorrere a routine quotidiane che agganciano, all'abitudine e alla sicurezza di una azione e di uno spazio tempo dedicato e conosciuto, la possibilità di poter suggerire il nuovo. Nel nostro esempio l'utilizzo del dado è una routine.

Agli studenti della secondaria di I grado si può richiedere un livello di autonomia che li spinga non solamente a scegliere tra opzioni date ma anche a immaginare nuove possibilità, sapendo motivare in modo non superficiale. Questo momento è un segmento in cui l'alunno può iniziare a uscire dal punto di vista egocentrico e valutare diverse possibilità in relazione a se stesso, guidato da prime osservazioni più generali, dai valori e dai principi che pone come irrinunciabili. Se la scelta evade il confine delle opzioni già assegnate, pur restando all'interno del contesto, gli alunni possono esprimere la propria creatività, intesa come autonomia di pensiero e come capacità di proporre una soluzione nuova ma che rientra nel *range* richiesto. Nell'EAS descritto, questi due punti (creatività e capacità di motivare) si riscontrano nella doppia richiesta di costruire la top 5 e di saper esprimere un punto di vista rispetto alla selezione operata. In merito a essa il docente fornisce indicazioni precise, affinché la finalità del compito e la struttura del lavoro siano chiare, poiché così facendo trasmette anche un *modus operandi* che gli studenti possono estendere ad altri ambiti. In questa fase gli alunni stanno costruendo anche una propria autonomia di lavoro e organizzativa.

Con i più grandi, il grado di autonomia nelle attività didattiche aumenta; essi hanno alcune competenze e conoscenze già acquisite. Si tratta qui di sviluppare un'autonomia che si auto-osserva. La sua forma più importante è quella di fare delle scelte, scoprire l'aspetto soggettivo e situato della cultura e posizionarsi rispetto a esso.

In realtà l'autonomia acquisita dagli adolescenti sposta sotto il livello di coscienza l'errore, una comprensione non sempre perfetta. Ecco perché deve essere strutturata, deve avere - anche se può sembrare una contraddizione - la maglia stretta. Il docente deve cioè trovare un difficile equilibrio tra l'offerta di occasioni didattiche per sperimentare una grande libertà di movimento (cognitivo, intellettuale) e l'attenzione alla correttezza dei processi: si potrebbe anche parlare di un difficile equilibrio tra *rettitudine* e *inclinazione* (su questo cfr. il cap. 3).

Nell'EAS proposto come esempio per la secondaria di secondo grado, l'autonomia si rivela una grande risorsa nella fase preparatoria, perché consente agli studenti di analizzare se stessi nei vari contesti e di disegnare il proprio profilo a metà tra conoscenza e progetto di sé. Ma questa autonomia sarebbe un girovagare senza meta se nella fase operatoria, sia tra pari sia sotto lo sguardo del docente, non si rinforzasse il meccanismo di *feedback* e di valutazione esplicita. La consegna della fase operatoria deve essere chiara e precisa, ma allo stesso tempo aperta: ci sono mille modi diversi per svolgere il lavoro, il risultato atteso non deve essere scontato. Nel framework il docente lancia delle idee, fa delle riflessioni situate, che esprimono una visione individuale. Non fornisce solo istruzioni sullo svolgimento dell'attività operatoria. Leggendo e commentando alcuni brevi stralci dai quattro romanzi proposti mostra come la letteratura elabori l'informazione e il dato in una narrazione che consente di fare esperienza: l'autonomia si arricchisce nel momento in cui il mondo interiore di ciascuno si definisce meglio grazie al contatto con quello di un altro. Gli oggetti culturali che il framework mette in campo hanno questo scopo.

3. Gestire i tempi

Pensando ai tempi, occorre precisare due possibili livelli di analisi: macro e micro. A livello macro, l'organizzazione oraria del calendario scolastico è, tra le tante cose, un tema importante. Quando i bambini sono molto piccoli, questo aspetto si nota ancora di più, in quanto l'autonomia è in fase di acquisizione in termini di operatività all'azione e la presenza del docente, che facilita e accompagna, richiede tempo e spazio. I tempi si dilatano nella descrizione di una consegna, nell'aiuto alla lettura (seppur per immagini) di un *Job Aid*, ma anche nella stessa organizzazione del *setting*. Due ore accorpate e un'ora successiva alle altre due, quando è possibile, garantiscono di suddividere al meglio l'organizzazione e la logica delle tre fasi. Significativa è la proposta di far coincidere l'ora dedicata al momento ristrutturativo nelle classi/sezioni parallele al fine di condividere tale momento in uno spazio più grande, ma anche attraverso sessioni di video-comunicazione.

A livello micro, occorre invece posizionare l'attenzione sui tempi dedicati a ciascuna fase. Possiamo sicuramente dire che, soprattutto per l'infanzia e i primi anni della primaria, difficilmente il tempo di un EAS possa essere circoscritto nelle due ore complessive; molto spesso la fase preparatoria si svolge a scuola e i tempi si dilatano. L'insegnante deve circostanziare molto la valenza di ciascuna attività e ridurre la proposta al netto di ciò che serve alla significatività degli obiettivi sottesi all'episodio. L'EAS a cui si è accennato, *Tito Lupotti, facciamo che io da grande sono…*, si svolge nell'arco di poco più di tre ore: la fase preparatoria è stata pensata in classe. I tempi dell'EAS per la primaria "*A ognuno il suo Encanto*", se la fase preparatoria viene svolta a casa, si circoscrivono in poco più di due ore.

Dato che, tornando sull'autonomia, nel tratto della secondaria di I grado c'è anche una capacità organizzativa da costruire o migliorare, spetta all'insegnante aiutare gli alunni nella scansione dei tempi di lavoro in unità più limitate e quindi, per essi, maggiormente gestibili. Va da sé che questa è una competenza che non può che essere co-costruita tra pari e con la guida del docente. Un EAS come quello proposto potrebbe richiedere 20 minuti di lavoro in fase preparatoria e altri 40 in fase operatoria, fornendo però una serie di *micro-task* da portare a termine, ad esempio attraverso una *check list* in cui siano anche indicati i tempi di lavoro. Il momento di condivisione delle motivazioni delle scelte, che chiude la fase operatoria, rischia di farsi troppo esteso se non viene organizzato: vanno assegnati 10 minuti a ogni gruppo per relazionare sui motivi delle scelte e per far emergere eventuali difficoltà nel raggiungimento di un'idea condivisa; tempi da esplicitare in anticipo, per consentire ai gruppi di stendere una traccia dell'intervento. Gli ultimi 15 minuti sarebbero così riservati al docente, il cui intervento deve essere sintetico e molto mirato.

Anche per la secondaria di II grado la scansione delle fasi dell'EAS ha durata analoga. Eppure, quando si parla di tempo a scuola, la percezione degli insegnanti - probabilmente in opposizione alla percezione degli studenti - è che ce ne sia pochissimo. Che la lezione sia fatta seguendo il metodo EAS o no, il numero di ore non cambia, ma l'articolazione tripartita e il ritmo delle fasi danno l'impressione che ci sia ancora meno tempo, perché è un tempo diviso in porzioni più piccole. Questo dipende dall'abitudine, dura a morire, degli insegnanti della secondaria di II grado di parlare per un'ora o due. Dei tempi dell'EAS spaventa sicuramente il framework concentrato in 10-15 minuti: esso è invece l'occasione per evitare un'esposizione di tipo informativo e per mettere a fuoco le questioni importanti, per praticare una comunicazione efficace che vada in profondità. Con i più grandi è facile sentirsi dire, quando vengono richiamati perché distratti: "Tanto queste cose le trovo nel libro". Ecco, il contenuto del framework non dovrebbe trovarsi in nessun libro.

L'aspetto più significativo del tempo dell'EAS è il ritmo nelle fasi, la variazione continua di momenti diversi. Vista l'attenzione oggi sempre più ridotta degli studenti, proporre attività brevi e diverse - che però si ricompongono poi in un tutto coerente - aiuta la partecipazione e il coinvolgimento. Naturalmente a patto che la porzione di contenuto sia micro e le attività brevi e autoconclusive.

Anche gli studenti sono chiamati a organizzare sensatamente il tempo: se le lezioni in generale a loro appaiono lunghe, il tempo per realizzare l'artefatto dell'attività operatoria non basta mai. Una cosa che imparano lavorando in gruppo è proprio l'ottimizzazione del tempo, legata alla divisione interna del lavoro. Ai più grandi si può lasciare libertà di gestione delle fasi; tutt'al più impareranno dall'errore.

Se l'attività è sfidante e cattura la loro attenzione, allora anche i grandi avranno la stessa concentrazione che hanno i bambini quando giocano e sperimenteranno quello che si può chiamare "il tempo novecentesco", quel tempo in cui mentre facevi una cosa non ti interrompevi continuamente per controllare le notifiche del cellulare.

4. La situazione-stimolo

Non è semplice definire cosa sia lo stimolo perché può avere tante forme diverse. Di sicuro è sempre breve. Può essere un testo (immagine, video, breve testo scritto, descrizione di un caso, passo letterario), una situazione (problema da risolvere, studio di caso) o un'esperienza (osservazione di un fenomeno, realizzazione di un esperimento, conduzione di una ricerca), un gesto.

Alla scuola dell'infanzia e nei primi anni della scuola primaria può avere le sembianze di un pacco regalo contenente oggetti e materiali; una registrazione di una voce misteriosa che annuncia, una breve videointervista registrata… E ancora: un'immagine, tante immagini che scorrono per pochi secondi, una mascotte parlante, una gif, un reel, un tik tok[3]… Lo stimolo è qualcosa che si presenta in un tempo molto breve e non serve solo a entrare fumosamente nel tema, ma aiuta ad agganciare il significato delle intenzioni dell'episodio, un via alla motivazione e al senso di ciò che si sta facendo. Lo si potrebbe paragonare a un pin, una puntina sulla bacheca degli apprendimenti. Collegando o semplicemente rievocando tutte le puntine, tutti gli stimoli, si ritrovano le tracce del percorso. Nell'EAS dedicato all'infanzia e che continua ad accompagnarci in questa analisi è un movimento, un gesto: l'insegnante, da accovacciata, molto lentamente, si alza e tende le mani verso l'alto. Nell'EAS per la primaria è un video prodotto dall'insegnante che in poco meno di 30 secondi raccoglie alcune immagini che rappresentano le disposizioni, alcune di esse sono scatti che immortalano momenti in cui i protagonisti sono i bambini della classe.

Nella secondaria di I grado lo stimolo serve a contestualizzare il "problema" e a consentire agli alunni di appropriarsi di alcuni linguaggi, anche semplicemente dei significati delle prime parole che servono per potersi muovere nel discorso. Scelta, decisione, criterio e parametro possono essere parole chiave delle quali sincerarsi che sia chiara la comprensione, per allineare il punto di partenza e assicurarsi che si possa comunicare con efficacia. Lo stimolo deve quindi essere alla portata di tutti gli alunni e tenere conto delle specificità del gruppo classe, deve essere reperibile e comprensibile da parte di tutti. Solo così lo scambio di idee sarà effettivamente possibile, altrimenti il rischio è che non inneschi il coinvolgimento, anzi che funga da barriera.

La situazione-stimolo per gli studenti della secondaria di II grado non ha soltanto uno scopo propedeutico e di anticipazione cognitiva, ma è anche motivazionale. Garantisce l'engagement didattico. L'interesse degli adolescenti verso un dato problema non dipende tanto dalla curiosità (che purtroppo progressivamente, nei diversi ordini di scuola in verticale, si perde) ma dall'aggancio con il vissuto. Cosa ho a che fare io con questo problema? La situazione-stimolo iniziale dell'EAS non stimola solo l'interesse per il contenuto della lezione, innesca un processo vicino al circolo ermeneutico in cui chi cerca (il soggetto con il suo bagaglio di conoscenza e comprensione anche di sé) e l'oggetto della ricerca devono incontrarsi a più livelli. Per tornare all'EAS proposto come esempio, la fase anticipatoria serve a creare interesse per i vari lati della propria identità: come mi presento agli altri (sui Social e in presenza, nei luoghi di socializzazione), come immagino il mio futuro in vista di una scelta. Richiamare que-

[3] Il canale https://www.tiktok.com/@cremit_ presenta alcune risorse educative da utilizzare in classe; citiamo in particolare il colore del riciclo: https://www.tiktok.com/@cremit_/video/6970025273735564550.

sti aspetti rende più consapevole la messa a fuoco dei criteri per selezionare offerte e risorse. La scuola non può dimenticare l'insegnamento degli insegnamenti, l'antica iscrizione del tempio di Apollo a Delfi. Conoscere se stessi (per poter capire meglio gli altri e il mondo) è la finalità educativa imprescindibile, soprattutto per adolescenti e giovani, che stanno già provando a farlo per conto proprio: come realizzare concretamente questo obiettivo (senza mai esaurirlo) è affidato all'impegno progettuale dei docenti di tutte le discipline. Oggi si pensa che promuovere la conoscenza e la consapevolezza di sé sia il lavoro degli psicologi: per millenni però questo compito è stato svolto - ovviamente con altre modalità - dalla cultura. Stimolare la costruzione di un ponte tra il mondo interno e il mondo esterno, fornire linguaggi e strumenti per la costruzione di questo ponte è in sintesi il nostro lavoro di insegnanti e l'EAS, soprattutto nella sua fase esplorativa, crea il contesto didattico giusto per assolvere a questo compito. Il debriefing sarà poi il momento importante in cui questa nuova consapevolezza di sé sarà condivisa con gli altri.

5. I mediatori didattici

Alternare i mediatori consente di «diversificare le risposte in base a domande sempre più individualizzate» (Damiano, 2017; 118). Permette di spiegare in altro modo o far spiegare a quel gruppo, a quel compagno: sul piano degli apprendimenti, disegnando una didattica che è basata sulla contestualizzazione e che chiede agli studenti di operare in situazioni autentiche; sul piano dei mediatori, costruendo un impiego che incentiva la centralità dello studente e la sua capacità di comprendere, di usare i linguaggi per esprimersi e trovare soluzioni innovative. Nella fase operatoria la consegna, concettualmente legata all'azione di *designing*, potrebbe proprio essere la richiesta di rappresentare con altro mediatore: dalla rappresentazione grafica e spaziale, alla creazione di un canovaccio per una breve drammatizzazione, alla schematizzazione attraverso mappe, grafici, itinerari. Le possibili varianti/alternative in digitale sono strumenti o *web tool* che lasciano il primato al senso didattico della produzione richiesta: thinglink, storyjumper, chatterpix, sutori, book creator, jamboard, spreaker.com... All'infanzia e alla primaria la modalità "*Art-Attack*" che spiega come riprodurre qualcosa arricchisce la creazione con l'iniziativa e con le risorse dello studente e del piccolo gruppo. Ne troviamo esempio nella richiesta dell'EAS *A ciascuno il suo encanto*, ma anche nella rappresentazione *Tito Lupotti, facciamo che io da grande sono:* mediatori diversi accompagnano e supportano le tre fasi di un EAS attraverso la ripetizione, l'imitazione e il fare esperienza.

Gli studenti della scuola secondaria di I grado riescono a interagire con ogni tipo di mediatore, poiché già capaci di sfruttare, seppur in forma iniziale, simboli e analogie.

I mediatori attivi, così come l'utilizzo di video, immagini, mappe ecc., restano efficaci per esempio nella fase preparatoria, in cui l'esperienza visiva e l'esperienza diretta possono fungere da attivatori dei prerequisiti e consentire di entrare nel problema, realizzando un semplice esperimento guidato, agganciando mattoncini per costruire un solido geometrico, pesando degli oggetti... Lo stesso si può dire dei mediatori analogici, che possono fungere da pretesto per introdurre un argomento ma anche da possibile prodotto: immaginare di essere in un certo contesto di una diversa epoca storica, assumere un ruolo e dover recitare la parte possono essere artefatti da costruire in gruppo. Infatti, a seconda della maturità nel gestire i diversi linguaggi, è possibile pensare anche a EAS in cui siano gli alunni stessi a scegliere il mediatore che ritengono opportuno per realizzare o presentare il loro prodotto.

La capacità di astrazione, per una ragazza o un ragazzo di 11-13 anni, non è sempre acquisita totalmente, per questo il ricorso ai simboli è più adatto come momento finale, come obiettivo a cui tendere, nella fase in cui si punta a generalizzare o a fare considerazioni di raccordo tra un tema e l'altro: partire dall'astratto non facilita, anche in ottica inclusiva, la partecipazione di ciascuno.

Con gli studenti più grandi spesso si pensa che il mediatore didattico preferibile, vista la loro capacità di rapportarsi ai concetti astratti, sia la parola, il linguaggio (oltre che, naturalmente, il mediatore tecnologico). E in effetti, è importante rieducare alla parola, al testo orale e scritto senza immagini, schemi, mappe, non perché queste non servano, ma perché ha senso difendere quella specifica rappresentazione della realtà che il linguaggio verbale costruisce. Di contro, alternare e integrare i mediatori consente di differenziare le attività e di proporre approcci diversi a un problema. In questo caso l'effetto di ridondanza è proficuo e inclusivo: non si privilegia un solo tipo di intelligenza negli studenti e soprattutto si incoraggia un utile *habitus* mentale, quello di vedere da più punti di vista, di usare strumenti diversi per affrontare la complessità. Sicuramente è da potenziare l'uso dei mediatori attivi e analogici: entrambi, pur con gradi di distanza dalla realtà diversi, favoriscono il coinvolgimento del corpo e delle emozioni. Le esperienze concrete - come esperimenti in laboratorio, visite - presentano lo svantaggio di richiedere tempi lunghi; certamente sono stimolanti ed efficaci ma comportano lo sforzo, da parte dell'insegnante, di sganciarsi dall'ossessione dell'esaustività e della completezza rispetto a un "programma ministeriale" implicito e interiorizzato che sopravvive nonostante tutto. I mediatori analogici - giochi e simulazioni - sono spesso scartati per il sospetto con cui vengono viste le attività ludiche nella secondaria di II grado: anche su questo c'è ancora molto da fare.

6. L'artefatto

Il prodotto creato è strumento utile all'emergere delle rappresentazioni e dei processi attivati; talvolta l'insegnante fatica un po' a non ritrovare nell'elaborato qualcosa che non sia anche bello da vedere. Un artefatto è «un'opera che deriva da un processo trasformativo e intenzionale»[4], può essere anche una bozza, uno storyboard, uno schizzo che abitua a lavorare insieme e a rappresentare il compromesso che unisce le idee di tutti. La logica didattica del *Learning by doing* specifica del momento operatorio «consente dunque a chi apprende di imparare attraverso il fare» (Rivoltella, 2016; 95), di smontare e rimontare l'oggetto della conoscenza per appropriarsene in maniera attiva e significativa. Possono essere artefatti una rappresentazione di ombre di dimensioni diverse sul muro, la costruzione di un sonaglio all'aria, la composizione di un ritmo, la creazione delle definizioni per un cruciverba, una linea del tempo, il testo di un podcast, la rappresentazione di un role-playing a ruoli invertiti, un'app costruita con *Word wall*, un testo di 160 caratteri... Quello che accomuna i prodotti di uno stesso EAS sono la consegna e la finalità; ciò che qualifica l'artefatto - sia che esso sia stato prodotto in coppia (per i più piccoli è la modalità consigliata), individualmente o in piccolo gruppo - è la divergenza che ritroviamo nei diversi *out-put* che vengono da loro condivisi. La divergenza è per lo studente l'opportunità di poter esprimere la propria soluzione alla richiesta di un prodotto che non ha un'unica proposta per poter essere creato. Lo "schema giusto" non esiste: è necessario attingere a quel che so e che so fare per trovare una soluzione innovativa (Rivoltella, 2016), offrendo istanze utili ad ampliare le argomentazioni del *debriefing* e della lezione a posteriori specifiche del momento ristrutturativo.

L'artefatto, già a partire dalla secondaria di I grado, può passare da oggetto concreto a simbolo per veicolare contenuti, idee e soluzioni, così da aiutare il *transfer cognitivo* e da sostenere il processo di astrazione, che proprio nella preadolescenza diventa una competenza sempre più accessibile e migliorabile. In secondo luogo, anche nel richiedere che sia prodotto un oggetto - concreto, digitale, più o meno simbolico - l'attenzione va posta sul processo che gli allievi dovranno mettere in atto per addivenire alla costruzione e al perfezionamento del loro prodotto. La prevalenza di questo aspetto - quello del processo di pensiero - va esplicitata a priori ed è il punto su cui maggiormente chiedere una rendicontazione finale ai gruppi di lavoro. Questa modalità consente agli studenti di passare a una fase più alta, quella della metacognizione, con la quale il singolo problema risolto o lo specifico artefatto prodotto non ricadono solo sulla situazione contestuale, ma diventano prodotti passibili di una generalizzazione e hanno un'estendibilità anche in altri contesti. L'EAS che funge da esempio propone come prodotto una classifica motivata: un artefatto che punta più sul dare le ragioni delle decisioni che sul prodotto in sé.

La parte operatoria è il cuore dell'EAS anche per la secondaria di secondo grado. Qui gli artefatti sono per lo più digitali, anche se sopravvivono cartelloni e collage. Naturalmente il "prodotto" può anche essere un testo, una dimostrazione matematica, un progetto. Di solito la proposta di un artefatto digitale è più apprezzata, perché para-

[4] In Internet, in Treccani.it - Vocabolario Treccani on line, Istituto dell'Enciclopedia Italiana. URL consultato il 8 marzo 2023.

dossalmente percepita come meno "scolastica". Quando si lavora con gli adolescenti, bisogna fare molta attenzione a non cadere nella trappola del prodotto ben confezionato tipico della generazione app, interessata alla gradevolezza del risultato da raggiungere con il minore sforzo possibile (Davis-Gardner, 2014). Il fatto che un oggetto digitale prodotto con una app sia sempre esteticamente valido può trarre in inganno lo studente sullo scopo vero di quella produzione: può mettere cioè in secondo piano il contenuto e rendere inesistente il processo (fa tutto l'app...). La fase operativa serve invece a mettersi in gioco, esercitare e rafforzare le competenze (mobilitando di certo anche le conoscenze), ma anche a sperimentare la propria autoefficacia. L'artefatto è inoltre il frutto di una collaborazione. Gli adolescenti amano stare in gruppo, ma non sempre amano lavorare in gruppo: a far da soli si fa prima. L'artefatto di gruppo dà invece senso all'apprendimento in classe e rafforza i legami.

L'artefatto è anche l'occasione per capire dall'interno come si arriva a un prodotto o a una performance. Nella fase ristrutturativa si farà poi emergere quali sono gli step (dalla progettazione alla realizzazione) di una produzione culturale e questo serve anche a capire, in generale, come funziona quella cultura proposta a scuola, che sembra neutra, universale e già confezionata e non lo è.

Nella tabella che segue si sintetizzano le specificità della declinazione dell'EAS nei diversi ordini di scuola: è evidente che i due gradi della secondaria inglobano le acquisizioni cognitive della scuola dell'infanzia e della primaria, mentre sulla varietà dei mediatori si registra una inversione di tendenza.

	Scuola dell'infanzia	Scuola primaria	Scuola secondaria di I grado	Scuola secondaria di II grado
Autonomia cognitiva	- fissare routine - *job aids* per immagini - l'insegnante accompagna lo studente a prendersi sempre più grandi libertà di decisione - nella produzione il lavoro è individuale o di coppia	- feedback dell'insegnante che mostra come si sta bene quando si sa gestire qualcosa da soli - autonomia è anche sapere a chi chiedere per risolvere qualcosa che non comprendo - "chiedi a tre e poi a me"	- l'allievo si muove verso la strutturazione di una prima autonomia di pensiero, esprime soluzioni nuove, argomenta e motiva le proprie decisioni - immagina soluzioni oltre le indicazioni date	- autonomia come autonomia di scelta, - autonomia interna rinforzata dal confronto consapevole con il mondo esterno e dai feedback (che fanno emergere gli errori coperti dall'autonomia stessa e da un senso di autoefficacia non realistico)
Gestire i tempi	- tempi distesi - l'EAS non è necessariamente autoconclusivo di una sessione didattica, può essere suddiviso in più momenti - la fase preparatoria è per lo più in classe	- tempi sempre meno distesi dalla prima alla quinta - la fase preparatoria in classe per i più piccoli - accompagnare al senso del tempo che è in fase di costruzione	- gestione dei tempi di lavoro autonomo e in gruppo in fase di acquisizione da parte degli alunni - necessità da parte del docente di guidare la scansione dei tempi delle diverse attività	- importanza del ritmo e della variazione delle fasi per evitare la perdita di interesse - recuperare l'attenzione attraverso concentrazione e coinvolgimento anche emotivo (il tempo novecentesco)
Situazione-stimolo	- ingaggio, richiamo al tema - contestualizzato - il formale si collega all'informale	- ingaggio, richiamo al tema che si fa sempre più complesso - contestualizzato - il formale si collega all'informale	- il docente verifica che lo stimolo sia alla portata di tutti, perché gli alunni possano interagire con i linguaggi di base, in ottica inclusiva	- scopo anche motivazionale della situazione-stimolo - proposta di un problema significativo che aggancia il vissuto (un contenuto culturale diventa un problema che mi riguarda)

Mediatori didattici	- alternanza di mediatori diversi, prevalenza del mediatore iconico, attivo, analogico, (simulazione, role playing) e tecnologico	- alternanza di tutti i mediatori diversi, prevalenza del mediatore iconico, attivo, analogico e simbolico, tecnologico	- gli alunni colgono più facilmente i mediatori attivi e quelli iconici - utilizzare i mediatori analogici e simbolici è l'obiettivo verso cui tendere	- si privilegiano il mediatore simbolico e tecnologico, sarebbero da potenziare gli altri, specie il mediatore analogico che è del tutto assente - importanza di coinvolgere corpo ed emozioni, fare esperienze
Artefatto	- la cura del prodotto come accompagnamento all'autonomia - l'artefatto non è per forza bello da vedere -grande importanza della consegna che definisce gli step di lavoro - si crea individualmente o in coppia oppure gruppi molto piccoli - transizione dal lavoretto al prodotto personale che manifesta la scelta del singolo	- il prodotto è sempre più manifestazione delle scelte del piccolo gruppo - aumenta la valenza del prodotto come rielaborazione/ricostruzione/riformulazione con altro mediatore	- si perde l'accento sul prodotto in sé: gli alunni imparano a esprimere maggiormente gli aspetti del pensiero sotteso alla realizzazione dell'oggetto (argomentazione, giustificazione)	- predilezione degli adolescenti per l'artefatto digitale, più legato ai consumi - rischio di privilegiare il risultato estetico gradevole rispetto a processi e contenuti

SCHEDA 7

L'EAS e le discipline: il caso della matematica

Elisa Marchisoni[1]

1. *Un dispositivo che valorizza la matematica*

«La matematica fornisce strumenti per indagare e spiegare molti fenomeni del mondo che ci circonda, favorendo un approccio razionale ai problemi che la realtà pone e fornendo, quindi, un contributo importante alla costruzione di una cittadinanza consapevole» (MIUR, 2018; 12). Questo è l'incipit della sezione dedicata al pensiero matematico nel testo ministeriale *Indicazioni Nazionali e nuovi scenari*. Come già nelle *Indicazioni* del 2012 (MIUR, 2012), nel documento si ribadisce il ruolo della matematica nel sostenere gli alunni a sviluppare competenze trasversali, come esporre, ascoltare in modo critico, confrontarsi, porre buoni problemi e individuare una varietà di strategie per risolverli; è sottolineato come il tutto debba essere affrontato a partire da situazioni reali e con un approccio laboratoriale. Nel testo spicca una forte dimensione comunicativa, aspetto chiave per la formazione di una cittadinanza critica e consapevole: «l'educazione all'argomentazione può costituire un antidoto contro il proliferare d'informazioni false o incontrollate» (*ibidem*). Ecco quindi una parte degli aspetti che la didattica per EAS e il pensiero matematico hanno in comune: l'importanza di partire da esperienze concrete; lo sviluppo di competenze trasversali, di cittadinanza e di analisi critica; l'importanza del problem solving e della laboratorialità.

Analizzando alcune questioni vedremo come, se ben progettati, gli EAS possano essere un dispositivo che valorizzi l'insegnamento della matematica; per farlo seguiremo proprio le fasi dell'EAS.

2. *Anticipare*

Cosa vuol dire anticipare in matematica? Qual è il primo step che un matematico svolge quando si accinge a studiare qualcosa di nuovo? Indaga le ipotesi, cioè il proprio punto di partenza. È quanto avviene anche nella fase preparatoria dell'EAS. Con

[1] Elisa Marchisoni si è occupata della concettualizzazione e della stesura del contributo. Revisione, editing e supervisione scientifica sono di Pier Cesare Rivoltella.

il materiale selezionato o creato dall'insegnante, lo studente si appropria di ciò che è necessario per avviarsi alla fase operatoria.

Il matematico lavora seguendo una freccia che va dalle ipotesi alla tesi. Seguire quella freccia vuol dire argomentare ogni passaggio, tramite deduzioni logiche. Potremmo dire, parlando per EAS, che la scelta delle ipotesi e della tesi facciano parte delle azioni della fase anticipatoria, mentre il passaggio dalle une alle altre, cioè quello che in matematica prende il nome di dimostrazione, appartenga alla fase operatoria. Scegliere una tesi non è semplice, anzi, è forse il gradino più difficile nei processi matematici. Presuppone padronanza dei contenuti e degli strumenti, spirito critico, tanta immaginazione e competenze di previsione. La previsione è ciò che permette il transfer cognitivo da una situazione nota a una non nota ma simile o affine alla prima (Rivoltella, 2014). Prevedere è anche ciò che permette, in uno step finale, di convalidare la soluzione di un problema o la correttezza di un risultato (pensiamo a quanto sia importante il concetto di stima in matematica). Fa quindi parte della competenza matematica e per rinforzare questa dimensione è necessario fornire agli studenti gli strumenti utili ad analizzare il contesto: bisogna insegnare a "leggere" i dati. Con questa espressione intendiamo la competenza di elaborare informazioni da schemi e grafici (statistica), da eventi aleatori (probabilità), da immagini (geometria), da numeri e relazioni (analisi), da problemi. La fase anticipatoria di un EAS in matematica dovrebbe quindi contenere definizioni e materiali (come quelli appena citati, ma sono utili anche stralci di documentari o film, rompicapo, fotografie...) correlati da domande che ne permettano l'analisi ma che lascino anche agli studenti la curiosità per consentire loro di problematizzare la situazione (altro aspetto chiave della competenza matematica), dando così avvio a un processo che porterà alla costruzione di significati nelle successive fasi dell'EAS.

Tra i materiali utili per la fase anticipatoria (e non solo) abbiamo citato anche i problemi: intendiamo quelli così definiti da D'Amore (D'Amore, Sbaragli, 2011), cioè situazioni in cui non è detto che vi sia necessariamente una soluzione, o che questa sia unica e certa. Essi inoltre permettono di creare un repertorio di strategie risolutive che potranno servire in futuro dando supporto alla competenza previsionale e possono altresì fungere da stimolo per dare avvio alla fase operatoria.

Anche le attività di coding si possono inserire nelle fasi dell'EAS. Leggere e analizzare dei codici già noti (nella fase anticipatoria) permette di studiare una situazione per poi andarla a utilizzare in un secondo momento, combinando blocchi per la scrittura di un nuovo codice (fase operatoria).

3. Produrre

La seconda fase dell'EAS presuppone la costruzione di un artefatto che contenga, rielaborato, il sapere anticipato nella prima fase e sul quale si riflette in seguito. Parlando di costruzioni, non possiamo non affermare come la matematica sia, per eccellenza, la scienza delle costruzioni: esse avvengono in maniera "astratta" utilizzando definizioni e proposizioni. È la dimensione assiomatica della matematica. Nel corso della storia tali costruzioni sono state trasformate anche in qualcosa di "concreto": pensiamo a come Euclide abbia dimostrato gli enunciati dei suoi libri con una riga non graduata e un compasso o ai matematici che hanno costruito le macchine per le trasformazioni geometriche (Bartolini Bussi, Maschietto, 2006). Tutti però sono sempre stati consci di come ogni costruzione concreta fosse solo un modello, non perfetto e passibile di errori, che permetteva di visualizzare una proprietà o un processo da un particolare punto di vista.

Poiché la matematica si basa su processi di costruzione, gli EAS sono degli strumenti privilegiati per la sua didattica, in quanto il cuore dell'EAS consta proprio nel coinvolgimento attivo degli studenti nella costruzione di un artefatto. Nel nostro caso, sarebbe quindi opportuno che il docente scegliesse un artefatto rifacendosi a quanto detto poc'anzi e cioè a un modello, oggetto tangibile portatore di un sapere disciplinare. È in questo modo che gli EAS procedono in linea con l'epistemologia della matematica.

I modelli che la matematica produce possono essere divisi in due grandi categorie: modelli di enti e modelli di relazioni (Marchisoni, Montagnoli, 2021). I primi sono "rappresentazioni" di definizioni che possono essere realizzate con diversi strumenti e modalità a seconda di ciò che si deve mettere in risalto. Pensiamo, ad esempio, alla costruzione tridimensionale di un cubo: il primo step dovrà necessariamente prevedere la scelta del materiale più opportuno (se sto parlando di superfici dovrò scegliere dei "quadrati" perfettamente congruenti, se sto parlando di lunghezze dovrò avere dei segmenti rigidi uguali, se il fulcro dell'attività sono i volumi allora potrò scegliere dei contenitori, e così via).

La seconda categoria è quella dei modelli di relazioni, cioè oggetti che incarnano delle proprietà fra enti: la costruzione di un compasso, ad esempio, ricalca la definizione di circonferenza (o di cerchio), cioè un luogo geometrico di punti del piano che sono in una particolare relazione fra loro.

Un'altra tipologia di artefatto ad hoc per la nostra disciplina, diverso dal concetto di modello, è quella degli esercizi. Entriamo qui in un livello forse più complesso perché richiede a priori una rielaborazione metacognitiva e solida del contenuto in questione. Chiedere agli studenti di formulare il testo di un quesito o di un'espressione permetterà di capire se hanno interiorizzato concetti e procedure. Ricordo che in quinta superiore ci trovammo nella situazione di dover informare la nostra professoressa di matematica di un cambio d'aula: in gruppo inventammo un'equazione apparentemente di quarto grado con integrali ed esponenziali che aveva come risultato la classe in cui la professoressa ci avrebbe trovati. Col senno di poi, potremmo rileggere questa situazione come la fase operatoria di un EAS: la produzione in gruppo di un'equazione, con tanto di riflessione e "revisione" (non potevamo fare errori, altrimenti avremmo fatto una figuraccia), il tutto possibile grazie a un accurato lavoro anticipatorio della docente che aveva stimolato in noi la voglia e le competenze di fare qualcosa di alternativo e creativo.

4. *Riflettere*

Per essere competenti non basta sapere e saper fare: lo studente deve essere consapevole del perché, durante il processo di apprendimento, ha svolto una procedura in un particolare modo e quali decisioni ha preso, ed è in grado di valutare il successo di un'azione e la sua spendibilità in nuovi contesti. Per esserne capaci, occorre ripercorrere quanto fatto e riflettere metacognitivamente ponendo le giuste domande. Ancora una volta la matematica ci viene in aiuto offrendoci degli stimoli. Infatti, anche gli oggetti matematici (gruppi, teorie assiomatiche, proprietà...) vengono analizzati a posteriori per capire se sono "ben fatti": per esserlo devono godere delle proprietà di correttezza, coerenza e completezza. Si parla di correttezza quando il risultato al quale si è giunti è deducibile da passaggi logici e di coerenza quando in una teoria è impossibile dimostrare una contraddizione. La completezza è l'aspetto più complesso: un particolare insieme di assiomi deve bastare per dimostrare tutte le proprietà possibili. Tralasciando quest'ultima caratteristica certamente più ostica, possiamo però sfruttare le prime due condizioni per avviare delle riflessioni con la classe che anticipino la lezione a posteriori del docente. Il prodotto elaborato è matematicamente corretto? Ho proceduto con rigore? È non contraddittorio? Sfruttiamo le domande dei matematici per imparare a fare matematica e diventare competenti: un ulteriore aspetto epistemologico da poter tenere a mente quando progettiamo un EAS in matematica.

Aggiungiamo ancora qualche osservazione. Una modalità tipica della matematica per riflettere a livello metacognitivo è andare a ricercare eventuali errori e analizzarli: un'azione che può rientrare anch'essa nella fase riflessiva dell'EAS (Marchisoni, Montagnoli, 2018). L'analisi degli errori è un momento fondamentale del processo di insegnamento-apprendimento della matematica. Rosetta Zan (Zan, 2007) si è occupata della tematica e in particolare si è soffermata sulla differenza tra l'osservazione dell'errore e la sua interpretazione: due momenti distinti su cui si devono interrogare il docente e lo studente, soprattutto per andare a individuare eventuali misconcezioni (D'Amore, Sbaragli, 2011) che portano a un apprendimento errato di un concetto o a procedure sbagliate. In matematica, è possibile che un elaborato corretto sia il frutto - casuale - di un ragionamento sbagliato e viceversa. Si possono altresì confondere i simboli, il loro significato o utilizzare un linguaggio inadeguato nell'argomentazione. Come si può intuire, la discussione metacognitiva rispetto alle procedure messe in atto e gli eventuali errori è fondamentale. Emerge qui un altro aspetto importante dell'essenza della matematica, cioè essere in grado di motivare le proprie scelte. Questi momenti hanno bisogno di una quantità di tempo notevole, ma sono azioni riflessive che consentono agli studenti di maturare realmente la competenza matematica.

5. La necessità di un linguaggio condiviso

Uno spot pubblicitario[2] afferma che si debba preferire una "e" che unisce rispetto a una "o" che divide. Chiunque abbia studiato un minimo di logica drizza le antenne, poiché sa bene che nel linguaggio delle proposizioni logiche la "e" di norma "divide" in quanto porta alla realizzazione di un sottoinsieme in cui sono presenti elementi che godono di più proprietà contemporaneamente; diversamente, la "o" realizza un insieme maggiore o uguale di elementi. Due semplici congiunzioni (operatori logici) che nel linguaggio quotidiano e in quello matematico hanno significati quasi opposti. Questo è il principale ostacolo in matematica: non tanto il linguaggio matematico in sé, quanto le grandi differenze che esistono tra esso e quello quotidiano al quale siamo abituati. La matematica è una vera e propria lingua, dotata di una semiotica rigida. È necessario avere ben chiaro quali siano le "grammatiche", per dirlo alla maniera di Gee (Gee, 2013), alle quali si fa riferimento e farle comprendere e utilizzare correttamente agli studenti, perché conoscere "le regole del gioco" è fondamentale per poter giocare. L'insegnante deve inoltre perseguire le tre caratteristiche specifiche del discorso matematico: precisione, concisione e universalità (Laborde, 1995). Senza di esse infatti, qualunque costruzione perde di solidità e coerenza.

6. Logica, immaginazione e creatività

Una frase che comunemente si attribuisce a Einstein dice: «La logica vi porterà da A a B, l'immaginazione vi porterà ovunque». Spesso viene inserita in discorsi che in qualche modo vogliono sottolineare la ristrettezza delle possibilità che dà la matematica, vista sempre così rigida e immutabile, rispetto alla vastità dei modelli mentali e fisici offerti dall'immaginazione e messi in risalto da discipline umanistiche. Anche alla luce dei discorsi fatti finora, possiamo riflettere osservando come non vi sia logica senza immaginazione: la scienza aristotelica dei ragionamenti è lo strumento migliore a sostegno dell'immaginazione nel processo creativo e produttivo che porta alla realizzazione concreta di un artefatto matematico, qualunque esso sia. Logica e immaginazione sono due componenti fondamentali della matematica. La scienza delle deduzioni della verità permette che il processo sia solido e coerente, dettando le modalità con le quali muoversi nei meandri della disciplina, indagare e costruire nuovi saperi, mentre l'immaginazione è il motore che permette tutto questo: spinge il matematico a ipotizzare, creare, riflettere, convalidare e condividere con la comunità. Questi ultimi verbi richiamano ancora una volta i punti fondamentali della didattica per EAS anticipare, produrre, riflettere: un altro processo nel quale logica e immaginazione sono stretta-

[2] In Internet, URL: https://youtu.be/Cehr2FDxos0 (visualizzato il 08/03/2023).

mente intrecciate e dipendenti l'uno dall'altro e portano a un'altra parola chiave che si può inserire nel rapporto tra matematica ed EAS, cioè la creatività, che «è un passo più in là rispetto all'immaginazione: è mettere l'immaginazione all'opera. La creatività è un processo pratico, oltre che concettuale: ciò che creiamo e come lo creiamo dipendono molto sia da quello che facciamo di e con essi» (Resnick, 2018; 8).

Logica, immaginazione e creatività entrano di diritto nelle fasi di un EAS, in particolare di un EAS che veicola competenze matematiche, indipendentemente dai mezzi che si scelgono di utilizzare, siano essi digitali o meno: tutto ciò deve essere tenuto in considerazione dall'insegnante che si accinge a progettare un EAS che riguardi la matematica. Così facendo, come abbiamo affermato all'inizio, gli EAS potranno valorizzare il processo di insegnamento-apprendimento della matematica.

Scheda 8

L'EAS come dispositivo professionalizzante per l'insegnamento inclusivo

Salvatore Messina[1]

1. Gli EAS per la didattica inclusiva: una ricerca comparativa tra Italia e Spagna

Nel 2015, con il testo *Didattica inclusiva con gli EAS* (Rivoltella, 2015), si raccolgono i frutti di due anni di sperimentazioni che provano il buon funzionamento del metodo anche nell'ambito di una didattica inclusiva; il motivo di tale successo risiedeva (e risiede) nella flessibilità dell'EAS, nella sua adattabilità, nella possibilità da esso offerta di pensare percorsi diversificati che insistono sullo stesso costrutto. Il concetto di inclusività però veniva assunto in un senso ampio e non funzionale a una sua esclusiva riconduzione alla questione della disabilità: i tempi non erano ancora maturi per spingersi oltre.

Il testo del 2015 accoglieva al suo interno almeno due sollecitazioni che erano emerse a seguito della pubblicazione del volume del 2013: la prima riguarda i casi di studenti che per ragioni medico-sanitarie frequentano la scuola in ospedale. La seconda è quella delle "piccole scuole", e qui le questioni sono diverse: da un lato si trovano le esperienze delle piccole scuole collocate in contesti di montagna e nelle isole minori[2], mentre dall'altro troviamo le piccole scuole di periferia e le scuole in cui l'esclusione - talvolta segregazione - è figlia della disparità economica, sociale e culturale.

L'esito delle ricerche e delle esperienze raccolte nel volume ha consentito di verificare la capacità del metodo EAS di favorire la personalizzazione e la individualizzazione della didattica nella scuola: il focus sull'inclusione è quello di lavorare insieme e, nonostante qualche compromesso, il fine ultimo è di garantire il successo formativo a ciascuno, a prescindere dalla presenza o meno di qualche Bisogno Educativo Speciale (BES).

A partire, quindi, dalla pubblicazione del volume del 2015 si inizia a riflettere su nuove piste esplorative con l'ambizioso obiettivo di garantire il successo formativo di ciascun studente.

[1] Salvatore Messina si è occupato della concettualizzazione e della stesura del contributo. Revisione, editing e supervisione scientifica sono di Pier Cesare Rivoltella.

[2] Per approfondire, le ricerche all'interno delle piccole scuole condotte dal CREMIT, in collaborazione con Indire, trovano ampio spazio nel volume a cura di Cannella, Mangione e Rivoltella (2020).

Sempre nel 2015, per motivi di ricerca, siamo venuti a contatto con una scuola spagnola, in cui bambini e bambine, studenti e studentesse con gravi disabilità, erano inseriti all'interno di specifici centri educativi (CEE, *Centros de Educación Especial*). La richiesta esplicita era relativa al miglioramento delle pratiche didattiche degli insegnanti del Centro con il supporto imprescindibile delle tecnologie digitali, di per sé considerate mediatori inclusivi. In quella situazione abbiamo provato a ragionare su come "stressare" il metodo per garantire a ciascun docente la possibilità di adottare un approccio didattico innovativo nell'ambito della disabilità.

Da subito ci siamo chiesti se il concetto italiano di didattica inclusiva potesse essere sovrapponibile a quello di didattica speciale (tipica del rapporto 1:1). Prima di proseguire, è necessaria una riflessione: nel nostro Paese l'inclusione dei bambini e delle bambine con disabilità avviene principalmente nelle classi ordinarie, ispirando la didattica speciale al filone dell'*inclusive educacion needs* promosso dall'European Agency for Special Needs and Inclusive Education, per la quale l'istruzione inclusiva va oltre il collocamento fisico degli studenti disabili nelle aule e nelle scuole ordinarie (comunemente indicato come "mainstreaming") e mira a fornire un ambiente di apprendimento senza barriere per tutti gli studenti, indipendentemente dalle loro differenze individuali (EASNIE, 2011). Nella Didattica inclusiva il "ciascuno" fa parte di un "tutti" in ogni azione didattica quotidiana, seppur con possibili adattamenti. A partire da tale approccio i due ordinamenti, italiano e spagnolo, sono quasi sovrapponibili in materia di inclusione. L'unica eccezione è ascrivibile all'inclusione di bambini e bambine con gravi disabilità, soprattutto quelle che incidono significativamente sulla sfera cognitiva. L'inserimento all'interno dei *Centros de Educación Especial* (CEE) è previsto solamente nel momento in cui i bisogni educativi degli alunni non possano essere soddisfatti all'interno delle scuole ordinarie. Questa decisione deve essere giustificata da opportuna valutazione psicopedagogica nella quale vengono tenute in conto tutte le condizioni e le caratteristiche *personali* dell'alunno/a, ma soprattutto quando tali condizioni e caratteristiche non possono essere gestite prevalentemente con metodi educativi e didattici dei centri ordinari[3], quando, quindi, i trattamenti di tipo medico e sanitario siano preminenti per lo sviluppo fisico, psichico e sociale della persona. Si tratta di strutture ad inserimento obbligatorio, gratuito, alcuni dei quali di tipo residenziale.

È un errore sovrapporre la natura dei CEE con le scuole speciali italiane a cui siamo stati abituati fino ai primi anni '70 quando il nostro ordinamento ne prevedeva ancora la costituzione insieme alle classi differenziali. Il CEE è un centro diurno (con formula

[3] Come si legge: «*se llevará a cabo cuando sus necesidades no puedan ser atendidas en el marco de las medidas de atención a la diversidad de los centros ordinarios*» (LOE/2006, art.74,1), ovvero solo nei casi in cui gli strumenti e le risorse presenti all'interno di un centro ordinario non possono garantire un pieno sviluppo delle capacità personali dell'alunno.

residenziale, se le condizioni socio-economiche familiari dello studente lo richiedono) adibito alla riabilitazione clinico-sanitaria delle persone con disabilità, accostata a percorsi di natura educativa e didattica di tipo individualizzato. Pediatri, neuropsichiatri infantili, operatori sanitari e insegnanti specializzati nelle attività di sostegno (con specifiche competenze anche nelle aree medico-sanitarie), progettano congiuntamente percorsi ad hoc per perseguire gli obiettivi di ciascun "paziente-studente".

Senza voler ripercorrere la storia del nostro Paese in tema di inclusione scolastica, è bene però sottolineare come la Legge 517/1977 non abbia mai formalmente abolito le scuole speciali, bensì solo accelerato il processo affinché l'istruzione degli alunni con disabilità avvenisse nelle classi "normali" (non nelle scuole speciali o nelle classi differenziali), con l'importantissima "istituzione" del docente di sostegno (inquadramento legislativo con la promulgazione della *Legge n. 270/82)*. Nessun testo in quarant'anni ha formalmente abrogato le leggi precedenti in materia e per questo è ancora possibile trovare delle scuole speciali (altrimenti definite *potenziate*[4]) in Italia: il loro riferimento normativo è la Legge 118/71. Si tratta di piccole realtà, spesso non gestite dalla pubblica amministrazione, maggiormente concentrate nel nord del Paese: vere e proprie scuole che accolgono bambini e bambine con disabilità garantendo la somministrazione di farmaci, ausili (posturali, informatici, ..), l'assistenza medica e, se necessaria, l'alimentazione tramite PEG (gastrostomia percutanea endoscopica) per opera del personale sanitario dell'U.O.N.P.I.A. Le altre attività riabilitative sono a carico delle famiglie nel doposcuola.

Torniamo alla ricerca. Per favorire l'innovazione didattica del Centro, ci si siamo chiesti: è possibile lavorare con il metodo EAS anche con alunni con disabilità gravi? Se sì, dobbiamo prevedere degli adattamenti? Quali? Quale attenzione dovremmo prestare? Quali momenti dell'EAS meritano eventualmente delle modifiche per soddisfare le esigenze di ciascuno/a?

Per rispondere a queste domande abbiamo condotto una ricerca comparativa in Italia e Spagna (scuola ordinaria e scuola speciale[5]): ne presentiamo, in sintesi, alcuni degli aspetti più importanti[6]. Per affinità di campione, abbiamo deciso di concentrarci sul

[4] Nel nostro Paese, con la promulgazione della legge n.104/92, alcune realtà di scuole statali sensibili al tema dell'inclusione di alunni con disabilità gravi o profonde predispongono delle misure di supporto sovrapponibili a quelle delle scuole speciali. É bene sottolineare come non esistano degli specifici riferimenti normativi a sostegno delle scuole o delle sezioni cosiddette potenziate ma il loro scopo è quello di collaborare tra servizi territoriali e famiglie per garantire un servizio più completo, statale e gratuito, agli alunni e alle famiglie di alunni con disabilità.

[5] Lo studio è stato condotto durante l'a.s. 2015/2015 coinvolgendo in Italia 11 docenti della scuola Secondaria di I grado della provincia di Palermo che seguivano studenti con disabilità intellettive di tipo grave. In Spagna gli 11 docenti del CEE Fray Pedro Ponce de León di Burgos coinvolti seguivano diversi studenti di età compresa tra 7 e 16 anni, con disabilità intellettive moderate e gravi.

[6] Per approfondimenti su tale ricerca cfr. Messina (2022).

lavoro 1:1 o in piccolo gruppo che gli insegnanti del CEE e gli insegnanti di sostegno effettuano con i propri studenti.

Data la particolarità del contesto spagnolo e le gravi disabilità degli studenti è stata ampiamente valutata la possibilità di apportare già da subito degli adattamenti generali per rendere il metodo EAS sostenibile rispetto al contesto. Questi adattamenti hanno visto sacrificate alcune delle *azioni* che nel dispositivo EAS risulterebbero difficilmente percorribili in presenza di moderate e gravi disabilità che coinvolgono l'area cognitiva.

2. *La didattica per EAS adattata: cosa cambia nel metodo*

I principali cambiamenti si verificano nella prima fase del metodo, la fase *preparatoria*: in questa fase si è dovuta riconsiderare la richiesta allo studente di una *ricerca individuale* per via di una generalizzata difficoltà nei campi dell'autonomia di ciascun alunno del CEE.

A integrazione di questa fase si è pensato al contributo che avrebbero potuto fornire le famiglie o gli operatori coinvolti nel Centro. Tale collaborazione è servita (1) per riproporre all'alunno lo stimolo predisposto e presentato dall'insegnante in aula e per sottoporlo, poi, a ulteriore riflessione e approfondimento; (2) per supportare la ricerca e l'elaborazione da parte dell'alunno/a con la proposta di una serie di attività (ricercare e selezionare video, immagini, testi sul tema, ...) al fine di facilitare la rielaborazione e l'approfondimento dello stimolo presentato in aula.

Le fasi operatoria e di ristrutturazione, pur sempre con i dovuti accorgimenti dettati dal contesto, hanno mantenuto l'impostazione generale. Nello specifico, nella fase operatoria le azioni dello studente relative alla *produzione e condivisione dell'artefatto* sono anch'esse coadiuvate dal docente/operatore d'aula, sebbene tradizionalmente questa fase richieda che lo studente abbia un'elevata interazione con gli altri senza un intervento formale del docente il quale agisce in qualità di "conduttore".

La *Fase anticipatoria/preparatoria* adattata si presenta come in Tabella 1.

Fase	Azioni dell'insegnante	Azioni dello studente
PREPARATORIA	~~Assegna I compiti~~ Disegna ed espone un framework concettuale Fornisce uno stimolo Dà una consegna	~~Ascolta, legge, studia e comprende~~ Segue lo stimolo del docente ~~Svolge i compiti assegnati~~ Realizza microattività preparatorie con gli insegnanti

Tabella 1 - Prima fase dell'EAS adattata per la didattica speciale in presenza di alunni con disabilità intellettiva moderata-grave.

Per organizzare questa fase il docente predispone il lavoro preliminare (da far svolgere in aula o a casa con l'aiuto di genitori/educatori), prepara un quadro concettuale e stabilisce la modalità di lavoro (in gruppo o individuale); raccoglie successivamente i riferimenti ai materiali prodotti ad hoc (mandato per il lavoro, link a stimoli progettati, link e/o materiali di supporto predisposti). Gli studenti, in aula, seguono lo stimolo (per sua natura breve, coinvolgente e sintetico) fornito dall'insegnante a seguito della presentazione del framework concettuale.

La fase preparatoria si conclude con la realizzazione di un'attività che lo studente realizzerà per familiarizzare con i contenuti dell'EAS proposto. La *ricerca individuale* e l'organizzazione del materiale individuato, tipiche azioni dello studente previste in questa fase, si convertono in selezione e individuazione (nel web o altra fonte) di elementi utili alla preparazione dell'attività che si svolgerà nella fase successiva. In questa fase si suggerisce l'adozione del *debriefing* (in apertura) e di strategie di natura *simbolica* (*studio di caso* o *incident*) o di *problem based learning* (*webquest* e *field trip)* (Bonaiuti, 2016; Messina, 2022).

La *fase operatoria* è pratica, laboratoriale: il docente costruisce la consegna per la realizzazione di un prodotto da concretizzare in aula, in forma individuale o di gruppo. La consegna dovrà mettere gli studenti nella condizione di *andare oltre* le abilità e le competenze possedute per apprenderne di nuove. È importante che l'insegnante limiti la sua azione direttiva indirizzando le scelte sugli output: lo studente deve essere posto di fronte a una nuova situazione-problema, individuando, con il supporto del docente, le modalità per risolverla. In questa fase si ritiene indicata l'adozione di *strategie di simulazione* (tecniche consigliate: *Game based Learning*, *Role playing*, *In basket* e *Action maze*) e cooperative (come Jig-Saw e Learning Together).

Fase	Azioni dell'insegnante	Azioni dello studente
Operatoria	Definisce i tempi dell'attività; Organizza il lavoro individuale e/o con il gruppo	Produce e condivide un artefatto con il supporto del docente

Tabella 2. Seconda fase dell'EAS adattata per la didattica speciale in presenza di alunni con disabilità intellettiva moderata-grave.

Per la *fase ristrutturativa* il docente costruisce la scaletta per il *debriefing* e immagina come valorizzare i prodotti realizzati. Inserisce tutti i riferimenti ai materiali prodotti per eseguire efficacemente questa fase. Ne consegue che l'output così immaginato dal docente divenga un reale oggetto di apprendimento (Fini, Vanni, 2004). In questa fase si ritiene indicata l'adozione di *strategie ad architettura metacognitiva, ovvero basate su tecniche di discussione* (*Circle time*, *Debate* e *Debriefing*) o di *rielaborazione* (tra tutte, *Muddiest point* e *Answer, question*).

Fase	Azioni dell'insegnante	Azioni dello studente
Ristrutturativa	Valuta gli artefatti Corregge le misconception Fissa gli obiettivi	Analizza criticamente gli artefatti Sviluppa e riflette sui processi attivati

Tabella 3. Terza fase dell'EAS adattata per la didattica speciale in presenza di alunni con disabilità intellettiva moderata-grave.

Una volta progettato l'EAS, sulla base dell'adattamento del curricolo a un processo di apprendimento individualizzato (sia sul piano degli obiettivi cognitivi che dei metodi), il docente avvia l'attività seguendo lo schema di progettazione pensato, adottando le opportune modifiche tutte le volte che lo ritiene necessario.

3. Alcuni risultati della sperimentazione

Qui torna utile la suggestione che Rivoltella (2015) sollecita e che consente di fotografare la direzione dell'EAS sulla *prossimità*. È nella prossimità (allo studente) che il docente rifiuta l'*autoreferenzialità* dell'azione educativa e didattica. L'EAS è un dispositivo, un metodo, non un modello didattico rigido e insensibile ai cambiamenti. La sua struttura, il suo scheletro, è la base di una progettazione pensata per gli attori dell'apprendere e proprio in virtù di questi e queste, ne delinea i contorni nell'azione didattica in classe. È *sapere*, *saper fare* e *saper agire*. Sia lato studenti che lato docente. Dal punto di vista degli studenti sollecita l'apprendimento per il suo essere ricorsivo, scalare, esperienziale. Dal punto di vista dei docenti si configura come un vero e proprio *organizzatore professionale* (Carenzio, 2016) e ciò viene restituito anche dagli insegnanti spagnoli e italiani che hanno partecipato alla sperimentazione e alla fine del percorso dichiarano quanto segue:

- «I contenuti e gli obiettivi possono essere adattati a ogni studente e al gruppo (...), è una metodologia motivante per gli studenti»;
- «è un metodo molto partecipativo e individualizzato»;

- «Il design dell'EAS è molto semplice e consente un adeguato livello di personalizzazione dei contenuti»;
- «[...] è una sequenza molto agile e attraente per attirare l'attenzione sull'apprendimento»,
- «[...] le attività possono essere adattate ai livelli degli studenti, funziona», ci dicono i docenti spagnoli.

Gli insegnanti italiani dichiarano:
- «l'adozione del metodo EAS rende gli alunni protagonisti del loro processo di apprendimento, li sollecita a collaborare e sviluppare autonomia e autoefficacia»;
- «offre all'insegnante la possibilità di avere spazi e tempi per lavorare su livelli diversi aiutando gli alunni che si trovano più in difficoltà e potenziando gli allievi di fascia più alta»;
- «pone gli alunni al centro del processo di insegnamento apprendimento e il docente assume il ruolo di attivatore del processo di ricerca; inoltre stimola lo sviluppo di diverse abilità metacognitive quali l'apprendimento attivo, l'autocontrollo, l'autoregolazione del compito e la metacomprensione»;
- «permette di riflettere sulle diverse fasi di progettazione in maniera sistematica»;
- «permette la creazione di un ambiente inclusivo: gli alunni sono protagonisti delle attività didattiche e operano per mezzo delle TIC»;
- «permette la progettazione attività a casa e a scuola attraverso la ricerca, la sperimentazione e la realizzazione di un prodotto, gli alunni, acquisiscono consapevolezza del proprio apprendimento».

Risalta la componente legata alla funzione motivante del metodo, trasversalmente identificabile anche nell'adozione della tecnologia digitale e nel passaggio dall'essere utenti a diventare "creatori di conoscenze/contenuti".

Per andare più a fondo, abbiamo chiesto: «*Sperimentando l'EAS in classe, hai notato un miglioramento nella motivazione e nell'apprendimento dei tuoi alunni?*». La quasi totalità dei docenti del gruppo spagnolo ha risposto affermativamente e l'unica voce critica ha riguardato la tecnologia digitale che, nel caso di un alunno con gravi disabilità e comorbilità annesse, pareva in qualche modo essere meno accessibile di altri mediatori. La situazione è molto simile nel caso del gruppo di insegnanti italiani: tutti hanno sperimentato un miglioramento in termini di motivazione e di autoefficacia.

I dati sopra riportati congiuntamente ad altri emersi a conclusione dello studio (Messina, 2022; Carenzio, Messina, 2022) ci portano a concludere che il metodo EAS, così rivisto, torni utile alla sollecitazione della motivazione intrinseca degli studenti, alla riflessione, alla metacomprensione, all'autocontrollo e all'autoregolazione del compito, ponendo gli alunni nella condizione di recuperare la propria centralità nello sviluppo di nuovi apprendimenti.

Come anticipato sopra e come indicato nelle risposte dei docenti, la sfida è stata quella di adottare degli EAS ad alta tecnologia. Sorprendentemente, la ricerca ha prodotto, tra tutti, un risultato che riteniamo centrale: il metodo EAS si conferma un solido organizzatore professionale consentendo ai docenti di utilizzare anche le tecnologie digitali in modo più organico e didatticamente orientato.

Scheda 9

Valutare con gli EAS

Alessandro Sacchella, Elena Valgolio[1]

1. *Valutare nel momento dell'anticipare, del produrre e del riflettere*

«Un EAS è contemporaneamente spazio di sviluppo e spazio di verifica delle competenze» (Rivoltella, 2013; 159), si può comprendere, infatti, come un *embedded task* o, in altro modo, come una forma di *continuous learning* (Rivoltella, 2021; 331). Da ciascuna fase si ricavano numerose e significative indicazioni utili ai fini della valutazione. Le *performance* ordinarie degli studenti restituiscono informazioni sugli apprendimenti e gli studenti non si accorgono di essere valutati. La valutazione ha uno spazio-tempo diffuso quasi fosse uno spray che si nebulizza su ogni elemento e, nel suo primo significato di *assessment*[2], permette di annotare informazioni utili in qualunque istante: dalla restituzione del compito di anticipazione cognitiva, al prodotto frutto del lavoro individuale di coppia o di gruppo, al commento relativo al percorso durante il *debriefing* in cui viene sostenuto il processo di ritorno riflessivo sugli apprendimenti effettivi.

Spesso è possibile valutare evidenze anche oltre il tempo circoscritto dell'EAS e questo avviene quando, una volta conclusa la lezione a posteriori, lo studente decide di provare a riformulare o a riprodurre quel prodotto che si era manifestato con qualcosa che lui stesso si è sentito di perfezionare. Una risposta diretta ai meccanismi innescati dal *debriefing* che, funzionando come dispositivo di auto-valutazione, aggancia l'iniziativa dello studente nella scelta di condividere una testimonianza -*ex post*, a dimostrazione di aver raggiunto l'obiettivo in differenti modalità: ri-creazione o riproposta in altra

[1] Gli autori condividono concettualizzazione e impostazione metodologica del capitolo. Nello specifico, Elena Valgolio ha scritto i §§ 1-4, Alessandro Sacchella i §§ 5-8 ; revisione, editing e supervisione scientifica sono di Pier Cesare Rivoltella.

[2] Il termine valutazione - nella sua traduzione dall'inglese - definisce in una sola parola ciò che viene connotato da due termini diversi e distinti: *assessment* ed *evaluation*. Se il termine assessment si concentra sulla valutazione degli apprendimenti, l'evaluation connota invece la valutazione di sistema. Si tiene a precisare che il contributo pone al centro la valutazione degli apprendimenti, l'*assessment* (Rivoltella, 2021).

forma del prodotto richiesto nella fase operatoria, individuazione di soluzioni altre per dimostrare a sé, in *primis,* e poi al docente di avercela fatta. Oppure ancora abituarsi a chiedere di avere indicazioni ulteriori per provarci di nuovo.

Ogni EAS fa lavorare lo studente su uno o più indicatori di competenza ed esso è pienamente coinvolto in questo processo: dall'insegnante vengono condivisi gli obiettivi della proposta[3] e cosa si valuta (co-valutazione); ci si confronta con il docente e con i pari sui margini di miglioramento (valutazione formativa[4]); si allena la disposizione al "pensare sul pensiero" (Costa, Arthur L., Kallick, Bena, 2007), ovvero a imparare a distinguere ciò che si sa da cosa non si sa e a predisporre un piano di azione per raggiungere ciò che è ancora in una fase di *work in progress (autovalutazione - valutazione formatrice);* si impara a dare e ricevere *feedback* costruttivi (*valutazione tra pari*). L'etero-valutazione, in questo modo, non racconta più di una valutazione come prerogativa esclusiva dell'insegnante (caratteristica peculiare di una valutazione sommativa che pone l'enfasi sul progresso di conoscenze e abilità in relazione a uno standard), ma diviene correttamente solo uno dei momenti della triangolazione docimologica.

1.1. Dalle Indicazioni alla progettazione della valutazione

Nel capitolo 4 di questo volume è stata presentata la progettazione esplicita dell'EAS "*A ciascuno il proprio Encanto*" per la scuola primaria. Dal *Traguardo* ripreso dalle *Indicazioni Nazionali* si individuano dimensioni di competenza e indicatori[5] e tramite il QR code qui a fianco è possibile rintracciare i materiali di cui si parla. L'allegato A, presente nel Padlet al link indicato, è un esempio di declinazione dei traguardi e di una delle competenze chiave per l'apprendimento permanente; l'esempio è per la scuola primaria, ma utile nel suo sviluppo anche per gli altri gradi di scuola.

Riprendiamo la declinazione del traguardo di competenza in uscita per la classe V primaria di italiano: "*Individua nei testi scritti informazioni utili per l'apprendimento di un argomento dato e le mette in relazione, le sintetizza in funzione anche dell'esposizione orale; acquisisce un primo nucleo di terminologia specifica*". Ne selezioniamo le dimensioni di competenza, ovvero determiniamo ciò che lo qualifica; nel nostro caso quelle che riteniamo fondamentali per l'EAS: *Interpreta ed esemplifica le informazioni; confronta e correla le informazio-*

3 Con il termine proposta si fa riferimento all'EAS come attività di insegnamento apprendimento (TLA) che, attraverso un contenuto circoscritto, uno sviluppo temporale ridotto e un agire contestualizzato si propone come forma di insegnamento efficace e opportunità di apprendimento significativo (Rivoltella, 2016; 13).

4 Per un approfondimento sulle specificità della valutazione sommativa, formativa e formatrice si consiglia la lettura del volume a cura di P.C. Rivoltella, *Apprendere a distanza,* 2021, parte quinta, p. 327 e ss..

5 Cfr. in internet, URL: https://padlet.com/distantimaunitiperlascuola/eas_aciascunoilsuoencanto.

ni. Rintracciare l'indicatore significa rendere operativo il traguardo, "operazionalizzarlo" (Rivoltella, 2016; 87) per ciascuna delle dimensioni; questo consente di riconoscere e selezionare quali evidenze si vogliono osservare. Il docente al termine dell'Episodio ritornerà insieme agli studenti sugli indicatori al fine di stabilire se siano stati raggiunti, se vi siano revisioni e/o integrazioni da apportare. Si sottolinea che «gli indicatori sono spesso trasversali rispetto alle discipline. Il lavoro è multi, inter e transdisciplinare» (Rivoltella, 2013; 165). Un EAS può coinvolgere più dimensioni di traguardi diversi e/o che appartengono anche a discipline diverse; ingloba nel ventaglio di aree da indagare anche le competenze chiave per l'apprendimento.

I due indicatori presi a esempio suggeriscono quale strumento di valutazione utilizzare a partire da queste considerazioni: (1) l'azione in cui è coinvolto lo studente prevede la messa in atto in situazioni per cui non si prevede un'unica soluzione, dove possono essere considerate più variabili e lo schema "giusto" non esiste, oppure (2) la proposta sollecita una risposta che si avvale di una procedura codificata e la risoluzione è ben definita.

Nel primo caso la risposta presuppone l'attivazione di strategie adattive - *Adaptive Decision Making* (Rivoltella, 2014; 93) - dove lo studente dovrà far leva sulla capacità di proporre soluzioni innovative a una richiesta che prevede diverse modalità di risposta e che non ha mai incontrato prima (*problem solving euristico*). Le soluzioni euristiche sono quelle che attendiamo da uno studente competente, colui che non solo impara a risolvere un problema nel modo in cui si è appreso, ma è abituato a risolvere qualcosa anche se non si è mai incontrata prima perché attinge agli apprendimenti significativi maturati: sa orchestrare azioni a partire da quello che sa (Rivoltella, 2016; 59).

Nel secondo caso, invece, recuperiamo la procedura fornita dall'insegnante e risolviamo applicando - *Veridical Decision Making* (Rivoltella, 2014; 93) - il *problem solving* è qui di tipo procedurale, in qualche caso semplice prova di conoscenza.

Nel primo caso per valutare necessitiamo di uno «strumento che esplicita le aspettative specifiche relative alla prestazione e che indica il grado, - l'intensità - di raggiungimento degli obiettivi stabiliti» (Castoldi, 2011 in Rivoltella 2012; 174): la rubrica di valutazione delle competenze. Nel secondo caso è possibile avvalersi dello strumento della *check list,* ovvero di un elenco di comportamenti preselezionati di cui si vuole accertare la presenza o misurare la frequenza, in un determinato intervallo di tempo, identificandoli nel momento stesso in cui si manifestano (Giannandrea, 2009).

Le *check list* sono lo strumento per descrivere quello che avviene e fissare le evidenze osservate; senza check list l'osservazione si fa estemporanea e sarà difficile ricostruire il profilo non assecondando l'idea che mi sono fatto di quello studente (Rivoltella, 2018; 91). Talvolta all'elenco di item pre-individuati è utile lasciare uno spazio libero sia per aggiungere item che non si erano pensati prima, sia per esplicitare con esempi quel che si segnala.

2. *Valutare nella fase dell'anticipare*

È importante sviluppare la capacità di valutare e di utilizzare i dati delle rilevazioni in tempo reale; le check list servono per osservare e funzionano come uno screening. Le due proposte *Tab 1_Check list fase preparatoria e Tab 3_Check_list_fase_operatoria* potrebbero essere adattate per altri EAS e utilizzate per un tempo più lungo dell'Episodio. La *Tabella 2 - Checklist valutazione diffusa* raccoglie nell'Esempio del nostro EAS tutti quegli indicatori che possono afferire trasversalmente a più discipline, che si intendono monitorare e che possono essere condivisi con l'intero gruppo dei docenti che entrano in classe. Gli indicatori che appartengono alla Tab2 sottendono una presa di decisione di tipo "*Veridical Decision Making*"; in questo caso la registrazione ne rileva la presenza, attraverso un si, un no, o un in parte; tale file è utile al confronto con i colleghi per concordare eventuali feedback trasversali da segnalare allo studente.

Check list- FASE PREPARATORIA
Osservazione dell'insegnante

Mese	Approccio al compito di anticipazione				Comprensione dello stimolo/framework			Capacità di cercare, selezionare e contestualizzare le informazioni				
	Utilizza i *Job ads*	chiede il significato delle parole che non conosce	chiede se non ha capito	necessita di altri materiali utili alla comprensione	Presta attenzione e allo stimolo	Pone domande	racconta/descrive episodi coerenti con il tema introdotto	Si pone nella postura della ricerca del problema da risolvere (anche quando non dichiarato)	Cerca le informazioni per svolgere il compito	Seleziona informazioni e si sofferma sulla ricerca di elementi (anche non richiesti) utili allo svolgimento del compito	memorizza e fa suo il lessico specifico	esemplifica le informazioni scelte
Alunni												

Tabella 1 - Check list fase preparatoria

CHECKLIST DI VALUTAZIONE PER IL MONITORAGGIO DELLE ATTIVITÀ DIDATTICHE

COGNOME E NOME:

DATA	Disciplina	DIMENSIONE DI COMPETENZA/OBIETTIVO PRESO DAL CURRICOLO DI SCUOLA	INDICATORE	Sì	No	In parte	Feedback
	ITALIANO	Interpreta ed esemplifica le informazioni	trova il nome corrispondente a ciascuna disposizione;				
		confronta e correla le informazioni	rileva analogie tra le disposizioni e esempi che caratterizzano le potenzialità del compagno/a				
	MATEMATICA	Utilizza scale graduate in contesti significativi	attribuisce un valore frazionario alla propria disposizione				
			esplicita attraverso esempi la/le motivazioni delle proprie scelte				
	COMPETENZA PERSONALE E SOCIALE E DI IMPARARE A IMPARARE	riflette su di sè e presta attenzione al proprio benessere	esplicita le disposizioni su cui può migliorarsi				
			esplicita le disposizioni su cui può migliorarsi				

Tabella 2 - Check list valutazione diffusa

3. *Valutare nella fase del produrre*

SCUOLA: ____________ CLASSE: ________ DATA: __________ INSEGNANTE/I: ____________________

CHECK LIST: osservazione lavoro di gruppo
PRIMO TRIMESTRE

LEGENDA: ☑ sì - ◯ parzialmente - ☒ on ancora

PERSONALIZZAZIONI: ◯ CLASSE ◯ ALUNNI DSA ◯ RECENTE IMMIGRAZIONE

Nel caso degli Alunni BES tenere conto delle indicazioni sui tempi e sugli strumenti compensativi o dispensativi specificate nel PDP

		Esegue le consegne secondo le indicazioni date			Si relaziona e partecipa positivamente con i compagni					Apporta nel gruppo il proprio contributo				Di fronte alla consegna di produzione di un artefatto			eventuali osservazioni
		rispetta i tempi assegnati	utilizza gli strumenti e le risorse fornite	chiede se non ha capito	lascia parlare i compagni	rispetta il turno di parola	accoglie e usa le idee altrui	rispetta il ruolo che gli è stato affidato	aiuta i compagni	interviene nel gruppo	motiva le scelte	organizza le informazioni con uno schema/ grafico/ mappa	mette a disposizione e conoscenze pregresse	Usa risorse reperite durante precedenti lavori di gruppo	Elabora possibili soluzioni risolutive in un problema mai incontrato	Consulta/usa materiali/strumenti utilizzati in precedenza	CLASSE
					si pone in atteggiamento di ascolto		accetta l'aiuto dei compagni e interviene			insieme all'adulto o ai compagni descrive/ racconta/ esemplifica quanto compreso con il gruppo (anche con l'aiuto di immagini o schemi)							Alunni DSA Alunni RECENTE IMMIGRAZIONE
ALUNNI - Cognome Nome	BES																

Tabella 3 - Check list EAS fase della produzione

Questi dati servono al fine di essere trasparenti e tempestivi nella gestione dei *feed-back*. Con il termine "feedback", in ambito valutativo, si individuano tutte le informazioni fornite allo studente dopo una prestazione o dopo lo svolgimento di un compito allo scopo di informarlo [...] sulla qualità degli esiti di apprendimento raggiunti (Herold, Greller, 1977), di apprezzare il percorso e, non da ultimo, di suggerire pista di azione, "i da fare".

L'idea del *continuous assessment* si esemplifica attraverso questa frase: «valuto sempre o non valuto mai, non valuto tutti sempre nello stesso momento»; quest'ultimo aspetto è l'elemento più difficile per l'insegnante, da scardinare nelle proprie pratiche in quanto spesso ancorato alle verifiche finali.

Dimensioni di competenza[6]	**Indicatori, evidenze osservabili**				
Confronta e correla le informazioni	rappresenta con un disegno o riporta con un aneddoto le disposizioni	rappresenta con un disegno o riporta con un aneddoto le disposizioni: le connessioni tra l'esempio e la disposizione denotano approfondimento e ricerca personale.	rappresenta con un disegno o riporta con un aneddoto le disposizioni: le connessioni tra l'esempio e le disposizioni sono presenti.	rappresenta un disegno o riporta un aneddoto sulle disposizioni: le connessioni tra l'esempio e le disposizioni hanno bisogno di alcune spiegazioni per essere colte.	Tra le proposte di immagini, disegni e/o aneddoti predisposti dall'insegnante, lo studente ne sceglie uno e lo rappresenta.
	rileva analogie tra le disposizioni e esempi che caratterizzano le potenzialità del compagno/a	rileva analogie tra le disposizioni e esempi che caratterizzano le potenzialità del compagno/a che rendono immediatamente riconoscibile di chi si sta parlando per la cura dei dettagli nell'esposizione.	rileva analogie tra le disposizioni e esempi che caratterizzano le potenzialità del compagno/a	descrive i collegamenti che trova tra le disposizioni e gli elementi che caratterizzano le potenzialità del compagno/a	Insieme ai compagni o all'insegnante descrive i collegamenti tra le disposizioni e gli elementi che caratterizzano le potenzialità del compagno/a

Tabella 4 - Rubrica di valutazione delle competenze

[6] All'interno del Padlet è possibile recuperare la rubrica di valutazione completa: https://padlet.com/distantimaunitiperlascuola/eas_aciascunoilsuoencanto

La rubrica di valutazione nella Tabella 4 è uno strumento di insegnamento al servizio dell'apprendimento dello studente e dello sviluppo di sofisticate abilità di riflessione. Si compone di: (1) un elenco di dimensioni di competenza declinate e utili a definire "ciò che conta" in un progetto o in un compito; (2) scale (gradazioni) di qualità, con la descrizione di ciò che si intende per lavoro dello studente (Heidi Goodrich Andrade, 2000). Se costruita con un linguaggio adatto allo studente diviene uno strumento compensativo alla consegna che è utile all'autovalutazione.

È possibile "utilizzare" la rubrica anche come modalità per la creazione dei feedback, trasformando il descrittore. Nel nostro caso un esempio di *feedback* potrebbe essere: *«Hai descritto il collegamento e la disposizione che caratterizza il tuo compagno, prova anche a trovare alcuni esempi di episodi in cui lui ha dimostrato di avere senso dell'umorismo, o di sapere stare con gli altri!»*.

4. *Valutare nella fase della riflessione*

Nel momento ristrutturativo si elabora ciò che si è prodotto nelle due fasi precedenti.

Il momento dedicato al debriefing non coincide con lo show down dei prodotti; la regia del docente consente di guidare la discussione sui temi caldi: quel che è stato particolarmente apprezzato in un gruppo potrebbe essere utile a un altro. È proprio qui che si dà la possibilità allo studente di ripensare ai processi, di autovalutarsi e perché no, di riprovarci. Forme accompagnate di riflessione vengono portate alla luce ad esempio attraverso alcuni acronimi che, come definito da Eberle nel 1970 nella sua proposta "S.C.A.M.P.E.R (Eberle, 1977) ", servono per uscire fuori dagli schemi, e dare la possibilità di sviluppare «pensiero divergente» (Guilford, 1956).

Sostituisci. Qualcosa può essere sostituito?
Combina. È possibile combinare più elementi?
Adatta. Posso adattarlo alle mie esigenze?
Modifica. Posso cambiarlo?
Pensa a un altro utilizzo. Posso sfruttarlo per un altro scopo?
Elimina. È indispensabile o posso eliminarlo/ridurlo?
Rovescia. Posso cambiare l'ordine, la sequenza di un passaggio, un aspetto del processo?

Figura 1. Esempio di applicazione S.C.A.M.P.E.R.

Nel nostro EAS "A ciascuno il suo Encanto, viene proposta come routine di accompagnamento alla riflessione il lancio del dato (cfr. padlet e cap. 4).

Già nel momento di condivisione interna alla fine della fase della produzione è buona cosa proporre forme di *peer assessment*. Ne riportiamo qui di seguito un ulteriore esempio rispetto a quello che è già possibile rintracciare tra gli allegati presenti nel padlet:

> Scrivi nel riquadro il tuo nome. Poi passa il foglio al compagno di sinistra (2 minuti per compagno). Chi riceve il foglio deve scrivere un commento positivo sul compagno il cui nome si trova scritto nel riquadro, poi lo passa al compagno successivo che farà la stessa cosa. Alla fine il foglio ritornerà al proprietario con i commenti dei suoi compagni. Puoi iniziare dicendo: Ho apprezzato molto quando tu .... Mi è piaciuto quando ... Ti ho ammirato quando ... Hai veramente aiutato il gruppo quando ...[7].

Figura 2. Esempio di Peer Evaluation.

5. *L'autovalutazione nel momento dell'anticipare, del produrre e del riflettere*

Uno dei compiti importanti della scuola è quello di insegnare ad agire in modo riflessivo. Lavorare con gli EAS comporta la ridefinizione del corretto rapporto tra il pensiero e l'azione giungendo a codeterminarsi continuamente in tutti e tre i momenti che ne caratterizzano lo svolgimento.

L'efficacia degli EAS si ha nel momento in cui la pratica e l'esperienza diventano forme di apprendimento significative; quando la classe diventa spazio di produzione culturale; quando si respira un carattere sociale dell'apprendimento; ma soprattutto quando diventa realmente efficace la metacognizione e la riflessione sulle pratiche (Rivoltella, 2022).

Quest'ultima convinzione ci porta ad affermare che nell'EAS è fondamentale attuare pratiche autovalutative in tutte e tre le fasi che lo compongono. Ma andiamo con ordine.

Per autovalutazione, o self-assessment, si intende la possibilità che viene offerta allo studente di formulare giudizi sul proprio percorso di apprendimento, sulle sue acquisizioni. Come abbiamo già visto nella prima parte di questa scheda, questa capacità permette allo studente di avere un ruolo attivo anche nella progettazione e nella decisione sulle azioni e sugli scenari futuri del percorso di apprendimento che svilupperà. Perché questo sia possibile è necessario che gli studenti stessi abbiano una «percezione chiara

[7] Esempio di *Peer Evaluation* tratto da un EAS prodotto dalla maestra Maria Adele Spena, concorso EASday 2017

degli obiettivi e delle finalità del percorso di apprendimento e dei criteri che verranno adottati per giudicare l'esito del percorso al termine del lavoro». Esplicitare i criteri sottesi alla valutazione delle produzioni scolastiche porta il soggetto alla regolazione della propria attività nella logica che ogni momento dell'attività didattica è un'opportunità per valutare e autovalutarsi. È questa la prospettiva della valutazione formatrice, o diffusa, che consiste nel far coincidere attività didattica e valutazione. Non c'è un tempo per far lezione e un tempo per valutare o autovalutarsi: ogni momento della didattica, ogni attività dello studente, in questa prospettiva, diviene regolativo del proprio apprendimento. Il risultato è una nuova percezione dell'errore e della valutazione in cui viene meno l'ansia da prestazione dello studente e si fa strada una nuova idea del lavoro scolastico (Hadj 1992; Rivoltella 2013, 2015, 2018, 2020c, 2021).

Scaturisce quindi l'idea che per divenire efficace e per contribuire effettivamente alla regolazione degli apprendimenti, la valutazione deve divenire autovalutazione. In questo modo quest'ultima si preoccupa di far partecipare maggiormente gli alunni rendendoli maggiormente protagonisti nel lavoro scolastico. Nella logica EAS la valutazione è essenzialmente autovalutazione in quanto il soggetto diventa non tanto il depositario passivo della valutazione, ma la figura cardine su cui convergono simultaneamente i traguardi di sviluppo e il processo di lavoro, i quali devono necessariamente tenere in considerazione le dimensioni della persona. In questa prospettiva, l'autovalutazione diviene lo strumento potente attraverso cui lo studente viene messo nelle condizioni di comprendere i diversi passaggi dell'esperienza scolastica e di sviluppare strategie di apprendimento che gli permettano l'acquisizione di importanti competenze quali l'autonomia di pensiero, l'azione comunicativa e la riflessione critica. Autovalutarsi non significa attribuirsi un superfluo giudizio a conclusione di un'attività completando una scheda con domande, in quanto l'autovalutazione è una competenza metacognitiva che comporta il distanziamento da sé per oggettivare l'esperienza d'apprendimento, cogliendone significati e riflettendo sulle modalità, sugli strumenti e sugli atteggiamenti adottati dentro all'esperienza. L'autovalutazione nelle diverse fasi dell'EAS deve consentire agli studenti di riflettere sulla propria esperienza di apprendimento, indagando diversi livelli e differenti aspetti dell'esperienza, permettendo dunque di scoprire quello in cui sono riusciti e quello che capiscono di dover migliorare. Per questo motivo l'autovalutazione va insegnata perché possa essere conosciuta e resa operativa nelle pratiche, in modo che essa diventi a pieno titolo un "modus operandi". Obiettivo della cultura dell'autovalutazione è accompagnare gli studenti lungo il percorso di autocritica delle proprie prestazioni nella logica di una sempre più profonda presa di coscienza verso la responsabilità individuale nella trasformazione dei nuovi contenuti in conoscenza attiva e partecipata. La pratica didattica dell'autovalutazione per gli studenti è sicuramente un'occasione metariflessiva stimolata dalla continua alternanza di processi di esplorazione, analisi, riesame, orientati allo sviluppo delle intelligenze verso il problem solving e la promozione di sé. L'autovalutazione può essere fatta in varie situazioni e con varie tecniche didattiche . La modalità che abbiamo voluto maggiormente sottolineare nell'EAS è quella dell'autovalutazione del percorso di apprendimento. Riuscire infatti a identificare le modalità di lavoro utilizzate, i progressi avvenuti, il livello raggiunto o anche semplicemente i propri interessi, la motivazione, i punti forza o quelli deboli del proprio apprendimento diventa fondante per un continuo stimolo in situazione, anche di autoapprendimento.

Riprendendo la progettazione dell'EAS "A ciascuno il proprio Encanto" per la scuola primaria proviamo a individuare quali stimoli riferiti all'autoriflessione valutativa l'insegnante possa sollecitare in tutte le fasi dell'EAS che compongono l'azione di apprendimento degli alunni.

6. *Autovalutarsi nella fase dell'anticipare*

La fase anticipatoria è fondamentale per situare lo studente nella sua relazione con il contenuto che verrà proposto. Permette di aprire il pensiero dello studente rispetto al tema che sarà oggetto di lavoro. Non si tratta di misurare gli atteggiamenti, l'abilità o le conoscenze, ma di avviare una fase esplorativa necessaria all'insegnante per comprendere i punti di vista utilizzando la logica del problem setting. La logica di apprendimento sottesa permette allo studente di capire cosa non abbia capito, di fare uno screening del suo apprendimento, di autovalutarsi individuando le proprie debolezze e diventando capace di tradurle in domande e problemi da sottoporre all'insegnante .

Quindi concretamente è importante che l'alunno rifletta sulla :

a) *Capacità di comprensione dello stimolo, della consegna e del compito*

- Azioni didattiche dell'EAS considerato: visione del film di animazione; la canzone tratta dal film con l'individuazione delle disposizioni rispetto ai componenti della famiglia.
- Possibili domande riflessive: Che cosa ho capito dallo stimolo visto/ ascoltato/ letto? Che cosa penso? Mi sembra interessante? Qual è il compito che mi viene chiesto? Come posso svolgerlo?

b) *Capacità di usare conoscenze pregresse*

- Azioni didattiche dell'EAS considerato: gioco interattivo, abbinamento tra descrizioni e talento; riconoscimento delle disposizioni di altre persone.
- Possibili domande riflessive: Che cosa posso utilizzare di ciò che già so? Come? So come fare?
- Ho incontrato situazioni/problemi simili nella mia esperienza?

c) *Capacità di cercare e di selezionare e contestualizzare informazioni*

- Azioni didattiche dell'EAS considerato: recupera alcuni esempi in cui attribuisce disposizioni a insegnanti e collaboratori della scuola conosciuti dagli studenti; presentazione del lavoro a coppie con l'esplicitazione dei criteri.

- Possibili domande riflessive: So che cosa devo cercare? Ho capito quali informazioni possono servirmi e come posso utilizzarle?

7. *Autovalutarsi nella fase del produrre*

La fase operatoria è centrata sul produrre, sul fare e sull'imparare facendo. In questa fase vengono essenzializzati i contenuti problematizzandoli per poterli acquisire. Questa fase è costruita sul problem solving. Viene chiesto alla classe di confrontarsi con un problema e di risolverlo attraverso la costruzione di un artefatto cognitivo in piccolo gruppo. La metodologia è di tipo laboratoriale.

Qui la riflessione si sposta su 4 aspetti.

a) Modalità di realizzazione dell'attività

- Azioni didattiche dell'EAS considerato: consegna data allo studente; modalità di azione.
- Possibili domande riflessive: Ho capito che cosa devo/dobbiamo fare per risolvere il "problema"? Quali materiali mi servono? Come posso reperirli? Quali strumenti intendo utilizzare? Come voglio realizzare l'artefatto? Sono sulla strada giusta? Che cosa va eliminato? Che cosa va tenuto? Il compito, mi sembra facile o difficile? Non riesco ad andare avanti, che cosa posso fare? Come penso di presentare ai compagni il lavoro svolto?

b) Modalità di lavoro individuale e di lavoro in gruppo

- Azioni didattiche dell'EAS considerato: modalità di azione nel lavoro individuale e di gruppo.
- Possibili domande riflessive: Voglio/posso lavorare da solo o in gruppo? Abbiamo definito insieme il nostro obiettivo? Che cosa preferisco fare da solo? Che cosa in gruppo? Quali difficoltà prevedo? Come posso fare? Quali strumenti posso utilizzare per condividere e comunicare con i miei compagni?

c) Capacità di imparare dagli altri

- Azioni didattiche dell'EAS considerato: creazione della carta; condivisione del lavoro con i compagni.
- Possibili domande riflessive: Posso fare come il mio compagno che…; Gli chiedo di…; Questa cosa la posso "copiare" da… So chi è capace di fare…

d) Conoscenze e abilità richieste per affrontare il compito e risolvere il problema.

- Azioni didattiche dell'EAS considerato: tutte le azioni messe in campo nella fase operativa.
- Possibili domande riflessive: Conosco ciò che devo sapere per svolgere il compito richiesto? So usare ciò che so? Ho svolto il compito richiesto? Ho risolto il problema?

8. Autovalutarsi nella fase del riflettere

La fase ristrutturativa mette in forma gli oggetti culturali che sono il risultato del lavoro della classe. Qui l'alunno viene accompagnato a riflettere su quanto è successo fissando gli elementi dell'esperienza che ha vissuto e riconducendoli in forma esplicita a cornici concettuali. In questo modo l'apprendimento diventa significativo in quanto permette all'alunno di riflettere non solo su ciò che ha fatto, ma soprattutto su come lo ha fatto. In questa fase è importante abituare gli studenti a porsi delle domande che sollecitino almeno tre tipi di capacità.

a) Capacità di riflettere su ciò che ha fatto, valutando cosa potrebbe mancare

- Azioni didattiche dell'EAS considerato: lezione a posteriori; gioco del dado.
- Possibili domande riflessive: Cosa abbiamo fatto, come lo abbiamo fatto, cosa abbiamo imparato? Cosa mi sento sicuro di spiegare a un mio compagno? Che cosa mi è piaciuto molto di ciò che ho scoperto e capito? Quale azione mi è stata maggiormente utile per imparare meglio? Cosa è stato facile capire? Cosa mi piacerebbe comprendere meglio? Cosa vorrei approfondire di questo argomento? Cosa mi ha creato fatica nelle diverse azioni dell'esperienza svolta? Quali sono i punti deboli che posso riprendere, rinforzare o modificare? Che tipo di aiuto mi servirebbe? Ho delle domande da porre?

b) Capacità di previsione e di generalizzazione

- Azioni didattiche dell'EAS considerato: lezione a posteriori; gioco del dado.
- Possibili domande riflessive: La mia pianificazione delle attività mi è stata utile? Ho lavorato bene? Avrei potuto fare in un altro modo? C'è stato qualche problema che non ho saputo risolvere? Ciò che ho fatto e scoperto può essermi utile in altri compiti? Che cosa è importante ricordare?

c) Capacità di autovalutazione e di valutazione

Azioni didattiche dell'EAS considerato: gioco del dado.

Possibili domande riflessive: Ho raggiunto gli obiettivi? Come? Quale valutazione devo dare al mio lavoro? Perché? Che cosa mi ha permesso di raggiungere questo risultato? Perché il risultato è positivo e/o negativo? Da che cosa è dipeso?

Queste e altre attività di autovalutazione, oltre a sviluppare la cultura dell'autovalutazione in classe, aiutano a chiarificare i criteri di valutazione, educano a riflettere, partendo dall'esperienza di apprendimento situata svolta, rispetto a ciò che si è fatto di buono e ciò che ha bisogno di miglioramento, fanno ricordare e comprendere che cosa è avvenuto, danno un'idea più chiara di ciò che è stato appreso e raggiunto, fanno assumere responsabilità nell'organizzazione del proprio lavoro, aiutano la memorizzazione delle attività svolte e consentono di prendere decisioni su azioni da intraprendere e obiettivi immediati da conseguire.

A titolo puramente esemplificativo vi proponiamo alcune schede di autovalutazione:

SCHEDA DI AUTOVALUTAZIONE INDIVIDUALE
Scuola secondaria di primo grado

DOMANDE RIFLESSIVE	RISPOSTE-COMMENTO
Come e quanto ho contribuito al lavoro di gruppo?	
Sono riuscito ad ascoltare e a considerare le opinioni altrui?	
Quali emozioni/stati d'animo ho provato durante il percorso?	
È migliorato il mio metodo di lavoro? Come?	

Esempio classe 4 – Scuola Primaria
COMPLETA LA TABELLA CON LE TUE RISPOSTE

In questa esperienza **ho apprezzato**… (perché…)	
In questa esperienza **non mi è proprio piaciuto**… (perché…)	
In questa esperienza **ho imparato**…	
In questa esperienza **ho incontrato queste difficoltà**…	

TECNICA ABCD[8]**:** I bambini dell'infanzia (5 anni) hanno formulato personali domande, momento funzionale alla riflessione

A **Attività**. Il bimbo esprime a parole in modo essenziale in cosa è consistita l'attività che ha eseguito: Ho creato un vulcano personale e con la maestra ho visto quelli italiani!

[8] I presenti strumenti sono un esempio tratto da E. Valgolio, *Acronimi per riflettere: un accompagnamento allo sviluppo del pensiero critico*, in «Essere a scuola», Dossier Materiali e strumenti, annata 6, n. 5, 2023. Le due tecniche possono essere adattate in tutti i gradi di scuola.

B **Benefici**: È stato bello impastare la carta pesta e ho scoperto la fluidità della colla; Ho dato forma a un oggetto, perché gli oggetti possono cambiare la loro forma iniziale!

C **Criticità**: Purtroppo, bisogna aspettare una settimana perché la carta pesta si secchi bene; Mi sono sporcato moltissimo; La carta pesta scivolava! La mia montagna non è venuta molto bene.

D **Dire**: Esplicita come ha realizzato l'attività: ne ricorda le fasi, le dice in ordine, cura il linguaggio per comunicarle. Così facendo, impara a narrare il proprio pensiero, esprime cosa gli ha suscitato il proprio "fare": Devo lavare subito le mani, altrimenti mi si appiccicano; Colorando la montagna, mi sono accorto che per creare le sfumature devo aggiungere il nero; Ci vogliono alcuni giorni per asciugare la montagna piccola e una settimana o anche di più per asciugare quella grande! È più bello creare la montagna grande, ma si deve aspettare troppo tempo!

USO DELLA TECNICA NEOS PER LA RIFLESSIONE[9]:

N → **Noto**. I bimbi, osservando attentamente i tre semi di partenza, esplicitano le loro diverse caratteristiche: essi si presentano con forme, colori e grandezza differenti. Eppure, per tutti e tre la terra è il luogo privilegiato in cui crescere, l'acqua nutrimento comune.

E → **Emozioni suscitate**: All'inizio, è stato faticoso prenderci cura dei semi; Io i primi giorni mi sono annoiato: annaffiavo ma non compariva niente; È stato fantastico quando finalmente è venuto fuori qualcosa da quel piccolo seme!

O → **Opero**: Ho inserito il seme, dato nutrimento e fornito la giusta luce; Appena il seme cresce e diventa fiore, non devo subito coglierlo: devo aspettare che sia di giusta grandezza; Devo programmare la corretta quantità d'acqua ogni giorno; È utile fare un calendario per segnare ciò che faccio tutti i giorni col mio seme; Devo scegliere il luogo giusto dove mettere il mio fiore: d'inverno, non posso metterlo sul calorifero per non fargli prendere freddo ma devo tenerlo al riparo; d'estate, non posso lasciarlo nel punto dove c'è il Sole altrimenti appassisce; C'è un momento in cui il seme si spezza e da questo nasce, dopo tanti giorni, un fiore.

S → **Significato.** I bimbi provano a dire cosa hanno scoperto dopo questa attività e quale sia il valore delle loro azioni: Tutti i bimbi sono diversi, ma tutti noi abbiamo bisogno di crescere, nutrirci e di qualcuno che si prenda cura di noi. Partendo da qui, è possibile far compiere ai bimbi una riflessione ulteriore legata ai significati, riprendendo l'ultimo feedback emerso: Nella vita facciamo fatica a crescere, perché bisogna anche spezzarsi, provare emozioni. La bellezza sta proprio in questo e nella nostra diversità: tutti hanno bisogno di un terreno, un posto in cui crescere e un clima di cura e amore per poter vivere.

V

[9] *Ibidem.*

L'EAS e il dispositivo di scuola

Fabio Fiore, Pier Cesare Rivoltella[1]

1. La scuola dispositivo e l'EAS come elemento di rottura

«Un nuovo organizzatore professionale», per affiancare, più che sostituire, il dispositivo scolastico tradizionale, per rimodularlo e riconfigurarlo dall'interno. In questi termini, nel 2013, si presentava per la prima volta al pubblico quella inedita forma didattica che erano allora gli EAS. La crisi della scuola restava sullo sfondo, la priorità era la messa a punto di un nuovo modo di lavorare in classe, di un diverso *fare* didattico (Rivoltella, 2013).

Nel 2018 si ritornava sulla questione per sostenere che la sola possibilità di cambiare la scuola «è *provare a forzarne il dispositivo.* Qui si ritaglia lo spazio dell'innovazione e il significato profondo dell'adozione di metodologie alternative: si tratta di scelte che, se fatte con serietà e radicalità, possono favorire processi di riflessività organizzativa capaci di portare fuori dai limiti angusti del dispositivo» (Rivoltella, 2018). Pensati per facilitare la costruzione scolastica delle competenze, gli EAS finivano per suggerire *un'idea di scuola.*

A dieci anni di distanza, l'incontro con la *Pedagogia della risonanza* (Rosa, 2020) consente di mettere meglio a fuoco tale idea, di precisare che gli EAS non rappresentano esclusivamente delle nuove tecnologie dell'istruzione – un modo diverso di fare scuola – ma sono nel contempo *dispositivi di risonanza*, spazi formativi la cui logica è essenzialmente *altra* rispetto alla logica del dispositivo in vigore. Per questo la loro *normalizzazione*, il fatto di fare ormai parte del paesaggio scolastico, potrebbe non comprometterne la portata innovativa, puntualmente documentata dagli *EAS Day*: in quanto dispositivi di risonanza la loro novità resta radicale e dirompente. Declinare teoria e pratica degli EAS nei termini della pedagogia della risonanza è uno degli obiettivi delle pagine che seguono.

Il passo preliminare, evidentemente, è precisare che cosa si intenda con "dispositivo" (Agamben, 2008).

[1] Gli autori condividono concettualizzazione e impostazione metodologica del capitolo. Poi, nello specifico, Pier Cesare Rivoltella ha scritto i §§ 2 e 4; Fabio Fiore i §§ 1 e 3. Revisione, editing e supervisione scientifica sono di Pier Cesare Rivoltella.

Sul piano narrativo, è a Daniel Pennac che dobbiamo una delle più icastiche raffigurazioni della sua meccanica. Vale la pena riportare qui il passo per intero.

«Che rompicapo l'orario scolastico! Suddivisione delle classi, delle materie, delle ore, degli studenti, in funzione del numero di aule [...], del numero di materie, della disponibilità dei laboratori, dei desiderata incompatibili del professore di questo e della professoressa di quello [...] "Cinquantacinque minuti di francese", spiegavo ai miei allievi, "sono una bella ora con la sua nascita, il suo centro e la sua fine, una vita intera, insomma". Sì, capirai, avrebbero potuto rispondermi, una vita di letteratura che sfocia in una vita di matematica la quale dà su un'intera esistenza di storia, che ti scaglia senza motivo in un'altra vita, inglese questa volta, o tedesca, o chimica, o musicale ... Vengono fuori un bel po' di reincarnazioni, in una sola giornata! E senza alcuna logica! Il vostro orario sembra *Alice nel paese delle meraviglie*: prendi il tè dalla lepre marzolina e in un balzo ti ritrovi a giocare a croquet con la regina di cuori. Una giornata passata nello shaker di Lewis Carroll, ma senza la sua fantasia, capirai che ginnastica! E in più si dà anche arie di rigore, un caos pazzesco tagliato come un giardino alla francese, un boschetto di cinquantacinque minuti alla volta. Solo la giornata di uno psicoanalista o il salame del pizzicagnolo sono tagliati a fette così identiche. E, questo, tutte le settimane dell'anno! Il caos senza la sorpresa, è il colmo!» (Pennac, 2010; 101).

Sul piano analitico, il riferimento obbligato è un libro ormai classico di Riccardo Massa del 1997, *Cambiare la scuola*, le cui riflessioni sulla crisi ai suoi occhi irreversibile del dispositivo restano tanto insuperate quanto sostanzialmente rimosse.

Maestri e professori, aule e orari, classi e banchi, materie di studio e libri di testo, spiegazioni ed esercizi, compiti e lezioni, voti e interrogazioni, bocciature ed esami, burocrazia amministrativa e ministeriale: sono questi i tratti essenziali del dispositivo, che egli identifica espressamente con «la forma tradizionale della scuola, tuttora imperante nella sua impotenza didattica» (Massa, 1997; 101 e ss.).

Ora, prosegue Massa, non è la scuola in quanto tale a essere andata in crisi ma appunto la sua forma tradizionale che, malgrado riforme e sperimentazioni, è rimasta la stessa – «neppure la fantasia di dissolverla nella strada o nel quartiere è servita a qualcosa». In tal modo, il dispositivo continua senza posa ad assolvere alla sua missione, come l'erpice di un noto racconto di Kafka (1914) che «invece di scrivere la colpa e la punizione nella carne del condannato, lo trafigge stupidamente diventando inutile e innocuo, incapace di qualunque lavoro sul corpo e sulla mente» (Massa, 1997).

È su questi presupposti che Massa innesta il *problema dell'innovazione*, indicando nel dispositivo *lo spazio teorico del cambiamento*: pretendere di cambiare la forma tradizionale della scuola, egli concede, potrebbe sembrare «utopia pretenziosa e velleitaria», ma è «richiesto dalle dinamiche in atto», dalla consapevolezza della sua implosione. In breve, il cambiamento della scuola diventa oggi possibile proprio «perché quel dispositivo si è inceppato e disfatto definitivamente». Pertanto nulla dovrebbe vietare di *pensare* un tale cambiamento.

E aggiunge: se si riuscisse finalmente a cambiare il dispositivo «ci si potrebbe riappropriare di tutti quegli elementi innovativi che *si illudevano di trasformare la scuola senza porre mano alla sua struttura latente*», che è cosa ben diversa dal limitarsi a una riforma del suo impianto curricolare (Massa, 1997).

Quest'ultima osservazione è dal nostro punto di vista illuminante e conduce al cuore degli EAS.

Negli anni, non ci si è stancati di ripetere che la loro novità non è tanto negli ingredienti – lezione a posteriori, *flipped classroom*, laboratorialità, focalizzazione, transmedialità, valutazione formativa – tutti ben radicati nella nostra tradizione pedagogica, quanto nella loro combinazione, nella loro *mise en forme*. È proprio la predisposizione di un ambiente pensato per favorire la loro sinergia a rivitalizzare quegli elementi innovativi che, se isolati, rischiano di restare fini a se stessi e perciò a lungo andare inefficaci.

È qui che si manifesta la duplice strategia degli EAS.

Da un lato, essi offrono possibilità didattiche alternative a quei contesti in cui la lezione frontale è sovrana, l'errore bandito, gli studenti inondati di informazioni e di fatto costretti al silenzio, in ossequio ai vincoli rigidi del dispositivo: per dirla con Rosa, «la formazione non può riuscire in questo modo» (2020). In questa prospettiva, gli EAS sono un tentativo di ridefinire tempi, spazi, modi nevrotici e nevrotizzanti del dispositivo, buoni soprattutto a favorire indifferenza, repulsione, esclusione, ostacolando l'acquisizione delle competenze. Essi funzionano come un "sistema di *autorizzazione*", che aiuta gli insegnanti a sentirsi liberi di ricorrere ad azioni didattiche che il dispositivo non prevede o addirittura scoraggia.

Dall'altro, possono nel contempo essere interpretati come uno spazio in cui diventa possibile fare esperienze di *appropriazione trasformativa*. È in tale prospettiva che gli EAS si presentano come "dispositivi di risonanza", come un tentativo di ripensarne profondamente, per dirla ancora con Massa, «la struttura latente» (su ciò, v. *ultra*).

In altre parole, gli EAS sono una risposta alla crisi della scuola, della sua stessa forma. Un elemento di rottura che accetta il confronto col dispositivo sul terreno che gli è proprio: aiutare gli studenti a raggiungere determinati traguardi. Nel contempo rappresentano il tentativo di portare la scuola su strade diverse, in altri mondi. La loro originalità sta nel coniugare questi aspetti, affidando a uno stesso spazio didattico apprendimento dei contenuti (disciplinari), costruzione delle competenze (di cittadinanza) e formazione della disposizione (umana) alla risonanza.

2. Gli EAS e l'innovazione della scuola

Se l'EAS funziona come elemento di rottura nei confronti della scuola dispositivo, questo giustifica perché spesso lo si sia presentato e lo si presenti come un fattore di innovazione, della didattica e della scuola. Ma cosa vuol dire innovazione? Una riflessione attenta può individuare almeno tre significati del termine, quando viene applicato alla scuola.

Il primo significato è quello di cambiare, fare cose diverse. Una scuola del cambiamento, quella dell'innovazione, in cui alla staticità della scuola dispositivo si sostituisce il dinamismo e questo dovrebbe consentire alla scuola di intercettare il nuovo, di adattarsi e ridisegnarsi rapidamente, di integrare in modo fluido le novità proposte dalla società e dalla cultura. Una scuola che cambia è una scuola che modifica gli ambienti, acquista nuovi arredi, mantiene aggiornato il proprio parco macchine, modifica l'orario scolastico, si lancia in tutte le sperimentazioni possibili (DADA, linguistiche, STEAM, ...). Tutto questo non è sbagliato in sé, può anzi far gioco al significato autentico dell'innovazione, ma espone la scuola del cambiamento a due rischi.

Il primo è di indulgere alla moda, di rispondere alle esigenze del marketing formativo che chiede alla scuola di dimostrarsi aggiornata per posizionarsi nel mercato della formazione. Il secondo rischio è che pur cambiando tutto, di fatto non cambi nulla. È questo il caso del gattopardismo (Rivoltella, 2017), ovvero di quell'atteggiamento che nel suo romanzo Tomasi di Lampedusa individua come scelta strategica precisamente funzionale alla conservazione dell'immobilismo, alla conservazione dello status quo. Il dirigente gattopardo muove le acque, è un paladino del cambiamento, dà l'idea di essere sempre al passo con i tempi, ma di fatto spera solo di posizionare il suo istituto rispetto alla concorrenza e di gestire meglio i suoi insegnanti se li farà sentire parte di un progetto di grande attualità anche se poi sotto le cose rimangono sempre com'erano.

Un secondo significato dell'innovazione è quello di produrre una rottura, una discontinuità forte all'interno dello sviluppo della scuola. Anche in questo caso, come nel precedente, si tratta di un orientamento molto diffuso, anche a livello di politiche scolastiche nazionali. Si pensi al programma del MIUR Scuol@ 2.0 che, nel contesto del Piano Nazionale Scuola Digitale, ha incluso sia il piano "LIM in classe" (2009-2010) che l'azione "Cl@ssi 2.0" (nel triennio 2011-2013). Il ricorso alla notazione che gli informatici adottano per indicare la nuova release di un software (2.0, 2.1, ecc.) sottolinea proprio l'idea di un upgrade: la scuola 2.0 si lascia alle spalle la vecchia scuola 1.0, realizza una rottura rispetto a essa. Il significato di questa rottura è che niente sarà più come prima e questo prende corpo in una serie di contrapposizioni che qualificano il 2.0 rispetto al 1.0: digitale vs analogico, frontale vs collaborativo, ecc. Questo tipo di retorica pare ancora in salute, se è vero che il recente piano del MI per le scuole nell'ambito del PNRR è stato battezzato "Scuola 4.0". E qualcuno ha anche provato a individuare le caratteristiche della scuola 2.0, 3.0, 4.0, come se si stesse parlando non di una scelta di linguaggio modernamente allegorico, ma di una effettiva distinzione tra modelli organizzativi e didattici.

Ora, non è che l'innovazione non produca una rottura: quando Freinet ripensa la scuola a partire dalla stampa in classe e dalle uscite didattiche (e non dimentichiamo la corrispondenza scolastica, il testo libero, la scrittura collaborativa, i piani di lavoro individuali) in un tempo in cui l'insegnante stava rigorosamente sulla cattedra e dall'edificio scolastico non si usciva, evidentemente sta producendo una vistosa rottura rispetto alle pratiche di scuola consolidate. Il problema è che quando l'idea discontinuista di scuola che questo si porta dietro si fissa e diviene lo schema tipico secondo il quale leggere il nuovo, finisce per produrre almeno due ordini di problemi.

Il primo è di polarizzare le posizioni, estremizzando da una parte le ragioni del "nuovismo" e finendo per produrre dall'altra parte un'analoga estremizzazione delle ragioni della tradizione. Sono questi i termini con i quali il dibattito sulla scuola si è svolto e si sta svolgendo nel nostro Paese: procedendo per contrapposizioni inconciliabili, vittima di due opposte retoriche.

Il secondo problema è il miracolismo tecnologico, o come lo definisce McKendry (McKendry *et al.*, 2019) la fallacia omeopatica della tecnologia. Non è sufficiente introdurre il digitale nella scuola per fare innovazione. Il principio di saturazione sostenuto da Negroponte, ovvero l'idea in base alla quale solo riempiendo gli ambienti scolastici di tecnologia si possa produrre il cambiamento delle didattiche, non si dimostra efficace se non viene accompagnato e sorretto da una consapevolezza metodologica.

Da quel che siamo venuti argomentando, nessuna delle due accezioni dell'innovazione che abbiamo brevemente portato in gioco pare convincere. Ne proponiamo, quindi, una terza che ci sentiamo di adottare: è l'idea che innovare significhi far dialogare la scuola con il suo tempo, garantirne l'attualità rispetto alle sfide della contemporaneità.

Il tema dell'attualità, nel dibattito sulla scuola, viene di solito messo in tensione dialettica con quello della cultura: ne abbiamo già fatto cenno sopra. Sembrerebbe che, se una scuola si confronta con l'attualità, debba inevitabilmente rinunciare alla qualità e alla profondità della sua proposta culturale. E al contrario, lì dove una scuola costruisce il proprio curricolo sulla robustezza della proposta culturale, allora sembra inevitabile che si chiuda su stilemi didattici tradizionali e sia tendenzialmente refrattaria al nuovo. Insomma, delle due l'una: o attuali, ma culturalmente poveri; o culturalmente seri, ma condannati all'inattualità. Le cose stanno realmente così? Cosa significa, oggi, mettere a tema la questione dell'attualità e dell'eredità culturale nella scuola?

Seguendo la riflessione di Bruner (1996) la risposta può passare attraverso tre ordini di considerazioni.

Primo: *computazionalismo e culturalismo.* Il computazionalismo è una teoria generale dell'educazione che riduce il pensiero a elaborazione delle informazioni, calcolo, costruzione di algoritmi. Si tratta di un modo di pensare abbastanza comune oggi, nella società informazionale. La datificazione, infatti, induce a soppesare tutto sulla base delle informazioni che ci consegna e l'enorme massa circolante di dati tra cui ci muoviamo – un vero e proprio "secondo diluvio " universale secondo la celebre immagine del padre della Digital Art Roy Ascott, ripresa da Pierre Levy – può essere governata solo grazie a degli algoritmi (Rivoltella, 2020; Panciroli, Rivoltella, 2023). In una prospettiva neo-funzionalista, dunque, il computazionalismo pensa la scuola come spazio di allenamento al pensiero algoritmico, una palestra del problem solving dove il procedurale è al centro dell'attenzione.

Il culturalismo, al contrario, afferma che il pensiero è sempre in situazione e che il "fare significato" non può prescindere dalla cultura entro cui il soggetto è inserito. Ermeneuticamente vive l'uomo, verrebbe da dire. Il mondo non è solo un puzzle da risolvere applicando le corrette procedure; è anche un grande racconto a più voci in cui la storia di chi ci ha preceduto serve a comprendere meglio la Storia in cui tutti noi siamo inseriti. La scuola, per il culturalismo, è il laboratorio in cui si consegnano agli studenti le chiavi per interpretare il mondo e si insegna loro a usarle. La cultura serve a "entrare" nell'attualità, trovarne il significato, predisporne gli usi possibili (Rivoltella, 2018).

Secondo: *pensiero e cultura.* Affermare la relazione stretta tra pensiero e cultura significa, nella scuola e in educazione, imbattersi in tre antinomie.

La prima antinomia pone il problema se la scuola sia funzione dello sviluppo individuale o della riproduzione culturale. Sembrerebbe, infatti, che una scuola attenta allo sviluppo degli studenti debba liberarli dal peso della riproduzione culturale: come possono pensare autonomamente se adottano gli schemi della tradizione che la scuola trasmette loro?

La seconda antinomia pone la questione se l'apprendimento sia il risultato delle capacità individuali o della capacità del contesto culturale di creare le condizioni perché si produca. In questa antinomia si leggono i tratti di un'annosa questione che ben si compendia nella prospettiva romantica del genio e nella replica storicista che vede invece nello Spirito del Tempo, nelle variabili economiche e di contesto, nel clima culturale di un certo momento storico quel che determina l'invenzione, la scoperta, l'opera dell'ingegno umano.

Infine, una terza antinomia è quella che si costruisce sul fatto che l'educazione consista nel garantire espressione alla cultura locale o l'accesso alla cultura universale. In altre parole: la microstoria o la grande storia? La conoscenza del proprio territorio o l'apertura al mondo, alle grandi logiche che interessano lo sviluppo dei popoli?

Se ci si riflette bene, tutte e tre queste antinomie sono apparenti. Se lette nella prospettiva di un'educazione attenta all'attualità e aggiornata esse rivelano come di fatto le due tesi che le costituiscono si implichino a vicenda.

Nella prima antinomia, non esiste un problema di riproduzione culturale che negherebbe lo spazio dello sviluppo individuale, perché l'educazione, la scuola, consiste nel formare alla libertà proprio grazie alla trasmissione culturale.

Anche tra il contesto, il peso del contesto, e le capacità individuali non c'è contrapposizione, perché la scuola dovrebbe consentire a ciascuno di sviluppare le proprie doti mediante l'accesso alle stesse risorse.

Infine, anche l'antinomia tra cultura particolare e universale è apparente, perché affermare l'esistenza di una cultura universale è possibile solo attraverso la tutela delle culture particolari.

Terzo: *la scuola è cultura.* Non solo trasmette cultura: è cultura. Lo si può affermare in tre sensi.

Anzitutto la scuola è erede di una tradizione. Questa tradizione è fatta di storie, di artefatti, di racconti tramandati da insegnanti e studenti. Ogni scuola ha la sua tradizione, la sua storia, fatta di volti, di aneddoti, di traiettorie professionali. Si materializza spesso negli album dei diplomati, nelle newsletter che hanno l'obiettivo di tenere agganciati gli alunni. Di questa tradizione gli ex-allievi sono depositari e, nel caso di scuole con una lunga storia, il farne parte suggerisce l'idea di una grande comunità, lascia percepire il valore e l'orgoglio dell'appartenenza.

In secondo luogo la scuola è luogo di incontro/scontro tra teorie popolari che sostengono diverse idee di educazione. Sono teorie popolari – o meglio, per dirla con Bruner, pedagogie popolari – quelle idee di educazione che non passano necessariamente dalla formalizzazione dei libri e della letteratura scientifica. Nell'insegnamento queste teorie popolari sono importanti, perché appartengono agli insegnanti spesso in maniera implicita e sono particolarmente resistenti perché si sono fissate negli anni, attraverso l'esempio di altri insegnanti. Non esiste una sola cultura dell'educazione, ma tante culture dell'educazione: uno dei lavori più difficili ma più proficui è di farle emergere, di creare le condizioni perché si possano esplicitare, di favorire il loro confronto.

Infine, la scuola è lo spazio di routines, di negoziazioni che costruiscono culture. In questo senso si può dire che ogni classe abbia la propria cultura. La presenza di un certo tipo di insegnanti genera vere e proprie tradizioni didattiche, un certo modo di lavorare, un certo modo di approcciare la cultura e di declinarla.

In questa cultura di scuola – o, meglio, al plurale, in queste culture di scuola – trova spazio il cosiddetto curricolo sotteso. Dipende da esso l'idea di scuola che ogni istituto in qualche modo adegua e realizza, fatta di tradizione, pratiche consolidate, abitudini, reti di relazioni. Il problema non è di eliminarlo, ma di "starci dentro" consapevolmente e, possibilmente, di pilotarne il passaggio dal livello implicito a quello esplicito.

Il tema dell'innovazione e di come l'EAS possa contribuire ad articolarla si colloca qui, in questa accezione dell'innovazione "culturalista", che la pensa come capacità della scuola di annodare i fili dell'attualità e della tradizione. Ma quali sono i tratti del metodo che si possono portare a supporto di quest'idea? Almeno due.

In primo luogo l'EAS muove sempre da un "tema vivente". La cronaca, un fatto occorso a uno degli studenti, qualcosa che riguarda la comunità o il territorio in cui la scuola si trova: lo stimolo che sta alla base del momento preparatorio, vero e proprio innesco dell'EAS, è sempre qualcosa che abita l'attualità. Da questo stimolo discende tutto il resto.

Strettamente collegata a questa prima sottolineatura è l'idea, tipica della didattica per EAS, che la classe sia un laboratorio, uno spazio di elaborazione cognitiva. Il riferimento è in questo caso al Framework Multiliteracy (Cope, Kalantzis, 2000), nella prospettiva del quale il momento didattico consiste nell'individuare dentro la cultura attuale (Designed) delle forme e/o dei costrutti da portare in classe per lavorarci sopra didatticamente; questo lavoro didattico consiste in un'attività di smontaggio/montaggio degli oggetti culturali (Francastel, 2005a, b) che porta la classe insieme all'insegnante a produrre come sito delle nuove forme culturali (Designing); il risultato finale è di ricollocare il prodotto del lavoro così ottenuto di nuovo dentro lo spazio della cultura (Redesigned).

Letto in questa prospettiva, si capisce come l'EAS corregga in profondità la logica della scuola dispositivo ma senza che questo rappresenti una rottura "nuovista" che rischi di perdere il valore della tradizione: in buona sostanza, l'EAS si propone come un dispositivo didattico che si colloca su una linea di discontinuità ma, per così dire, nella continuità.

È discontinuista l'idea della didattica proposta dall'EAS nella misura in cui recupera la vocazione politica della scuola, contro la scorretta idea comune in base alla quale «a scuola non si deve fare politica». Se la didattica muove dall'attualità, fa lavorare la classe sugli oggetti culturali del nostro tempo, le fa produrre nuovi oggetti culturali per poi collocarli dentro il flusso della cultura a essa contemporanea, la didattica fa un lavoro politico. Fa un lavoro politico perché fa comprendere alla classe il significato del gioco democratico, il senso della cultura come atto trasformativo della società: con questo nulla ha a che fare la chiacchiera politica, l'indottrinamento, l'ideologia. La scuola è politica perché è cultura e la cultura è l'ethos e il nomos di una società, è lo strumento attraverso il quale si formano i cittadini di domani e li si introduce alle forme della partecipazione.

Ma l'EAS è anche continuista, perché riafferma l'importanza dell'insegnante contro il processo di descolarizzazione di ritorno che la scuola sta subendo negli ultimi anni e a correggere la tendenza a leggerne il ruolo in maniera scarsamente incisiva. Un aspetto questo che la riflessione e la ricerca hanno di recente riaffermato per evitare il rischio della learnification (Biesta, 2017), ovvero la convinzione che l'apprendimento sia sufficiente a se stesso e non necessiti più dell'insegnamento.

3. *Gli EAS come dispositivi di risonanza*

Il nesso tra gli EAS e il concetto di risonanza non è evidente e immediato, va giustificato. Il loro collegamento è nell'ordine del "prestito", metodo di lavoro che consiste nel cercare in altri ambiti di ricerca i costrutti o *framework* da far funzionare euristicamente nel proprio. Del resto, è da un'operazione come questa che nascono gli EAS, importati dall'ambito del *mobile learning* e adattati all'agire didattico dell'insegnante: in quel contesto, lavorare per episodi di apprendimento con i dispositivi mobili significava estendere l'aula anche alle situazioni informali; nel nostro caso, significava «trasferire in aula modi e forme dell'apprendimento che sono propri dell'informale» (Rivoltella, 2021).

Quando un concetto importato da altro ambito di ricerca riesce a collocarsi nel nostro, il risultato non può che essere generativo – consente di dare il nome a oggetti che ancora ne sono privi –, a patto beninteso che il prestito sia rigoroso, non generico o evocativo, impressionistico: in tal caso, il trapianto non può funzionare.

Il concetto di risonanza si presta in effetti a fraintendimenti. Ad esempio, per quanto le emozioni vi giochino un ruolo essenziale, non rinvia in prima istanza a una condizione emotiva, a uno "stato d'animo". In particolare, non è uno "stato di grazia": anche emozioni negative (tristezza, angoscia, solitudine) possono condurre a quella modalità di relazione che chiamiamo risonanza, e per questo può capitarci di piangere davanti a un film. La distinzione che conta non è tra risonanze positive o negative ma tra «relazioni con il mondo mute, repulsive o aperte alla risonanza». Ciò che conta non è il sentimento in sé «quanto l'effetto di risonanza da questo provocato». E non è neppure, infine, una condizione irenica: non vi è alcuna necessità che la risonanza sfoci in relazioni pacifiche e armoniose, ma presuppone, al contrario, familiarità profonda con la situazione opposta di indifferenza o di estraneità (alienazione) che ciascuno conosce per esperienza diretta. Insomma, è qualcosa di molto diverso dalla "consonanza", mentre le "dissonanze" – i conflitti, gli scarti, le "irritazioni" reciproche – possono persino favorirla (Rosa, 2016).

In termini positivi, la risonanza viene definita da Rosa come *una forma di relazione tra il soggetto e il mondo* – "Sociologia delle relazioni con il mondo" è il sottotitolo del *Resonanzbuch* del 2016 – che comprende entrambi oltrepassandoli, senza tuttavia azzerarli. Abbiamo cercato altrove di rendere conto della complessità teorica di un lavoro di ricerca che, va ricordato, si colloca nella tradizione della Teoria critica e della Scuola di Francoforte (Fiore, 2020). Qui ci limitiamo a un paio di aspetti.

Primo: con il supporto di una mole impressionante di evidenze antropologiche e fenomenologiche, etnologiche e persino neurologiche, Rosa mira a dimostrare che la risonanza è un'esperienza umana fondamentale, come il suo contrario, l'alienazione; che l'essere umano ha un bisogno "congenito" di costruire relazioni risonanti con il mondo (con gli altri, se stessi, le "cose"); senza esperienze di risonanza si rischia, ci si ammala (come confermano i dati clinici sul *burn-out*); non si può crescere, avere un'identità, socializzare: fenomeni di "morte sociale" come il *mobbing* sono l'espressione di "rifiuti o blocchi di risonanza".

Secondo: muovendo dal significato acustico, musicale, del termine – nei suoi scritti sulla risonanza il gioco tra due diapason è un'immagine ricorrente –, Rosa ne fa una chiave sociologica generale, come del resto con il concetto stesso di *accelerazione* a cui egli deve la sua fama internazionale: se l'accelerazione è la cifra complessiva della modernità e dei suoi problemi (i volti dell'alienazione), la risonanza può forse esserne la cura; se il tempo moderno è contratto e alienante, il rimedio non è la decelerazione, impossibile per ragioni sistemiche, ma non smarrire la capacità umana di entrare in risonanza con il mondo, un'esigenza che la "modernità" sente minacciata dall'inizio (Rosa, 2016 e 2015).

Detto per sommi capi della teoria della risonanza, passiamo ora a fissarne alcuni tratti concettuali:

1. la risonanza non va confusa con l'eco, ma è una *relazione responsiva* in cui i soggetti sono attivi e almeno in parte indipendenti, né del tutto aperti né del tutto impermeabili tra loro, come violino e chitarra in un concerto i quali suonano insieme, restando distinguibili e distinti. Sarebbe altrimenti impossibile entrare in rapporto con l'altro e insieme esprimere una "voce propria";
2. presuppone nei soggetti un'aspettativa di *auto-efficacia*, la *fiducia* di essere in grado di incidere concretamente sulla relazione – «la fiducia genera di per sé zone di risonanza» (Rosa, 2020);
3. contiene un momento di *indisponibilità*, non è del tutto controllabile, pianificabile. Un eccesso di risonanza non è meno alienante della sua totale assenza (Rosa, 2018);
4. è legata a *valutazioni forti*: è possibile solo entrando in contatto con mondi che rappresentano ai nostri occhi una fonte di valori indipendenti e ricchi di significato; se riteniamo che sia in gioco qualcosa che ci riguarda, di molto importante per noi; se abbiamo *interesse intrinseco* per ciò che stiamo facendo;
5. ha a che fare con un'*appropriazione trasformativa*, in cui si riesce nel contempo a raggiungere e farsi raggiungere, toccare e farsi toccare, dai mondi (culturali, materiali, disciplinari) esperiti. Non aspira per così dire ad aumentare le frecce del nostro arco, ma a trasformare il nostro stesso rapporto con esso (v. *ultra*).

Responsività, auto-efficacia/fiducia, indisponibilità, interesse, valori, appropriazione trasformativa, questi in buona sostanza i tratti essenziali della nozione di risonanza.

Possiamo ora proiettare tutto questo sulla scuola e operare un confronto tra dispositivi opposti e alternativi.

Un dispositivo scolastico tradizionale può essere schematicamente raffigurato come segue.

L'insegnante parla, parla moltissimo. La sua principale strategia consiste nell'imporre la propria definizione della situazione parlando per la maggior parte del tempo. Ci è difficile riflettere su tale aspetto tanto parlare e insegnare sono connessi nella nostra cultura. Chi non ne è convinto, provi a immaginare un insegnante che stia zitto!

L'insegnante insegna, impone la definizione dei contenuti spiegandoli direttamente, interrogando gli studenti di continuo e minimizzando ogni altra prospettiva. La sua definizione della conoscenza è incontrollata, incontroversa e sovrana. Nei termini di Rosa, mira a instaurare con gli studenti una relazione basata sull'eco, non sulla risonanza.

L'insegnante passa la vita a valutare gli studenti, in modo quasi sempre implicito, esplicitamente solo quando assegna i voti. Nel suo lavoro quotidiano, controllo della conoscenza e controllo della condotta sono inestricabilmente connessi: parlare/insegnare occupano soltanto la metà del suo tempo; l'altra metà comprende le azioni dirette a mantenere la disciplina e a reagire agli interventi degli studenti.

Lo studente è costruito come del tutto incompetente: le sue conoscenze sono subordinate a quelle dell'insegnante e del libro di testo. Non gli è riconosciuta autonomia culturale alcuna, alcuna voce propria; l'errore gli è interdetto, è tabù: il problema dell'auto-efficacia non rileva. La vulnerabilità e l'esposizione all'insegnante sono la regola, forse sono il presupposto stesso del funzionamento del dispositivo – se lo studente non fosse "minor", non sarebbe a rigore studente (Delamont, 2020, Fele/Paoletti, 2003).

Il dispositivo EAS, costruito su criteri di risonanza, rovescia come un guanto tale impostazione.

L'insegnante fa soprattutto fare, parla "dopo" e solo se ha qualcosa da dire. Non colonizza il sapere, mira a condividere esperienze. Non si limita a sorvegliare lo studente, lo responsabilizza. Non lo tratta come subordinato, ma come soggetto. Non lo giudica, ma ne registra i progressi e lo spinge ad auto-valutarsi. Docenti e studenti non vengono isolati e contrapposti tra loro, ma formano una comunità fatta di "un plebiscito che avviene tutti i giorni". Lo studente è *autorizzato* a esprimere o a cercare di rendere udibile la propria voce, a ottenere dei feedback per rafforzare il suo senso di auto-efficacia, e di conseguenza "a esporsi"; a vivere esperienze culturali "toccanti" con gli altri, in modo partecipe ed elettivo, per "gruppi di affinità" (Jenkins, 2009); a fare esperimenti protetti di appropriazione trasformativa dei mondi incontrati a scuola.

4. *L'aula come* limen*: EAS e appropriazione trasformativa*

Come abbiamo visto, uno degli aspetti costitutivi dell'EAS come dispositivo di risonanza è il suo essere funzionale a un processo di appropriazione trasformativa da parte degli studenti. Sul significato e i modi della trasformazione vorremmo provare a strutturare un affondo in questo paragrafo conclusivo attraverso categorie mutuate dalla drammaturgia didattica (Rivoltella, 2021) e dall'antropologia.

È lo stesso Rosa (2022) a chiarire la specificità dell'appropriazione trasformativa (lui parla di assimilazione) rispetto alla semplice appropriazione di un contenuto: «Io posso acquisire conoscenze, imparare a usare delle macchine o dei programmi. Nel campo musicale, posso riconoscere delle variazioni, dei motivi, delle sfumature. Questo è l'appropriazione delle conoscenze, o diciamo l'acquisizione delle competenze. Quando mi approprio delle cose, riesco ad averne il controllo. L'assimilazione è tutt'altro. Conduce alla trasformazione. Per cogliere la differenza basta pensare alla poesia. Come nel caso di un brano musicale, mi posso appropriare della declamazione di una poesia. Così posso dire subito a quale movimento letterario appartenga, in quale epoca sia stata composta, il modo in cui si dispongono in essa le rime o i versi, le figure retoriche che vi si possono individuare… Ma perché io ne sia toccato, serve che questa poesia rappresenti qualcosa per me, che mi faccia qualcosa. Detto in altre parole, mi dovrebbe permettere di realizzare una nuova esperienza, di aprire un orizzonte o una relazione con il mondo che prima non avevo. E cioè, dopo l'incontro con questa poesia o con questo brano musicale sono presente al mondo diversamente, mi sono lasciato trasformare e sono in parte diventato qualcun altro. Credo che il vero processo di formazione, sulla base dell'assimilazione, sia qualcosa di simile. Nel processo di assimilazione, entro in contatto con il mondo. Tutto accade come se io mi intrattenessi con il mondo. Ha delle ripercussioni su di me, mi tocca e mi trasforma».

Per rimanere ai termini dell'analisi che Rosa sviluppa anche in altri suoi lavori (Rosa, 2015), l'appropriazione è un movimento del soggetto verso il mondo o verso l'altro attraverso il quale lo si riduce in proprio controllo: siamo nello spazio della ragione calcolante e disponente che non stabilisce nessuna relazione; il mondo e l'altro rimangono inascoltati e non parlano al soggetto. Invece, l'assimilazione (l'appropriazione trasformativa) passa attraverso una relazione in cui il mondo e l'altro, ascoltati, parlano: è lo spazio della risonanza, di cui già abbiamo detto nel precedente paragrafo. Seguiamo ancora Rosa (2023): «Supponiamo che un insegnante faccia della letteratura nella sua classe e che vi si produca un fenomeno di trasformazione. È difficile capire quel che gli studenti faranno, cosa rappresenterà per loro questo momento, quanto tempo durerà e di quali frutti sarà portatore. Ecco un esempio di quel che io identifico come un processo di risonanza. In primo luogo, la risonanza richiede tempo. In secondo luogo, non si sa cosa potrà risultarne. In terzo luogo, bisogna essere pronti a rendersi vulnerabili, fragili, perché si tratta di un processo di apertura a qualcosa per cui si sta investendo».

Dunque, l'appropriazione trasformativa è un tratto distintivo della risonanza e qualifica la relazione che l'insegnante stabilisce con la classe, quando lavora per EAS. Resta un doppio passaggio da fare, che consentirà di approfondire il senso della trasformazione e il significato antropologico, profondo, dell'aula.

La trasformazione è propria della dimensione partecipativa della pragmatica della comunicazione dell'insegnante (Rivoltella, 2022). Partecipare non significa semplicemente essere presenti, ma entrare in una relazione così profonda con la situazione e con quello che vi sta accadendo, da uscirne appunto trasformati. E questo tipo di esperienza è quella che si fa quando si prende parte a un rito. Lo caratterizza, appunto, l'attraversarlo in modo che se ne esca diversi da come si era entrati. Vale per i riti in senso forte, quelli legati alla sfera del sacro, ma vale anche per gli altri riti, quelli in senso debole di cui è punteggiata la nostra esperienza quotidiana.

Questa logica trasformativa è particolarmente visibile nel caso dei riti di passaggio. Prendono questo nome quel tipo particolare di riti la cui caratteristica è di fare da spartiacque tra due momenti della vita degli individui: è il caso dei riti di iniziazione all'età adulta, o del matrimonio. Van Gennep (1900) ne ha individuato la struttura tripartita: (1) la fase di apertura (o pre-liminale) del rito di passaggio è quella di separazione, che consiste nell'uscita dei partecipanti dalla comunità e simboleggia l'abbandono di una fase/età della loro vita; (2) dopo essere stati separati dalla comunità, i partecipanti vengono portati in un luogo (capanna, o altro) dove avviene l'iniziazione; è la fase liminale, dal latino *limen*, soglia, ovvero quello spazio che non è né dentro né fuori la casa e traduce lo stato di sospensione spazio-temporale in cui avviene la trasformazione; (3) a questo punto i partecipanti sono pronti per essere reintrodotti nella comunità; è la fase di reintegro (o post-liminale) in cui gli iniziati si ricongiungono alla loro comunità che avevano lasciato, ad esempio, bambini (prima del rito) e ora ritrovano da adulti (dopo il rito).

Victor Turner (1982) riprende la prospettiva di Van Gennep e la applica ad alcune situazioni sociali (lui lavora, soprattutto negli ultimi anni, sui terreiros del Candomblé e sulle Escolas de samba in Brasile) che del rito di passaggio mantengono la struttura, ma che non sono forme di rito in senso forte (soprattutto le scuole di samba in relazione ai festeggiamenti del Carnevale). Proprio per la loro somiglianza di struttura con le situazioni liminali, Turner chiama questi fenomeni *liminoidi*. La nostra ipotesi è che la scuola sia uno di questo fenomeni. Proviamo a far vedere in che senso.

Se si considera la scuola, o la singola aula di una classe, nella prospettiva dell'analogia con i fenomeni liminoidi, si possono individuare almeno quattro aspetti che indicano in questa direzione.

Anzitutto il carattere di *luogo separato*. La scuola, la classe, vive una situazione di sospensione spazio-temporale che è tipica dei fenomeni liminoidi. L'edificio scolastico, l'aula, è un recinto separato dai normali spazi della socialità quotidiana. E il tempo che scandisce le attività al suo interno, pur avendo una durata, è un tempo che in qualche modo scorre dentro una bolla temporale che a sua volta è separata dal tempo dell'informale in cui invece i ragazzi normalmente vivono. Questo stato di separatezza, che nella scuola-dispositivo è funzionale al controllo, nella scuola-liminoide è (dovrebbe essere) funzionale ad attivare la partecipazione e a rendere possibile la trasformazione.

Secondo: dalla scuola/classe *si entra e si esce*. Ogni mattina avviene, per lo studente e per l'insegnante, lo stesso rito di separazione: si lasciano le proprie abitazioni, la propria quotidianità, per entrare in uno spazio/tempo liminale. Qui si partecipa a delle attività che dovrebbero avere lo scopo (se si è in una scuola della risonanza e non dell'alienazione) di produrre una trasformazione, sia dell'insegnante che dello studente. Alla fine della mattinata (o del pomeriggio) si rientra nella propria quotidianità, ancora una volta in analogia con quel che succede nei fenomeni liminoidi, cambiati e diversi rispetto a quando vi si era entrati.

Terzo: la relazione di *risonanza*. L'esperienza del risuonare è un modo efficace per descrivere cosa accade quando si partecipa a una situazione. Ci si sente "accordati" con la situazione stessa e con gli altri che a loro volta vi stanno partecipando. Rosa (2020) dice che l'insegnante è il "primo diapason": le sue vibrazioni fanno entrare in vibrazione gli studenti; questi, a loro volta, vibrano e restituiscono all'insegnante quelle vibrazioni facendolo vibrare allo stesso modo.

Quarto: la *natura trasformativa*. Perché vi sia risonanza, e quindi trasformazione, occorre una disposizione adatta sia da parte dell'insegnante che da parte degli studenti. «Perché gli studenti possano sperimentare un processo di risonanza durante la loro formazione, gli insegnanti dovrebbero avere il desiderio di toccarli per davvero; e gli studenti, per parte loro, dovrebbero mostrarsi disponibili e impazienti di vivere un'esperienza interessante. Ora, troppo spesso, quel che si produce è l'esatto contrario: gli studenti non hanno alcun desiderio di trovarsi in una situazione simile e i loro «occhi sono sordi»; gli insegnanti hanno perso la speranza di riuscire a far parlare la classe a partire da un corso che avrebbe potuto parlare agli studenti» (Rosa, 2023).

L'attimo fuggente, il film del 1989 in cui uno straordinario Robin Williams fa la parte del rivoluzionario professor Keating in un'aula del tradizionalissimo Welton College nel Vermont, ha prodotto un serrato dibattito nella comunità pedagogica soprattutto in relazione alle responsabilità dell'educatore e alla possibilità di considerare Keating appunto responsabile del suicidio del suo allievo Neil Perry. Il punto di osservazione del regista Peter Weir - attento alle dinamiche antropologiche delle comunità, come dimostra ad esempio un film come *Il testimone* - è un altro, ovvero proprio quello di chi con sguardo antropologico guarda alla scuola come un fenomeno liminoide. Il titolo originale consente di capirlo meglio: *Dead poets society*, la società dei poeti estinti. È il nome di una *societas* di cui lo stesso Keating, da studente, aveva fatto parte e di cui ora invita a far parte i suoi allievi. Lo si direbbe un terzo spazio, una situazione liminoide, separata, in cui può avvenire la trasformazione degli studenti che ne fanno parte. Il film, in una costruzione a scatole cinesi, colloca questo spazio liminoide dentro un esempio perfetto di scuola dispositivo: il College in cui la vicenda si svolge si propone come luogo della riproduzione culturale e sociale; dentro di esso, la Società dei poeti estinti, funziona invece da spazio liminoide che mira alla trasformazione degli studenti. Il suicidio di Perry non è la dimostrazione del fatto che Keating è un cattivo maestro, ma il risultato estremo della sua trasformazione. Nello stesso film, Peter Weir offre un esempio dialettico di come la scuola-dispositivo e la scuola-liminoide si articolino e si differenzino.

E l'EAS? Si può rilevarne un funzionamento liminoide così da ricondurlo al discorso che siamo venuti elaborando?

La risposta passa chiaramente, in prima istanza, dalla sua architettura. Anche l'EAS presenta *tre fasi*: la preparatoria risponde in qualche modo a un movimento di separazione (dalle logiche abituali della didattica, dalle routines di soluzione dei problemi cui gli studenti sono abituati); l'operatoria è sicuramente il momento di limen, in cui gli studenti sono chiamati a fare nello spazio e nel tempo dell'aula divenuta laboratorio; infine, la ristrutturativa traduce un movimento di reintegro attraverso la riflessione innescata dal debriefing metacognitivo.

In secondo luogo, anche dall'EAS *si "entra" e si "esce"*. Il suo carattere di dispositivo didattico modulare, autoconsistente, circoscritto nel tempo e nei contenuti, favorisce il farne esperienza come di un insieme di TLA coordinate in se stesso compiuto, anche se naturalmente collegabile sia alla cornice macro della progettazione curricolare che agli altri EAS di cui consiste la didattica in classe.

Infine, anche l'EAS, per funzionare (cioè per essere trasformativo) ha bisogno di basarsi sulla risonanza, ovvero sulla relazione di reciproco riconoscimento di insegnante e studenti. Senza questo passaggio, che dipende dalla loro disposizione soggettiva, è probabile che l'EAS rischierebbe di essere percepito solo come un format diverso della didattica d'aula. La differenza la fanno la capacità dell'insegnante di sviluppare una forma diversa di presenza (meno frontale, più co-investigativa) e quella dello studente di accettare di farsi coinvolgere come attore primo dei suoi apprendimenti. Il metodo vale poco senza i soggetti che lo agiscono: pensare il contrario significherebbe cadere di nuovo in una forma di miracolismo, questa volta metodologico.

Scheda 10

Didattica della risonanza

Fabio Fiore[1]

La pedagogia della risonanza è una sezione di una teoria complessiva della società che usa questa nozione come chiave di lettura generale (Rosa, 2016). Non dobbiamo pertanto aspettarci da essa molte indicazioni didattiche, anche se non mancano contributi focalizzati sulla formazione (Beljan, 2017). Nondimeno, in essa sono reperibili *in nuce* importanti suggerimenti anche su tale versante, tali da far ipotizzare la possibilità di parlare anche di una didattica della risonanza: da un lato, un *modello triangolare di relazione didattica*, che non si risolve in un rapporto a due, docenti e studenti, ma a tre, docenti e studenti "attraverso" o all'interno di "materie"; dall'altro, un modello generale per valutare l*a qualità di una lezione*, per accertare il suo grado di riuscita o di fallimento. Il loro scopo è provare a leggere la scuola, i suoi elementi di base, in modo alternativo alla logica del dispositivo tradizionale e offrire a essa un modello di autovalutazione diverso: il "paradigma di risonanza".

L'attenzione che questa teoria sociologica generale dedica alla scuola è comunque speciale, senza paragoni. Non sorprende, poiché in tale istituzione si gioca per Rosa gran parte del nostro rapporto con il mondo: «Le relazioni con il mondo si formano essenzialmente nella e attraverso la scuola. Non vi possono essere dubbi: il contesto scolastico è decisivo per la qualità del nostro rapporto con il mondo» (Rosa, 2016). Per importanza e delicatezza, essa è appena dietro la famiglia da cui pur dipende strettamente.

1. La scuola come spazio di risonanza

Come potenziale spazio di risonanza, ma anche come sempre possibile zona di alienazione, la scuola per Rosa è un campo costruito intorno a due assi:

1. *l'asse materiale o diagonale*, il piano delle "materie". Più che come programmi di studio, Rosa le interpreta come «ritagli di mondo», «sfere di azione e di vita», "mondi di valori". Il compito della scuola è di aiutare i soggetti a posizionarsi rispetto a questi mondi, ad attingere alle loro risorse di senso, a tenere insomma aperti gli assi di risonanza in essi impliciti (nei loro concetti-chiave, nei loro nuclei fondanti, attraverso la loro

[1] Fabio Fiore si è occupato della concettualizzazione e della stesura del contributo. Revisione, editing e supervisione scientifica sono di Pier Cesare Rivoltella.

esperienza diretta). Se qualcosa di tali materie-mondi tocca le nostre corde, apre un asse di risonanza o se al contrario resta per noi indifferente quando non finiamo addirittura per odiarlo – perché ad esempio convinti di essere "negati" per questa o quella materia! – dipende dalle esperienze formative che facciamo a scuola, con gli altri. In breve, «in classe si decide della sensibilità o insensibilità dei giovani alla risonanza»;

2. *l'asse sociale o orizzontale*, il piano delle relazioni. L'atmosfera che si respira in una classe per Rosa incide non meno prepotentemente sulle nostre "aspettative di autoefficacia", sulla fiducia che nutriamo in noi stessi di "poter fare bene le cose", di "essere all'altezza" e, di qui, sulla qualità formativa delle nostre relazioni con il mondo. Se in classe "tira una brutta aria" è quasi impossibile aprirsi a esperienze di risonanza, per gli studenti e per gli stessi insegnanti.

Ora, la qualità formativa di una scuola dipende dall'attivazione di entrambi gli assi. Un rapporto in cui risuona un solo asse, mentre l'altro è muto, a lungo andare è instabile. Solo se entrambi sono intatti, se vibra una corda di risonanza con una materia e la relazione sociale viene vissuta come trainante, può instaurarsi uno stabile triangolo di risonanza tra studenti, insegnanti e materie. In tal modo, Rosa ci libera di colpo da un annoso (e falso) dilemma: non più *o* discipline *o* relazioni, bensì *relazioni attraverso le discipline*. Come scrive Rivoltella nell'Introduzione a questo libro, la scuola in fin dei conti è una cosa semplice: studenti, insegnanti e ... ciò che accade nel mezzo!

Anche in questo caso, la pedagogia della risonanza rovescia il dispositivo tradizionale: qui il corpus di conoscenze, riprodotto quotidianamente dall'azione sinergica di libri di testo e programmazione didattica (Fele, Paoletti, 2003), oltre a ribadire la sovranità dell'insegnante e il carattere asimmetrico della relazione scolastica, serve soprattutto a misurare le prestazioni degli studenti e a costruirne la «carriera morale» (Goffman, 1961). Dal punto di vista della pedagogia della risonanza, artefatti così congegnati possono produrre e di fatto producono effetti di disciplinamento, non l'appropriazione trasformativa dei mondi culturali incontrati a scuola.

2. *La lezione, tra possibilità di risonanza e rischio di alienazione*

Veniamo ora al modello pensato da Rosa per valutare la qualità di una lezione. Esso è bipartito in un modello di lezione riuscita o "triangolo di risonanza" e un modello di lezione fallita o "triangolo di alienazione". Si tratta di "tipi ideali" che quasi mai si realizzano nella loro purezza e che mirano a offrire a insegnanti e studenti dei criteri qualitativi per avere il polso delle situazioni didattiche in corso, una «bussola di risonanza» per orientarsi nel flusso delle interazioni in classe.

Nel "triangolo di alienazione": l'insegnante percepisce l'allievo come una minaccia, lo sente disinteressato, non lo raggiunge; l'allievo avverte la noia («le ore infinite in cui non succede nulla») o si sente sovrastato dal tema affrontato; sente l'antipatia o il disconoscimento da parte della classe e del docente; la loro è una «relazione irrelata», «una relazione fondata sull'assenza di relazione»; la materia è per ognuno una camicia di forza (lo spauracchio dei voti, l'ossessione del "programma"); il senso di autoefficacia è in tutti ai minimi termini.

Nel "triangolo di risonanza": «la lezione viene da sé», diventa un'attività contrassegnata da «assenza di sforzo e assenza di autocostrizione»; l'insegnante raggiunge i suoi allievi, comunica entusiasmo e si lascia nel contempo toccare dalla classe; lo studente è aperto, avvinto dal tema, si sente accettato, confida nella sua autoefficacia; la materia è per tutti un campo di possibilità e di sfide dense di significato. Insomma, una lezione è riuscita se insegnanti e studenti sono in grado di «raggiungersi a vicenda: allora la materia "parla" e tutti ne escono trasformati» (Rosa, 2016).

A partire da qui, Rosa fissa le condizioni di possibilità di una relazione didattica riuscita, su tutti i lati del triangolo formativo.

Sul lato dell'insegnante: egli deve essere convinto di avere qualcosa da dire ai suoi allievi; se è il primo a non crederci, ha già fallito in partenza. Deve essere inoltre disposto a tollerare gli errori: se pretende soltanto risposte corrette ha già bloccato la corda di risonanza; così la materia viene dominata, non "dispiegata". Deve agire da diapason in tutti i momenti della relazione formativa: come "primo diapason", toccare le corde dei suoi allievi, aprire un mondo – e in ciò sta la sua capacità di "regia", la sua *autorità*. Come "secondo diapason", prestare ascolto alle voci, ai feedback, agli interessi dei ragazzi. Deve costruire uno spazio protetto, di reciproca fiducia.

Sul lato dello studente: Rosa suggerisce di guardare quello che fanno «i giovani di talento nelle cose del mondo» - sport, musica, politica, ambiente: la misura del talento, osserva *en passant*, non è l'intelligenza ma la capacità di risonanza. Ebbene: hanno un interesse intrinseco per i mondi incontrati ("vibrano con"); confidano nella loro autoefficacia, sono convinti di poter portare la loro voce in queste cose del mondo; confidano in rapporti responsivi con gli altri, di trovare in essi risposta; non temono di essere non considerati o respinti.

Sul lato, infine, della materia: a differenza dell'amicizia o dell'amore, la relazione scolastica non è "fine a stessa", ma funzionale all'apprendimento. Ora, appropriarsi di una materia non significa conquistarne il pieno controllo, il dominio, peraltro impossibile e forse neppure auspicabile. Ma è fare esperienza di un punto di vista altro sul mondo, ricevendone in cambio "risposte" che ci trasformano, fanno di noi qualcosa, ci abilitano a nostra volta a rispondere con "una voce propria". Ora perché questo riesca, prosegue Rosa, occorre che i rapporti tra insegnanti, studenti e materie siano marcati da un momento di differenza, di reciproca estraneità. In classe deve sempre poter succedere qualcosa: che sorgano all'improvviso nuove prospettive, espressioni, articolazioni, idee, affinità, nessi; che l'oggetto con cui siamo alle prese si trasformi via via nei suoi contorni, nel suo significato, nei suoi punti di accesso; che si sollevino nuove pretese, che questioni improvvise chiedano di essere chiarite. Ancora una volta, si ribadisce che il rapporto formativo non è un'eco, ma una relazione responsiva.

Torniamo in conclusione agli EAS. In precedenza (cfr. cap. 5), si è sostenuto che la loro originalità consiste nell'affidare a uno stesso spazio didattico l'apprendimento dei contenuti, la costruzione delle competenze e la formazione della disposizione alla risonanza. È qui che va inserita la critica di Rosa a un modello centrato esclusivamente sulla competenza. Egli concede che tale nozione è utile ad allargare lo spazio di gioco dell'insegnante e predisporlo a rapporti di risonanza. Ma da sola non basta. Anzi, rischia di fare della formazione una questione di "equipaggiamento" o "dotazione" e di lasciare così "ammutolire" le materie-mondi che sono alla base dei rapporti formativi. In breve, rischia di farne una questione strumentale, di mera "padronanza", mentre in gioco è il "soggetto" (Touraine, 1997).

In questi dieci anni, la teoria degli EAS non si è stancata di sottolineare che «senza le conoscenze, le competenze sono vuote, senza le competenze, le conoscenze sono cieche» (Rivoltella, 2016). Ora, l'incontro con Rosa le consente di allargare lo sguardo, di aggiungere che senza risonanza le une e le altre sono destinate a restare letteralmente "mute", e pertanto impossibilitate a incidere fino in fondo sul corpo e sulla mente dei soggetti in formazione.

VI

Il metodo EAS nel dibattito scientifico nazionale e internazionale: una revisione della letteratura

Salvatore Messina, Federica Pelizzari, Serena Triacca[1]

1. Dieci anni di diffusione del metodo EAS

Come è noto, il metodo EAS è stato messo a punto da Pier Cesare Rivoltella e portato all'attenzione della scuola italiana nel 2013 nel volume *Fare didattica con gli EAS. Episodi di Apprendimento Situato*, che già avevamo definito come «una proposta metodologica concreta, perfettamente inserita nell'alveo della più recente ricerca didattica che, richiamandosi al postcostruttivismo, sottolinea la necessità di un equilibrio tra la guidance dell'insegnante e l'attivazione dello studente» (Triacca, 2014; 69).

Nel 2014 Rivoltella ha pubblicato un paper in lingua inglese dal titolo *Episodes of Situated Learning. A new way to Teaching and Learning* che segna l'apertura internazionale del metodo. Sono seguiti i volumi *Didattica inclusiva con gli EAS* (2015), che ne documenta l'uso in classe e, nello specifico, entro le situazioni didattiche non standard (SDiNS), e *Che cos'è un EAS. L'idea, il metodo, la didattica* (2016), che ripercorre genesi, presupposti teorici e specificità didattiche del metodo con un taglio tra epistemologia e pedagogia della scuola.

Dal 2014 a oggi, insegnanti di ogni ordine e grado hanno iniziato a lavorare con gli EAS: sulla base dei bisogni espressi, il *Centro di Ricerca sull'Educazione ai Media, all'Innovazione e alla Tecnologia* (CREMIT) ha infatti progettato numerosi percorsi formativi per accompagnare i docenti alla scoperta del metodo e alla sua traduzione in contesto. La proposta formativa "classica" prevede un incontro in plenaria di quadro sul tema della progettazione e valutazione per competenze e sui fondamenti teorici del metodo EAS, seguito da tre incontri di taglio laboratoriale, ciascuno dedicato a una fase del metodo (per un totale di circa 12 ore).

[1] Gli autori condividono concettualizzazione e impostazione metodologica del capitolo. Poi, nello specifico, Salvatore Messina ha scritto il § 3.1 e si è occupato dell'analisi dei dati; Federica Pelizzari ha scritto il § 2, Serena Triacca ha steso i §§ 1 e 3.2. Gli autori condividono la scrittura delle riflessioni conclusive. Revisione, editing e supervisione scientifica sono di Pier Cesare Rivoltella.

Oltre a tali percorsi, si segnalano diversi Corsi di Alta Formazione (CAF) proposti dall'Università Cattolica, erogati in modalità blended e online, interamente dedicati all'approfondimento metodologico degli EAS (cfr. Tabella 1).

Anno	Titolo del Corso di Alta Formazione	Monte-ore	Destinatari	Modalità di erogazione
2014/15	Fare didattica con gli EAS (Episodi di Apprendimento Situato)	50	Insegnanti di scuola primaria	Blended
2014/15	Fare rete con l'innovazione tecnologica: la didattica EAS	50	Insegnanti di scuola dell'infanzia, I e II ciclo	Blended
2014/15	Didattica inclusiva con gli EAS	25	Insegnanti del II ciclo (area scientifica)	Blended
2014/15	EAS per la didattica delle competenze	25	Insegnanti del II ciclo (area umanistica)	Blended
2018/19	Fare didattica con gli Episodi di Apprendimento Situato (EAS). Corso base - I edizione	25	Insegnanti di scuola dell'infanzia, I e II ciclo	Online
2018/19	Fare didattica con gli Episodi di Apprendimento Situato (EAS). Corso base - II edizione	25	Insegnanti di scuola dell'infanzia, I e II ciclo	Online
2019/20	Fare didattica con gli Episodi di Apprendimento Situato (EAS). Corso Avanzato	35	Insegnanti di scuola dell'infanzia, I e II ciclo	Online

Tabella 1 - Corsi di Alta Formazione progettati ed erogati dal CREMIT

La diffusione del metodo è stata possibile anche grazie all'appuntamento annuale dell'*EAS Day*, la giornata di studi a esso dedicata, che ha visto molti insegnanti, ricercatori e docenti universitari sedere al tavolo dei relatori. Ogni edizione ha avuto un focus specifico, articolata in sessioni plenarie e laboratori tematici che hanno coinvolto insegnanti provenienti da tutto il territorio nazionale (cfr. Tabella 2).

Anno	Titolo della giornata di studio	Focus
2014	Esperienze e formazione con gli Episodi di Apprendimento Situato	Restituzione dei primi risultati di alcuni percorsi di sperimentazione degli EAS nella scuola.
2015	Didattica inclusiva con gli Episodi di Apprendimento Situato (EAS)	La valenza inclusiva del metodo EAS: alcuni casi di studio (scuola in ospedale, piccole scuole, inclusione interculturale…).
2016	EAS e curricolo	L'EAS per l'educazione al comprendere e la costruzione del curricolo.
2017	EAS e competenze	Rapporto esistente tra didattica per EAS e competenze, la logica di progettazione e di lavoro in classe dell'EAS.
2018	Valutare con gli EAS	Rapporto tra didattica per EAS e valutazione, le logiche valutative sottese al metodo EAS.
2019	Un'idea di scuola	La necessità di (ri)pensare la scuola alla luce dei cambiamenti registrati nell'attuale panorama socio-culturale.
2020	Ben-essere: la scuola dopo il Covid	Il benessere dal punto di vista della didattica, della filosofia e della psicologia.
2021	Costruire cittadinanza. Idee, curricolo, metodi per l'educazione civica nella scuola	Riflessione sui tre assi attorno a cui l'Educazione Civica si articola: Costituzione, sviluppo sostenibile, cittadinanza digitale.
2023	Gli EAS tra didattica e pedagogia di scuola. Dieci anni di metodo	Il costrutto dell'EAS a partire dalla genesi del concetto, riflessione sulle matrici teoriche dell'EAS, verifica delle ricadute in ambito didattico.

Tabella 2 - Storico delle giornate di studio EAS Day

A fronte della diffusione del metodo fra gli insegnanti, l'obiettivo che la presente indagine si prefigge è indagare, mappandola tramite una revisione della letteratura, la presenza del metodo degli Episodi di Apprendimento Situato nel dibattito scientifico nazionale e internazionale.

2. La revisione della letteratura: metodo e strumenti

La revisione della letteratura che qui viene proposta si situa all'interno della tipologia delle *scoping review* (Munn *et al.*, 2018), che provano a determinare l'ampiezza o la copertura su un determinato argomento e forniscono una chiara indicazione sulla letteratura disponibile, nonché una panoramica (ampia o dettagliata) del suo focus (Pham *et al.*, 2014). Le revisioni di "scopo" non mirano a produrre una valutazione e una sintesi circa una particolare domanda, ma piuttosto a fornire una panoramica o una mappa delle evidenze disponibili (Tricco *et al.*, 2015).

All'interno di questa definizione, la ricerca effettuata si è posta l'obiettivo di comprendere se e come il metodo EAS sia presente all'interno della letteratura scientifica (nazionale e non).

Dal punto di vista metodologico, per garantire la completezza della ricerca, la metodologia raccomanda di attingere a una varietà di fonti adeguate. A tale scopo si è deciso di selezionare sei banche-dati online da cui reperire i documenti (cfr. Tabella 3).

Banca dati	**Sito web**
ERIC	https://eric.ed.gov/
Academia.eu	https://www.academia.edu/
ResearchGate	https://www.researchgate.net/
Google Scholar	https://scholar.google.com/
Web of Science	https://www.webofscience.com/wos/woscc/basic-search
Scopus	https://www.scopus.com/

Tabella 3 - Banche dati online selezionate

Si è scelto di impostare la ricerca comprendendo le pubblicazioni di articoli in riviste scientifiche e conference proceedings tra il 2013 (anno di pubblicazione del volume *Fare didattica con gli EAS*) e il 2022, in lingua italiana, inglese, spagnola e portoghese. Sono stati esclusi i volumi, i contributi in volume, le riviste di aggiornamento professionale e le pagine web.

Per la gestione dei riferimenti bibliografici i ricercatori hanno utilizzato Mendeley[2], in modalità condivisa: il reference manager supporta infatti l'archiviazione, l'organizzazione, l'annotazione e la condivisione dei dati di riferimento e di ricerca per gli articoli raccolti.

La stringa di ricerca, impostata con operatori booleani (Scells *et al.*, 2020), risulta essere la seguente:

("Didattica EAS") OR ("Episode Situated Learning") OR ("Episodi Apprendimento Situat*") OR ("Episódios Aprendizagem Situada")*

[2] In Internet, URL: https://www.mendeley.com/.

Si è deciso di utilizzare l'asterisco (*) per coprire vari modelli di utilizzo del termine di ricerca.

Oltre alla stringa di ricerca, si è deciso di utilizzare la tecnica dello *snowballing* (Wohlin, 2014), cioè la ricerca di contributi scientifici tramite riferimenti o tracciamento elettronico delle citazioni. Nello specifico, tale tecnica si riferisce all'utilizzo dell'elenco di riferimento di un articolo o delle sue citazioni per identificare altri articoli: si inizia con pochi articoli già trovati sull'argomento di interesse o intorno a esso (set iniziale); da questo set iniziale, si iniziano a cercare per riferimenti citazionali articoli che possono essere utili da includere. I riferimenti citazionali di partenza sono stati i quattro contributi fondativi di Rivoltella citati in precedenza.

Una volta generato il dataset in Excel ed eliminati i duplicati trovati in differenti database, gli articoli sono stati letti, analizzati e mappati in dettaglio, sulla base dei seguenti indicatori:

- indicatori citazionali: lingua del contributo, tipologia di contributo (articolo in rivista o atti di convegno), autore e sua nazionalità, anno e rivista di pubblicazione, aree scientifico disciplinari (secondo categorizzazione prevista dal DM 855/2015);
- abstract e parole chiave dell'autore;
- presenza del termine "Flipped" e/o "EAS" nel titolo dello studio;
- tipo di contributo (teorico-riflessione, ricerca, esperienza, proposta di progettazione);
- connessione effettiva con l'EAS effettuata sui 108 contributi con full paper valutata su una scala da 1 a 4 (1 = nessuna diretta, citazione presente solo in bibliografia; 2 = marginale, l'EAS è presente come metodo citato tra altri; 3 = presente ma non legato a obiettivi diretti della ricerca/riflessione oppure adottato in forma parziale, non completa, errata; 4 = alta, EAS è il metodo centrale presente nell'articolo). Tale codifica è stata effettuata tramite il metodo Grounded (Jensen - Jankowski, 2020), richiedendo la collaborazione di due esperti del metodo EAS. La concordanza degli esperti è stata analizzata adottando l'indice di concordanza Kappa di Cohen[3].

Di seguito si presenta l'analisi e la sintesi svolta, sia a livello quantitativo che a livello qualitativo, sui dati emersi dalla letteratura inclusa.

[3] Per l'interpretazione dei valori rilevati è stata adottata la seguente scala: $k<0.2$= concordanza scarsa; k compreso fra 0.2 e 0.4 = concordanza modesta; fra 0.41 e 0.61 = moderata; fra 0.61 e 0.80 = buona; >0.80 = eccellente. L'indice di concordanza calcolato è pari a 1, ovvero eccellente.

3. *Risultati*

3.1 Esiti della mappatura

Il dataset è costituito da 112 prodotti di ricerca codificati come sopra descritto. Per l'analisi è stato adottato SPSS v. 27. La ricerca si è concentrata sui paper pubblicati tra l'uscita del primo volume (Rivoltella, 2013) e l'anno 2022 sulle banche dati presenti in Tabella 3.

Dei 112 contributi non è stato possibile accedere a tutte le informazioni: in 4 casi non è stato reperito il paper completo, sebbene le altre informazioni di mappatura risultino presenti tra i metadati; questo ha impattato parzialmente sulle analisi qualitative che affronteremo più avanti (connessione all'EAS).

Come si evince dalla Figura 1, la distribuzione delle pubblicazioni all'interno dell'arco temporale d'indagine risulta in crescita tra il 2014 e il 2019, con un picco di 18 contributi nell'anno 2019.

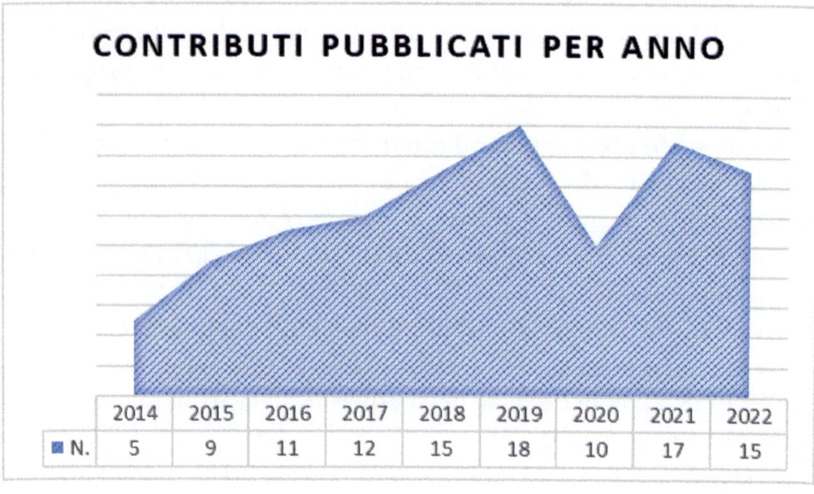

Figura 1 - Distribuzione temporale delle pubblicazioni (2014-2022)

Con un totale di 136 citazioni in 112 contributi selezionati per la mappatura, il testo che ha maggiormente ispirato gli autori dei contributi scientifici è il volume istitutivo del metodo, ovvero *Fare didattica con gli EAS* (2013), presente nei riferimenti bibliografici di ben 85 contributi analizzati (62,5%), seguito dal volume *Didattica inclusiva con gli EAS* (2015) che viene citato 23 volte (16,9%). *Che cos'è un EAS* (2016) ed *Episodes of*

Situated Learning: a new Way to Teaching and Learning (2014) risultano citati rispettivamente un totale di 17 (12,5%) e di 11 (8,1%) volte (Figura 2). *Fare didattica con gli EAS* risulta essere riferimento bibliografico unico nel 58% dei paper analizzati.

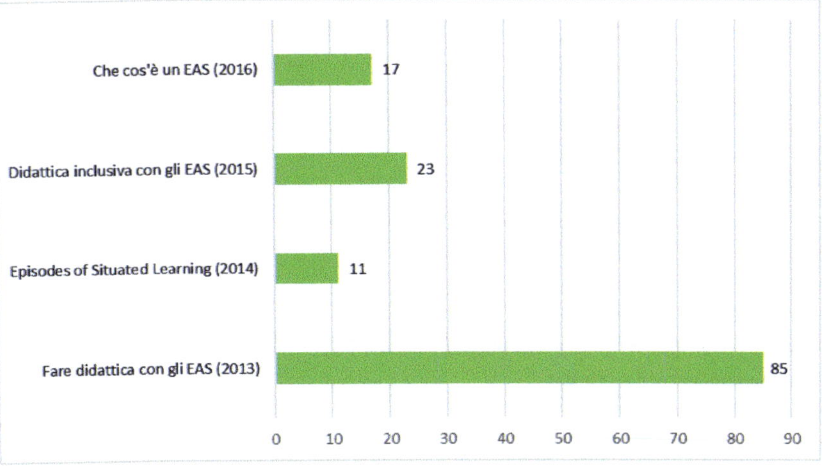

Figura 2 - Citazioni dei contributi fondativi

Le pubblicazioni sono collocate principalmente all'interno di riviste scientifiche (91,1%; n. 102), le altre in atti di convegno (8,9%; n. 10) e la nazionalità degli autori nel 79,5% dei casi è italiana (n. 89), nel 17,9% dei casi è internazionale (n. 20) e nel 2,7% dei casi (n. 3) è combinata tra autori italiani e non.

Per quanto riguarda la lingua veicolare: il 49,1% dei contributi è redatto in lingua italiana (n. 55), il 30,4% in lingua inglese (n. 34), il 16,1% in lingua portoghese (n. 18) e il restante 5,0% in lingua spagnola (n. 5).

Procedendo, ci chiediamo se la presenza del metodo nel contesto italiano sia influenzata da pubblicazioni effettuate da ricercatori che a vario titolo collaborano o hanno collaborato con il CREMIT. Ci sorprende appurare come solamente in sei contributi (5,4%) gli autori siano tutti del *Centro*, nel 21,4% (n. 24) vi è almeno un autore afferente al CREMIT, mentre nel restante 73,2% (n. 82) dei paper analizzati gli autori non collaborano o non hanno collaborato con il CREMIT.

L'analisi dei principali dati emersi dalla mappatura prosegue con l'inserimento della variabile denominata *Connessione con gli EAS*. Come già esplicitato all'interno del paragrafo precedente, l'indagine è stata effettuata con approccio Grounded per cui è stata richiesta la collaborazione di due esperti del metodo EAS, codificando con valori da 0 a 4 l'aderenza del contributo al metodo EAS. I dati delle codifiche effettuate dagli esperti riportano a un coefficiente di k di Cohen eccellente con valore di 0,852 (Tabella 4), riflesso di un diffuso accordo sul definire i 108 full text analizzati (4 non presenti) più o meno aderenti al metodo EAS.

Misure simmetriche

		Valore	Errore standard asintotico[a]	T approssimato[b]	Significatività approssimata
Intervallo per intervallo	R di Pearson	,940	,028	28,264	,000[c]
Ordinale per ordinale	Correlazione di Spearman	,925	,032	25,117	,000[c]
Misura di accordo	Kappa	,852	,041	13,916	,000
N di casi validi		108			

a. Non viene assunta l'ipotesi nulla.

b. Viene utilizzato l'errore standard asintotico presumendo l'ipotesi nulla.

c. Basato sull'approssimazione normale.

Tabella 4 - Indice di accordo su variabili Connessione con EAS dei due esperti coinvolti

Da tali analisi emerge come il metodo venga approcciato nel 58,4% del campione (n. 63), mentre nel restante 41,6% (n. 45) il metodo EAS è presente solamente come riferimento bibliografico nell'apposita sezione, senza che mai ne venga prevista l'analisi o l'adozione all'interno del paper.

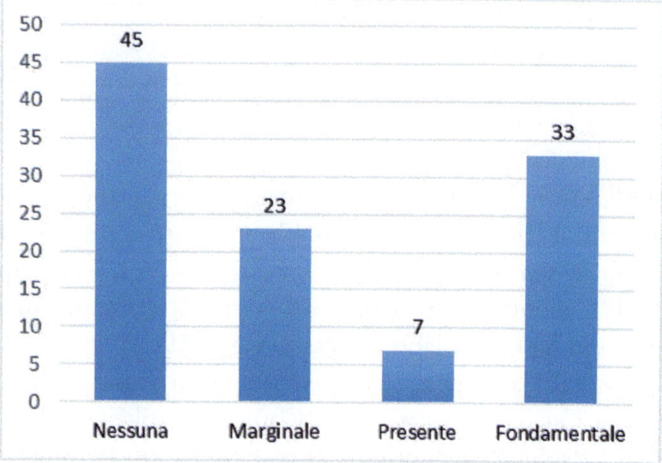

Figura 3 - Distribuzione contributi per variabile "Connessione con EAS"

Il metodo EAS risulta centrale in 33 dei full paper analizzati (30,6%), in 7 è presente ma non legato a obiettivi diretti del contributo (6,5%), risultando quindi un metodo citato tra tanti per perseguire finalità talvolta diverse (flipped learning, presentazione di strategie didattiche innovative, ...); in 23 contributi la presenza del metodo è marginale (21,3%), vale a dire che all'interno del paper vengono riportati alcuni elementi presenti nei testi che affrontano la didattica per EAS, ma quasi mai il metodo stesso.

Dei 40 contributi in cui l'EAS assume un ruolo centrale (n. 33) o comunque importante (n. 7) procediamo con l'analisi del settore scientifico disciplinare di afferenza degli stessi[4] (cfr. Tabella 5).

Area Disciplinare

		Frequenza	Percentuale	Percentuale valida	Percentuale cumulativa
Valido	01 - Scienze matematiche e informatiche	1	2,5	2,5	2,5
	04 - Scienze della Terra	5	12,5	12,5	15,0
	10 - Scienze dell'antichità, filologico-letterarie e storico-artistiche	4	10,0	10,0	25,0
	11 - Scienze storiche, filosofiche, pedagogiche e psicologiche	30	75,0	75,0	100,0
	Totale	40	100,0	100,0	

Tabella 5 - Afferenza dei contributi alle Aree disciplinari

Le discipline che risultano essersi maggiormente appropriate del metodo EAS sono, come ci attendevamo, quelle afferenti all'area 11, ovvero le discipline *storiche, filosofiche, pedagogiche e psicologiche* (n. 30; 75,0%), seguite dalle *scienze della terra* (area 04) per un totale di 5 contributi (12,5%) e delle *scienze dell'antichità, filologico-letterarie e storico artistiche* (area 10) con un totale di 4 contributi (10,0%); un solo contributo afferisce all'area 01 delle *scienze matematiche e informatiche* (2,5%).

[4] Per la codifica del dataset adottiamo le aree dei codici CUN, riferimento per i tre gradi di istruzione e per la formazione degli insegnanti (Decreto Ministeriale n. 855 del 2015, Allegato A). In Internet, URL: http://attiministeriali.miur.it/media/265754/allegato_a.pdf.

Ritornando all'intero dataset costituito dai 112 paper, si è rilevato un focus prevalente sulla *ricerca sul campo* (50,9%; n. 57), seguiti da analisi e riletture di tipo *teorico/riflessivo* (31,3%; n: 35), da *esperienze in aula* (15,2%; n. 17) e *proposte di progettazione* (2,7%; n. 3) (Figura 4).

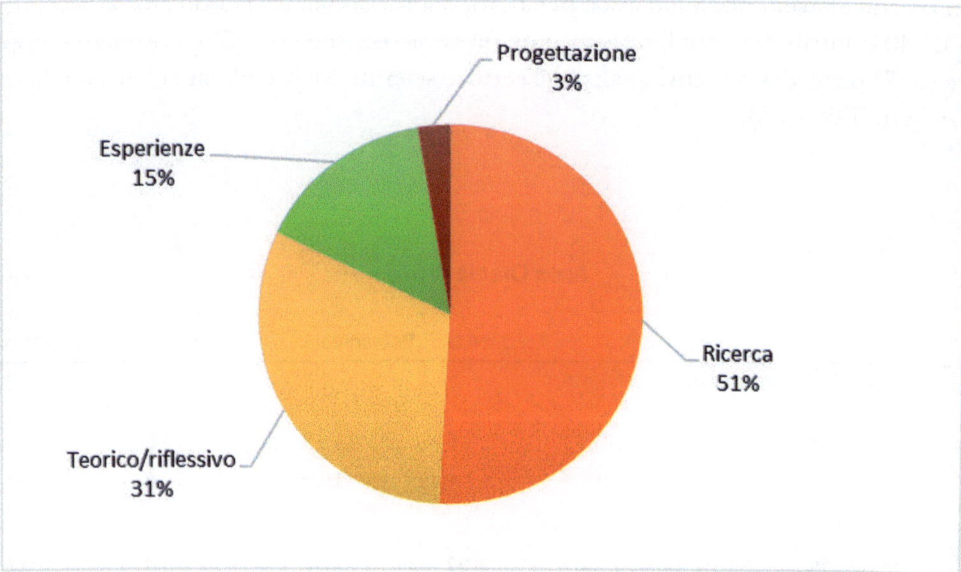

Figura 4 - Distribuzione per tipo di contributo

A nostro avviso la variabile *Tipo di contributo* merita maggiori approfondimenti, quantomeno per definire meglio quali caratteristiche assumano i paper in base agli interessi del pubblico a cui si rivolgono. Gli articoli redatti in lingua italiana si approcciano al metodo EAS con finalità di *ricerca* (41,8%) o analisi teorico-riflessiva (32,7%). Gli articoli redatti in lingua inglese (n. 34) e in lingua spagnola (n. 5) perseguono principalmente finalità di ricerca (rispettivamente 73,5% e 80,0%), mentre gli articoli redatti in lingua portoghese (n. 18) danno priorità a contributi di natura teorico-riflessiva (50,0%) e di ricerca empirica (27,8%).

In base alla tipologia dell'autore, quando si tratta di autori afferenti al CREMIT i contributi con finalità di ricerca (n. 57) rappresentano il 29,9% del campione (n. 17), con 12 contributi di ricerca pubblicati in presenza di *almeno* un autore afferente al CREMIT (21,1%) e 5 contributi di ricerca (8,8%) se si tratta di autori afferenti *tutti* al CREMIT; il restante 70,2% (n. 40) del campione che affronta il metodo EAS con finalità di ricerca non appartiene al CREMIT. Le ricerche a carattere teorico-riflessivo (n. 35) sono invece maggiormente affrontate da autori che non afferiscono al CREMIT (71,4%; n. 25).

Gli autori di nazionalità italiana si concentrano maggiormente (52,8%) in articoli con focus di *ricerca*, mentre in ambito internazionale (probabilmente con interesse di diffusione del metodo in contesti diversi da quello italiano) il focus è principalmente quello dell'approccio teorico-riflessivo (45,0%), seguito dalla ricerca empirica (35,0%).

In presenza di autori italiani e internazionali, il 100% delle pubblicazioni è di ricerca empirica. In quest'ultimo caso appare chiaro come l'interesse dei ricercatori italiani, che redigono paper con ricercatori di altri Paesi, sia quello di diffondere il metodo dimostrando scientificamente la sua validità.

3.2. "Know your school: be safe!": prevenire e comunicare il rischio sismico con gli EAS.

Dalla revisione della letteratura condotta emerge per continuità e sistematicità un corpus di articoli afferente all'area di Scienze della Terra (cfr. Tabella 5). Si tratta del lavoro condotto dal gruppo di ricerca dell'*Istituto Nazionale di Geofisica e Vulcanologia* (INGV)[5], documentato all'interno di diversi contributi aventi come focus i processi di prevenzione e comunicazione del rischio sismico, nello specifico la vulnerabilità sismica degli elementi non strutturali degli edifici[6].

Come si evince esplorando la letteratura, risulta strategico investire su processi partecipativi di comunicazione e gestione del rischio che tengano conto di tutti gli attori coinvolti (esperti, responsabili politici, giornalisti, cittadini). Gli esperti e i cittadini, tramite un approccio dialogico, risultano coinvolti in un apprendimento reciproco, che agisce anche sulla costruzione di fiducia: tale approccio «[...] può portare a un aumento della consapevolezza reciproca: gli esperti raccolgono input per mettere a punto le loro azioni e migliorare le loro capacità comunicative, mentre la partecipazione dei cittadini assicura la definizione di regole condivise e rafforza la cittadinanza attiva» (Musacchio *et al.*, 2019; 2)[7].

[5] In Internet, URL: https://www.ingv.it/.

[6] In molte situazioni, soprattutto nei Paesi sviluppati, i danni a elementi non strutturali (componenti architettoniche, meccaniche, elettriche e impianti, componenti di arredo mobili e fisse e il loro contenuto) sono la principale fonte di perdite economiche. Per ridurli, è necessario abbattere il gap di conoscenze tra la comunità scientifica e le parti interessate che possono applicare tali conoscenze (Oliveira, Lopez, 2016).

[7] Nel passato approccio alla comunicazione del rischio, l'unico punto di vista ritenuto rilevante era quello del mittente: si riteneva infatti che gli esperti dovessero persuadere i non addetti ai lavori, affinché questi ultimi potessero correggere eventuali percezioni distorte. Dalle ricerche emerge ormai chiaramente che quando le persone si sentono intimidite di fronte a messaggi concernenti salute e sicurezza si mettono sulla difensiva e credono che non li riguarderà (Ferreira, Oliveira, Duarte, O'Neill, 2016). Un approccio top-down alla comunicazione del rischio risulta dunque poco efficace, in quanto non consente di confrontarsi con le percezioni profonde e le interpretazioni del rischio che influenzano le decisioni individuali e pubbliche (Musacchio *et al.*, 2019).

Tale strategia partecipativa di comunicazione del rischio è alla base di *KnowRISK (Know your city, Reduce selSmic risK through non-structural elements)*[8], progetto finanziato dal 2015 dalla Commissione Europea (Direzione generale per la protezione civile e le operazioni di aiuto umanitario, DG ECHO), che mira a facilitare l'accesso delle comunità locali alle conoscenze specialistiche sul rischio sismico, trasformandole in conoscenze pratiche e strumenti di comunicazione volti a coinvolgere i comuni cittadini nella riduzione del rischio offerto durante i terremoti dagli elementi non strutturali. L'intento è la costruzione di una strategia che, dopo le sperimentazioni pilota in Portogallo, Islanda e Italia, possa essere replicata in altri Paesi europei. Il progetto è documentato in un portale online (cfr. Figura 5).

All'interno del progetto, un'intera azione di comunicazione del rischio, "*Know your school: be safe!*", è dedicata alle scuole, per diffondere conoscenze e aumentare awareness. Le scuole posseggono infatti risorse che possono essere mobilitate per ridurre il rischio di disastri. Gli studenti stessi sono considerati veicolo di sensibilizzazione della popolazione a diversi livelli.

Figura 5 - Home page del progetto KnowRISK

[8] In Internet, URL: https://knowriskproject.com/?lang=it. Il progetto nel 2016 è stato citato al Parlamento Europeo come strategico per la prevenzione dei disastri naturali attraverso la comunicazione.

In Italia, *KnowRISK EAS*, il protocollo di intervento sviluppato dall'INGV, è stato implementato in modo da essere incorporato nel curricolo; è stato testato con studenti di 13-15 anni, nel 2016 a La Spezia e nel quadriennio 2017-2020 nelle scuole di Laveno Mombello e Catania, adottando un disegno di ricerca quasi-sperimentale. Le scuole secondarie di primo e secondo grado sono state selezionate tra quelle situate in specifici siti, ovvero nel Nord Italia e nelle aree pilota dell'Etna, e grazie a contatti di rete stabiliti da esperienze passate. Il nucleo del protocollo, strutturato in 4 fasi nella sua versione estesa (cfr. Tabella 6), è rappresentato dalle fasi di training costruite con riferimento al metodo degli Episodi di Apprendimento Situato.

Fasi	**Attività**	**Obiettivi**	**Soggetti coinvolti**	**Timing**
1-Assessment	T-0 Questionario online KnowRISK (KR-Q), somministrato a scuola	Rilevare preconoscenze e misconceptions	Studenti delle classi sperimentali e non sperimentali	1 settimana prima dell'inizio del training
2-Training	Lezione su tettonica a placche Lezione su terremoti EAS "Hazard, Mobility" EAS "Risk"	Costruire conoscenza Comprendere che il rischio sismico non è solo una minaccia locale Comprendere il concetto di esposizione al pericolo	Esperti Studenti delle classi sperimentali	2 settimane
3-Training	T0-focus group Lezione su terremoti EAS NSE ("Elementi non strutturali") T1-Focus group	Chiarire la distinzione tra pericolo e rischio Sviluppare la capacità degli studenti di prevedere e agire sulle conseguenze dei pericoli Valutare l'efficacia del training	Esperti Vigili del fuoco Studenti delle classi sperimentali	2-4 settimane
4-Assessment	T-1 Questionario online KnowRISK (KR-Q), somministrato a scuola	Valutare l'efficacia del training	Studenti delle classi sperimentali e non sperimentali	4 settimane dopo la conclusione del training

Tabella 6 - Sinossi del protocollo nella sua versione completa (sintesi nostra a partire da Musacchio et al., 2021; 8).

Condividiamo a titolo esemplificativo l'EAS sulla comunicazione del rischio specificamente dedicato agli elementi non strutturali, come riportato nel contributo di Musacchio e colleghi (2021) (cfr. Tabella 7).

Step	**Attività**	**Tempo**	**Materiali di supporto**
EAS preparation	T0-Focus group Lezione sui terremoti Stimolo	30 minuti 30 minuti 10 minuti	Presentazione (slide) Presentazione (slide) Video YouTube
EAS activity	Comunicare la prevenzione dei danni agli elementi non strutturali	2-4 settimane	https://knowriskproject.com/wp-content/uploads/2018/02/pg-it-1feb.pdf https://knowriskproject.com/wp-content/uploads/2017/11/Guida-Casa-ita.pdf https://knowriskproject.com/wp-content/uploads/2017/11/Guida-Scuola-ita.pdf
EAS debriefing	T1-Focus group	1-2 ore	Presentazioni degli studenti Presentazione dell'esperto Gioco: https://knowriskproject.com/wp-content/uploads/2018/01/KR_PG_Game-IT.pdf

Tabella 7 - EAS NSE (Elementi Non Strutturali) (tradotto da Musacchio et al., 2021; 11).

La fase preparatoria dell'EAS si apre con un focus group: tramite la visione di video e immagini della vita quotidiana si intende stimolare una discussione sui concetti di pericolo e rischio, per far emergere le opinioni degli studenti e aiutarli a porre nuove domande. A seguire, la breve lezione tenuta dagli esperti approfondisce il motivo per cui i terremoti si verificano, quali sono le cause e i concetti generali sulla propagazione delle onde sismiche. La fase di anticipazione si chiude con uno stimolo, scelto tra due alternative: il gioco *Trova la differenza: sii più sicuro!* chiede agli studenti di individuare la differenza tra i danni subiti da una camera da letto e quelli subiti da un'aula scolastica, con e senza soluzioni per mitigare la vulnerabilità degli elementi non strutturali; il video spot *Move-Secure-Protect* mostra la vulnerabilità degli elementi non strutturali e i concetti chiave per mitigarla.

Nella fase operatoria agli studenti viene assegnato un compito: devono preparare uno strumento di comunicazione sulla vulnerabilità degli elementi non strutturali rivolto ai pari. Agli studenti devono essere forniti link da cui recuperare informazioni affidabili. Gli studenti possono avere circa 4 settimane di tempo per preparare i loro prodotti.

Anche l'ultima fase dell'EAS viene condotta prevedendo un focus group, incentrato sulla comunicazione del rischio. Gli studenti presentano i loro prodotti alla classe e assumono il ruolo di comunicatori del rischio. L'esperto modera la discussione, analizza i prodotti degli studenti e corregge le misconceptions. Se gli studenti sono diventati buoni comunicatori, significa che hanno acquisito conoscenze e le hanno rielaborate, sviluppando anche il pensiero critico.

La solidità del protocollo è stata valutata sia dal punto di vista qualitativo che quantitativo. I focus-group all'inizio e alla fine dell'EAS dal titolo "Elementi non strutturali" sono stati un'opportunità per valutare qualitativamente l'efficacia della formazione. Dall'analisi dei questionari, comparando le risposte prima e dopo le sessioni di formazione, emerge chiaramente che gli studenti hanno assimilato i concetti di base proposti loro, hanno modificato atteggiamenti e adottato best practice (Musacchio *et al.*, 2021; 8).

Rispetto alla proposta di progettazione EAS che abbiamo potuto apprezzare, si segnalano alcuni elementi che, rafforzando le potenzialità del metodo, intendiamo mettere in evidenza[9]:

- l'emergere delle rappresentazioni (Rivoltella, 2013; 136) e il problem setting (Rivoltella, 2016; 75): facendo riferimento al volume del 2013, le attività che abitualmente si immaginano nella fase preparatoria sono di diversa natura (lettura, ricerca, analisi, esperienza). In questo caso specifico, è il focus group la situazione identificata per rilevare le rappresentazioni degli studenti sui concetti di pericolo e rischio, a partire da alcuni stimoli visivi, a cui fa seguito la condivisione del framework concettuale da parte degli esperti;
- la trasposizione e la mediazione didattica (Rivoltella, 2013; 131): sempre, ma ancor più quando si affrontano temi scientifici di una certa complessità, è importante mettere a disposizione materiale validato da esperti che sia formulato con linguaggi e formati adatti agli studenti (immagini, infografiche, brevi video, serious game…). Avere materiali digitali ad alta definizione consente inoltre di lavorare in maniera efficace, anche a più mani, sulla grande superficie della LIM oppure di stamparli per poterli annotare (cfr. Figura 6);
- l'EAS come "macchina pigra" (Rivoltella, 2016; 77): che l'EAS sia una combinazione di Teaching, Learning Activities e che dunque non possa dirsi solo come risultato del lavoro del docente è evidente anche nel progetto *KnowRISK*. Senza l'impegno e l'apporto creativo degli studenti, coinvolti nello studio dei materiali, nella produzione di artefatti digitali (brevi video-racconti, interviste, giochi, modellini, fumetti, composizioni musicali, poesie…), nella loro assunzione del ruolo di "comunicatori del rischio", l'EAS non funzionerebbe, non potrebbe dirsi compiuto.

[9] Oltre a quanto si segnala sarebbe interessante, esplorando l'intera produzione scientifica sul progetto *KnowRISK*, approfondire il ruolo assunto dagli insegnanti delle classi sperimentatrici nelle tre fasi dell'EAS, oltre a indagare se il metodo sia stato utilizzato dagli insegnanti anche in autonomia, dopo la conclusione del progetto.

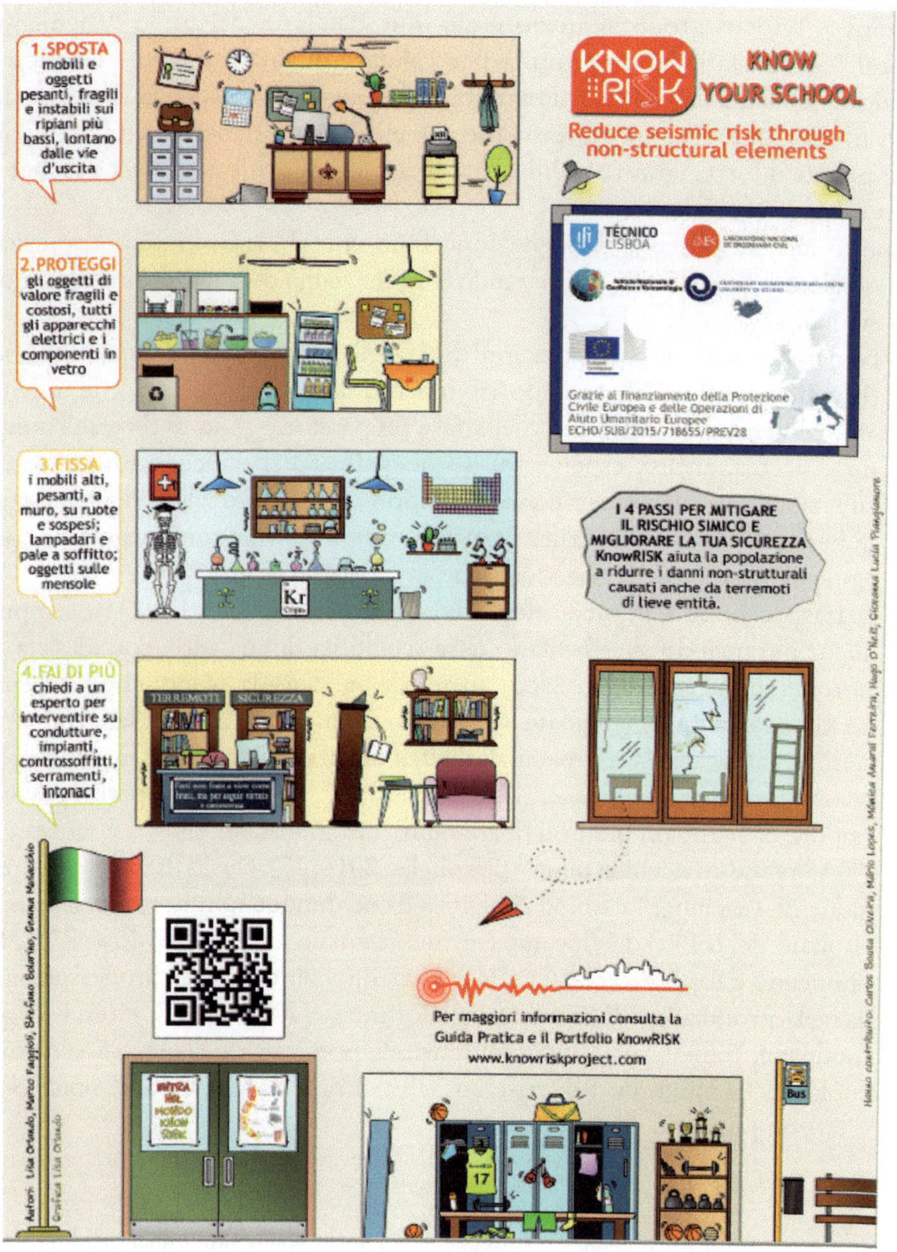
1.SPOSTA
mobili e oggetti pesanti, fragili e instabili sui ripiani più bassi, lontano dalle vie d'uscita
KNOW RISK
KNOW YOUR SCHOOL
Reduce seismic risk through non-structural elements
2.PROTEGGI
gli oggetti di valore fragili e costosi, tutti gli apparecchi elettrici e i componenti in vetro
TÉCNICO LISBOA
Grazie al finanziamento della Protezione Civile Europea e delle Operazioni di Aiuto Umanitario Europee ECHO/SUB/2015/718655/PREV28
3.FISSA
i mobili alti, pesanti, a muro, su ruote e sospesi; lampadari e pale a soffitto; oggetti sulle mensole
I 4 PASSI PER MITIGARE IL RISCHIO SIMICO E MIGLIORARE LA TUA SICUREZZA
KnowRISK aiuta la popolazione a ridurre i danni non-strutturali causati anche da terremoti di lieve entità.
4.FAI DI PIÙ
chiedi a un esperto per interventire su condutture, impianti, controssoffitti, serramenti, intonaci
TERREMOTI
SICUREZZA
Per maggiori informazioni consulta la Guida Pratica e il Portfolio KnowRISK
www.knowriskproject.com
Bus
17

4. Riflessioni conclusive

A fronte di quanto emerso dalla revisione della letteratura condotta, possiamo affidare a questo spazio alcune riflessioni.

Nella letteratura scientifica presa in considerazione dalla nostra revisione, il metodo degli Episodi di Apprendimento Situato non è oggetto di problematizzazione o critica, né rispetto ai suoi fondamenti teorici, né rispetto all'articolazione delle fasi didattiche e alle logiche sottese. Viene apprezzato e riconosciuto come valido, applicandolo a situazioni educativo-didattiche diversificate. Ciò è evidente, nello specifico, nel corpus di articoli aventi finalità di ricerca.

La flessibilità del metodo si manifesta anche rispetto alle diverse adozioni disciplinari. Se è pur vero che, come emerge dall'analisi, è l'ambito umanistico (area 10 e area 11) quello in prevalenza attraversato dal metodo, occorre rilevare la presenza di alcuni contributi significativi afferenti alle aree scientifiche "dure" (area 01 e area 05), come testimoniato dalla presentazione del caso del progetto *KnowRISK*.

Infine, l'istruzione formale risulta essere l'ambito di applicazione privilegiato: viene adottato per lo sviluppo di competenze disciplinari e trasversali e con finalità di inclusione nelle classi del primo e secondo ciclo di istruzione in contesti nazionali e internazionali, nell'higher education e a supporto della formazione degli insegnanti.

Dataset articoli
Nel seguente QR Code è inserito il dataset degli articoli inseriti in questa revisione.

VII

La discorsivizzazione dell'#EAS 2.0. "Una lezione a posteriori dalle misconception nel web"

Veronica Baffi, Marta Giudici, Giorgia Mauri, Stefano Pasta, Elena Valgolio[1]

1. *(S)parlare di EAS: interrogarsi sulla perdita del controllo*

Questo capitolo pone al centro dell'interesse la discorsivizzazione dell'EAS nel web sociale, chiedendosi come questo "organizzatore professionale" evolva in uno spazio discorsivo in continua ridefinizione e caratterizzato da uno scarso controllo da parte di chi lo ha codificato e di chi dovrebbe detenere, per professione e ruolo culturale, il copyright e l'autorevolezza.

Da un lato, è noto (Carenzio, Pasta, 2021) come le tecnologie e gli ambienti social, soprattutto Facebook, possano avere un ruolo nella facilitazione di comunità di pratica professionali – per il mondo della scuola si pensi a *Docenti virtuali* e *Insegnanti 2.0* – con un'appartenenza dal carattere fluido (Brown, Duguid, 1991): modifica il numero dei suoi membri nel corso del tempo, crea una comunicazione feconda con altre comunità di pratica che perseguono scopi simili, si rinnova continuamente proprio perché genera conoscenza.

D'altro canto, la facilità di accesso permessa dal web sociale garantisce un diritto, ma al contempo prevede la responsabilità che si richiede a chiunque prenda la parola nello spazio pubblico, con conseguenze non solo individuali (Rivoltella, 2020; Pasta, 2018). La critica liberale contro il suffragio universale ha sempre sostenuto limitazioni per genere, reddito, grado di istruzione e ruolo sociale (Cavour, ad esempio, sosteneva che il diritto di voto fosse da limitare ai soli maschi e al 2% circa dei cittadini). Ciclicamente l'argomentazione torna rispetto al web sociale, magari citando, in modo semplificatorio e decontestualizzato, la frase di Umberto Eco sui social media che "darebbero parola a

[1] Concettualizzazione e impostazione metodologica: V. Baffi, M. Giudici, G. Mauri, S. Pasta, E. Valgolio; cura e analisi dei dati: dati relativi all'analisi in siti e blog G. Mauri, dati relativi all'analisi in Facebook V. Baffi, dati relativi all'analisi in YouTube M. Giudici, dati relativi all'analisi in Twitter G. Mauri, S. Pasta, tutti gli autori del capitolo condividono la cura e analisi dei dati relativi alle misconception; V. Baffi ha scritto i §§ 2.2. e 3.6; M. Giudici i §§ 2.3 e 3.5; G. Mauri i §§ 2.1, 2.4, 3, 3.1, 3.2 e 3.7; S. Pasta i §§ 1 e 2.4; E. Valgolio i §§ 3.3, 3.4 e 4. Revisione, editing e supervisione scientifica sono di Pier Cesare Rivoltella.

legioni di imbecilli"[2]. In altra sede (Raviolo, Pasta, 2022), un'analisi mediologica della guerra in Ucraina ha piuttosto rilevato una forte diversificazione tra la discorsivizzazione del rapporto tra guerra e tecnologia nei media tradizionali rispetto ai nuovi media sociali, a causa della comparsa sulla scena politico-mediatica di attori non invitati e non previsti. Nella nostra storia culturale, i sistemi pluralisti hanno sempre definito sistemi di controllo, di regole interne ed esterne, per gestire il dibattito; tuttavia oggi la sfera pubblica è radicalmente cambiata: anche nella riflessione didattica non è più applicabile l'idea della sfera pubblica unidimensionale teorizzata da Habermas (1986), dal momento che la disintermediazione e la crescita di orizzontalità del web sociale hanno portato alla stratificazione e a un "patchwork mediale" più complesso e articolato.

Si proverà, in questa prospettiva, ad applicare tale tensione al "metodo EAS" nel web sociale: è realmente un bene che tutti possano esprimersi nello spazio pubblico? Anche chi non ne ha le competenze? Anche attori imprevisti, o soggetti "non autorizzati"? Fa parte del gioco necessario alla diffusione del dispositivo didattico, o non converrebbe allora sottrarre qualcosa a quel gioco? Sono questioni rilevanti per un bilancio a dieci anni dal posizionamento dell'EAS nello scenario didattico nazionale.

Per rispondere a questi interrogativi, nella prima parte di questo capitolo abbiamo analizzato la discorsivizzazione dell'EAS nel web statico (siti e blog), quindi nel web sociale e, in particolare: in Facebook, ossia un social ormai caratterizzato da un target adulto e popolare, dove molti docenti costruiscono e diffondono sapere professionale; in YouTube, canale di condivisione video spesso utilizzato per informare e condividere anche dai professionisti della didattica; in Twitter, inteso spesso come social di posizionamento culturale. Infine, nella seconda parte del capitolo, a partire dall'analisi svolta nella prima parte, ci si è interrogati su alcune misconception rilevate nella discorsivizzazione dell'EAS.

2. La discorsivizzazione dell'EAS nel web

2.1. L'EAS in siti e blog

L'analisi di siti web e blog è guidata dal desiderio di comprendere quale immagine del metodo EAS si crei all'interno della discorsivizzazione nel web statico. Sulla scorta della fortunata metafora di Pierre Lévy (2002), quali caratteristiche assume l'intelligenza collettiva della rete educativa? Chi produce e fruisce di contenuti inerenti al metodo

[2] Eco, in occasione della laurea honoris causa in "Comunicazione e Cultura dei media" all'Università di Torino il 10 giugno 2015 disse: «I social media danno diritto di parola a legioni di imbecilli che prima parlavano solo al bar dopo un bicchiere di vino, senza danneggiare la collettività. Venivano subito messi a tacere, mentre ora hanno lo stesso diritto di parola di un Premio Nobel. È l'invasione degli imbecilli».

EAS? Quali tipologie di contenuti sono maggiormente richieste? Quali le più distorte dalla discorsivizzazione?

Da un punto di vista qualitativo, sono stati analizzati 66 contenuti che fanno riferimento al metodo EAS tra l'anno 2014 e l'anno 2021 tratti da siti e blog. Essi sono stati rintracciati online a partire da alcune parole chiave inserite in Google[3]: EAS, Episodi di Apprendimento Situato, *Episodi di Apprendimento Situati* (una misconception fortemente presente nel web), formazion* EAS e formator* EAS. Successivamente sono stati selezionati contenuti che escludessero l'appartenenza ai siti web e ai profili social del CREMIT, della rivista «EaS - Essere a Scuola», dell'Editrice Morcelliana Scholé e dell'Università Cattolica, ossia degli enti culturali da cui nasce l'EAS. Esaminando i primi risultati è stata poi svolta una ricerca a partire dalle figure – persone, istituti o riviste divulgative – maggiormente citate. Da questa ulteriore analisi è possibile presentare un quadro circa la trasformazione, a tratti alterazione, del metodo EAS all'interno della rete statica.

Innanzitutto, si rileva una distinzione tra risorse metodologiche – informazioni circa il metodo EAS in senso teorico stretto, dalla genesi, alla sua struttura tripartita, alle fasi di lavoro – e risorse progettuali – repository di materiali spendibili in contesto scolastico e formativo per l'attuazione degli EAS –, che spesso confluiscono e si intersecano all'interno di medesimi siti e blog. In tal senso, si rileva la presenza di risorse unicamente metodologiche per il 22,7% dei casi e di risorse metodologiche e progettuali per il 77,3%[4]. La divulgazione di risorse metodologiche avviene in larga misura da parte di formatori di enti, seguono insegnanti di scuola primaria e dell'infanzia, riviste di divulgazione online e collaboratori universitari. I formatori danno voce alla propria conoscenza autonomamente, servendosi dei propri e altrui blog; al contrario, le riviste divulgative figurano come autori comunitari delle risorse metodologiche.

L'aspetto progettuale viene, invece, messo in luce in gran parte dagli istituti scolastici[5]. Questi lasciano spazio sul proprio sito a progettazioni vere e proprie, consentendo non solo ai loro insegnanti di co-costruire una repository permanente e in continuo sviluppo ma, inoltre, di creare un luogo all'interno del quale si svela ciò che è più tangibile del metodo, ciò che può essere utilizzato, attuato e ibridato dentro lo spazio educativo concreto, quello della classe.

Dall'analisi emerge una correlazione tra gli istituti individuati e il CREMIT con la rivista «EaS - Essere a Scuola»[6], trend che rileva dunque una "comunicazione verticale"

[3] In Google la parola "EAS" restituisce 496.000.000 risultati, non sempre riguardanti l'omonimo metodo; per la stringa "eas episodi apprendimento situato" sono 16.000 (26 febbraio 2023).

[4] Analisi effettuata sul campione totale di 66 risorse pertinenti al metodo EAS.

[5] Dall'analisi effettuata sul campione afferente alla risorse metodologiche e progettuali (51 in totale), si rileva che il 58,82% di risorse è destinato alla scuola secondaria di I e II grado, il 21,57% alla primaria e il 7,84% alla scuola dell'infanzia.

[6] Dall'analisi sul campione totale di 66 risorse pertinenti al metodo EAS, si rileva che il 66,6% di risorse proviene da istituti scolastici. Di questi istituti, il 90,5% ha partecipato ad almeno una formazione sul metodo EAS realizzata dal centro di ricerca CREMIT.

tra enti con *auctoritas* sul metodo e una diffusione più ampia e orizzontale online. Coerentemente con i processi di condivisione interna ed esterna che caratterizzano il metodo EAS – momenti che prevedono la ristrutturazione cognitiva e la documentazione pedagogica (Rivoltella, 2013, pp. 78-79) – gli istituti utilizzano il proprio sito web per fare delle progettazioni uno strumento di divulgazione culturale, di documentazione riflessiva e di confronto critico.

Tale analisi supporta alcune riflessioni circa i bisogni degli utenti interessati al metodo EAS che ricercano e condividono informazioni nel web. L'intelligenza collettiva (Lévy, 2002) della rete – costituita da insegnanti formati e non – tenta di co-costruire, secondo un processo che da verticale diventa orizzontale e partecipativo. Si tratta di uno spazio in cui definire le basi metodologiche del metodo, ma in cui contemporaneamente sia possibile osservare la declinazione pratica e progettuale degli elementi più teorici. Nel web si evidenzia, quindi, la presenza di un *fil rouge* che lega la teorizzazione del metodo con la tangibilità delle progettazioni: un'idea di scuola dedita a un pensiero educativo olistico e al superamento della divisione tra teorici e pratici (Pasta, Rivoltella, 2022).

2.2 L'EAS in Facebook

Di fronte al sovraccarico informativo del web sociale (Rivoltella, 2015; Pasta, 2021a), i processi di apprendimento sono interrogati non tanto dall'accesso e dalla reperibilità delle informazioni, quanto dalla selezione delle fonti in quello che Lévy, già nel 1994, indicava come «diluvio delle informazioni».

In Facebook, social network caratterizzato per i «discorsi di scuola» (Carenzio, Pasta, 2021) da profili utente personali oppure gruppi, privati o pubblici, che uniscono persone con interessi professionali comuni, sono stati analizzati vari contenuti selezionati in seguito all'individuazione di alcune parole chiave: EAS, Episodi di Apprendimento Situati, Episodi di Apprendimento Situato, formazion* EAS e formator* EAS. La selezione delle risorse ha escluso i post pubblicati direttamente dalla pagina Facebook del CREMIT.

Le risorse[7] sono state individuate all'interno di alcuni noti gruppi di insegnanti e in profili privati di utenti che sono risultati ricorsivi perché particolarmente attenti al metodo. Nella maggior parte dei casi i diversi post, selezionati nel social network grazie alle parole chiave individuate per svolgere la ricerca, rimandano a un collegamento esterno, siti e blog esterni a Facebook raggiungibili per mezzo di link. È il caso, ad esempio, di un post pubblicato dall'amministratrice di un gruppo Facebook: la pubblicazione, datata febbraio 2018, fa riferimento ad alcuni corsi relativi a metodi didattici che si sarebbero tenuti nella sede di una nota associazione che con corsi di formazione professionale, online e in presenza, intendeva promuovere lo sviluppo di una didattica innovativa; il rimando al sito esterno cita, tra i diversi metodi, anche gli Episodi di Apprendimento Situato. Un altro

[7] I post in Facebook presi in considerazione sono 57.

esempio invece è tratto da un altro gruppo Facebook, sempre dedicato agli insegnanti e in modo particolare allo scambio di informazioni e di pratiche in merito al rapporto tra scuola e digitale: in un post del 2017 un'insegnante e formatrice pubblicizza un corso di formazione che sarebbe partito nei giorni successivi alla pubblicazione del post.

È opportuno segnalare che i soggetti che parlano di EAS, quindi i generatori del dibattito presente nel social, sono principalmente insegnanti e/o formatori; nella maggioranza dei casi, queste persone non hanno o non hanno avuto rapporti diretti con il CREMIT. Inoltre, si sottolinea che la discorsivizzazione avviene su due fronti: da un lato, alcuni gruppi Facebook – aggregatori di insegnanti e promotori di dibattito rispetto a diversi metodi didattici –, dall'altro lato, profili personali di utenti. Quindi, rileggendo a posteriori i post analizzati, è possibile suddividere le risorse in due diverse tipologie: la pubblicizzazione di corsi e formazioni, con riferimenti al metodo EAS, gestiti prevalentemente da persone e organizzazioni esterne al CREMIT e con pochi rimandi al Centro di Ricerca; diverse condivisioni strettamente connesse a «EaS - Essere a Scuola», rivista edita da Morcelliana, con immagini di articoli e pubblicazioni tratte dalla rivista in formato digitale, e alla pagina Facebook del CREMIT. Concludendo, è possibile affermare come, al contrario delle aspettative iniziali, i post con riferimento alle progettazioni EAS siano un numero esiguo e non producano quindi discorsivizzazione nel web sociale.

2.3 L'EAS in YouTube

Roger Odin è definito da Ruggero Eugeni e Augusto Sainati nella prefazione del testo *Gli spazi di comunicazione. Introduzione alla semio-pragmatica* (Odin, 2011; 5) come colui che «sapeva individuare e valorizzare fin da allora quella *varietà di spazi di comunicazione* che oggi è esplosa in tutta evidenza». Per Odin nella comunicazione si crea, tra un emittente e un ricevente, «uno spazio di emissione» e «uno spazio di ricezione» (*Ibi*, pp. 27-28); il contesto in cui si sviluppa una comunicazione ha la sua rilevanza per la validità e la comprensione del messaggio che si vuole condividere. Sulla piattaforma di YouTube è più complesso, a oggi, definire quello che è lo spazio dell'emittente e quello che è lo spazio del ricevente essendo in continua trasformazione a seconda dei contenuti e del formato con cui questi vengono diffusi.

Sono state analizzate 17 risorse video pubblicate su YouTube, reperite a partire da alcune parole chiave: Episodi di Apprendimento Situato/i, EAS, formazion* EAS e formator* EAS. Le risorse prese in analisi vertono principalmente in due direzioni: da un lato, la produzione di video informativi che presentano il metodo e le sue specificità per il 70,58%, dall'altro lato, esempi e ricostruzioni di esperienze nelle classi supportate da documentazione fotografica per il 23,52%.

Per quanto riguarda gli autori dei video si riscontra una forte presenza di insegnanti di scuola primaria e di secondaria (58,82%), seguono formatori di enti e collaboratori del CREMIT. Se da un lato il 70% degli insegnanti definisce il metodo, ne spiega le diverse fasi e ne evidenzia le principali caratteristiche, dando origine a una formazione tra pari; dall'altro lato, il 30% degli insegnanti condivide le proprie esperienze progettuali tramite documentazione fotografica.

I più popolari per numero di visualizzazioni risultano essere i video degli insegnanti-formatori, in cui è possibile trovare alcuni commenti da parte degli utenti, che però non consentono di affermare l'esistenza di una discorsivizzazione all'interno della piattaforma.

A fronte di questa analisi, YouTube permette agli utenti una conoscenza iniziale del metodo senza creare un dibattito significativo su quelli che possono essere gli strumenti utili per una messa in pratica efficace. La comunicazione che si sviluppa tra i produttori di contenuti e i fruitori può essere definita una comunicazione tra pari, poiché gli insegnanti vengono raggiunti da altri colleghi che esprimono feedback di gradimento rispetto all'esperienza documentata. Allo stesso tempo, però, il dibattito su YouTube non ha modo di svilupparsi in un'ottica generativa, dal momento che viene limitato a un feedback rispetto al contenuto.

Un aspetto interessante legato all'analisi dei contenuti fa riferimento al flusso di condivisione delle esperienze che gli insegnanti attuano in classe. Rivoltella (2013, pp. 78-79), infatti, sostiene che «quasi sempre, oltre alla condivisione interna, si prevede anche una *condivisione esterna* che passa attraverso le forme del podcasting, dello streaming o del download e che trova nel sito o nel blog scolastico i suoi spazi naturali di collocazione. [...] Essa costituisce piuttosto un modo innovativo, leggero e motivante di curare la *documentazione pedagogica*, ovvero la registrazione di quanto è stato svolto nella didattica in modo che sia possibile tornarvi riflessivamente in funzione di analisi critica e miglioramento e favorirne l'esportabilità (ad altre classi o scuole)».

YouTube favorisce la condivisione esterna nelle ricostruzioni delle esperienze ed è proprio da qui che sarebbe possibile generare dibattito in ottica riflessiva e migliorativa. La promozione di condivisione e di confronto tra chi porta in classe gli EAS è, infatti, sicuramente una via per discorsivizzare il metodo e renderlo sempre più parte dell'azione didattica.

2.4 Gli EAS in Twitter

L'analisi in Twitter, grazie alla possibilità di accedere ai dati in modo automatico attraverso le interfacce di programmazione delle applicazioni (API), unisce la ricerca automatica con la classificazione umana, come già applicato in altri studi (Pasta, 2021b; 2023a; Raviolo, Pasta, 2022).

Le domande di ricerca individuate indagano la quantità di risorse associate al metodo EAS, le loro caratteristiche e la loro distribuzione nel flusso temporale, attraverso analisi su classificazioni campionarie effettuate manualmente da esperti.

I dati sono stati raccolti utilizzando la libreria open-source Python GetOldTweets3, con la quale è possibile ottenere i tweet tramite la ricerca per query.

Con la query "EAS OR Episod* di Apprendiment* Situat*" sono stati individuati 4783 tweet in un decennio (dal 1-1-2013 al 31-12-2022). Successivamente, seguendo la tecnica del campionamento casuale semplice senza ripetizione, è stato selezionato un dataset campionario (James *et al.*, 2017) di 1000 tweet, 100 tweet per ogni anno. Quest'ultimo è stato classificato manualmente da esperti del settore, provando a rispondere alla domanda di ricerca.

A partire da un'analisi temporale, le annate 2014, 2015 e 2016 presentano il maggior numero di tweet individuati tra i 4783[8], a scendere negli anni successivi fino al 2022. Va però subito precisato che nel campione dei 1000 tweet, solo 120 risultano pertinenti al metodo EAS: una così bassa pertinenza (12%) indica che l'EAS rimane correttamente associato a eventi (EaS Day), pubblicazioni, talvolta formazioni, ma non diventa oggetto di particolare discorsivizzazione e dibattito, dal momento che Twitter non è un social in cui sia sovente ospitato il dibattito didattico o la formazione professionale degli insegnanti. Al contrario, nella maggior parte dei casi (88%) l'acronimo EAS in Twitter è associato ad altri significati che nulla hanno a che fare con gli Episodi di Apprendimento Situato.

Figura1 - Presenza di risorse pertinenti al metodo EAS in Twitter tra gli anni 2013 e 2022.

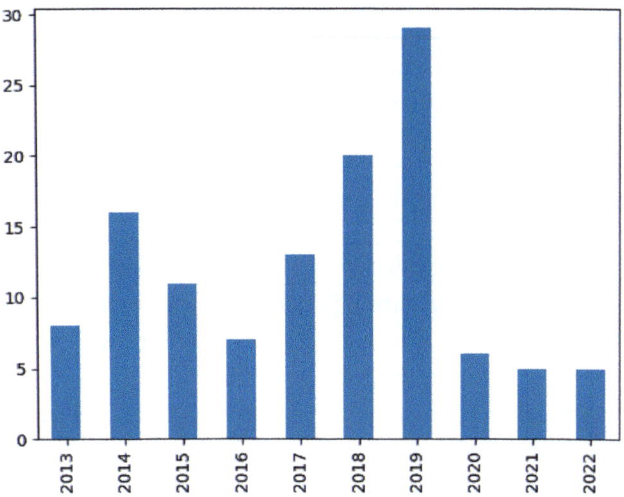

Fatta questa premessa, si consideri la Figura 1 da cui si evince la distribuzione temporale dei tweet pertinenti rispetto al metodo: possiamo leggere la crescita iniziale come legata alla novità successiva alla pubblicazione del libro del 2013 e del primo EaS Day del 2014, quindi una significativa risalita a partire da un nuovo sviluppo del canale Twitter del Cremit dal 2017 (dunque il dibattito social registra un collegamento con una fonte autorevole) e la successiva diminuzione dal 2020 con la pandemia e la mancata realizzazione dell'EaS Day in presenza.

[8] Tra i 4783 estratti sono solo 37 che contengono la stringa "Episod_ Apprendiment_ Situat_"; tutti e 37 contengono anche "EAS".

I tweet pertinenti sono stati altresì categorizzati secondo opzioni alternative: le risorse informative (65,83%) prevalgono nettamente su quelle di metodo (20%), quelle progettuali (4,17%), quelle contemporaneamente informative, di metodo e progettuali (5%) e altri generi di risorse (3,33%). Twitter è quindi utilizzato come piattaforma di divulgazione informativa: per corsi di formazione, pubblicazione di risorse in siti, riviste e libri, e per eventi. Una conferma proviene dal ruolo professionale degli autori dei contenuti, che mostra una preponderanza di autori come profili Twitter di centri di ricerca, case editrici, quotidiani o università (60,83%), a distanza seguiti da insegnanti (20,83%) e formatori (11,67%).

Tale dato conferma un forte orientamento da parte dei profili autorevoli sul metodo, ma non va letto come una tendenza autoreferenziale: il 48,33% dei pertinenti è associato a questi ultimi – CREMIT, Rivoltella, la rivista *EaS*, EaS Day, pubblicazioni ufficiali – ma nel 51,67%, pressoché lo stesso numero di tweet, non vi è un esplicito richiamo e riconoscimento.

Quanto al contesto del metodo, proprio per la prevalenza delle risorse informative, non è specificato o intuibile nell'80% dei casi, mentre riguarda per una percentuale simile la scuola primaria (5%), secondaria di I grado (5%), di II grado (6,67%) o altro (2,5%).

I tweet sono stati poi classificati per rilevare la presenza di alcune misconception di cui si dirà nei prossimi paragrafi.

3. Le misconception*: cause e significati*

Nell'analisi qualitativa in siti e blog, YouTube, Facebook e Twitter emerge la necessità di problematizzare il processo di trasformazione che subisce il metodo EAS nel web sociale, individuando alcune misconception di tipo metodologico e progettuale.

Queste sono: *la* EAS (al femminile) intesa non tanto come metodo quanto come metodologia o esperienza; la situazionalità del metodo EAS legata agli episodi (*Episodi di Apprendimento Situati*), non all'apprendimento (*Situato*) come dovrebbe correttamente essere; una distorsione relativa alle tre logiche che connotano il metodo, dal momento preparatorio, all'operatorio, al ristrutturativo e la mancanza di un fil rouge tra i tre momenti; l'incoerenza presente tra indicatori di apprendimento e progettazioni e, di conseguenza, uno squilibrio del carico cognitivo richiesto; l'alterazione del concetto di progettazione che viene riproposta come programmazione; la necessità di un mediatore tecnologico come *conditio sine qua non* a escludere gli EAS "carta e matita"; la funzione distorta delle condivisioni, interna ed esterna, e del debriefing; infine il valore dimenticato della valutazione diffusa.

Nelle prossime pagine si tenterà di accompagnare il lettore a indagare le misconception individuate in rete per comprendere l'origine delle modificazioni del metodo EAS e, quindi, operare secondo il «meaning making» (Rivoltella, 2013; 145): rimettere in forma il significato del metodo EAS attraverso la dimensione della condivisione.

3.1. *Apprendimento situato o episodio situato?*

Una prima misconception è rappresentata dalla frequenza con cui l'acronimo EAS al plurale viene sciolto come Episodi di Apprendimento *Situati.* Come si è visto dai dati in Twitter e in modo ancora più evidente dall'analisi su siti e blog[9], questo è il più comune tra gli errori nel web, coinvolgendo talvolta anche profili autorevoli. Questa diffusione, tuttavia, non si deve probabilmente a informazioni improprie nate nel web, ma a un fatto avvenuto offline, nel mondo editoriale: nel sottotitolo, la copertina di molte edizioni del testo del 2013, pubblicato dall'Editrice La Scuola (poi ELS La Scuola), riporta erroneamente appunto "Episodi di Apprendimento Situati", corretto nelle edizioni successive ma mantenuto nella discorsivizzazione. La genesi di questa "misconception onlife" sottolinea come i prodotti editoriali e culturali alti non siano esenti da errori, ma sia più facile poi correggerli almeno nei prodotti ufficiali.

In realtà, la situazionalità dell'apprendimento, da *Episodes of Situated Learning* (ESL), prende le mosse dalla prospettiva didattica di Norbert Pachler (2007), che presenta attività che lo studente svolge al di fuori del contesto scolastico, consentendogli di trasformare «un momento e uno spazio informali in un'opportunità di apprendimento formale» (Rivoltella, 2013, pp. 5-6). Rivoltella, con il metodo EAS, nella relazione tra formale e informale, apre alla possibilità di fare dello spazio formale un'occasione di apprendimento informale. Di costruire, quindi, un terzo spazio – come lo avrebbero poi definito Potter e McDougall (2017) – all'interno del quale si producono significati che possono essere reimmessi nel flusso culturale. In tal senso, fare riferimento all'*apprendimento* come *situato* consente di riflettere sul momento didattico, o meglio sul *momentum*, dalla radice di *movere*, «un movimento, un impulso [...] di efficacia, di importanza» (Treccani). Il momento didattico degli EAS appare, quindi, come un'azione, che richiede che qualcosa muti. Grazie proprio alla situazionalità dell'apprendimento, il mutamento culturale accade attraverso la produzione di artefatti, l'immersione in contesti concreti, la realizzazione di compiti autentici e la trasformazione dell'oggetto culturale – da *designed* a *designing* a *redesigned* (Rivoltella, 2013, pp. 119-135).

3.2. *Metodo EAS o esperienza EAS?*

In quest'ottica si può interpretare anche l'errata declinazione di genere dell'EAS, dove la *E* starebbe per *Esperienza*, oppure dove si intenderebbe la "metodologia EAS", anziché il metodo EAS. Una misconception che è presente tra siti e blog per il 13,63%. In realtà, il concetto di apprendimento situato definito precedentemente, non solo evidenzia un percorso culturale che si situa in contesti concreti, ma si affaccia anche all'opportunità che la

9 Dall'analisi effettuata su un campione di 66 risorse pertinenti al metodo EAS, si riscontra che il 72,7% utilizza la misconception Episodi Situati; il 24,2% fa riferimento all'Apprendimento Situato; il 3% non specifica l'acronimo EAS.

trasformazione culturale avvenga al di là del tempo circoscritto a ciascun episodio (convenzionalmente circa due ore). In tal senso, l'EAS, prima di essere costituito da esperienze, è un metodo, una specifica modalità con cui il sapere organizza il proprio approccio alla conoscenza. Infatti, al contrario dell'esperienza – «la conoscenza [...] acquisita con l'osservazione, l'uso e la pratica, di una determinata sfera della realtà» (Treccani) – il metodo è un sistema che si relaziona a tre soggetti: la struttura conoscitiva ed esperienziale di chi lo applica (l'esperienza attiva); la struttura della realtà che si sceglie di trasformare (l'oggetto culturale che si smonta e si rimonta); l'insieme delle operazioni da mettere in atto (i momenti che caratterizzano l'EAS). Del metodo EAS, quindi, non solo si riconosce la situazionalità dell'apprendimento, perché concreto e consolidato nel tempo, ma anche l'estensione oltre l'esperienza del singolo episodio per abbracciare la logica di un sistema curricolare.

3.3 Nella progettazione, qual è la relazione tra indicatori di competenza e carico cognitivo?

Qual è l'intenzionalità educativa dell'episodio progettato? Qual è lo scopo, la finalità? Cosa si vuole che gli studenti imparino? Nel web sono stati pubblicati EAS con indicatori di competenza disallineati rispetto alle azioni che si richiede allo studente di intraprendere[10]. Progettazione e azione sono momenti profondament integrati (Cobb, Jackson, 2012 in Rossi, Pentucci, 2021; 234), è qui che si delineano le traiettorie di apprendimento. La progettazione didattica è sicuramente soggetta, come ogni azione, all'imprevedibilità di possibili regolazioni (Rossi, 2011) dettate dal contesto nel momento dell'attuazione. Ciò che si vuole sottolineare in questa sede è la coerenza e la sostenibilità tra ciò che si richiede (consegna dell'attività) e gli indicatori di competenza dichiarati. La costruzione della consegna deve chiarire gli elementi in gioco che determinano le possibilità dello svolgimento dell'attività (*Learning Object*), tali elementi sono connessi all'evidenza che si vuole monitorare. L'interdipendenza tra consegna e indicatori di competenza dichiarati necessita di essere verificata al termine della progettazione dell'Episodio: il docente deve scegliere il focus del proprio EAS. Questa azione sistematica fa parte dell'azione riflessiva del docente (Shön, 1983) e della flessibilità richiesta all'azione del progettare (Rossi, Pentucci, 2021). I rischi sono, altrimenti, di porsi obiettivi che non possono essere monitorati in quanto non espressamente deducibili dalle azioni in cui gli studenti sono coinvolti e/o che la densità delle informazioni sia sovradimensionata rispetto al carico cognitivo che uno studente ha la possibilità di sostenere.

[10] Siti/blog e Twitter mostrano due posizioni diametralmente opposte. Per quanto riguarda il primo spazio di discorsivizzazione, su 66 risorse prese in esame, la coerenza tra gli indicatori e la progettazione e il giusto carico cognitivo sono presenti rispettivamente nel 72,72% e nel 78,78% dei casi. Per quanto riguarda il secondo, carico cognitivo e coerenza con gli indicatori sono presi in considerazione all'interno di una sola risorsa. Pertanto, considerate le 120 risorse pertinenti al metodo EAS, il 99,16% delle risorse non considera il carico cognitivo e la coerenza con gli indicatori come elementi di rilevanza.

3.4. *Quale relazione tra le logiche didattiche di un EAS?*

Porre lo studente nelle condizioni di farsi delle domande, di porsi un problema, imparare facendo e riflettere su ciò che si è fatto e appreso sono le tre logiche funzionali all'apprendimento[11]. Lo diventano quando sono poste nella sequenza di azioni che abbiamo appena proposto, avvalendosi degli studi neuroscientifici su come il cervello apprende (Rizzolatti, 2006; Damasio, 1994; Rivoltella, 2012). Nel sistema corpo-mente-cervello riscontriamo le basi dell'apprendimento nella ripetizione, nell'imitazione e nel fare esperienza. L'interesse personale e la sfida individuale di porsi degli interrogativi nella quale viene posto lo studente, dapprima individualmente (fase preparatoria) e poi in piccolo gruppo (fase operatoria), recuperano la forza dell'emersione dei significati nella fase in cui si fissano gli apprendimenti (fase ristrutturativa). L'anticipazione o «meccanismo anticipatorio» (Berthoz, 2015 in Rossi, Pentucci, 2021; 132 apre lo scenario alla deduzione, all'emergere di rappresentazioni, allena a recuperare regole, i linguaggi specifici, le intuizioni utili alle azioni che seguiranno. Un EAS senza una fase di anticipazione caratterizzata dalla postura del *problem setting* (Rivoltella, 2016), manca della possibilità di consentire agli studenti di porsi le stesse e ulteriori domande quando gli viene proposta la consegna della produzione (*Learning by doing*), dell'imparare facendo. Qui, insieme ai compagni, verrà posto nella condizione di fare e di esprimere anche la propria divergenza, le proprie risorse personali e i vissuti di ciascun componente del piccolo gruppo. In altre parole, le logiche dei tre momenti sono significative quando nel momento ristrutturativo restituiscono la possibilità di confrontare le diverse proposte/soluzioni. Quindi di collegare i frammenti raccolti al sapere sapiente durante il debriefing e la lezione a posteriori (*Reflective Learning*).

3.5. *La condivisione interna e/o esterna è obbligatoria?*

Durante l'analisi dei contenuti si evidenzia che, solo in parte, viene riservato uno spazio alla condivisione interna nella progettazione didattica, in particolare nella fase operatoria in cui vengono esposti i lavori svolti con la classe, in previsione del momento di riflessione conclusivo dell'attività.

Per quanto riguarda la condivisione esterna, invece, a partire dall'analisi delle piattaforme, non emerge una sua continuità con le progettazioni. In tal senso, i siti web e blog e YouTube riflettono un contesto simile: il 59,1% di siti e blog non presenta un momento di condivisione esterna, in egual modo YouTube per il 52,63%.

È interessante pensare di favorire questo secondo processo, nell'ottica di creare una repository di progettazioni degli EAS a disposizione non solo dei docenti dell'istituto in

[11] Le misconception circa le logiche didattiche si riscontrano in maniera preponderante tra i siti web e i blog (43,94%).

cui viene messo in pratica l'EAS, ma anche dei docenti di altri istituti sul territorio, per rendere il metodo maggiormente accessibile e condiviso all'interno della pratica didattica. A tal proposito, Rivoltella (2013) sottolinea come esistano due tipi di condivisioni, interna ed esterna. La prima avviene durante lo svolgimento dell'EAS, nel momento in cui vengono condivisi i lavori svolti in classe e per aprire un momento di debriefing rispetto alla proposta sviluppata. La condivisione esterna, invece, si pone l'obiettivo di raggiungere un pubblico più ampio, al di fuori della classe stessa, in ottica riflessiva e di miglioramento rispetto alla pratica didattica.

3.6. Un EAS senza tecnologia non è un EAS?

È diffusa la credenza che in un EAS l'utilizzo del mediatore tecnologico sia una condizione *sine qua non*. In realtà, questa affermazione non è veritiera: seppur la tecnologia sia importante, non è comunque essenziale. L'EAS, infatti, esiste anche in modalità analogica, con "carta e matita". Al contempo, è importante sottolineare che si dovrebbe agire sulle pratiche didattiche così da sfruttare le potenzialità delle tecnologie spostando l'attenzione dallo strumento alla didattica (Rivoltella, 2016). Nella progettazione delle attività è prevista la scelta dei mediatori didattici (Damiano, 2013), artefatti o strumenti che consentono l'apprendimento. Damiano ne individua quattro tipi: attivi, iconici, analogici, simbolici; ordinati dai più vicini all'esperienza ai più lontani. A seguito di questa cornice teorica, è opportuno ribadire come sia di fondamentale importanza l'alternanza tra i diversi tipi di mediatori e come il mediatore tecnologico possa essere uno tra le tante possibili scelte nell'agire didattico condotto dall'insegnante nel momento della trasposizione. L'EAS nell'agire didattico si impegna a portare la vita nella scuola e non viceversa: la tecnologia è al centro delle nostre vite, utilizzata con regolarità nell'informale da bambini e ragazzi di ogni età (Pasta, Rivoltella, 2022). In tal senso, si fornisce un aggregatore: i dispositivi digitali e le competenze del singolo utilizzati "fuori", nell'informale, entrano nell'aula e sviluppano apprendimento significativo.

3.7. Qual è il vero ruolo del debriefing?

La presenza del momento di *debriefing* all'interno della discorsivizzazione online risulta preponderante tra le risorse progettuali, meno invece tra le risorse metodologiche e informative[12]. Analizzando le singole progettazioni, però, si evince un uso improprio

[12] Nei siti e blog (66 risorse) si registra che di 51 risorse progettuali, la fase di *debriefing* è presente nel 92,16% delle risorse, assente nel 7,84%. Se si considerano, però, le risorse metodologiche (15), si riscontra che il 60% nomina la fase di debriefing e il 40% non la considera. Una simile rappresentazione è riscontrabile in YouTube e Twitter, che, al contrario del web statico, presentano una preponderanza di contenuti metodologici e informativi più che progettuali. A questo proposito, in YouTube il 41,18% di risorse non nomina il *debriefing* e, così, il 99,2% in Twitter.

della fase di *debriefing*, che si sintetizza in una sintesi retrospettiva delle azioni messe in campo durante il momento operatorio. In tal senso, lo spazio scolastico, spesso avviluppato in una complessità sistemica radicata, perde il significato del *momentum* per privilegiare la conquista di una conoscenza che quasi si abbandona alla metafora della bandiera americana posizionata sulla Luna nel 1969. Al contrario, l'importanza del *debriefing* è tale da essere definito come «il tempo dell'apprendimento» (Fanning, Gaba, 2007, in Rivoltella, 2013; 107). All'interno di queste parole risuonano due principi su cui poter riflettere. Da un lato, si rievoca il concetto di tempo come spazio, contemporaneamente concreto e astratto, che consente allo studente di sostare tra la loquacità del momento operatorio, caratterizzato dall'immersione in una realtà formale aumentata dall'informale, e la produzione di idee e confronti comunitari. Dall'altro lato, il silenzio della lezione a posteriori consente la messa a terra di concetti e la risoluzione di misconcezioni. In questo spazio e tempo di sospensione, lo studente si apre all'ambiente circostante – passato, presente e futuro – per rievocare le azioni ed esperienze messe in campo, intra-osservare l'esperienza per coglierne molteplici punti di vista, astrarre conoscenze e processi di apprendimento, rilanciare ad altri contesti delineando sviluppi futuri (Rivoltella, 2013, pp. 108-110). Uno spazio di quiete, e contemporaneamente di condivisione, senza il quale non sarebbe possibile portare alla luce la valenza strategica ed emotiva che connota l'apprendimento per EAS.

4. *Conclusioni*

Come abbiamo visto nei paragrafi precedenti, l'analisi del web statico e del web sociale ha messo in evidenza alcune delle rappresentazioni distorte relative all'EAS: idee non corrette o mal interpretate che sono state rintracciate nei discorsi presenti online, seppur non tutte originate nel web sociale, come si è visto nel caso dell'espressione *Episodi di Apprendimento Situati*. Abbiamo voluto sottolineare l'opportunità di riposizionare il lettore nella giusta modalità di vedere proiettati, nella corretta forma e proporzione, alcuni degli *highlights* sul metodo che sono stati oggetto di discussione nel web. "*Knowledge-as-theory KaT*" e "*Knowledge-as elements KaE*" possono essere sullo stesso piano (Ozdemir in Rossi, Pentucci, 2021; 62). Per KaT, parafrasando le parole degli Autori, si intende quel tipo di conoscenza che si elabora mettendo in atto la teoria che determina l'interpretazione dei fatti e delle esperienze. Per KaE, invece, si intende una rete di elementi indipendenti che deriva dall'«emergere di situazioni la cui interpretazione e manipolazione/gestione difficilmente possono essere supportate da un'unica prospettiva» (Rossi, Pentucci, 2021; 63): la moltiplicazione delle elaborazioni è generativa, è «quella forza immensa che lega e divide tutti e tutto creando la storia dell'umanità» (Toschi, 2022; 5). L'esperienza quotidiana di utilizzo del metodo EAS sia per coloro che si occupano di ricerca e formazione degli insegnanti all'applicazione/sperimentazione del metodo, sia per gli insegnanti stessi che lo attuano in classe quotidianamente, può in alcuni casi aver separato le pratiche dall'autore che ne ha ideato il costrutto teorico di riferimento.

Da non sottovalutare, inoltre, che le fake news diventano impattanti e potenti all'interno del web sociale perché si inseriscono nel regime informativo di post-verità (Pasta, 2021a). Questo può far sì che in una discussione relativa a un fatto o una notizia, la verità venga considerata una questione di secondaria importanza rispetto alle emozioni che la notizia provoca e alle convinzioni che l'interlocutore ha già da prima. Nel nostro caso ha portato attori imprevisti o soggetti non autorizzati a "(S)parlare di EAS". Si tratta di un bene e di un'opportunità preziosa che tutti possano esprimersi nello spazio pubblico, ma non è scontato sottolineare quanto sia fondamentale valorizzare il ruolo pedagogico della Media Literacy Education (Rivoltella, 2020) all'interno di una società che vive di processi di disintermediazione, autorialità e nuova permeabilità tra spazio pubblico e privato. Anche e soprattutto per potersi riposizionare.

Una teoria non è un costrutto assoluto e univoco, ma si qualifica attraverso la formalizzazione dei vissuti e delle esperienze. Ritroviamo un esempio di questa affermazione nel primo testo dedicato al metodo (Rivoltella, 2013), dove lo stesso autore del costrutto del metodo, Rivoltella, associava la fase preparatoria a una logica di *problem solving*. Dopo anni di sperimentazione questa stessa fase è stata ribattezzata non solo nel nome "*problem setting*", ma anche nella sua valenza: lo studente, infatti, non solo risolve un problema, ma viene messo nelle condizioni di riconoscere le proprie difficoltà, di porsi da solo delle domande (Rivoltella, 2016; 80).

Nella fluidità dei discorsi, talvolta, può accadere che la KaT venga ri-concettualizzata e che la KaE si spinga troppo lontano e necessiti di un'azione di riconfigurazione, di lezione a posteriori che, come insegna Célestin Freinet, parte dall'errore per imparare. In questo secondo caso si parla di un'azione che focalizza la visualizzazione dell'immagine che, nei discorsi, è passata con una prospettiva disallineata, confusa o come tutt'altro, proprio come accade nell'anamorfosi. Sperimentiamo l'anamorfosi quando vediamo un'immagine fortemente distorta che acquista la «vera forma» solo quando l'osservatore si dispone in una particolare posizione. Il presente contributo ha questa intenzione: riportare gli highlights dell'EAS nella giusta posizione dello scenario didattico nazionale rivedendo le misconception che si sono create nel corso dei dieci anni dalla prima uscita del costrutto.

VIII

Il metodo nella rivista «Essere A Scuola». Un'analisi degli EAS pubblicati

Laura Comaschi, Sara Lo Jacono, Eleonora Mazzotti, Martina Morreale[1]

1. Sei anni di rivista

«Essere a Scuola» è una rivista di aggiornamento professionale dedicata agli insegnanti della Scuola dell'infanzia e del Primo Ciclo di Istruzione. Edita da Morcelliana e diretta da Pier Cesare Rivoltella, dall'anno scolastico 2017-18 accompagna gli insegnanti con diverse rubriche tematiche che ospitano sia articoli di approfondimento teorico e metodologico, sia progettazioni e strumenti utili al lavoro in classe.

La rivista si avvale di diverse penne esperte: collaboratori del CREMIT, insegnanti conosciuti in percorsi di formazione, dirigenti scolastici, e si situa in contesti di scuola standard e non standard, come l'ospedale, il CPIA o le piccole scuole. L'obiettivo principale della rivista è «invitare l'insegnante a riflettere sulle proprie pratiche. Se l'insegnante riflette sulle proprie pratiche, sviluppa consapevolezza e di sicuro migliora» (Intervista a Rivoltella, in: Ena 2017; 12-13).

La rivista, a oggi, conta sei annate, ciascuna composta da dieci numeri (da settembre a giugno) in cui trovano spazio dalle tredici rubriche del primo anno alle venti attuali, complessivamente seicento numeri di un centinaio di pagine l'uno. A essi si aggiungono un numero 0 edito a giugno del 2017 con lo scopo di promuovere la Rivista stessa e tre numeri speciali gratuiti resi disponibili online, due dedicati al tempo della didattica a distanza a seguito della pandemia da Covid-19 e uno alla guerra in Ucraina, per un totale di 1749 articoli[2]. Ogni mensilità prevede un tema generale a cui la maggior parte delle rubriche è chiamata a rispondere con la propria declinazione specifica, dando vita così a

[1] Concettualizzazione, L. Comaschi, S. Lo Jacono, E. Mazzotti, M. Morreale; cura e analisi dei dati, L. Comaschi, S. Lo Jacono, E. Mazzotti, M. Morreale; impostazione metodologica, L. Comaschi, S. Lo Jacono, E. Mazzotti, M. Morreale; L. Comaschi e E. Mazzotti hanno materialmente scritto il § 1, L. Comaschi e E. Mazzotti hanno steso il § 2, S. Lo Jacono e M. Morreale hanno scritto il § 3, L. Comaschi, S. Lo Jacono, E. Mazzotti, M. Morreale condividono la scrittura delle conclusioni. Revisione, editing e supervisione scientifica sono a cura di Pier Cesare Rivoltella.

[2] Dato aggiornato a marzo 2023.

numeri di fatto monografici. Ogni anno il mese di ottobre è dedicato all'approfondimento teorico e progettuale del metodo EAS, in concomitanza con la giornata dedicata all'*EAS Day*, in cui gli insegnanti che lavorano con il metodo hanno l'occasione di incontrarsi per approfondire e condividere le proprie esperienze.

Per rispondere alle esigenze del tempo che cambia, alcune rubriche sono state sostituite, altre si sono aggiornate, altre ancora sono state aggiunte. In breve ripercorriamo alcune tappe fondamentali. Fin dal primo anno accompagnano il docente-lettore alcuni storici contenitori come l'*Editoriale*, frutto della penna del Direttore della Rivista, gli spazi dedicati agli spunti offerti dalla *Ricerca*, alle recensioni – di libri, film, siti, applicazioni – finalizzate a informare sulle novità in uscita (*Sullo scaffale*), alle progettazioni didattiche in forma di EAS (*Fare scuola*), agli spunti per lo sguardo mediaeducativo (*Inquadrature di Media Education*), alla riflessione sulle competenze (*Sviluppo professionale*), fino alle occasioni di aggiornamento metodologico e strumentale (*Dossier, materiali e strumenti*), senza tralasciare lo sguardo storico con *Storia della scuola*, gli spunti offerti da *Nello zaino dell'insegnante* e le *Pratiche inclusive*. Dal secondo anno si aggiungono le rubriche dedicate a *Dirigere scuola* e *Buone pratiche di sistema*, così come, ad esempio, le rubriche dedicate alla *Didattica delle discipline*, in particolare di italiano, matematica e inglese, e alle *Pratiche 0-6*; negli anni si sono poi inseriti contenitori specifici per *IRC (Insegnamento della Religione Cattolica), CPIA (Centro Provinciale Istruzione Adulti), Mente, corpo e cervello, Nuovi social e didattica, Fare coding, Voci dall'Università*[3]. «Essere a Scuola», con il suo acronimo EaS, richiama dunque il metodo degli Episodi di Apprendimento Situato: è infatti «l'idea di didattica soggiacente all'EAS che la rivista si porta dentro e che propone all'insegnante, rivolgendosi anche a quell'insegnante che non vorrà lavorare per EAS» (*Ibidem*).

2. *La presenza dell'EAS nella rivista: lo studio quantitativo*

Il disegno di ricerca che ha condotto all'elaborazione del presente capitolo è strutturato in due principali step di lavoro: si è partiti da uno studio di tipo quantitativo per poi proseguire con il carotaggio qualitativo, seguendo un impianto basato sui *Mixed Methods* (Creswell&Plano Clark, 2017).

L'intenzione dello studio è di approfondire quanto il metodo EAS sia stato, nel corso delle annate, affrontato, approfondito e reso oggetto di progettazione o discussione; per questo è stato mappato ogni articolo contenente un riferimento significativo al metodo EAS. Per la parte qualitativa, invece, è stato ristretto il campo

[3] Per dare un panorama completa delle rubriche presenti nella rivista, anche per un solo anno, si citano: *Attualità, A scuola nel territorio, Comunicare la scuola, Aula aperta, Lettera al direttore, Immagini a scuola, Parole chiave, Fare community*.

alle sole progettazioni strutturate per EAS, all'interno delle quali ci si è focalizzati sulla presenza e sull'eventuale uso della tecnologia, in modo da creare un osservatorio che mostri se e in che modo la tecnologia sia utilizzata nelle progettazioni EAS.

Entrambe le fasi dello studio, sia la quantitativa che la qualitativa, sono state condotte grazie alla strutturazione di due griglie di analisi costruite *ad hoc*, di cui si andrà a rendere conto nei prossimi paragrafi. Con l'obiettivo di mappare e dare così un'istantanea sulla presenza del metodo EAS all'interno della rivista, è stata costruita una griglia di codifica da far funzionare su tutti gli articoli che contenessero la parola "*EAS*" o "*Episodio di Apprendimento Situato*". Con il primo iniziale screening sono stati selezionati tutti quegli articoli che semanticamente utilizzassero i termini riferendosi al metodo e non ad altri acronimi[4]. La griglia di codifica è stata costruita secondo una logica lineare e deduttiva che ha mirato a classificare su tre livelli gli articoli, tutti contraddistinti da un codice seriale:

- **anagrafica**: ha raccolto l'*annata di pubblicazione*, il *numero mensile*, il riferimento alle *pagine* e la *rubrica* in cui si trova l'articolo, oltre al *titolo*, il *nome* e la *professione* dell'autore;
- **tipologia**: ha posto l'attenzione su come l'EAS è stato esplicitato all'interno dell'articolo. In prima battuta, se contenesse un riferimento *primario* (EAS come oggetto principale) o *secondario* (EAS come corollario o rimando al tema trattato) e successivamente se fosse inserito come riferimento *teorico*, come *progettazione* o ancora come *spunto* di riflessione o attenzione pratico-didattica, in alcuni casi anche attraverso il racconto dell'esperienza;
- **destinatari**: ha individuato e si è concentrata sul *grado di scuola* e sull'*ambito di riferimento* del docente-lettore[5].

Sono stati analizzati 59 numeri mensili: 10 per le annate 2018-19, 2020-21 e 2021-22[6], 11 per le annate 2017-18 e 2019-20 e infine solo 7 numeri per l'annata 2022-23 (settembre 2022-marzo 2023), poiché al momento dell'analisi erano gli unici pubblicati.

Il totale degli articoli contenenti i termini di ricerca "*EAS*" e "*Episodio di Apprendimento Situato*" è di 238. L'analisi quantitativa si è concentrata su tutti gli articoli presenti in cartaceo, conteggiando anche quegli scritti che contenessero un'espan-

[4] Sono stati dunque esclusi dall'analisi tutti quei riferimenti a *EAS* inteso come «Essere a Scuola», alle note bibliografiche o ad altre informazioni non legate al metodo.

[5] Si sottolinea che durante il processo di codifica, laddove fossero presenti più categorie a descrivere l'articolo, è stata compiuta una scelta condivisa dalle autrici, ovvero utilizzare l'etichetta maggiormente rappresentativa.

[6] I numeri speciali gratuiti riferiti agli anni 2020-21 e 2021-22 non sono stati analizzati perché le rubriche non corrispondevano a quelle canoniche e usuali della rivista.

sione progettuale pubblicata nello spazio online. In *Tabella 1* è possibile notare la suddivisione numerica e percentuale per annata e osservare una stabilità intorno al numero degli articoli con una leggera inflessione sull'anno 2018-19.

ANNATA	2017-18	2018-19	2019-20	2020-21	2021-22	2022-23	TOT.
Numerosità	50	23	48	37	51	29	238
Percentuale	21%	10%	20%	16%	21%	12%[7]	100%

Tabella 1. Numerosità degli articoli analizzati contenenti i termini oggetto della ricerca

Entrando ora nel merito dell'analisi quantitativa, si presentano i dati principali che mostrano l'andamento percentuale suddiviso per le varie categorie di indagine: considerata la tematica proposta dagli articoli analizzati, per il 39% si è trattato di scritti che approfondiscono il metodo dal punto di vista teorico, il 17% ha offerto al docente-lettore spunti e attenzioni pratiche e didattiche, mentre ben il 44% ha riportato progettazioni EAS arricchite, spesso, da materiali di lavoro.

Interessante è notare l'andamento percentuale nel corso del tempo (*Tabella 2*). In linea con il mandato e l'obiettivo della rivista, nel corso del primo anno hanno trovato ampio spazio le progettazioni (58%), un buon numero si è riferito ad articoli di approfondimento teorico sul metodo EAS (34%), mentre minore è stato l'apporto per spunti didattici (8%).

Nelle annate 2018-19 e 2019-20 hanno trovato maggiore spazio gli articoli di approfondimento teorico (rispettivamente il 48% e il 54%), minori invece gli articoli dedicati alla progettazione, così come sono rimaste basse le percentuali di articoli dedicati alla pratica didattica. Gli anni che sono stati protagonisti della pandemia da Covid-19 (2020-21 e 2021-22) hanno mostrato un andamento simile. La maggior parte (rispettivamente 49% e 51%) degli articoli sono stati dedicati alle progettazioni, mentre si è ravvicinato il gap tra gli articoli teorici e quelli pratici, dati motivati probabilmente dalla necessità di accompagnare il docente a ricevere sia costrutti teorici per impostare la propria lezione a distanza, sia attenzioni pratiche e procedurali. I sette numeri dell'annata 2022-23 hanno trovato un'eguale numerosità di articoli progettuali e teorici (41%), mentre si sono fermati al 17% quegli scritti dedicati agli spunti pratici.

[7] Si rammenta che in tutte le Tabelle del Capitolo, per l'annata 2022-23, sono stati analizzati 7 numeri mensili (settembre-marzo).

ANNATA	2017-18	2018-19	2019-20	2020-21	2021-22	2022-23	TOT.
Articoli di approfondimento teorico	34%	48%	54%	35%	27%	41%	**39%**
Progettazioni	58%	26%	29%	49%	51%	41%	**44%**
Articoli contenenti spunti e attenzioni pratico-didattiche	8%	26%	17%	16%	22%	17%	**17%**

Tabella 2. Percentuali degli articoli analizzati suddivisi per tipologia (riferimento teorico, progettazioni e spunti didattici) e rispettive annate

Provando ad analizzare il riferimento primario o secondario all'EAS all'interno di ogni articolo, è stato possibile constatare che, quando l'autore ha scelto di trattare il metodo, questo è stato l'oggetto principale dell'articolo stesso (*Tabella 3*), dato legato al fatto che ogni annata contiene numerose progettazioni - considerate sempre come riferimento primario - e che si intende offrire al docente-lettore ampio spazio di pensiero per portare alla riflessione il metodo.

ANNATA	2017-18	2018-19	2019-20	2020-21	2021-22	2022-23	TOT.
EAS come riferimento primario	82%	74%	73%	81%	67%	90%	**77%**
EAS come riferimento secondario	18%	26%	27%	19%	33%	10%	**23%**

Tabella 3. Percentuali degli articoli analizzati suddivisi per tipologia di riferimento (primario e secondario) e rispettive annate

È stata condotta una correlazione diretta tra il riferimento primario e secondario presente in ogni annata e le rubriche della rivista che ospitano, negli anni, almeno un articolo oggetto della ricerca[8] per poter osservare la presenza dell'EAS trasversalmente (*Tabella*

[8] Si evidenzia che alcune rubriche sono state accorpate negli anni: in particolare nelle annate 2018-19 le rubriche *Buone pratiche di sistema* e *Dirigere Scuole* sono state rinominate e aggregate in un'unica rubrica nominata *Dirigere scuole e buone pratiche di sistema;* allo stesso tempo sono stati considerati parte della stessa rubrica (*Fare coding*) tutti quegli articoli che precedentemente erano ospitati nello spazio *Coding e matematica;* gli articoli inseriti in *Materiali e strumenti (2017-18)* sono stati conteggiati nella rubrica *Dossier, materiali e strumenti* presente ancora oggi; stesso discorso per *Pratiche inclusive* che, il primo anno, era chiamata *Differenziale per includere.*

4). Si ricavano alcuni elementi interessanti: in linea con i dati relativi alle annate, vi è una predominanza nel citare l'EAS quando esso è oggetto dell'articolo, con un picco al 39,9% per la rubrica *Fare scuola;* unica eccezione è data dal contenitore *Sullo scaffale* che, in linea con il mandato della rubrica, ha una prevalenza del riferimento secondario in quanto offre spunti, accenni e attenzioni utili al docente che potrebbe lavorare per EAS. Si presenta quindi come una metarubrica che declina l'oggetto dell'articolo (recensioni di libri, riviste, app e tool per la didattica) all'interno delle diverse fasi del metodo.

Rubrica	Riferimento primario	Riferimento secondario
Editoriale	2,1%	0,0%
Essere professionisti a scuola	0,0%	0,4%
Aula aperta	0,0%	0,4%
Ricerca	4,6%	2,5%
Dirigere scuole e buone pratiche del sistema	1,7%	0,4%
Sviluppo professionale	3,4%	0,4%
Didattica delle discipline	10,5%	3,4%
Fare coding	1,3%	0,0%
Fare scuola	**39,9%**	1,7%
Centri Provinciali per l'Istruzione degli Adulti (CPIA)	1,3%	0,0%
Dossier materiali e strumenti	4,6%	1,7%
Sullo scaffale	1,3%	**10,5%**
Comunicare la scuola	0,0%	0,4%
Insegnare, Ricercare, Condividere (IRC)	2,1%	0,0%
Inquadrature di Media Education	1,3%	0,4%
Nuovi social e didattica	0,8%	0,8%
Mente, corpo, cervello	0,4%	0,0%
Fare community	0,4%	0,0%
Voci dall'Università	1,3%	0,0%

Tabella 4. Percentuali degli articoli analizzati suddivisi per tipologia di riferimento (primario e secondario) nelle rispettive rubriche

Gli autori degli articoli sono per il 63% docenti del primo grado di istruzione, alcuni dei quali appartenenti alla Community EAS; il 23% degli articoli sono redatti da collaboratori del CREMIT; meno rappresentate le altre categorie: il 4% sono dirigenti scolastici, il 2% sono collaboratori dell'INDIRE, nel 1% dei casi sono docenti universitari; il 4% degli articoli è scritto dal prof. Pier Cesare Rivoltella, direttore della rivista.

Nel 54% degli articoli il destinatario ideale è il docente di ogni ordine e grado, il 21% è dedicato in modo specifico al docente di primaria, l'8% al docente di infanzia e il 12% al docente di secondaria di primo grado.

Nella *Tabella 5* a p. 213 è possibile visualizzare gli articoli suddivisi per ogni rubrica che contenesse, nei vari anni, almeno un riferimento all'EAS.

ANNATA	2017-18	2018-19	2019-20	2020-21	2021-22	2022-23
Editoriale	2%	0%	2%	3%	2%	3%
Essere professionisti a scuola	2%	0%	0%	0%	0%	0%
Aula aperta	2%	///[9]	///	///	///	///
Ricerca	6%	0%	15%	8%	6%	3%
Dirigere scuole e buone pratiche del sistema	4%	13%	0%	0%	///	///
Sviluppo professionale	0%	9%	6%	5%	4%	0%
Didattica delle discipline	///	**39%**	**23%**	**14%**	**10%**	**10%**
Fare Coding	///	///	///	///	0%	10%
Fare Scuola	**58%**	**30%**	**33%**	**43%**	**39%**	**38%**
Centri Provinciali per l'Istruzione degli Adulti (CPIA)	///	///	///	///	4%	3%
Dossier materiali e strumenti	**20%**	0%	2%	5%	4%	0%
Sullo Scaffale	**6%**	**9%**	**17%**	**8%**	**20%**	**7%**
Comunicare la scuola	///	///	2%	///	///	///
Insegnare, Ricercare, Condividere (IRC)	///	///	///	5%	4%	3%
Inquadrature di Media Education	0%	0%	0%	5%	2%	3%
Nuovi social e didattica	///	///	///	///	4%	7%
Mente, corpo, cervello	///	///	0%	3%	0%	0%
Fare community	///	///	0%	0%	2%	///
Voci dall'Università	///	///	///	///	///	10%

Tabella 5. Percentuale degli articoli analizzati suddivisi per rubrica

[9] Il segno indica l'assenza della rubrica per l'annata corrispondente.

È possibile notare come in tutte le rubriche si mantenga abbastanza stabile la percentuale dedicata agli EAS; negli anni rimane sempre alta la percentuale di articoli contenenti riferimenti al metodo per le rubriche *Fare scuola* e *Didattica delle discipline.* Interessante il 20% relativo a *Dossier materiali e strumenti* nella prima annata, con la conseguente flessione negli altri anni, in coerenza con il rinnovato mandato della rubrica di vestire i panni di un contenitore di attrezzi per il docente e non più un aggregato di progettazioni online.

In *Sullo scaffale* rimane costante la volontà di porre cenni e spunti che legano l'oggetto dell'articolo al metodo, con una percentuale rilevante per le annate 2019-20 e 2021-22.

Le progettazioni EAS, oggetto specifico dello sguardo qualitativo offerto nel prossimo paragrafo, occupano uno spazio ampio all'interno della rivista: esse rappresentano il 44% del totale degli articoli analizzati, la percentuale più alta. La ricerca ha individuato, inoltre, che un'elevata numerosità di contributi con progettazioni è ricoperta sempre dalla rubrica *Fare scuola* (31% del totale degli articoli analizzati nella ricerca e 70% del totale degli articoli che contengono almeno una progettazione EAS); la restante parte è suddivisa tra *Dossier materiali e strumenti* (5% sul totale degli articoli analizzati e 11% sul totale degli articoli con progettazioni), *Didattica delle discipline* (4% sul totale degli articoli analizzati e 9% sul totale degli articoli con progettazioni) e un'ultima minima parte è distribuita in altre rubriche.

3. La presenza e l'uso della tecnologia nell'EAS: lo studio qualitativo

Come si è visto nel capitolo precedente, una delle misconception legate all'EAS sostiene che l'utilizzo del mediatore tecnologico sia *conditio sine qua non.* Si è quindi deciso di sfruttare la rivista «Essere a Scuola», in quanto osservatorio privilegiato, per verificare quanto spesso nei contributi pubblicati, e in particolare nelle progettazioni, la tecnologia sia impiegata nella realizzazione degli EAS.

Come anticipato nel paragrafo precedente, gli articoli che alla dimensione *Tipologia di articolo* hanno restituito il valore *progettazione* sono il 44% del totale, ovvero 105. Di questi, 18 sono stati esclusi dallo studio poiché non contenevano progettazioni EAS complete, ossia descritte in tutte le fasi (N=6) oppure per inaccessibilità della progettazione al momento dell'analisi (N=12)[10].

3.1. Presentazione della griglia di analisi

Ciascuno degli 87 articoli presi in considerazione è stato analizzato alla luce di una griglia strutturata in sette aree. La prima area ha funzionato da filtro e ha verificato la

[10] È il caso delle progettazioni condivise come espansione online dell'articolo pubblicato in cartaceo, ossia che avrebbero dovuto essere consultabili tramite la pagina web della Rivista o tramite codici QR, ma che al momento dell'analisi non risultano più accessibili.

presenza o meno della tecnologia all'interno della progettazione (*Presenza della tecnologia*: 1=sì; 2=no). Solo gli articoli etichettati con la modalità *1=sì* sono stati sottoposti ad analisi relativamente alle altre sei aree: *Fase dell'EAS*, *Funzione della tecnologia*, *Dispositivo* utilizzato, *Uso della tecnologia* e *Socializzazione*, il tutto tripartito per restituire il dato sulle singole fasi dell'EAS, e infine *Proprietà del dispositivo*, come si può vedere nella *Tabella 6*.

		Codice	Codice seriale dell'articolo
area 1		Presenza della tecnologia	1=sì; 2=no
area 2		Fase dell'EAS	1; 2; 3
area 3	Fase 1	Funzione della tecnologia	1=strumento; 2=ambiente; 3=tessuto connettivo
	Fase 2		
	Fase 3		
area 4	Fase 1	Dispositivo	1=pc; 2=tablet; 3=smartphone; 4=LIM; 5=proiettore; 6=altro; 7=non specificato
	Fase 2		
	Fase 3		
area 5	Fase 1	Uso della tecnologia	1=condividere; 2=ricercare; 3=presentare; 4=creare; 5=comprendere
	Fase 2		
	Fase 3		
area 6	Fase 1	Socializzazione: uso della tecnologia	1=individuale; 2=piccolo gruppo; 3=grande gruppo; 4=insegnante
	Fase 2		
	Fase 3		
area 7		Proprietà del dispositivo	0=non specificato; 1= BYOD; 2=della scuola

Tabella 6. Tabella per l'analisi qualitativa

Una volta definito se l'articolo avesse i requisiti base per poter diventare parte dello studio, si è andati a vedere in quale delle tre fasi dell'EAS la tecnologia trovasse spazio (area 2). Per ciascuna fase, si è poi compilata la cella relativa alle altre cinque aree.

La terza area è stata utilizzata per indagare la funzione della tecnologia all'interno delle proposte didattiche prese in esame. In accordo con la prospettiva della mediamorfosi (Fidler, 1997), secondo cui le tecnologie della comunicazione si succedono nel tempo senza brusche rotture, quanto piuttosto attraverso fasi diverse di uno stesso processo, è stata utilizzata la precisa concettualizzazione che le vede fungere da *1=strumento*, *2=ambiente* e *3=tessuto connettivo* (Rivoltella, 2017a)[11]. In particolare, l'etichetta 1 è stata

[11] Parlare di tecnologia come strumento rimanda alle tesi più note del massmediologo canadese McLuhan (1964), in particolare all'idea che i media fossero un tipo particolare di strumenti, nello specifico delle protesi. Cruciale in questa concettualizzazione è l'appropriarsi della possibilità di amplificare e

applicata quando i dispositivi sono stati utilizzati come una cassetta degli attrezzi da cui estrarre ciò di cui si necessitava; si è ricorso all'etichetta 2 quando il focus delle attività si è centrato sulla collaborazione e la condivisione interna alla classe (ad es. quando gli studenti lavoravano insieme su un documento condiviso in Google Drive); l'etichetta 3 si è usata quando le tecnologie sono state impiegate per raggiungere persone fuori dalle mura della classe (ad es. la condivisione di artefatti con altri studenti o genitori).

La quarta area è andata a indagare quale *dispositivo* fosse stato utilizzato in ciascuna delle fasi in cui è stato accertato l'uso della tecnologia. Sono state previste sette opzioni di risposta possibili: 1=PC, 2=tablet, 3=smartphone, 4=LIM, 5=proiettore, 6=altro, 7=non specificato. Oltre alla tipologia, la griglia di analisi è andata a indagare l'appartenenza dei dispositivi utilizzati durante tutto lo svolgimento dell'EAS; attraverso l'area 7, *Proprietà del dispositivo*, si è quindi indicato se la tecnologia utilizzata appartenesse alla scuola ("2=della scuola"), alle famiglie ("1=BYOD") o se l'informazione non fosse esplicita ("0=non si sa"). In questo caso si è scelto di non tripartire l'area, poiché era interesse delle autrici solo verificare se la scuola si avvalesse anche della politica del *Bring Your Own Device* o si appoggiasse esclusivamente a ciò di cui disponeva.

L'area 5 (*Uso della tecnologia*) ha permesso di indagare quale fosse lo scopo con cui la tecnologia venisse utilizzata nelle singole fasi dell'EAS. Per definire le etichette a cui riferirsi, si è analizzato il lavoro di Messina e De Rossi (2015)[12], finendo per adottare la classificazione introdotta dal CREMIT nei progetti di ricerca avviati dal 2018 in avanti; questa classificazione pensa le tecnologie come strumenti per condividere, ricercare, presentare, creare, comprendere, uscendo così dalla logica

potenziare delle esperienze e di emanciparsi dal radicamento nel luogo. Guardare alla tecnologia come ambiente significa superare questa prima concettualizzazione a favore di una che ha come nodo centrale la collaborazione/cooperazione. Se collaborare «significa adottare una strategia di soluzione di un problema che coinvolge il gruppo nella prospettiva della shared mind» (Rivoltella, 2017a), cooperare «implica una modalità di organizzazione del gruppo che Jonassen definisce division of labour (Jonassen, Peck, Wilson, 1999)» (Rivoltella, 2017a); in entrambi i casi, in primo piano viene la possibilità di condividere uno stesso spazio, e quindi una stessa cultura. Si guadagna ulteriore campo esperienziale quando le tecnologie della comunicazione funzionano da tessuto connettivo (Shirky, 2010) e il tema chiave diventa la connessione, il contatto; Castells ne ha parlato come di un sistema nervoso, dove i media collegano uomini e cose perché funzionano come delle vere e proprie spine sinaptiche sociali; Rivoltella come di tecnologie di comunità (2017a) attraverso cui è possibile avvicinare e/o cucire i lembi di una comunità su vari livelli (si pensi per esempio a quando il lavoro di una classe raggiunge l'intera scuola o addirittura ne esce per entrare in contatto con parti di territorio e quindi di comunità).

[12] Il lavoro di Messina e De Rossi (2015) ha passato al vaglio molte proposte, ciascuna basata su una logica specifica: in base alla funzione di mediazione della tecnologia (Bruce, Levin, 1997; Lei, 2010), alle sue dimensioni (Ardizzone, Rivoltella, 2008), alla natura e alle sue proprietà, in particolare alle sue affordance (Conole, Dyke, 2004; Hammond, 2010). Si passa infine ad analizzare il lavoro del CREMIT che nel 2014 adotta una suddivisione basata sulle funzioni degli applicativi per la mappatura di specifiche app del Web 2.0. Questa logica si basava, per l'appunto, sull'analisi delle funzioni d'uso delle app (aggregare, comunicare, creare, organizzare, presentare, pubblicare, rappresentare), la quale, negli anni, è stata affiancata da un nuovo modo di categorizzare le tecnologie: in base alla loro funzione didattica.

delle *affordance* per assumere il punto di vista dell'utilizzatore: non più "per cosa è fatta?" ma "per cosa mi serve?". L'etichetta *1=condividere* è stata adoperata quando le tecnologie sono state utilizzate come ambienti per lo scambio e la condivisione dei materiali, come avviene, ad esempio, attraverso Google Drive o Dropbox; l'etichetta *2=ricercare* ha caratterizzato le attività in cui insegnanti e ragazzi hanno sfruttato i dispositivi per effettuare la ricerca di informazioni in internet o all'interno di documenti o ambienti precedentemente predisposti per lo scopo; con l'etichetta *3=presentare* sono state identificate tutte le attività che hanno avuto come scopo principale quello di presentare un contenuto, fosse esso un video (come nel caso del video-stimolo), una presentazione in PowerPoint o un elaborato creato dalla classe; l'etichetta *4=creare* ha racchiuso le azioni di produzione di artefatti: video, fotografie, bacheche di Padlet, podcast, libri digitali, ecc. Infine, con l'etichetta *5=comprendere* sono state taggate le attività che hanno previsto la generazione di contenuti con lo specifico obiettivo di facilitare la comprensione degli argomenti trattati: mappe, schemi, riassunti, e così via.

Infine, l'area 6 (*Socializzazione: uso della tecnologia*) ha voluto indicare, per ciascuna fase dell'EAS, il protagonista dell'uso dei dispositivi. In particolare, si è mappato se la tecnologia fosse a uso 1=individuale, in 2=piccolo gruppo, in 3=grande gruppo o se fosse utilizzata esclusivamente dal/la 4=insegnante, ad esempio, per presentare i contenuti o lanciare il video stimolo.

3.2. Lettura dei dati

All'interno degli 87 articoli analizzati, sono state trovate 93 progettazioni; in alcuni, infatti, era presente più di una progettazione; in qualche contributo si proponeva lo stesso lavoro a classi di livelli differenti, in altri articoli, invece, capitava che fossero presentati due o tre EAS concatenati.

Di queste 93 progettazioni, il 10% (N=9) non ha previsto l'uso di tecnologia. Si tratta di articoli appartenenti alla sezione *Fare scuola* (a.s. 2017-2018 = 4; a.s. 2018-2019 = 2; a.s. 2020-2021 = 3) in cui si sono raccontate esperienze realizzate presso la scuola dell'infanzia (N=3), la scuola primaria (N=5) e la Scuola in Ospedale (N=1). Pertanto sono stati considerate per l'analisi qualitativa solamente 84 progettazioni.

Per quanto riguarda l'area 2, quella che presupponeva la domanda: "In quale delle tre fasi dell'EAS è stata adottata la tecnologia?", l'analisi ha fatto emergere i seguenti dati: la tecnologia ha trovato spazio *solo* nella Fase 1 nel 14% dei casi (N=12 progettazioni), *solo* nella Fase 2 nel 5% (N=4 progettazioni) e *solo* nella Fase 3 nell'1% (N=1 progettazione); nel 18% delle progettazioni (N=15) l'uso della tecnologia è stato previsto nella Fase 1 *e* 2, nel 11% (N=9) nella Fase 1 *e* 3 e nel 6% (N=5) nella Fase 2 *e* 3. Ci si è avvalsi della tecnologia in *tutte* le fasi dell'EAS per quasi la metà del totale delle progettazioni esaminate, nello specifico per il 45% (N= 38).

Come descritto nel paragrafo precedente, per ogni fase dell'EAS si è poi proceduto alla rilevazione del tipo di funzione assunta dalla tecnologia (area 3; *Immagine 1*). Nella Fase 1, la tecnologia è stata usata *solo* come strumento nel 61% delle progettazioni (N=51), *solo* come ambiente nel 12% (N=10), mentre non è *mai* risultata essere usata nella sua funzione di tessuto connettivo; nel 15% di casi (N=13) è stata infine utilizzata *sia* come strumento *sia* come ambiente. Nella Fase 2, è stata utilizzata *solo* come strumento nel 42% dei casi (N=35), *solo* come ambiente nel 18% dei casi (N=15) e *solo* come tessuto connettivo in un unico caso; in 6 progettazioni (7%) ha avuto contemporaneamente la funzione di strumento *e* ambiente e in 4 progettazioni (5%) è stata sia strumento che tessuto connettivo. Nella Fase 3 sono 33 le progettazioni (39%) in cui la tecnologia ha avuto *solo* funzione di strumento, 8 quelle in cui è stata usata nella sua *sola* accezione di ambiente (10%) e 7 quelle in cui si è fatto ricorso alla tecnologia unicamente come tessuto connettivo (8%). In 5 progettazioni si è usata la tecnologia *sia* come strumento che come ambiente (6%), mentre in 2 occasioni vi si è ricorso *sia* nella sua funzione di strumento che di tessuto connettivo.

Come si è visto, non sempre l'insegnante progettista ha scelto di realizzare attività che prevedessero l'uso dei device in ogni fase dell'EAS. In particolare, sono 10 le progettazioni in cui la Fase 1 si è svolta in maniera completamente analogica (10%), 22 quelle in cui questa scelta è ricaduta sulla Fase 2 (26%) e 29 quelle che hanno coinvolto la Fase 3 (35%).

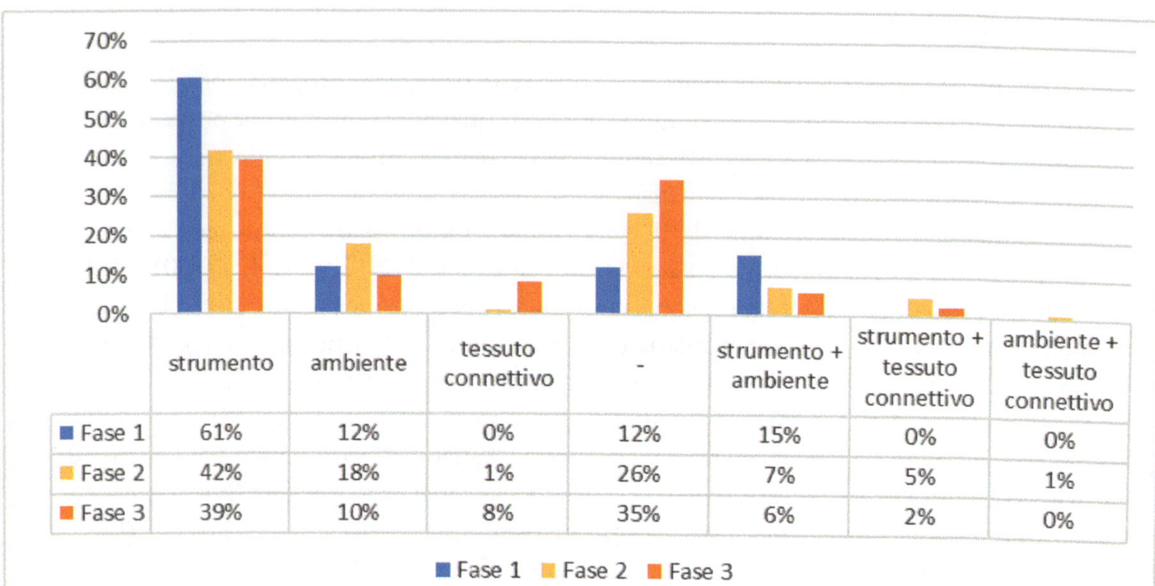

	strumento	ambiente	tessuto connettivo	-	strumento + ambiente	strumento + tessuto connettivo	ambiente + tessuto connettivo
Fase 1	61%	12%	0%	12%	15%	0%	0%
Fase 2	42%	18%	1%	26%	7%	5%	1%
Fase 3	39%	10%	8%	35%	6%	2%	0%

Immagine 1. Grafico riassuntivo della colonna "Funzione della tecnologia", area 3.

L'analisi dell'area 4 (*Immagine 2*), relativa al tipo di dispositivo previsto dalle proposte didattiche, ha accertato che il dispositivo più utilizzato nelle progettazioni analizzate è la LIM (75%), seguita dal PC (62%) e dal tablet (45%). In quarta posizione troviamo lo smartphone (13%), che spesso è stato menzionato accanto al tablet, come fossero dispositivi *mobile* alternativi. In coda, il proiettore (4%). Sotto la voce "altro", che ha raccolto il 18% di presenze, troviamo quasi esclusivamente la "macchina fotografica", che nella totalità dei casi può essere ricondotta allo smartphone, poiché la funzione di scattare fotografie è stato l'unico fattore determinante nella scelta del dispositivo.

Risulta interessante rilevare che in 77 delle attività descritte nelle varie progettazioni non è stato specificato quale fosse il dispositivo utilizzato, né direttamente nel testo, né nella sezione della progettazione dedicata al materiale necessario. Nel dettaglio, il 32% (N=27) delle progettazioni analizzate non indicava mai di quale dispositivo ci si avvalesse e nel 20% dei casi (N=17) per alcune attività era menzionato il device usato, mentre per altre no.

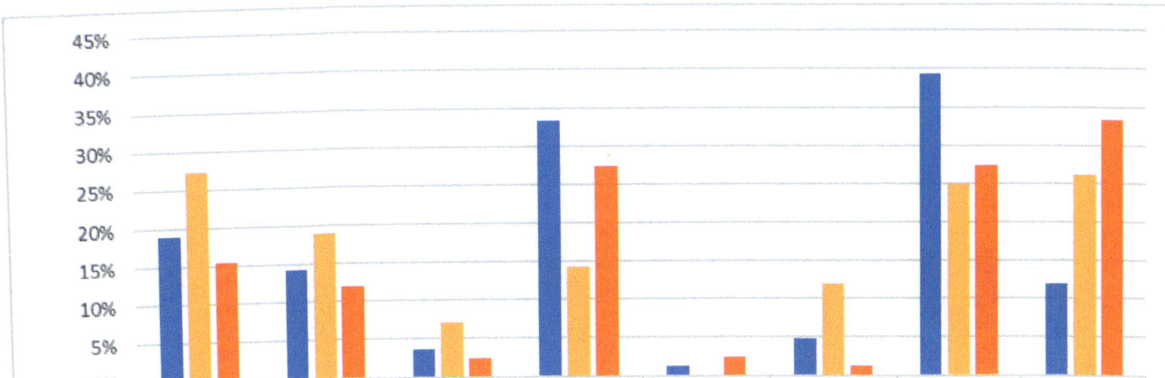

	pc	tablet	smartphone	LIM	proiettore	altro	n.s.	-
Fase 1	19%	14%	4%	33%	1%	5%	39%	12%
Fase 2	27%	19%	7%	14%	0%	12%	25%	26%
Fase 3	15%	12%	2%	27%	2%	1%	27%	33%

Immagine 2. Grafico riassuntivo della colonna "Dispositivo", area 4

I dispositivi a cui gli insegnanti hanno fatto ricorso nei progetti presentati sono per lo più della scuola (53%; N=51); il BYOD è infatti una pratica che è stata adottata solo nel 16% dei casi (N=16), e spesso nella fase preoperatoria, per lo svolgimento delle attività in ambiente domestico. Anche in questo caso occorre evidenziare che un terzo delle progettazioni (31%; N=30) non ha precisato se il dispositivo utilizzato fosse della scuola o di proprietà delle famiglie.

Se prima si è descritto il tipo di funzione che la tecnologia ha adottato, è rimasta aperta la questione relativa al suo utilizzo (area 5; *Immagine 3*). Dall'analisi è risultato che:

- per la fase preparatoria (Fase 1), l'utilizzo maggiore è risultato essere quello del *presentare* (69%; N=58 progettazioni); con uno stacco significativo il *creare*, che ha riguardato il 33% delle progettazioni (N=28), seguito dal *condividere* (23%; N=19) e, parimente, dal *ricercare* e *comprendere* (entrambi 17% con N=14).
- per la fase operatoria (Fase 2), l'utilizzo principale è ricaduto sul *creare*, in particolare per più della metà delle proposte didattiche (57%; N=48); di seguito, anche qui con un gap considerevole, il *presentare* per un quarto delle progettazioni (25%; N=21). Sullo stesso livello, con differenza minima, il *condividere* (19%; N=16), il *ricercare* (18%; N=15) e il *comprendere* (17%; N=14).
- per la fase ristrutturativa (Fase 3), il dato più alto è arrivato dal *presentare* (42%; N=35), succeduto dal *condividere* (21%; N=18), *creare* (17%; N=14) e *comprendere* (12%; N=10). Percentuale bassissima ha ottenuto l'utilizzo della tecnologia per l'azione didattica del *ricercare* (1%; N=1).

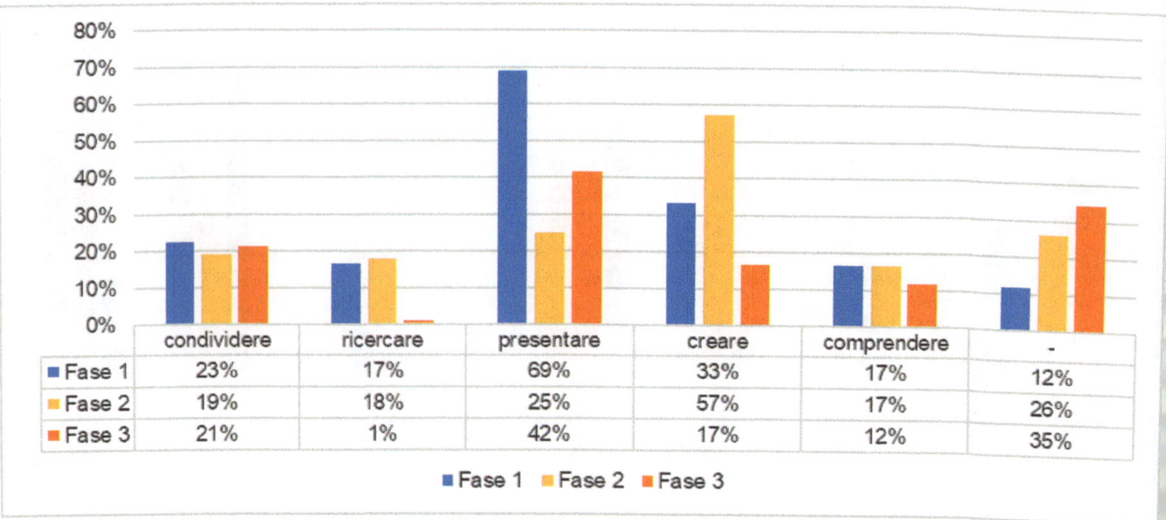

Immagine 3. Grafico riassuntivo della colonna "Uso della tecnologia", area 5

L'ultima area, la sesta, ha voluto indagare da parte di *chi* fosse stato previsto l'utilizzo della tecnologia, e quindi l'aspetto della sua socializzazione: l'insegnante o il singolo studente? Il piccolo o il grande gruppo? Proseguendo ancora per singola fase, dallo studio è emerso che nella Fase 1 il maggiore protagonista dell'uso dei dispositivi è stato l'insegnante (56% dei casi; N=47). Al seguito, troviamo l'utilizzo individuale da parte del singolo studente (33%; N=28) e, più o meno sullo stesso livello, l'utilizzo in grande gruppo (14%; N=12) e in piccolo gruppo (13%; N=11). Nella Fase 2, il piccolo gruppo ha ottenuto la percentuale maggiore (48%; N=40); hanno seguito l'insegnante (17%; N=14), il grande gruppo (13%; N=11) e il singolo (11%; N=9). Per quanto riguarda l'ultima fase, la Fase 3, l'insegnante come utilizzatore della tecnologia ritorna primario (30%; N=25), secondario il piccolo gruppo (21%; N=18), seguiti dallo stesso risultato del singolo studente (13%; N=11) e del grande gruppo (13%; N=11).

3.3. Commento dei dati

I dati appena presentati si prestano a diverse riflessioni. Innanzitutto, in 9 progettazioni su 10 è stato previsto l'uso della tecnologia, sebbene il suo impiego non sia *conditio sine qua non* della metodologia EAS. Pertanto, nonostante si possa pensare un EAS anche solo prevedendo l'utilizzo di carta e matita, o di materiali tradizionali, questo primo dato potrebbe significare che si sta procedendo verso la strada auspicata: riconoscere il potenziale dell'uso didattico delle tecnologie digitali nella misura del loro valore culturale nel presente. Si è detto "potrebbe significare" e non "significa" nel rispetto della complessità di una tesi composta da moltissime variabili.

Incrociando le rilevazioni delle aree 2 ("Fasi dell'EAS"), 5 ("Uso della tecnologia") e 6 ("Socializzazione"), si nota una convergenza tra i dati. Procedendo per singole fasi dell'EAS, l'88% delle progettazioni ha visto l'uso dei dispositivi nella fase preoperatoria, quasi sempre per mano dell'insegnante (56%), impegnato a *presentare* un video-stimolo; laddove nella Fase 1 è emerso un uso da parte del singolo studente (33%), si fa quasi esclusivamente riferimento ad attività di ricerca preliminare svolte a casa (17%). La fase operatoria ha coinvolto le classi in attività che prevedessero l'uso dei dispositivi (74%) per la *creazione* di artefatti digitali di vario genere nel 57% dei casi, organizzando il lavoro in piccoli gruppi (48%). Infine, la fase ristrutturativa ha visto usare le tecnologie nel 63% dei casi (N=28), solitamente per la *presentazione* (42%) e la *condivisione* (21%) - alla LIM e/o tramite app per l'archiviazione - degli artefatti precedentemente prodotti, e in alcuni casi anche per la creazione di mappe concettuali per la *comprensione* (12%). Come si può notare, l'insegnante torna nella Fase 3 ad essere il protagonista dell'azione didattica (30%), per tirare le somme di quanto emerso.

La maggior parte delle attività si è svolta alla LIM (75%) e al PC (62%), spesso a uso esclusivo dell'insegnante. È il caso delle attività di avvio dell'EAS e di ristrutturazione. Gli studenti sono attivi anche tramite tablet (45%) o smartphone (13%); è interessante notare che i due device sono molte volte utilizzati in modo indistinto, come fossero dispositivi alternativi, e non in base alle peculiarità dell'uno o dell'altro; ciò avviene soprattutto quando si fa ricorso al BYOD o quando le attività sono da svolgersi in domestico. La tipologia dei dispositivi utilizzati non è però stata sempre specificata: nel 32% dei casi, ovvero in 27 progettazioni, non è stato dato questo tipo di indicazione; inoltre, nel 20% dei casi (N=17) il device è stato menzionato solo per alcune attività, ma non per altre. Una tale mancanza si potrebbe riflettere inevitabilmente sulla replicabilità della progettazione: più una proposta è dettagliata, più se ne riescono a cogliere le dinamiche, i processi e i significati.

Come si può intuire dai dati commentati fin qui, la tecnologia è stata usata per lo più come strumento (Fase 1=76%; Fase 2=54%; Fase 3=48%) e al più come ambiente (Fase 1=27%; Fase 2=26%; Fase 3=15%), anche se in meno del 30% dei casi. In realtà, leggendo le progettazioni, si intuisce che le classi hanno fatto ricorso alle tecnologie nella loro accezione di *ambiente* più spesso di quanto non sia stato dichiarato - ad esempio nell'adozione di applicativi come Google Drive o Dropbox come repository di classe - ma il loro uso è stato il più delle volte dato per scontato, come già si faceva notare sopra. La tecnologia ha funzionato sempre da ambiente, per ovvie ragioni, nei casi di dichiarata didattica a distanza (N=4). La funzione di *tessuto connettivo* (Fase 1=0%; Fase 2=7%; Fase 3=11%) è invece un'opportunità ancora poco accolta, se non per condividere il frutto del lavoro degli studenti con tutte le classi dell'Istituto o con il territorio.

4. *Rilievi conclusivi*

L'analisi condotta richiama alcuni elementi di sintesi e conclusioni che aprono nuove possibili piste di lavoro e ricerca.

Dell'analisi quantitativa è interessante far notare almeno tre aspetti. In prima battuta, lo spazio che il metodo occupa quando viene scelto come oggetto dell'articolo non è secondario, non è semplicemente uno spunto, ma è di rilievo, vuole essere protagonista. Forse a motivazione del fatto che il metodo, al compimento dei suoi primi dieci anni, lascia ancora occasioni di riflessione teorica e progettuale, non è saturo né autoesplicativo, ma necessita e richiede continuo pensiero per migliorarsi. In secondo luogo, la presenza del metodo, anche in rubriche non meramente dedicate alla progettazione, permette di rilevare come risulti una cornice fluida capace di adattarsi a diversi contesti per trattare più argomenti; non assume le sembianze di un rigido meccanismo da applicare, quanto piuttosto quelle di un dispositivo caratterizzato da flessibilità. Il terzo livello apre spazi di riflessione intendendo l'EAS come organizzatore professionale in grado di interrogare ogni volta il docente: lo dimostra il fatto che gli autori degli articoli presentano una varietà professionale dove la teoria e la pratica sono in continua evoluzione reciproca e necessitano l'una dell'altra per poter costruire una trama didattica efficace.

L'analisi qualitativa restituisce spunti di riflessione interessanti che si innestano in continuità con il momento quantitativo. Innanzitutto, notiamo che il docente che sceglie di lavorare per EAS e di avvalersi delle potenzialità offerte dalle tecnologie, spesso lo fa in tutte le fasi dell'EAS, quasi come fosse una postura, come se gli strumenti contenuti nella sua cassetta degli attrezzi fossero diventati compagni di viaggio. È anche vero, tuttavia, che non in tutte le occasioni le potenzialità della tecnologia sono state sfruttate al meglio, e quindi con una precisa intenzionalità didattica: la tecnologia non rappresenta un valore aggiunto di per sé, va correttamente socializzata; solo se racchiusa in un'unità di intenti, può rappresentare un potenziatore dell'azione didattica e degli apprendimenti da essa generati.

IX

L'attività di formazione sugli EAS condotta dal CREMIT

Michele Marangi, Nicola Scognamiglio, Camilla Zabaglio[1]

In queste poche pagine riassumiamo l'esperienza che il CREMIT ha realizzato dal 2015 a oggi per quanto riguarda la formazione sugli EAS. Tale formazione si è rivolta ai docenti, ma non solo, perché in alcuni casi ha visto coinvolte figure diverse presenti in alcune associazioni educative. Per introdurci al tema riteniamo innanzitutto necessario presentarne una mappa generale per evidenziare come questa attività di formazione si sia distribuita sul territorio nazionale (cfr. Tabella 1 a p. 224), ricordando che i dati sui quali basiamo le nostre osservazioni sono ricavati dal database del CREMIT, nel quale sono state raccolte, volta per volta, tutte le formazioni realizzate.

Come si può notare, le scuole coinvolte nella formazione sono per la stragrande maggioranza scuole statali (il 92%, e cioè 47 scuole su un totale di 51); solo una scuola è paritaria e solo tre sono Associazioni educative. Di queste 51 scuole poi, anche in questo caso, la stragrande maggioranza (il 90%, e cioè 46 scuole) fanno parte di istituti comprensivi che al loro interno raccolgono scuole dell'infanzia, scuole primarie e scuole secondarie di primo grado. Solo 5 scuole (il 9,8%) sono secondarie di secondo grado. L'ultimo dato che la tabella presenta è relativo alla distribuzione sul territorio nazionale: questo dato suggerisce che per la grande maggioranza le scuole sono concentrate al Nord (84% e cioè 43 scuole), 5 sono situate al Sud e nelle isole (9,8%) e solo 3 (5,8%) si collocano in Italia centrale.

Per quanto riguarda la concentrazione della formazione, nella maggioranza presso le scuole statali, crediamo di poterne individuare la ragione nel grande sforzo finanziario, e non solo, che il Ministero della Pubblica Istruzione ha realizzato soprattutto in riferimento alla formazione docenti, negli aspetti didattici e metodologici necessari per rispondere alle urgenti sfide della digitalizzazione della scuola.

Per quanto riguarda invece il poco peso che gli istituti di istruzione secondaria hanno rispetto agli altri ordini di scuola, crediamo che le ragioni siano da ricercare in quell'antica abitudine dei docenti delle "superiori" di guardare con sospetto e diffidenza

[1] Concettualizzazione, cura e analisi dei dati, impostazione metodologica, scrittura, tutto a responsabilità condivisa; revisione, editing e supervisione scientifica, P.C. Rivoltella.

agli aspetti didattici per soffermarsi maggiormente sulle questioni contenutistiche e più specificatamente disciplinari.

Per quanto riguarda invece l'alta concentrazione della formazione EAS nelle regioni settentrionali, pensiamo che i motivi più probabili siano da individuare nel modello di formazione (che spiegheremo con maggiori dettagli in seguito) che, distribuito e dilatato nel corso di più settimane (generalmente quattro incontri separati nel tempo), ha costituito per diverse scuole un ostacolo sia di ordine finanziario che organizzativo.

MAPPATURA SUL TERRITORIO ITALIANO		
ISTITUZIONI SCOLASTICHE NELLE QUALI SI È SVOLTA UNA FORMAZIONE EAS DAL 2015 AL 2022	51	
SCUOLE STATALI	47	92%
SCUOLE PARITARIE	1	1,9%
ASSOCIAZIONI EDUCATIVE	3	5,8%
ISTITUTI COMPRENSIVI	46	90%
ISTITUTI SCUOLA SECONDARIA 2° GRADO	5	9,8%
ITALIA SETTENTRIONALE	43	84%
ITALIA CENTRALE	3	5,8%
ITALIA MERIDIONALE E ISOLE	5	9,8%
N° TOTALE DOCENTI (raggiunti dalla formazione nel processo di disseminazione dell'esperienza all'interno di ogni istituzione scolastica)	5.260[2]	
N° TOTALE ALUNNI (raggiunti dalla formazione nel processo di disseminazione dell'esperienza all'interno di ogni istituzione scolastica)	40.703[3]	

Tabella 1: La mappatura della formazione CREMIT sugli EAS

[2] Dati ricavati dal sito: https://cercalatuascuola.istruzione.it/cercalatuascuola/ scuola in chiaro. Il progetto "Scuola in chiaro" nasce nel 2011 per rispondere all'esigenza di mettere a disposizione della collettività tutte le informazioni disponibili relative alle scuole italiane di ogni ordine e grado, in una forma organica e strutturata. La base informativa che alimenta l'applicazione è costituita da dati già presenti nel sistema informativo del MI (continuamente aggiornati) e dalle informazioni inserite da ciascuna istituzione scolastica attraverso le funzioni presenti sul portale SIDI.

[3] Dati ricavati dal sito: https://cercalatuascuola.istruzione.it/cercalatuascuola/ scuola in chiaro.

1. Il modello della formazione EAS: teoria, pratica, riflessione in azione

La formazione che il CREMIT, nel corso degli anni, ha offerto alle scuole per quanto riguarda gli EAS si è organizzata prevalentemente attraverso una serie di incontri (nella gran parte dei casi tre o quattro) dove, a un primo di presentazione generale e teorica, ne sono seguiti altri due, generalmente a distanza settimanale, in cui i docenti sono stati invitati a progettare un loro EAS seguendo una matrice predisposta. (Tabella 2)

Target		
Disciplina/e coinvolte		
Traguardo/i di competenza		
Dimensione/i di competenza		
Indicatori		
Materiali necessari		
Titolo dell'EAS		
Fasi	Progettazione	Tempo assegnato
Preparatoria [Logica didattica: problem setting] Attività in anticipo Framework Stimolo Consegna (dell'attività da fare in classe)		
Operatoria [Logica didattica: learning by doing] Gestione dell'attività di produzione		
Ristrutturativa [Logica didattica: reflective learning] Debriefing Lezione posteriori		
Valutazione	Fase operativa Check-list di osservazione - docente Fase ristrutturativa Rubrica di valutazione - docente	

Tabella 2: La matrice per la progettazione degli EAS

Gli insegnanti, secondo questo modello di formazione, sono sempre stati considerati docenti progettisti a tutti gli effetti: ricercatori sul campo che, attraverso le loro competenze professionali, organizzano il loro lavoro in classe in modo simile a quello di un *designer*, attraverso le fasi più significative della progettazione didattica (trasposizione, regolazione e messa in forma). Nella scuola tradizionale il docente si caratterizza, naturalmente fatta una serie di eccezioni, per il suo ruolo di dispensatore di sapere e gli studenti, a loro volta, per essere considerati nella quasi generalità, come tabulae rasae, materiali viventi da formare, forgiare. Il modello pedagogico e didattico del CREMIT ha sostituito la figura del docente esecutore con quella del docente progettista che organizza il suo lavoro secondo un percorso tripartito (Smonta/Rimonta/Pubblica). Quest'idea è in linea con la logica del Design for Learning di Diana Laurillard (2012) e con il framework Multiliteracy del *New London Group* (Cope, Kalantzis, 2009). La progettazione può avvenire a livello individuale o di gruppo e può essere di tipo disciplinare o interdisciplinare. Nell'ultimo incontro - il quarto, generalmente collocato a distanza di almeno un mese, affinché i docenti possano realizzare con i loro studenti ciò che hanno progettato in formazione - gli insegnanti restituiscono l'esperienza realizzata in classe, procedendo attraverso osservazioni e riflessioni e individuando punti di forza e di debolezza presentati attraverso una matrice SWOT (Tabella 3) appositamente predisposta. L'analisi SWOT, come è noto, si basa su un quadrante diviso in quattro campi dedicati rispettivamente ai punti di forza (Strenghts), ai punti di debolezza (Weaknesses), alle opportunità (Opportunities) e alle minacce (Threats) che si possono rilevare in una certa situazione o che si possono utilizzare per valutare un'esperienza.

PUNTI DI FORZA (Strenghts) Come possiamo utilizzare e sfruttare ogni forza? Quali sono i vantaggi dell'EAS? Cosa viene svolto in modo efficace nel tuo segmento di insegnamento?	**PUNTI DI DEBOLEZZA (Weaknesses)** Come possiamo migliorare ogni debolezza? Cosa si può migliorare? Cosa si dovrebbe evitare del metodo EAS?
OPPORTUNITÀ (Opportunities) Come si può sfruttare e beneficiare di ogni opportunità? Quali possibilità vengono offerte dal metodo e possono offrire occasioni di sviluppo?	**PERICOLI (Threats)** Come possiamo ridurre ciascuna delle minacce? Quali rischi da valutare e da affrontare, perché potrebbero peggiorare e rendere critica una situazione didattica?

Tabella 3: La matrice per l'analisi SWOT

In altri casi ai docenti è stato chiesto di presentarsi all'ultimo incontro per discutere della propria sperimentazione in classe dopo aver compilato un diario di bordo (Tabella 4) affinché la restituzione potesse seguire un discorso condiviso.

DIARIO DELL'INSEGNANTE Titolo dell'EAS: .... Classe e studenti coinvolti: .... Insegnanti coinvolti: .... Disciplina/e: .... 1. L'attività in aula **A**. Racconta com'è andata la sperimentazione in classe. *Nel resoconto delle attività inserisci la documentazione di supporto (fotocopie/scansioni dei quaderni dei bambini, registrazione di dialoghi, fotografie o video…).* .... **B**. La progettazione EAS è stata seguita nella sua versione originale o hai apportato modifiche durante il suo sviluppo rispetto alla fase di progettazione iniziale? Se sono state apportate modifiche, indica quali e perché. .... 2. Quali elementi di positività segnali siano avvenuti durante lo svolgimento dell'attività didattica per EAS? *Nel rispondere alla domanda pensa agli alunni (se hai osservato o loro hanno osservato cambiamenti), all'azione didattica e a ciò che l'EAS ti ha consentito di realizzare in più/diversamente rispetto alle metodologie didattiche che abitualmente utilizzi.* .... 3. Quali difficoltà hai incontrato (se ne hai incontrate) durante l'attività didattica? Cosa hai modificato nella tua azione didattica per rispondere a tali difficoltà? .... 4. Alla luce dell'esperienza compiuta, cosa pensi di modificare nelle future progettazioni EAS? Quali attenzioni terrai? ....

Tabella 4: Il diario di bordo dell'insegnante

In diversi casi, quando le condizioni lo hanno permesso (competenze tecnologiche, aule con strumentazioni multimediali, disponibilità alla sperimentazione dei docenti), la formazione si è svolta presentando agli insegnanti un EAS precedentemente progettato dai formatori. In altre parole, ai docenti è stato offerto un modello di formazione laboratoriale (Lodrini, 2004), non direttivo, centrato sui seguenti punti:

- apprendere dalla propria esperienza;
- diventare allievo per progettare una propria didattica;
- riutilizzare l'esperienza nel lavoro in classe.

In altri casi ancora[4] si è ricorso all'uso di *Narrazioni AudioVisive* (d'ora in avanti NAV), un Ambiente d'Apprendimento in remoto progettato da Nicola Scognamiglio (2017) e reso disponibile sul sito del CREMIT[5].

NAV può essere utilizzato dai docenti per strutturare una situazione didattica basata sugli Episodi di Apprendimento Situato, dagli studenti per inoltrarsi verso forme di apprendimento e di sapere enattivo e per realizzare compiti autentici, grazie all'uso delle Tecnologie digitali, all'utilizzo della rete e alla possibilità di essere individuati sul territorio attraverso i sistemi di geolocalizzazione e di geomapping messi in atto dai propri dispositivi mobili dotati di GPS.

NAV ha inoltre, tra i suoi scopi, anche quello di favorire una scrittura e una comunicazione multimodale (Scognamiglio, 2021) che non impoverisca le competenze scrittorie - riducendo lo scrivere stesso a pura didascalia, mero orpello a integrazione di altri linguaggi come ad esempio quello delle immagini, sia fisse che in movimento, o dei suoni - ma che invece restituisca una rinnovata attenzione all'intreccio di questi linguaggi, accedendo alle potenzialità espressive consentite dalle tecnologie digitali e dalla rete.

2. La progettazione degli Episodi di Apprendimento Situato

Per approfondire il quadro complessivo della formazione EAS realizzata in questi ultimi 9 anni abbiamo creduto opportuno individuare una serie di voci per analizzare l'insieme delle progettazioni realizzate dai docenti e in particolare abbiamo posto la nostra attenzione sugli aspetti che riguardano le discipline, le tecnologie utilizzate e gli ambienti di apprendimento. Ricordiamo qui, molto sinteticamente, che con *Ambienti di Apprendimento Significativo (AAS)* intendiamo riferirci a tutti quei luoghi, «sia fisici che mentali, dove coloro che apprendono possono lavorare aiutandosi reciprocamente, avvalendosi di una varietà di risorse e di strumenti informativi, attraverso percorsi di apprendimento guidato, percorsi tesi alla individuazione di problemi (*problem finding*) oltre che organizzati intorno alla soluzione dei problemi (*problem solving*)» (Scognamiglio, 2017).

Un obiettivo tra i più importanti che si possono perseguire negli AAS è quello di offrire interpretazioni multiple e complesse della realtà, evidenziandone le molteplici e svariate relazioni, nel tentativo di restituire ipotesi di lettura e di costruzione che si modellano sulla complessità del reale. Un'altra importante caratteristica è quella che identifica il focus di questi ambienti sulla produzione e non sulla riproduzione.

[4] Tra questi: Istituto Rallo di Favignana, Istituto Pipitone di Marsala, Cometa Fondazione di Como, IC di Chiavenna, scuola polo di Orzinuovi, Istituto 2° Kennedy di Pordenone.

[5] L'ambiente al quale facciamo riferimento è *Narrazioni AudioVisive* e può essere visitato al seguente link: https://pav.cremit.it/.

Ciò che caratterizza poi la significatività degli AAS è da individuarsi nel fatto che i percorsi di studio non si basano su procedure imitative, dove il sapere è "sapere inerte", "reificato", ma su processi dove ogni conoscenza, rimandando a conoscenze pregresse, da queste e con queste genera nuovo sapere, nuovi percorsi di apprendimento. L'analisi che presentiamo riguarda la progettazione di 462 Episodi di Apprendimento Situato realizzati dai docenti che hanno partecipato alla formazione EAS del CREMIT; inoltre, abbiamo integrato il corpus di EAS studiati con quelli presentati in occasione dei concorsi annuali legati al tradizionale appuntamento bresciano dell'EAS Day. Riportiamo i soli dati in percentuale affinché l'esposizione possa risultare più snella e chiara.

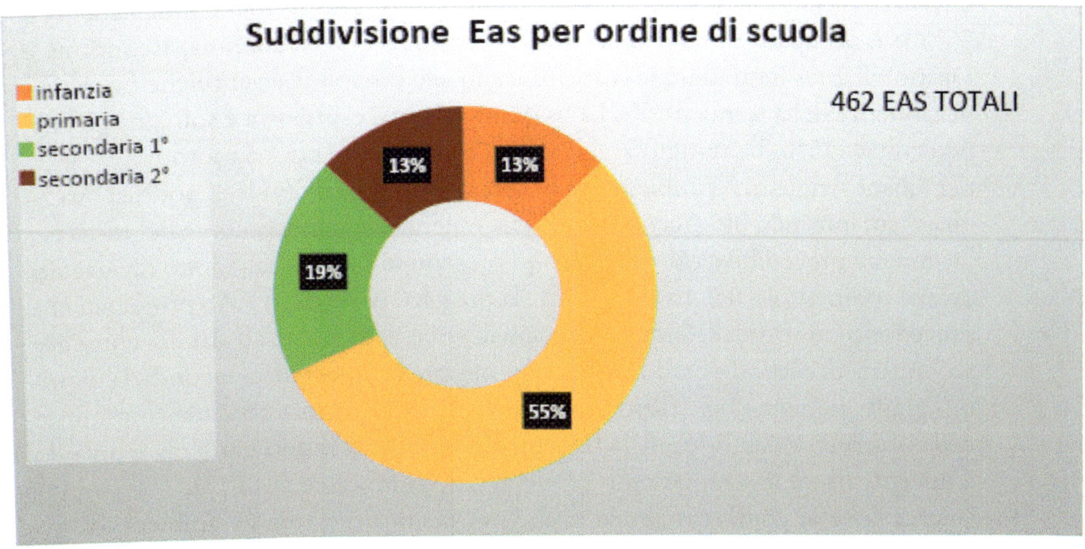

Figura 1 - Distribuzione degli EAS analizzati per ordine di scuola

Come si può notare, più della metà delle progettazioni riguardano la scuola primaria, seguite dal 19% realizzate da docenti della secondaria di primo grado. Infanzia e secondaria di secondo grado occupano ciascuna il 13%.

Le variabili della tabella 5, invece, ci hanno guidato nell'analisi delle singole progettazioni.

Tipologia di scuola	**Progettazioni**	**Disciplina/e**	**Tecnologie**	**Ambiente di apprendimento**
- infanzia - primaria - secondaria di primo grado - secondaria di secondo grado	disciplinari interdisciplinari	umanistiche linguistiche espressive scientifiche motorie	tradizionali digitali	in presenza - tradizionali - innovativi in remoto

Tabella 5: i criteri di analisi delle progettazioni EAS

Di seguito alcune parziali conclusioni che si possono ricavare da una prima analisi del corpus:

- più dell'88% degli EAS sono stati progettati in piccoli gruppi (3 o 4 docenti). Questo dato conferma una delle caratteristiche degli EAS che consiste proprio nella capacità di favorire metodi di lavoro collaborativi;
- il 64% degli EAS sono stati progettati in modo interdisciplinare e anche questo dato conferma quanto appena affermato e cioè che i docenti hanno individuato nella struttura dell'EAS un dispositivo particolarmente adatto per superare i confini delle singole discipline ed elaborare progettazioni collaborative e interdisciplinari;
- il 35% degli EAS ha affrontato argomenti relativi alle discipline umanistiche, il 25% si è occupato di tematiche storico-sociali (Storia, Geografia, Economia e Diritto), il 20% ha trattato argomenti legati alle discipline scientifiche (matematica, scienze della terra), il 15% ha lavorato sull'area espressiva e solo una piccola percentuale (5%) ha trattato argomenti relativi all'educazione motoria[6];
- per quanto riguarda l'impiego delle tecnologie digitali (video, podcast, webquest, siti internet, blog, ecc.), il dato che emerge suggerisce, come del resto era facilmente prevedibile, che queste sono presenti in percentuali molto diverse nei diversi ordini scolastici. In particolare, la maggior parte degli EAS progettati che prevedono un uso delle tecnologie digitali sono stati realizzati dai docenti della secondaria di secondo grado e in misura minore da quelli della secondaria di primo grado. Le tecnologie digitali sono presenti nella scuola primaria soprattutto nella prima fase dell'EAS, nella fase anticipatoria, e in modo particolare quando il docente presenta l'argomento grazie al video-stimolo e alla LIM;
- la situazione si conferma simile anche per quanto riguarda gli ambienti di apprendimento[7]. Il 95% delle progettazioni realizzate dai docenti della secondaria di secondo grado ha fatto uso di Ambienti d'Apprendimento digitali, mentre la percentuale si abbassa al 40% delle progettazioni per quanto riguarda gli insegnanti della secondaria di primo grado.

[6] Queste percentuali sono relative al totale delle progettazioni analizzate (462). Le cifre si modificano leggermente quando le leggiamo disaggregate per ordini di scuola. Possiamo infatti affermare che le progettazioni realizzate dai docenti delle scuole primarie e dell'infanzia, vedono percentuali più alte sia per quanto riguarda le discipline espressive che per quelle motorie.

[7] Già abbiamo chiarito, in modo molto sintetico, cosa si intenda con Ambiente d'Apprendimento. Qui precisiamo che la nostra analisi ha rilevato le diverse percentuali di impiego nelle progettazioni EAS degli ambienti in presenza, più tradizionali, rispetto agli ambienti digitali in remoto, più innovativi (ad esempio Google class, Drive, le piattaforme CMS, i blog, i siti di classe ecc.).

3. Formazione EAS e PTOF

Nella Tabella 6 abbiamo raccolto i dati che restituiscono la presenza di indicatori riconducibili alla metodologia EAS presenti, a volte anche a più riprese, in tutti i 51 PTOF degli istituti presso i quali il CREMIT ha realizzato la formazione EAS.

Il nostro interesse è quello di leggere, attraverso i dati, come e quanto la formazione abbia lasciato, anche da un punto di vista meramente istituzionale, un segno visibile nel documento programmatico più importante di una scuola, il PTOF appunto. A tal proposito abbiamo richiamato[8] gli elementi che ci sembrano essere essenziali all'interno della progettazione di un EAS e che possono essere stati ripresi dai docenti che hanno seguito la formazione del CREMIT.

Il **docente progettista**: l'insegnante è considerato, a tutti gli effetti, un ricercatore sul campo che, attraverso le sue competenze di designer (Laurillard, 2012; Cope, Kalantzis, 2009), organizza il suo lavoro secondo un percorso tripartito (Smonta/Rimonta/Pubblica) che si divide in:

- una prima fase, preparatoria, nella quale allestisce e predispone i materiali e il setting di lavoro;
- una fase intermedia, operatoria, in cui chiede ai suoi studenti di procedere alla ricerca e alla realizzazione degli artefatti:
- una fase conclusiva, chiamata ristrutturativa, dove chiede ai suoi studenti di pubblicare i loro artefatti cognitivi e dove grazie al Debriefing si fa il punto della situazione procedendo attraverso riflessioni metacognitive ad analizzare il percorso e a rilanciare la ricerca, anche attraverso la progettazione di nuovi EAS.

La **lezione capovolta**: una delle caratteristiche salienti degli EAS è quella di fare riferimento e di consentire il realizzarsi della cosiddetta "lezione capovolta" dove il docente non trasmette il suo sapere ma, dopo aver distribuito specifici materiali e documenti alla classe, attende che questa elabori e produca artefatti cognitivi originali e allo stesso tempo personali. Il docente EAS quindi confida nelle capacità e nelle risorse dei suoi studenti di apprendere e di produrre nuovo sapere, sia a livello individuale che collettivamente, naturalmente a patto che questi siano ben coordinati e supportati.

L'**autorialità**. Un EAS progettato con cura e con attenzione darà allo studente la possibilità di agire in prima persona e di esprimersi grazie alla sua creatività perché la conoscenza che si realizza lungo il suo percorso niente ha a che vedere con la semplice acquisizione passiva di informazioni, di nozioni, e non si avvicina per nulla a processi

[8] I sei elementi costitutivi del dispositivo EAS su cui abbiamo basato l'analisi sono una rielaborazione sintetica di quanto scritto in Scognamiglio (2017).

di apprendimento basati su ripetizioni mnemoniche di informazioni o su conoscenze già pre-confezionate, predisposte dal docente. Nel corso del suo svolgersi tripartito, attraverso il suo "ritmo ternario" (fase preparatoria, operatoria e ristrutturativa), l'E-AS chiederà allo studente di iniziare a lavorare su un oggetto culturale "incompiuto", "indefinito": lo studente procederà nella fase preparatoria a operare sull'oggetto in questione, analizzandolo, smontandolo e studiandolo nelle sue parti costitutive e giungerà a rimontarlo poi nella fase operatoria. Tale oggetto sarà - al termine del processo, nel momento cioè del debriefing - consegnato alla classe e si presenterà arricchito di elementi e significati nuovi, assolutamente personali, soggettivi e verrà ulteriormente ridefinito dal contributo collaborativo che emergerà con il resto della classe stessa.

Compito autentico e **valutazione diffusa**: gli artefatti cognitivi prodotti dagli studenti rappresentano la parte più significativa del compito autentico, sempre concepito in situazione. A più riprese sono state evidenziate quelle caratteristiche che fanno degli Episodi di Apprendimento Situato, a tutti gli effetti, dei veri e propri embedded task: percorsi che funzionano «allo stesso tempo come attività didattica da far svolgere allo studente e come prova di verifica» (Rivoltella, 2013). Per quanto riguarda il sistema di valutazione di simili compiti autentici, gli embedded task, è necessario fare riferimento a quanto stabilito dalle nuove forme di valutazione che vanno a sostituire la vecchia cultura del testing, forme che vengono definite come Embedded Assessment. Questa nuova tipologia di valutazione si attua quando gli apprendimenti dello studente sono "visibili" nelle sue prestazioni ordinarie: l'Embedded Assessment è una valutazione in cui «le opportunità di valutare il progresso e la prestazione dello studente sono integrate nei materiali didattici e sono virtualmente indistinguibili dalle ordinarie attività che si svolgono in classe» (Wilson, Sloane, 2000). Ogni Episodio di Apprendimento Situato viene valutato con la logica della valutazione diffusa, logica che restituisce al docente la possibilità di distribuire in tutto il percorso dell'EAS momenti successivi di valutazione.

Le **Tecnologie Digitali**: in linea di principio un Episodio di Apprendimento Situato si può realizzare anche senza fare ricorso alle Tecnologie Digitali. È vero infatti che «l'innovazione non passa per forza dall'adozione del digitale» (Rivoltella, 2016), perché più importanti degli strumenti rimangono sempre le pratiche e le riflessioni sulle stesse operate dai docenti. Allo stesso tempo, però, non bisogna dimenticare che uno degli obiettivi più importanti degli EAS è quello di riuscire a ricondurre a sistematicità il sapere informale e non formale che gli studenti posseggono, soprattutto grazie all'uso extrascolastico delle Nuove Tecnologie (rete, dispositivi mobili e altro). Risulta quindi evidente quanto le Tecnologie Digitali non solo possano rientrare a pieno titolo all'interno della progettazione di un Episodio di Apprendimento Situato, ma partecipino in modo determinante a rendere l'EAS particolarmente efficace e adatto per risolvere il gap tra formale e informale, tra la scuola e l'extrascuola. È sempre Rivoltella (2016) che riprende e sottolinea le considerazioni di Pachler sull'apprendimento che si realizzerebbe attraverso l'uso didattico dei dispositivi mobili e che servirebbe a «integrare apprendimenti formali e informali, [...] a predisporre passerelle conversazionali, [...] a favorire il riutilizzo in scuola delle competenze mediali degli studenti, [...] a generare apprendimento e contesti mediali, [...] a costruire contesti interattivi, [...] a costruire infine episodi di apprendimento situato».

Microlearning: gli EAS sono pensati per far lavorare gli studenti su contenuti ben delimitati, attraverso attività a loro volta ben circoscritte anche da un punto di vista dei tempi, al fine di arginare il pericolo di prolungare oltremodo il percorso di ricerca, prolungamento che spesso produce disattenzione, poca incisività, dispersività. Didattica breve quindi, ma mai veloce: anzi meglio sarebbe definire la didattica all'interno della quale si inseriscono gli EAS come didattica lenta (Criscione, 1998; Perticari, 1996), una didattica che possa restituire incisività e attenzione all'oggetto di studio e contemporaneamente di questo non perda il senso della complessità. Una didattica in cui il docente e i suoi studenti abbiano la possibilità di orientarsi e di ri-posizionarsi anche in conseguenza delle trasformazioni avvenute con i loro agire diversi, una didattica che utilizzi gli Episodi di Apprendimento Situato per consentire agli studenti di acquisire sapere attraverso la loro esperienza. EAS costruiti dunque secondo le regole del microlearning: brevi ma ripetibili, sintetici ma semplessi, circoscritti ma densi, limitati ma generativi.

In linea di massima, quindi, è probabile che i singoli docenti che hanno partecipato alla formazione, per quanto abbiano in seguito assunto nel loro lavoro in classe la metodologia EAS, non si siano però preoccupati di chiederne il riferimento e l'inserimento nel PTOF stesso: questo spiegherebbe il numero esiguo (solo 4) di riferimenti da noi riscontrato. Per altro la tabella dice che tutta una serie di pratiche didattiche - che comunque sono parti costitutive e significative degli Episodi di Apprendimento Situato - sono diffusamente menzionate all'interno del documento programmatico[9]. È sicuramente questo il caso della "lezione capovolta" (presente 5 volte), o della particolare attenzione data al laboratorio (presente 8 volte) come dispositivo didattico strategico per consentire e favorire capacità di espressione e di ricerca, nonché di autorialità (presente 5 volte)

[9] Siamo del resto confortati in questa nostra interpretazione da quanto emerge da una intervista alla Dirigente Maria Elena Colombai della Scuola Primaria Carducci di Fucecchio che, tra le altre cose, dice: «Nella nostra scuola grazie al metodo EAS è diventato meno doloroso e più sereno il passaggio dalla didattica tradizionale a quella attiva. C'è ancora lavoro da fare, ma il percorso è avviato in modo sereno e non imposto. Il metodo è stato utilizzato in tutte le sue parti anche se la fase che ha riscontrato maggiori problemi è stata quella ristrutturativa in quanto i docenti non erano abituati al *debriefing* e alla pratica dell'autovalutazione». E più oltre: «dopo aver osservato il lavoro svolto da alcuni miei docenti posso concludere che l'Istituto pur non essendo propriamente una scuola EAS, ha tutte le potenzialità affinché questa metodologia possa ulteriormente generalizzarsi».

da parte di tutti gli studenti. Gli Ambienti di Apprendimento - individuati come luoghi fisici e mentali idonei a progettare per competenze, in modo interdisciplinare e in modo collaborativo - sono menzionati cinque volte e le Tecnologie Digitali rientrano nei "modelli che si avvalgono di metodologie innovative e digitali" (presenti 4 volte). Infine vi è un ripetuto richiamo alla necessità di progettare compiti Autentici (presenti 5 volte) e di utilizzare forme di *Embedded Assessment* e di valutazione diffusa (presenti 4 volte).

ANALISI DEI PTOF DELLE SCUOLE COINVOLTE NELLA FORMAZIONE	
INDICATORI RICONDUCIBILI ALLA METODOLOGIA EAS PRESENTI NEI PTOF	PRESENZA[10]
• Introdurre nuovi modelli didattici che si avvalgono di metodologie innovative e ambienti di apprendimento anche digitali per l'attivazione di competenze	4
• "Aprire" laboratori e attività laboratoriali sollecitando le propensioni personali e le dinamiche relazionali e cooperative (cooperative learning, flipped classroom, drammatizzazioni, letture ad alta voce, realizzazione di prodotti multimediali, etc.)	8
• Prestare particolare attenzione alla cura dell'ambiente di apprendimento, come contesto multicomponente e flessibile, dove acquistano senso proprio tutti gli elementi (spazi, tempi, metodologie, strumenti) che concorrono a costruire un processo di apprendimento significativo, al centro del quale colloca l'alunno come soggetto attivo che partecipa e crea prodotti autoriali	5
• Introdurre nel triennio metodologie didattiche improntate sulla modalità flipped	5
• Progettare attività didattiche organizzate e svolte con modalità Learning By Doing: apprendimento attraverso il fare, l'operare, l'agire	4
• Progettare EAS	4
• Progettare Compiti Autentici e di Realtà	5
• Utilizzare valutazioni Formative e valutazioni Diffuse	4
• Utilizzare Rubriche e Diari di Bordo	5

Tabella 6: Indicatori riconducibili alla metodologia EAS presenti nei PTOF

[10] In questa colonna abbiamo inserito il numero di volte che l'indicatore è stato individuato nei 51 PTOF analizzati.

4. Formazione EAS e Media Education

Fino a non molti anni fa la Media Education poteva sembrare un campo di ricerca e di studi riservato a pochi specialisti o all'ambito più specificamente espressivo e comunicativo. Oggi sarebbe perlomeno miope non cogliere quanto possa essere utile in una logica interdisciplinare e trasversale ai differenti gradi scolastici (Marangi, 2004).

In questa prospettiva gli EAS hanno spesso una valenza spiccatamente media educativa, anche quando apparentemente non se ne occupano in modo diretto.

L'approccio mediaeducativo non va inteso solo per imparare ad analizzare e interpretare i media, ma anche per sviluppare una prospettiva più ampia di sviluppo di una dimensione di cittadinanza attiva e consapevole, a scuola, in famiglia e con i propri pari.

In un'epoca di profonde e rapide trasformazioni, una certezza si delinea in modo netto: è necessario pensare in termini di New Literacies (Rivoltella, 2020), per cui i media digitali appaiono sempre meno come una dimensione puramente tecnologica o riducibile a degli strumenti o a specifici ambienti di lavoro. Viceversa, si configurano sempre più come un tessuto connettivo che struttura e articola ogni gesto del nostro quotidiano, anche quando non si manifesta esplicitamente: trasforma la percezione dello spazio e del tempo, rimodella i concetti di realtà e di verosimile, ridefinisce il senso di pubblico e privato, destruttura e ricompone in forme sempre nuove le relazioni tra persone, accelera e ritma in modi differenti il flusso di informazioni e di conoscenze.

La Media Education che emerge dagli EAS appare organica alla didattica e intrecciata con tutti i saperi disciplinari e si esprime attraverso molteplici dimensioni (Rivoltella, 2017).

L'educazione ai media stimola l'analisi dei linguaggi e il senso critico verso i contenuti veicolati; l'educazione con i media utilizza gli audiovisivi e il web come strumenti da integrare nel bagaglio formativo tradizionale; l'educazione per i media realizza prodotti nell'ottica dell'imparare a leggere i media esprimendosi con essi (*learning by doing*, imparare facendo); l'educazione nei media è lo spazio in cui il digitale diventa l'ambiente su cui si impara, ci si confronta e in cui si generano apprendimenti partecipativi; l'educazione sui media promuove consapevolezza critica sull'ecosistema mediale e sugli stili di utilizzo corretti del digitale, imparando a conoscere anche ciò che non appare a prima vista, dal funzionamento degli algoritmi alla gestione dei big data.

La dimensione più rappresentata nella formazione CREMIT è quella dell'educazione con i media. Come si ricordava in precedenza, nella grande maggioranza degli EAS, durante la fase anticipatoria si utilizzano video di diverse tipologie o presentazioni multimediali che rivestono la funzione di stimolo e di attivazione per le attività successive. In molti casi si tratta di video tematici, documentativi o preparati appositamente dai docenti, con l'obiettivo di esplicitare e sintetizzare gli aspetti di contenuto che caratterizzano il lavoro da svolgere. Ma sono presenti anche video di finzione, spot pubblicitari, sequenze filmiche che non si limitano a un approccio illustrativo e talvolta didascalico ai temi trattati, ma propongono alle classi uno stimolo che permetta di riflettere anche sulle forme narrative e sulle grammatiche stilistiche.

In questa direzione si esplicita la dimensione di educazione ai media, che è presente in una parte minore ma significativa di EAS e prevede l'attivazione di capacità critica e analitica, sia del video stimolo che viene proposto, sia della successiva possibilità di selezionare e combinare immagini, musiche, parole durante la fase operatoria. Le produzioni diventano così l'obiettivo del percorso, da rielaborare poi nella fase ristrutturativa.

L'altra grande area mediaeducativa rappresentata nelle progettazioni realizzate durante la formazione CREMIT è quella dell'educazione nei media, che prevede l'utilizzo di strumenti tecnologici - proiettore, LIM e dispositivi digitali - ma anche la capacità di utilizzare programmi e app non solo in modo strumentale, ma considerando le potenzialità espressive e funzionali alla riuscita del percorso: mappe concettuali, app di coding, repository multimediali, programmi di grafica e di editing narrativo.

Non appare ancora compiutamente sviluppata, ma presenta significative esperienze, l'area dell'educazione per i media, con EAS che prevedono la realizzazione di un artefatto estetico narrativo ed espressivo come obiettivo chiave dell'intero percorso, e non solo come semplice presentazione del lavoro svolto. In questa prospettiva è interessante notare l'eterogeneità dei formati e degli stili sperimentati in tutti gli ordini di scuole: dagli audiolibri ai collage fotografici, dagli spot pubblicitari ai cortometraggi video, dalle sincronizzazioni sonore a veri e propri digital storytelling.

Con uno sguardo trasversale, è significativa la progressiva apparizione all'interno degli EAS di formati mediali che sono consumati abitualmente dagli studenti, quali serie televisive, film d'azione, videoclip. Non sono invece quasi mai considerati i videogiochi e i formati più tipici dei social media, considerando ovviamente solo la scuola secondaria.

5. Uno sguardo in prospettiva

Sarebbe interessante per il futuro sviluppare sempre più il legame tra EAS e consumi mediali degli studenti, per rafforzare ulteriormente non solo l'interesse e il coinvolgimento delle classi, ma anche la possibilità di intrecciare la dimensione formale con quella informale e di sviluppare capacità critiche e metariflessive che sono fondative e strutturali dell'idea stessa di EAS, in una prospettiva di terzo spazio di apprendimento.

Potter e McDougall (2017) propongono il concetto di "terzo spazio" come dimensione di co-costruzione e negoziazione dei significati. Può essere un luogo fisico oppure online, non necessariamente nello spazio scolastico, purché sia caratterizzato da dinamiche di aggregazione libera sulla base degli interessi delle persone, secondo le logiche degli apprendimenti non formali, e dalla possibilità di vivere la figura dell'adulto educatore al di fuori del ruolo codificato che lo vincola nei contesti formali. Ma può anche manifestarsi come vettorialità informale che si situa nell'ambito formale della scuola, per favorire il dialogo e lo scambio di competenze tra docenti e studenti, senza creare cortocircuito tra i ruoli formalizzati, ma viceversa facendo leva su alcune dimensioni tipiche della società digitale, dagli apprendimenti situati (Rivoltella, 2016), alla Media Education come prassi partecipativa (Jenkins, 2010), ai gruppi di affinità come comunità di pratica (Gee, 2007), ovvero contesti relazionali fisici o virtuali in cui si individuano, si attivano e si favoriscono processi di appropriazione tra pari, fondati su esperienze sperimentate in prima persona, considerando qui i pari come persone coinvolte nei medesimi contesti e interessi e non riduttivamente come semplici cluster anagrafici.

Nella strutturazione dei "terzi spazi" educativi proposta da Potter e McDougall, emergono tre importanti dimensioni socio-pedagogiche, che sono caratteristiche anche degli EAS.

In primis la dimensione collettiva e situata dell'apprendimento, in cui sono centrali spazi che risultino prossimali ai luoghi di vita delle persone, che imparano grazie a dinamiche collettive e non solo individuali.

In secondo luogo, la dimensione operativa delle pratiche di conoscenza, da declinare sia nell'appropriazione concreta e consapevole del consumo quotidiano degli strumenti e dei contenuti mediali e culturali, sia nella produzione di artefatti espressivi e narrativi che si inseriscono nel flusso comunicativo e relazionale.

Infine, l'attenzione alla dimensione della socio-materialità, ovvero all'importanza dei consumi sociali e culturali delle persone, compresi quelli mediali, nel loro presente, che vanno intesi come punto di partenza imprescindibile per poter articolare un effettivo processo di riflessione e di apprendimento sulle logiche che li caratterizzano, non limitandosi all'attivazione dello spirito critico, ma piuttosto allo sviluppo di una consapevolezza socio-culturale e di una competenza diffusa che permette di stimolare ulteriori capacità creative e attitudini progettuali.

Come si nota, in tutte e tre le dimensioni proposte risuonano molti dei temi qui affrontati per una nuova prospettiva di sguardo sugli EAS, in particolare rispetto a tre elementi:

- la dimensione partecipativa e interattiva, che trasforma il concetto di apprendimento, in una logica di competenza diffusa;
- le pratiche espressive e mediali come dinamica collettiva e condivisa, che permette una risonanza generativa nella capacità di trattare temi e di interesse comune;
- la relativa facilità e immediatezza nella creazione di produzioni estetiche, narrative e culturali, e nella loro discorsivizzazione, che permette di rendere concreta l'espressione di un proprio sguardo e punto di vista in una dimensione collettiva e interpersonale.

In questa prospettiva, la dimensione mediaeducativa degli EAS appare una caratteristica strutturale, che promuove cittadinanza attiva, consapevole e partecipativa, e non si limita al semplice utilizzo dei formati mediali.

Sarebbe interessante sviluppare ulteriormente l'analisi sulla percezione dei docenti rispetto a questa connessione "naturale" tra EAS e Media Education. Già in queste poche righe è emerso come in molti EAS l'utilizzo dei media è presente, ma rischia di restare strumentale e illustrativo, per semplificare concetti, proporre esempi, indicare possibili applicazioni operative.

In altri casi emerge l'intenzionalità consapevole da parte dei docenti di individuare aspetti tipici dei media, in concordanza con le caratteristiche degli EAS, in particolare rispetto allo sviluppo di competenze analitiche e critiche, di capacità creative e di consapevolezza riflessiva.

Dall'analisi delle esperienze realizzate in questi anni appare una progressiva crescita di EAS connaturati in modo naturale con le logiche media educative, che vanno oltre gli aspetti testuali, linguistici e narrativi, o quelli tematici, riferiti a uno specifico contenuto didattico, ma si strutturano sulle logiche tipiche dei media contemporanei e del digitale: la co-costruzione collettiva del significato, la consuetudine di interagire costantemente con le narrazioni e le rappresentazioni degli altri, il mix continuo tra linguaggi, stili e formati, l'unione tra pratiche di consumo quotidiane e informali con la capacità e il piacere di approfondire la conoscenza di ciò che interessa, apprendendo metodi e pratiche formalizzate.

In questo senso, potrebbe essere utile sviluppare in futuro i nessi tra EAS e Tecnologie di Comunità, Peer&Media Education e Digital Storytelling.

X

EAS e pratiche d'aula

Elena Valgolio, Rosaria Pace[1]

1. Il metodo e la sua rilettura

Il presente contributo intende approfondire gli aspetti didatticamente caratterizzanti e gli esiti dell'adozione del metodo in classe, attraverso tre macro aree di lavoro:

- in primo luogo il focus sarà sul processo di familiarizzazione con il metodo e sulla iniziale adozione delle fasi EAS all'interno della progettazione didattica, diremmo quasi i primi passaggi di "incorporazione" della logica tripartita del metodo nelle proposte di lavoro degli insegnanti. La domanda che guida la riflessione è: cosa accade quando un insegnante entra in contatto con una nuova risorsa metodologica, la elabora e la ingloba nella sua quotidianità in classe?
- La seconda area di lavoro riguarda l'adozione del metodo nella didattica agita e il riscontro con l'aula: la riflessione sul metodo si sposta quindi su quanto emerge dai diari di sperimentazione compilati dagli insegnanti e dalle loro narrazioni.
- La terza area, infine, prova a ricomporre lo scarto tra l'integrazione del metodo nella cassetta didattica e professionale dell'insegnante e la "prova dell'aula", l'impatto del metodo nella didattica agita, attraverso campi di indagine opportunamente selezionati.

Gli strumenti di rilevazione adottati (diario di sperimentazione, questionario ad hoc, riflessioni condivise post percorso di formazione) restituiscono una prospettiva chiara rispetto allo scarto tra la regia didattica e l'agito in aula, tra l'implicito e l'esplicito, tra le proposte indicate in fase di progettazione e le azioni didattiche messe in campo alla luce del nuovo dispositivo metodologico: il metodo EAS.

[1] Concettualizzazione: R. Pace; cura e analisi dei dati: E. Valgolio; impostazione metodologica: R. Pace, E. Valgolio. R. Pace ed E. Valgolio hanno condiviso la scrittura dei §§ 1, 2, 3, 4 e 5; revisione, editing e supervisione scientifica: P.C. Rivoltella.

2. *La fase dell'incorporazione*

Il primo asse dell'indagine, come si diceva, intende far luce sull'"incorporazione" del metodo EAS nella progettazione didattica degli insegnanti e nella concreta orchestrazione della lezione. Nei passaggi iniziali di familiarizzazione con il metodo, il primo elemento di riflessione è rappresentato dall'articolazione tripartita del percorso EAS, dalla sua ritmica organizzazione nei passaggi dell'anticipare, del produrre e del riflettere. Rispetto a tale dinamica, nell'ambito delle formazioni EAS, ci piace partire sempre riconoscendo le linee di continuità di questo valzer didattico con quanto agito o conosciuto dagli insegnanti: le dinamiche dell'anticipazione cognitiva con il richiamo alla logica *flipped*; il formato della produzione collaborativa durante la fase operatoria e l'accento in chiave riflessiva a conclusione del breve percorso didattico.

Quello che ci appare utile, tuttavia, è ricomporre la dinamica frammentaria dei riferimenti in un unicum procedurale, agganciare i passaggi in una visione interdipendente, non esclusiva né gerarchica. Da questa riflessione scaturisce la necessità di attivare una metariflessione post "alfabetizzazione" al metodo, cioè una richiesta esplicita agli insegnanti di ripensare ai passaggi più difficoltosi, agli esiti sorprendenti, alle criticità incontrate, ai riscontri favorevoli. Per ritornare sui nodi ostici e sui guadagni didattici nel passaggio dalla carta all'aula, dall'immaginato all'agito, dalla teoria metodologica alla pratica didattica. E così nel ricomporre quella continuità, si scorge lo scarto, emergono le *misconceptions*, si abilitano procedure oppure si rimuovono vecchie convinzioni.

Ad aiutarci in questa lettura sono due preziose risorse: un diario di sperimentazione, in grado di registrare e ri-leggere con lucidità "la prova dell'aula" e un questionario più dettagliato, attraverso il quale riflettere, tornare, riposizionare, confermare agiti e previsioni.

L'esperienza di progettazione e di raccolta di dati post sperimentazione in aula e la riflessione per opera degli insegnanti sono state realizzate in molte scuole sparse per il territorio nazionale. In questo breve contributo si farà sintesi delle più recenti evidenze registrate nei seguenti Istituti. Per ciascuna delle scuole citate sono state individuate alcune classi sperimentali che hanno seguito l'intero percorso di adozione del metodo EAS: dalla formazione didattica in chiave di progettazione, alla "prova dell'aula" del metodo, alla riflessione da parte dell'insegnante con la guida del questionario proposto.

Nella tabella che segue presentiamo una breve sintesi dei dati complessivi relativi al campione di riferimento: scuole coinvolte, tempistiche, aree di lavoro.

Scuole coinvolte	• *Liceo Russell - Cles (Val di Non)* • *IC Rizziconi - Reggio Calabria* • *IC Calcinato - Brescia* • *IC Trento 1 - Trento* • *Scuola Sacra Famiglia - Trento* • *Collegio Arcivescovile - Trento/Rovereto* • *Istituto Paritario Parrocchiale Maria Ausiliatrice - Luino (Varese)*
Classi sperimentali, docenti coinvolti, diari e questionari compilati	*Totale delle compilazioni del diario: 88* Scuola dell'infanzia: 6 Scuola primaria: 47 Scuola secondaria di I grado: 9 Secondaria di II grado: 26 *Totale compilazioni del questionario: 142* Scuola dell'infanzia: 13 Scuola primaria: 81 Scuola secondaria di I grado: 14 Secondaria di II grado: 34 Classi sperimentali (la stessa progettazione EAS è stata sperimentata in più classi): 102 Docenti coinvolti per ogni ordine e grado: 154
Periodo di riferimento	Febbraio 2021 - Gennaio 2023
Strumenti di rilevazione	• Un diario di bordo, estremamente agile e sintetico compilato dagli insegnanti a ridosso della sperimentazione in aula. • Un questionario di follow up più ampio e dettagliato come strumento di metariflessione sul metodo, compilato dagli insegnanti dopo la sperimentazione ed eventuale ritorno sulla progettazione dell'EAS (o degli EAS) testati in aula.
Macro aree di rilevazione	• Racconto esplicito dell'andamento della sperimentazione in classe • Eventuali revisioni/integrazioni della progettazione iniziale EAS • Riscontri in termini positivi dall'aula (approccio degli studenti, guadagni metodologici o in relazione alla prassi didattica) • Riscontri critici (difficoltà) e strategie o strumenti per risolvere tali criticità • Attenzioni da tenere nelle progettazioni future • Dinamiche di valutazione adottate • Approccio all'EAS lato studente rilevato • Regolazione didattica messa in campo • Gestione delle dinamiche di gruppo • Andamento dei passaggi di debriefing

Tabella 1: Sintesi dei dati complessivi relativi al campione di riferimento: scuole coinvolte, strumenti, aree di rilevazione

Il primo passaggio, quello che si citava come "incorporazione" del metodo, avviene sempre con la guida del formatore esperto di EAS, a partire da momenti di scoperta teorica del metodo e da sessioni laboratoriali di redazione collaborativa di un progetto EAS, guidato dal coaching del formatore. Durante le fasi di redazione di una prima progettazione EAS, con gli insegnanti vengono condivise le principali attenzioni didattiche e i possibili elementi critici, in modo da fornire ancoraggi concreti durante la prima esperienza di progettazione.

Figura 1: QR code relativo alla Guida alla progettazione di un EAS. Check list ad uso degli insegnanti - URL: bit.ly/41e0FS5

Gli incontri laboratoriali strutturati seguendo le logiche del metodo e la gestione attenta della fase di debriefing di ciascun incontro danno modo al formatore di valorizzare procedure, attenzioni e sviluppi a partire da ciascun gruppo di lavoro, e a beneficio di tutti. La regia della gestione del debriefing attiva il *modeling* tra gruppi, valorizza il riconoscimento del "signor errore" montessoriano e consente all'insegnante di riprendere in mano le proprie pratiche e di iniziare il primo passo di riconcettualizzazione rispetto alle assonanze che, di primo acchito, gli insegnanti ritrovano ed esplicitano nel "lo facciamo già da tempo".

Al termine degli incontri laboratoriali e prima della sperimentazione in classe, un ulteriore feedback puntuale permette agli insegnanti di portare in aula un EAS "chiavi in mano", da affidare alla prova della didattica agita.

Le risorse di rilevazione proposte (diario e questionario), infine, consentono agli insegnanti di entrare nella logica della documentazione di processo, valorizzando le peculiarità della progettazione dinamica e ricorsiva, punto di forza della proposta EAS.

Primaria Tomasi Villazzano	La Pianura Padana **EAS 2**	Feedback inserito direttamente nel file di progettazione. **In sintesi:** • Abbiamo rivisto le dimensioni di competenza. • Troverete alcune richieste di chiarimento relative alla fase preparatoria. • Molto bene la consegna della fase operatoria! • Mancherebbe la rubrica di valutazione, possibile inserirla?
	Albero delle potenze **EAS 3**	Feedback inserito direttamente nel file di progettazione. **In sintesi:** • Rivedere lievemente il framework concettuale, inteso come sintesi dei concetti portanti da presentare agli studenti. • Allegare le schede da consegnare agli studenti (fase operatoria).
	Storytelling con Scratch **EAS 4**	I commenti sono all'interno del file di progettazione. **In sintesi:** • Abbiamo rivisto alcuni indicatori di competenza. • Vi chiederemmo di rispondere alle domande inserite nei commenti prima di sperimentare in aula. • Suggeriamo di integrare le domande del debriefing.

Figura 2: esempio di feedback di progettazione fornito ai docenti in formazione

3. La prova dell'aula

La cosiddetta prova dell'aula rappresenta uno snodo centrale nell'introduzione del metodo EAS in classe. L'esercizio dell'Episodio nel contesto, infatti, permette di concretizzare gli elementi previsionali sui quali è stata fondata la progettazione e di fare i conti con i tempi, gli spazi, il contesto, gli studenti. Da qui l'importanza di accompagnare gli insegnanti con un diario dell'esperienza: un dispositivo agile che consenta loro di rileggere lo scarto tra quanto progettato e quanto realizzato, di fare affiorare gli elementi emergenti in termini positivi, ma anche le difficoltà affrontate durante il percorso. Tale passaggio permette di rilevare e di valorizzare la regia didattica e la capacità di riallineamento con l'aula nel caso di traiettorie impreviste.

Attraverso i diari[2] compilati dagli insegnanti sperimentatori delle scuole citate in precedenza, abbiamo avuto modo di delineare almeno due aree rilevanti per la nostra indagine: gli elementi di scarto tra la progettazione e la sperimentazione del metodo in classe, in termini di revisione del percorso didattico, regolazione della progettazione e di criticità riscontrate; gli elementi previsionali che tengono a seguito della prova dell'aula, cioè le costanti che funzionano meglio.

[2] Il form del diario è visibile nel *Cap 9 - La formazione EAS del CREMIT* del presente volume.

Per arricchire la matrice di indagine e semplificarne al contempo la lettura, tali polarità sono state lette alla luce di variabili salienti, di seguito sintetizzate:

- Rispetto dei tempi previsti in progettazione
- La prospettiva degli studenti
- Ruolo dell'insegnante
- EAS e apprendimento per appropriazione
- Dal singolo al gruppo: la svolta del metodo
- Non solo valutazione…

Tali aspetti saranno descritti brevemente a partire dai riscontri degli insegnanti. Essi configurano una sintesi certamente non rappresentativa di tutte le risposte e dei campi affrontati, ma delineano le prassi più significative nella fase di sperimentazione del metodo, tanto nelle criticità quanto nei passaggi di "successo".

I tempi dell'EAS: dalla progettualità alla realizzazione

Il prolungamento dei tempi previsti in fase di progettazione rappresenta un aspetto comunemente riportato dagli insegnanti che sperimentano l'EAS. L'aspetto "micro", infatti, costituisce il primo e forse più rappresentativo elemento sfidante nell'adozione della logica del metodo. E la necessità di ricalibrare il ritmo didattico e l'estensione temporale delle azioni in aula si registrano tanto in fase preparatoria (momento del framework concettuale), quanto nella fase produttiva, quanto infine durante il debriefing. Circostanziare le attività svolte nelle varie fasi è la chiave principale dell'esercizio del metodo, ma in che modo questo è possibile? Riducendo e circostanziando il materiale da proporre, andando in affondo, adottando strategie didattiche che restituiscano un tempo lento e profondo allo stare in classe, al pensare, al costruire. L'EAS è un microtesto (*microcontent*), un artefatto leggibile, navigabile ed è anche un'attività limitata nel suo sviluppo temporale (*microactivity*). È infatti ispirato alla teoria del *microlearning,* coerente con lo sviluppo dei dispositivi mobili e del *mobile learning:* la parcellizzazione degli apprendimenti è funzionale sia alla possibilità di svilupparli in mobilità, sia alla opportunità di far fronte a una complessità altrimenti difficilmente dipanabile (Rivoltella, 2016; 13). La scelta di un contenuto circoscritto in uno sviluppo temporale ridotto è la sfida per l'insegnante di saper amalgamare la proposta alla porzione di sapere in una modalità tale che il segno degli apprendimenti sia un mix tanto gustoso e indelebile da volerlo ricordare in altri contesti o volerlo riproporre arricchito dal proprio estro creativo.

La fatica sta anche nella richiesta di una progettazione esplicita: "Non c'è abbastanza tempo per definire nel dettaglio ogni lezione". L'artefatto progettuale è un supporto al lavoro del docente e orienta gli studenti: non può essere un artefatto implicito, solo pensato a maglie larghe, ma va reificato; la progettazione deve essere visibile per orientare e suggerire il senso attraverso cui comprendere e anticipare quanto accadrà (Rossi, Pentucci, 2021). «Proprio perché il sapere esperto dell'insegnante è tacito, ovvero si è sedimentato in routines di successo che sono diventate parte di un habitus di comportamento irriflesso. Questo sottrae all'insegnante la possibilità di riflettere sulle proprie pratiche per capire quando e perché risultino efficaci. Per farlo è necessario che quelle pratiche vengano esplicitate» (Rivoltella, 2019).

La prospettiva degli studenti

Motivazione, entusiasmo, concentrazione, autocontrollo, autonomia, interesse, partecipazione, collaborazione, curiosità, protagonismo degli studenti chiamati a svolgere "compiti sfidanti". Sono solo alcuni degli elementi chiave citati dagli insegnanti in relazione all'esperienza dell'EAS lato studente. Il carattere situato, la creazione sfidante di un momento in cui il discente, individualmente, è invitato a ricercare problemi e a risolverli tipica della logica del problem setting nella fase preparatoria, l'aggancio dello stimolo, il confronto con l'altro durante il lavoro di gruppo, la ripetizione attraverso linguaggi diversi, la valorizzazione dell'errore, la ripresa dei processi del percorso e il momento per fissarli sono solo alcuni dei contrassegni che caratterizzano L'EAS come altamente motivante.

"Gli alunni si sono mostrati entusiasti e particolarmente motivati durante la proposta delle attività. L'apprendimento per scoperta è stato uno degli elementi chiave del successo di questo percorso".

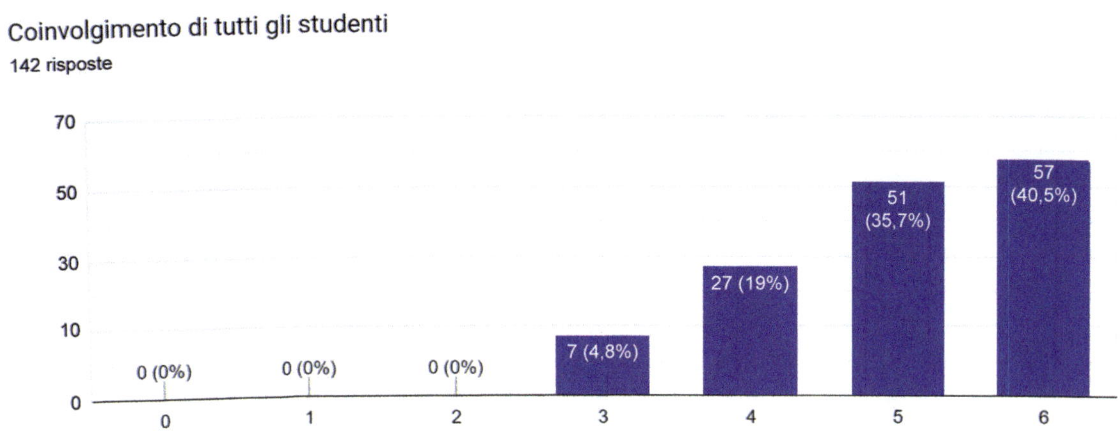

Figura 3: risposte in termini percentuali relative al coinvolgimento degli studenti sul totale dei questionari compilati.

"Oltre che dagli alunni, la sperimentazione è stata apprezzata anche dalle famiglie, che hanno espresso la loro soddisfazione nel vedere i propri figli coinvolti in un'attività svolta in parte a casa, interessante sia per il metodo di esecuzione sia per l'argomento proposto".

Gli EAS, dunque, permettono alla scuola di ampliare il proprio raggio di azione, di aprire le porte dell'aula anche alle famiglie, di incuriosire e di coinvolgere, attraverso attività e approcci autentici, vicini al quotidiano. Le famiglie stesse possono prendere parte alle logiche di un EAS per comprendere a pieno la valenza di un apprendimento significativo e che spesso non riporta nulla di scritto sul quaderno: si può pensare ad esempio di proporre loro un EAS tanto vicino quanto accattivante, ad esempio sulle caratteristiche del vino, dell'olio o del formaggio.

Il ruolo dell'insegnante

L'adesione dei docenti al metodo, in una fase di maggiore consapevolezza rispetto a una prima esperienza di progettazione, è correlato a un approccio all'aula orientato alla bassa direttività. L'insegnante EAS è un regista, un mediatore didattico fortemente empatico, in grado di leggere i feedback dell'aula, più o meno sottili, per (ri)orientare l'attività.

"Valorizzare l'errore, tranquillizzare", sono solo alcune espressioni chiave che guidano l'agire del docente.

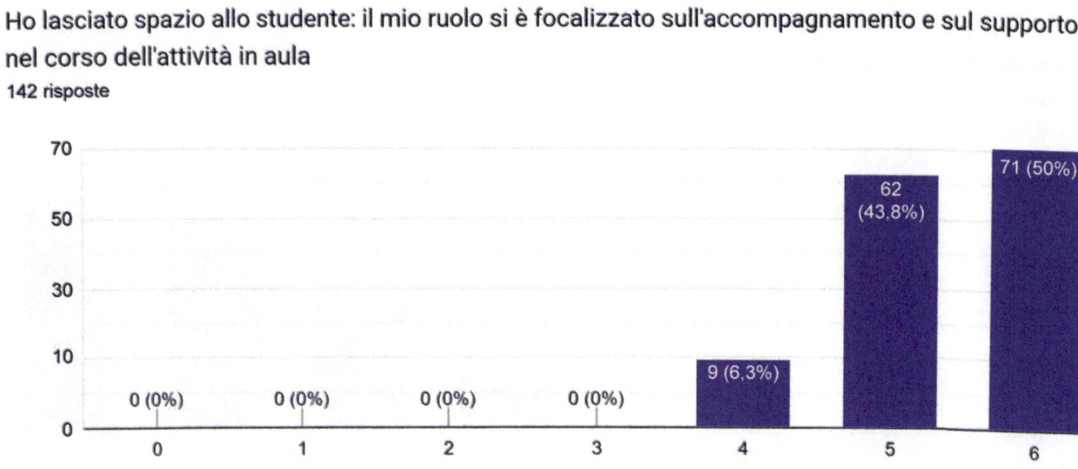

Figura 4: risposte in termini percentuali relative all'accompagnamento e al supporto del docente nel corso dell'attività didattica in aula sul totale dei questionari compilati

L'accompagnamento e il supporto in tutti i passaggi dell'attività in aula costituiscono elementi centrali della sapiente azione di coordinamento e di orchestrazione didattica. Non tanto e non solo nei momenti già codificati della "presenza" dell'insegnante, quali il framework concettuale e la lezione a posteriori, ad esempio. Ma, ancor più, nelle fasi di didattica rovesciata, nei momenti di confronto tra studenti, nel monitoraggio del lavoro in sottogruppi rispettoso e produttivo. Accompagnare, fissare, ripercorrere, prevedere, chiarire, incuriosire, condividere: si tratta di verbi profondi e impegnativi, che descrivono i tanti rivoli di un *fare* ed *essere* in aula dalla ricchezza e dai risvolti imprevedibili. Traiettorie che affiancano il percorso dello studente nel passaggio per l'insegnante da una didattica direttiva a una didattica centrata sulla scoperta e sull'incontro con l'errore (Rivoltella, 2013).

EAS e apprendimento per appropriazione

Tra gli elementi più rilevanti emersi, vi è la possibilità dell'EAS di chiamare in campo gli interessi degli studenti, le storie singolari e le esperienze personali, il vissuto relativo al tema di lavoro, ma anche le informazioni apprese in altri contesti. La brevità e la scansione ternaria del costrutto non impediscono la ramificazione degli stimoli e l'ampliamento della riflessione degli studenti. Questi, in uno slancio di espressione e di consapevolezza su quanto appreso, attivano confronti significativi, strategie alternative, pensieri divergenti. Tale aspetto viene registrato in maniera particolare nella fase ristrutturativa, cioè nel momento della riflessione guidata. Trasversalmente rispetto alle età e alle classi, proporzionalmente alla familiarità con l'attivazione di tali dinamiche, il momento di riflessione dell'EAS sposta i riflettori sugli interessi degli alunni e accoglie la loro creatività, restituendo al confronto un aspetto di condivisione e di errore produttivo. "Questo ci ha fatto pensare, per il prossimo EAS, di partire dagli interessi dei bambini", riportano gli insegnanti.

Anche nella fase operatoria, inoltre, le conoscenze pregresse, le competenze di ciascuno sono valorizzate e potenziate: "Nella realizzazione dell'artefatto [...] i gruppi hanno dimostrato di possedere notevole autonomia operativa e un buon livello di competenze informatiche, operando scelte e costruendo prodotti con l'impiego di applicazioni diverse e più complesse rispetto a quelle suggerite dai docenti". Lo dimostrano anche le variegate produzioni degli studenti: la pagina di un e-book, un disegno, una chat di classe, una "cartolina digitale parlante", persino un "recinto che delimita il dentro e il fuori", "le portate del menù Costituzione", l'invenzione di un segnale stradale, la costruzione del modello di un pianeta, una mappa, la "*visual identity*" di un prodotto, un "calendario illustrato con dipinti raffiguranti strumenti musicali e breve descrizione delle scelte fatte", un modellino tridimensionale, la composizione e produzione di un ritmo musicale, un manifesto, l'organizzazione di una presentazione. Un inventario creativo e affascinante che racconta di una scuola ricca di iniziative, risorse immaginative e prospettive sorprendenti.

Dal singolo al gruppo: la svolta del metodo

Quando il metodo EAS entra in classe, un elemento di transizione rispetto alle pratiche d'aula consolidate spesso è rappresentato dalla produzione dell'artefatto (fase operatoria) in gruppi di lavoro. Se l'approccio laboratoriale è estremamente familiare nelle dinamiche d'aula, sembra esserlo molto meno la creazione di gruppi di lavoro funzionali alla realizzazione di tale attività. Affidare una produzione collaborativa o cooperativa, infatti, richiede una riflessione più ampia sul setting didattico, sulla gestione dei turni di parola, sull'(auto)assegnazione dei ruoli, sulle dinamiche generate dal lavoro insieme. L'artefatto, inoltre, svela nuovi scenari, traccia le connessioni emotive tra gli studenti, palesa una trama di vissuti che raramente emergono in aula, e talvolta solo come appendice del piano puramente cognitivo.

L'attenzione didattica cambia notevolmente durante l'esercizio della fase operatoria: "Il principale elemento di positività è stato dato dalla collaborazione: chi aveva difficoltà veniva sempre aiutato, tutti i componenti del gruppo erano coinvolti nell'attività. [...] Questa solidarietà di lavoro è da considerarsi positiva per poter poi creare un clima accogliente, motivante e favorevole agli apprendimenti".

Sullo sfondo, una "solidarietà" nel fare gruppo, il valore aggiunto della collaborazione, l'inclusività che chiameremmo endemica, diffusa, spontanea. Non unicamente dettata dalle attenzioni e dagli sforzi dell'insegnante, ma moltiplicata dai contributi di tutti gli studenti. "Ognuno aveva il proprio ruolo. L'entusiasmo di condividere le scoperte per deduzione individuate durante la fase di anticipazione ha creato uno spirito di squadra diffuso".

Quella che chiamiamo qui la svolta del metodo, dall'individualismo della postura didattica alla coralità del fare squadra, tuttavia, non può essere l'esito estemporaneo di un episodio. Può richiedere, al contrario, un lavoro mirato prima dell'attività per EAS, oppure diverse prove, per tentativi ed errori, in momenti specifici dell'attività didattica. Da qui la consapevolezza che nel lavoro individuale, così come in quello corale, non si può improvvisare una regia didattica last minute. "La suddivisione dei gruppi ha richiesto molto tempo: bisogna conoscere molto bene il contesto di classe per organizzarli". "Dopo la sperimentazione ho capito l'importanza di distribuire le competenze"; il gruppo eterogeneo ed equilibrato consente di garantire a tutti e a ciascuno la possibilità di poter dare il proprio contributo. La progettazione esplicita dell'EAS, ancora una volta, si rivela una carta vincente da giocare con consapevolezza.

Non solo valutazione

Il sistema di valutazione previsto dagli EAS affascina e stupisce sempre gli insegnanti durante il primo incontro con il metodo. Citiamo spesso la "valutazione diffusa", ampiamente descritta nei volumi fondativi e, in breve, incentrata nel disseminare presenze e riscontri valutativi nei diversi passaggi dell'Episodio, abbracciando una pluralità di strumenti di rilevazione, senza il vincolo della valutazione unicamente eterodiretta e guidata dall'insegnante, oppure della verifica di fine attività. Il metodo accoglie una riflessione corale e un confronto aperto sugli artefatti, sul percorso didattico e sul vissuto emotivo che spostano il cursore della valutazione sul versante dell'apprezzamento: da parte dell'insegnante, tra pari, con forme sempre estremamente gradite di auto-valutazione, a tutto vantaggio della crescita reciproca, che conduce anche all'"esercitarsi nel saper commentare il lavoro dell'altro in modo costruttivo". La comunicazione positiva, l'attenzione al lavoro dei compagni, l'opinione ragionata rappresentano passaggi di estremo valore nel processo didattico, che stupiscono gli insegnanti più che gli studenti e conducono all'espressione più edificante del pensiero divergente. "Ho chiesto loro di osservare con attenzione il lavoro degli altri gruppi e di annotare per poi commentare in modo costruttivo, imparare ad ascoltare il consiglio e allo stesso tempo coglierne la valenza: sono letteralmente sbocciate le differenti soluzioni proposte dagli alunni". «Il debriefing inteso come momento metacognitivo che accompagna la classe a riflettere sull'esperienza vissuta, nella scuola, è perfettamente funzionale a favorire la sintonizzazione della classe sulla stessa lunghezza d'onda di una cultura dell'assessment» (Rivoltella, 2016; 105): attraverso la discussione capisco di non aver capito e colgo elementi sui quali ho necessità di lavorare. I pari, dunque, diventano risorsa per ragionare e costruire insieme (nella fase operatoria), ma anche per smontare e rimontare frammenti di conoscenza, per imparare il confronto ed esercitare la resilienza e l'ascolto attivo. "La valutazione tra pari non si è limitata al momento ristrutturativo dove ha avuto il suo apice. Durante il momento di anticipazione gli studenti hanno fatto le loro prime considerazioni personali, queste ultime sono state condivise nel piccolo gruppo. Questo ha permesso di attivare una prima valutazione tra pari guidata dall'insegnante che ha suggerito domande esplorative". *Confronto attivo strutturato*, tre parole chiave associabili alla valutazione EAS: un bel guadagno in termini di visione, dall'approccio giudicante alla co-costruzione della stima, nei termini più positivi della determinazione di un valore.

4. La narrazione dei docenti

Dopo un decennio di sperimentazione del metodo all'interno dei tanti contesti scolastici nazionali, ci preme sintetizzare in questa sede la narrazione del metodo che emerge dai diari di sperimentazione degli insegnanti. Leggere quindi le dichiarazioni esplicite dei docenti in rapporto a diversi aspetti legati all'adozione del metodo: il piano metodologico; il piano emotivo; il piano organizzativo-didattico; il piano interpersonale, che rende conto dell'alleanza con colleghi e dirigente nelle fasi di adozione del metodo.

Tali piani sono brevemente descritti di seguito:

Piano metodologico

Gli Episodi di Apprendimento Situato si inseriscono nel bagaglio metodologico degli insegnanti, ne valorizzano le prassi consolidate e lo arricchiscono con nuove valenze didattiche. Il metodo, soprattutto, lascia affiorare le pratiche implicite e chiede riflessione, previsione e rimodulazione in tutte le fasi del processo: dalla progettazione alla documentazione dell'agito in classe. La persona in formazione non può essere lasciata da sola, ma «viene accompagnata dal formatore a tradurre in guadagni formativi e a ritornare riflessivamente su quanto ha vissuto per comprendere ciò che è successo» (Rivoltella, 2016; 102).

Come giustamente considerato da alcuni docenti: "Non si può 'improvvisare' un EAS. Ci siamo rese conto che la progettazione di un EAS richiede tempo e tantissimo impegno, sia nella parte che va dalla scelta dei Traguardi fino all'elaborazione della rubrica [...], ma anche nella cura della scelta dei materiali (video, immagini, giochi interattivi...) perché siano pienamente efficaci. L'EAS richiede ricerca e riflessione da parte degli insegnanti".

Questo, a nostro avviso, è il più chiaro segnale della regia didattica messa in atto nel corso di un EAS. Sul piano metodologico, inoltre, un ulteriore riscontro è rappresentato dall'inclusività dell'approccio: "Tale metodologia tiene conto delle intelligenze multiple presenti nelle classi, ne è la prova l'entusiasmo manifestato nei confronti di questa proposta, da tutti gli alunni e soprattutto da quelli che solitamente si fatica ad agganciare. Ciò ci spinge a far rientrare con regolarità simili esperienze nella nostra pratica didattica". L'effetto, non secondario, si osserva anche nella riorganizzazione del metodo di studio e nell'introduzione accorta e pianificata di risorse digitali all'interno dell'esperienza didattica.

L'ampliamento della prospettiva didattica, tuttavia, richiede una riflessione puntuale, la scelta ponderata di esperienze da proporre in formato EAS, un'accurata selezione di "saperi disciplinari minimi che sviluppino competenze trasferibili", come confermato dai "nostri" insegnanti. Sebbene si tratti di una proposta metodologica, tuttavia, l'impatto del metodo si sposta immediatamente su altri livelli del lavoro didattico. Primo tra tutti, quello che coinvolge il "sentire" in classe: il piano delle emozioni, delle sensazioni e delle percezioni, che emergono con chiarezza, talvolta nella fatica, altre nel più vivido entusiasmo.

"Ciò che auspichiamo è che l'innovazione didattica e metodologica sia sempre di più oggetto di interesse e attenzione da parte della scuola, quale elemento necessario per adeguare l'azione educativa e didattica alle mutate esigenze e ai diversi stili di apprendimento dei discenti di oggi". "Progettare per EAS è sfidante, chiede al docente di esserci e monitorare ogni momento", ma si tratta di una sfida brillantemente colta, ben oltre le aspettative.

Piano emotivo

Come anticipato nelle righe precedenti, il nuovo assetto creato dall'EAS, in termini di setting, di postura didattica, di ritmi di lavoro, di proposte intervallate, genera un evidente impatto nel breve e nel medio termine, sia sugli insegnanti, sia sugli studenti, i quali manifestano (a detta degli stessi docenti) un più evidente livello di partecipazione, un approccio più critico e costruttivo all'episodio didattico, una partecipazione da "protagonisti". L'approccio euristico sviluppa inevitabilmente la serendipità nell'apprendimento, un fare curioso, un pensare più aperto. L'imprevisto diventa sorpresa, l'errore diventa tragitto di scoperta: l'EAS si configura quindi come un canale potente per sperimentarsi senza avvertire il giudizio, ma anche per "divergere" senza il bisogno di conformarsi.

Piano organizzativo-didattico

Tempi, format didattici, spazi: sono solo alcuni elementi investiti dall'EAS sul piano organizzativo e didattico, quindi sul risvolto pragmatico della sessione di apprendimento. Tempi, si diceva, più e più volte indicati come riprogettati, riorganizzati, riletti dalla scansione triadica dell'Episodio di Apprendimento.

Il formato del fare lezione si fa più breve, ma non meno denso e certamente ritmato. Capita spesso di vederlo comparare o associare, per differenza o nelle similitudini, al repertorio didattico padroneggiato dagli insegnanti. Decisamente più breve di una classica unità di apprendimento, simile ad un compito autentico nella valorizzazione del reale e del quotidiano, vicino alle logiche dell'apprendimento intervallato per la valorizzazione delle basi neuroscientifiche dell'apprendimento, solo per citare alcuni esempi. Questo riorganizzare e arricchire la cassetta degli attrezzi, a sua volta, costituisce un grande valore e un'opportunità per l'insegnante, il quale riscopre quel che già maneggia con destrezza e amplia il portfolio professionale. La multimodalità degli stimoli e delle risorse, il dinamismo dell'intero costrutto e l'incedere ora individualmente, ora in squadra, costituiscono i valori più apprezzati del metodo e uno dei guadagni didattici più evidenti. "Le insegnanti cercheranno di mantenere il più possibile flessibile e aperto il modello di progettazione proposto per adattarlo alle esigenze della classe e di creare una repository di EAS".

Infine gli spazi dell'EAS sono certamente definibili *blended*, non tanto e non necessariamente per la commistione di ambienti in presenza e online, quanto per la compresenza di risorse, logiche, setting. Riprendendo la definizione puntuale che ne fornisce Rivoltella (2014), ci riferiamo ad un modello di Blended Education nell'accezione didatticamente evoluta del termine (Ardizzone, Rivoltella, 2008). Questo significa che esso non è definito solo dalla compresenza di situazioni didattiche differenti (aula + on line), ma anche dal mix di metodologie e strumenti eterogenei (complex learning): lezioni e contenuti in autoapprendimento, attività di discussione e di lettura individuale, studi di caso, produzioni di materiali" (Rivoltella, 2014; 168).

Piano interpersonale

Quest'ultimo livello di indagine rappresenta per noi un aspetto particolarmente saliente: la coesione e la collaborazione con i colleghi durante le fasi di progettazione, sperimentazione e adozione del metodo, così come il supporto della dirigenza, fino all'(auto)organizzazione di compresenze in aula, forniscono la misura di un innesto "macro" e illuminato dell'EAS. Molto spesso l'innovazione che si registra in scuola non è puramente metodologica, ma si trasforma in una "ottima occasione per collaborare con i colleghi, sia della propria scuola che di altri istituti".

5. Prospettive di azione

Gli anni di pratica didattica e di riflessione metodologica attorno al metodo hanno permesso di fare luce sui principali punti di attenzione e sugli elementi di forza della progettazione EAS, accogliendo preziosi spunti da contesti classe variegati e molteplici.

Nell'ambito della ricerca didattica, tuttavia, ogni nuovo punto di approdo richiama possibili prolungamenti o deviazioni dalla traiettoria seguita, aprendo spiragli, sempre nuove indagini e punti di vista. Al termine di questo breve contributo, quindi, ci piacerebbe elencare alcuni aspetti sui quali vorremmo concentrare i nostri sforzi futuri, consapevoli del fatto che le restituzioni "dal campo" hanno bisogno di un riscontro con le più recenti risultanze scientifiche e con le teorie dell'apprendimento più aggiornate.

Se dovessimo esprimere una lista di desiderata in relazione alle ricerche sul metodo, dunque, lavoreremmo su 4 principali aspetti:

- *ampliare la rilevazione ad altre scuole*: le classi, i gruppi di lavoro non saranno mai troppi per leggere l'impatto del metodo sulle pratiche d'aula e sui diversi contesti didattici;
- *collegare la progettazione e l'azione dell'EAS con il curricolo*: anello di congiunzione necessario tra la micro e la macro-progettazione, tra l'azione didattica e il percorso di lavoro condiviso in scuola, tra un ragionare per attività e l'introdurre tali attività in un piano più ampio, chiaro e organico legato alle competenze;
- arricchire l'indagine con la *rilevazione lato studenti*, i quali sono attori e co-protagonisti della riuscita del metodo;
- cogliere l'*impatto del metodo sul piano organizzativo* più ampio: sugli assetti e le pianificazioni della scuola, sulla rete di collaborazioni in collegio docenti, sulla visione dell'innovazione didattica negli istituti scolastici.

Con particolare riferimento al piano del curricolo, ci preme sottolineare che il percorso di formazione sul metodo EAS prevede un conseguente innesto con la progettazione curricolare, esito naturale della "ferialità" del metodo in scuola.

Al compimento di 10 anni di lavoro e di riflessione sull'EAS, infine, il nostro augurio e il nostro impegno è quello di partire con nuovo slancio su tali aspetti che, tra aula e ricerca didattica, porteranno certamente nuove produttive evidenze.

XI

Embedded Assessment in School? Valutare con gli EAS nella scuola primaria

Federica Pelizzari, Serena Triacca, Simona Ferrari[1]

1. La sfida del New Assessment nella Scuola Primaria

La questione della valutazione rappresenta una sfida per l'EAS per due ordini di ragioni: la prima legata alla matrice stessa dell'Episodio di Apprendimento Situato, la seconda legata all'attualità del tema.

Da quando nasce, l'EAS si pone come un metodo che interroga profondamente l'agire didattico proprio per quanto attiene alla valutazione, rendendola formatrice e diffusa come visto nel Capitolo 2. Lo fa facendo vedere come questo sia un elemento "cerniera" tra macro e micro: è la rubrica di competenza disciplinare che consente di progettare e tenere legate le azioni di microlearning e di sviluppare i diversi strumenti valutativi con cui raccogliere, analizzare e interpretare le evidenze; sono le diverse rubriche (disciplinari e trasversali) che consentono di tornare all'idea di cittadino che la scuola intende promuovere. Questo richiede alla valutazione di essere situata: pensiamo agli embedded task, allo sguardo trifocale, alle forme che assumono le prove e alla loro collocazione diffusa durante l'intero EAS. Richiede anche gli elementi che servono a rendere significativo e profondo l'apprendimento: la fase ristrutturativa è centrata su questo, così come l'idea di un (e)portfolio che vada oltre la dimensione di archivio di attività per diventare dispositivo di narrazione di esperienze, nel senso individuato da Bruner (1992)[2].

[1] Le autrici condividono concettualizzazione e impostazione metodologica del capitolo. Poi, nello specifico, Federica Pelizzari ha scritto i §§ 3.2 e 3.3 e con Serena Triacca si è occupata dell'analisi dei dati, Serena Triacca i §§ 2 e 3.1 e Simona Ferrari i §§ 1 e 4. Revisione, editing e supervisione scientifica sono di Pier Cesare Rivoltella.

[2] «La narrazione è una forma di organizzazione dell'esperienza. Serve a costruire il mondo, per caratterizzarne il flusso, per suddividere gli eventi al suo interno [...]. Se non fossimo in grado di operare tale strutturazione, ci perderemmo nel buio di esperienze caotiche, e probabilmente non saremmo affatto sopravvissuti come specie. Questa strutturazione è sociale, finalizzata alla condivisione del ricordo nell'ambito di una cultura, piuttosto che semplicemente ad assicurare un immagazzinamento individuale» (Bruner, 1992; 64-65).

Tali richieste risultano dirompenti fin dagli esordi del metodo: se l'EAS viene subito accolto e si diffonde, le ricerche condotte dal CREMIT dal 2014 al 2020 restituiscono sempre come l'anello debole, nonostante le azioni formative previste nei progetti, sia proprio la valutazione, che risulta poco sviluppata nell'apparato strumentale con cui si presentano gli EAS, poco compresa nel suo essere "diffusa", poco richiamata dalla documentazione o nel racconto d'esperienza e resa poco formativa nella fase ristrutturativa.

Di questo troviamo particolare evidenza nelle analisi condotte su 138 EAS (comprensivi di progettazioni, materiali didattici correlati e diario di documentazione dell'attività didattica) durante la sperimentazione in classe grazie al progetto *Smart Future* (Rivoltella, 2014c) nell'anno scolastico 2014-2015, così come nei 30 EAS realizzati da un gruppo di docenti IRC nel 2015[3]. Il quadro è confermato anche dalle valutazioni sull'EAS di 486 docenti di scuola di ogni ordine e grado raccolte attraverso un questionario (Ferrari, Sinini, 2017) e dalla ricerca avviata nell'a.a. 2019-2020 con il questionario sulle pratiche di valutazione dei docenti EAS.

Arrivando alla seconda sfida, il paradigma della Nuova Valutazione di cui parla Wiggins (1998), esso risulta particolarmente attuale, soprattutto per la Scuola Primaria. Infatti, l'Ordinanza Ministeriale n. 172 del 4 dicembre 2020 e le relative *Linee guida* hanno richiamato gli insegnanti alla necessità di una valutazione formativa che recuperi 4 dimensioni (situazione, risorse mobilitate, autonomia, continuità) per esaminare il processo di apprendimento e che superi il voto numerico, introducendo il giudizio descrittivo delle discipline su 4 livelli (in via di prima acquisizione, base, intermedio, avanzato) (Nigris, Agrusti, 2021). Richiamando la necessità già espressa dal Decreto Legislativo n. 62/2017 di «promuovere un processo continuo di circolarità e ricorsività fra attività di progettazione e processi di valutazione» (Ministero dell'Istruzione, 2020; 6), la prospettiva è quella della «valutazione per l'apprendimento, che ha carattere formativo poiché le informazioni rilevate sono utilizzate anche per adattare l'insegnamento ai bisogni educativi concreti degli alunni e ai loro stili di apprendimento» (Ministero dell'Istruzione, 2020; 1).

L'Ordinanza chiede un cambio nella cultura valutativa, sia lato docenti che lato studenti, non semplice da attivare. Ne sono prova proprio le ricerche sviluppate dall'introduzione dell'Ordinanza a oggi (Castoldi, 2021; Grion, Restiglian, 2021; Bertolini, Pintus, 2022; Scierri, 2023): i risultati di tali lavori evidenziano la presenza di "culture valutative" che faticano a integrare i tre piani dell'assessment (*of, for, as learning*) leggendo le azioni di misurare, apprezzare e comprendere i risultati raggiunti dagli studenti come aspetti mutualmente escludenti invece che necessariamente da connettere e integrare.

[3] Gli esiti della ricerca qualitativa condotta sono stati discussi in due corsi di aggiornamento professionale IRC organizzati dalla diocesi di Ragusa: "Mediare la Didattica con gli EAS", 11-13 marzo 2015, e "Valutazione e IRC" 9-11 marzo 2016.

Per fare questo passaggio occorre intervenire sui tassi di "analfabetismo valutativo" dei docenti, già segnalato da Stiggins (1991), incrementando l'*Assessment Literacy* (Plake *et al.*, 1993; Brookhart, 2011) nella sua forma più matura (Xu, Brown, 2016; Hildén, Fröjdendahl, 2018; Lam, 2019).

2. L'EAS alla prova dell'Embedded Assessment: una ricerca esplorativa

A fronte del quadro delineato, emerge come la valutazione nell'EAS sia l'azione che gli insegnanti fanno più fatica a sviluppare secondo una logica di New Assessment. L'obiettivo della ricerca di cui si intendono restituire gli esiti nel presente capitolo è di approfondire tale aspetto a partire da un'analisi svolta sui materiali di due riviste di aggiornamento professionale, analizzandone sia le prospettive teoriche che i materiali didattici. Due sono i focus di ricerca che hanno guidato il lavoro:

- il New Assessment è tematizzato all'interno delle due riviste professionali dedicate agli insegnanti del primo ciclo? Se sì, in che modo? Vi sono riferimenti espliciti all'embedded assessment e alla logica trifocale di valutazione (autovalutazione, eterovalutazione, valutazione fra pari)? Se sì, l'embedded assessment ha attinenza esplicita con la progettazione di Episodi di Apprendimento Situato?
- come viene declinata la valutazione all'interno di progettazioni di Episodi di Apprendimento Situato pensate per la scuola primaria? Quali sono le sue caratteristiche e i suoi strumenti? Si configura come New Assessment?

Per rispondere a tali domande, l'indagine è stata articolata in 4 fasi di lavoro, sintetizzate in Tabella 1.

Dopo la ricostruzione del quadro teorico necessario a situare la ricerca, si è proceduto con l'analisi di 8 annate delle due riviste considerate (per un totale di 80 fascicoli):

- «SIM - Scuola Italiana Moderna» (Editrice La Scuola): le annate prese in esame vanno dal 2014, anno in cui Pier Cesare Rivoltella ne assunse la direzione, al 2017. SIM si avvaleva di un Comitato Scientifico di studiosi di Didattica afferenti ai Corsi di Laurea di Scienze della Formazione Primaria, di coordinatori redazionali e di redattori provenienti dall'Università e dalla Scuola; oltre a raccogliere i contributi sui diversi focus in cui la rivista si articolava (Progettare, Comunicare, Valutare, Professione insegnante, Studi di caso, Angolo del dirigente), la proposta editoriale si è arricchita di un portfolio di recensioni (Bookmark), un approfondimento tematico mensile (Zoom) e una "cassetta degli attrezzi" per l'insegnante costituita da EAS per la scuola primaria, pubblicati nell'archivio digitale della rivista (SIM-KIT);
- «Essere a Scuola» (Editrice Morcelliana): le annate considerate nello studio vanno dal 2017 al 2021. Con questa rivista, fondata e diretta da Pier Cesare Rivoltella, si avvia un nuovo progetto editoriale rivolto a tutti gli insegnanti del primo

ciclo d'istruzione. In riferimento al titolo ("l'esserci" dell'insegnante), l'obiettivo principale della rivista è invitare il lettore a riflettere sulle proprie pratiche, ma il titolo fa anche riferimento all'idea di didattica soggiacente agli EAS.

Fase	Timing	Descrizione fase
1	Marzo - Aprile 2022	Analisi della letteratura Analisi delle ricerche pregresse del CREMIT sul tema della valutazione condotta attraverso gli EAS
2	Maggio 2022	Analisi della rivista «Scuola Italiana Moderna» (30 fascicoli, annate 2014/15, 2015/16, 2016/17).
	Giugno 2022	Elaborazione dei dati.
	Luglio 2022	Seminario interno per la discussione degli esiti dell'elaborazione dei dati.
3	Settembre-Ottobre 2022	Analisi della rivista "Essere a Scuola" (50 fascicoli, annate 2017/18, 2018/19, 2019/20, 2020/21, 2021/2022).
	Novembre 2022	Analisi delle progettazioni di Episodi di Apprendimento Situato (73, selezionati da «Scuola Italiana Moderna») Prima elaborazione dei dati
	Novembre 2022	Seminario interno per la discussione degli esiti della fase 4 (prima elaborazione dati)
4	Dicembre 2022 - Febbraio 2023	Completamento dell'elaborazione dei dati

Tabella 1 - Fasi della ricerca

Il primo passaggio è consistito nell'inserire nella funzione di "ricerca completa" di Acrobat Reader i termini "valut-" e "assessment" in modo da limitare il campo di ricerca. Sono state dunque annotate il numero di occorrenze complessive della radice "valut-" (presente nei sostantivi "valutazione", "valutatore", nel verbo "valutare", nell'aggettivo "valutativo", declinato anche al plurale e al femminile) e le occorrenze presenti negli articoli effettivamente analizzati; lo stesso è stato fatto con il termine "assessment".

Si sono analizzati in profondità gli articoli che nel titolo o nell'abstract presentassero richiami diretti alla valutazione. Questa operazione ha portato alla selezione di 93 contributi, 60 di «Scuola Italiana Moderna» e 33 di «Essere a Scuola». Gli articoli selezionati sono stati letti e analizzati mettendo in luce[4]:

[4] Lo spoglio delle riviste è avvenuto in due momenti distinti: nello specifico, l'analisi della rivista «Essere a Scuola» non era stato originariamente previsto, ma in seguito al primo seminario interno, sia il prof. Rivoltella che i colleghi hanno suggerito di applicare la griglia anche alle cinque annate disponibili.

- informazioni specifiche relative agli articoli: collocazione (sezione della rivista), autore, titolo, tipo di contributo (1 = teorico-riflessione, 2 = ricerca, 3 = esperienza);
- presenza di riferimenti diretti all'embedded assessment, all'autovalutazione, eterovalutazione, valutazione fra pari (1 = sì, 2 = no);
- area di competenza del docente su cui l'articolo insiste (1 = disciplinare, 2 = trasversale, 3 = valutativa, 4 = didattica);
- tipologia di strumenti valutativi richiamati;
- connessione con il metodo EAS (1 = alta, 2 = media, 3 = bassa, 4 = nessuna diretta).

Per rispondere alla seconda domanda di ricerca, si sono analizzate le progettazioni di Episodi di Apprendimento Situato e i relativi allegati pubblicati nella sezione «SIM KIT» di «Scuola Italiana Moderna». Sui 150 EAS disponibili, sono stati campionati 73 EAS (48,6%). La scelta dei ricercatori è ricaduta su progettazioni EAS quanto più possibile complete di allegati (stimoli, attività, *job aids*, strumenti e prove di valutazione)[5].

L'analisi è stata condotta grazie a una griglia strutturata secondo quanto di seguito indicato:

- informazioni di contesto: classe, discipline, obiettivi, competenze, durata dichiarata;
- processi di valutazione previsti dal progettista (autovalutazione, eterovalutazione, valutazione fra pari);
- presenza della rubrica di valutazione (1 = si, 2 = no), tipologia (1 = processo, 2 = prodotto, 3 = processo/prodotto), connessione alle fasi dell'EAS;
- allineamento tra obiettivi dichiarati e rubrica (scala Likert da 1 = sì, 2 = più si che no, 3 = più no che sì; 4 = no);
- allineamento tra rubrica e prove di valutazione (scala Likert da 1 = sì, 2 = più si che no, 3 = più no che sì; 4 = no).

L'analisi è stata effettuata da tre ricercatori. Si tratta di insegnanti che conoscono e utilizzano il metodo EAS: nello specifico, durante il percorso universitario hanno infatti progettato e sperimentato degli EAS, sotto la supervisione di esperti di metodo e nell'ambito del percorso di tesi; nel proprio contesto professionale, in classi della scuola primaria, adottano quotidianamente il metodo.

I ricercatori hanno ricevuto un training sullo strumento di analisi e sono stati accompagnati dalle ricercatrici, che sono rimaste a loro disposizione "on demand", per la risoluzione di eventuali dubbi emersi *in itinere*.

[5] Un ringraziamento particolare va ad Alessandro Sacchella, l'allora coordinatore di SIM-KIT assieme a Paola Amarelli, per aver messo a disposizione l'intero archivio di EAS.

L'analisi è stata condotta indipendentemente da ciascun ricercatore, rendendo visibile la griglia a ciascuno per non condizionare il processo di analisi.

Nel prossimo paragrafo i dati verranno commentati a partire dai grafici, mettendo in luce il grado di accordo fra i ricercatori e la strategia utilizzata nella ricerca qualora si abbiano indicatori qualitativi e si voglia esplorare l'accordo reale tra le valutazioni dei ricercatori (Cicchitelli, 2008).

3. I risultati della ricerca

3.1. Analisi delle riviste per lo sviluppo professionale degli insegnanti

La ricerca ha preso avvio con l'analisi di tre annate di «SIM - Scuola Italiana Moderna» e solo successivamente, dopo il confronto avvenuto nell'ambito del primo seminario interno, è stata estesa a cinque annate di «Essere a Scuola».

Come ricordato, il primo passaggio, per entrambe le riviste, è consistito nell'inserire nella funzione di ricerca completa di Acrobat Reader i termini "valut-" e "assessment" in modo da limitare il campo di ricerca. Inseriamo in Tabella 2 il riscontro quantitativo.

	«Scuola Italiana Moderna» (30 fascicoli, annate 2014/15, 2015/16, 2016/17)		«Essere a Scuola» (50 fascicoli, annate 2017/18, 2018/19, 2019/20, 2020/21, 2021/2022)	
Termini ricercati	Occorrenze complessive	Occorrenze articoli selezionati	Occorrenze complessive	Occorrenze articoli selezionati
valut-	3387	1428	4212	1110
assessment	82	66	140	82

Tabella 2 - Occorrenze dei termini ricercati nelle 8 annate prese in esame

I 60 articoli di SIM analizzati sono prevalentemente di natura teorico-riflessiva (65%), seguono i contributi che valorizzano esperienze o progetti didattici (28,3%) e solo il 6,7% sono di ricerca (Figura 1)[6].

[6] Tra i temi maggiormente richiamati negli articoli segnaliamo la valutazione per competenze, la valutazione formativa, l'autovalutazione di Istituto, i compiti autentici, le rubriche di valutazione.

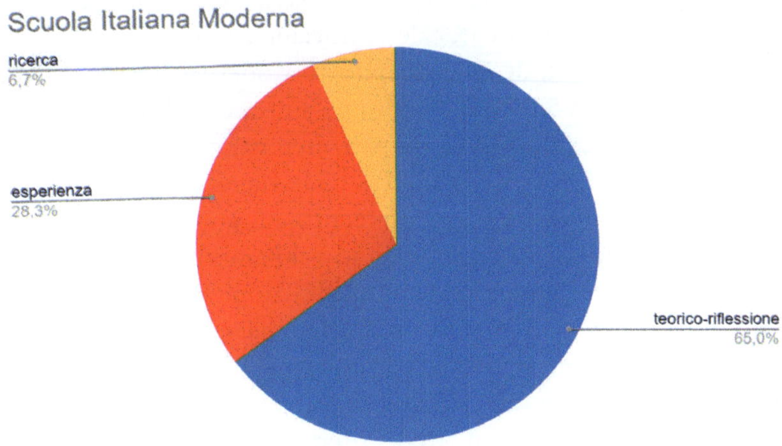

Figura 1 - «Scuola Italiana Moderna» - *Distribuzione degli articoli per tipo di contributo*

Anche tra i 33 articoli di «Essere a Scuola» la maggior parte ha un taglio di natura teorico-riflessiva (81,3%) e nei restanti si presentano esperienze. Solo un articolo restituisce gli esiti di una ricerca (Figura 2)[7].

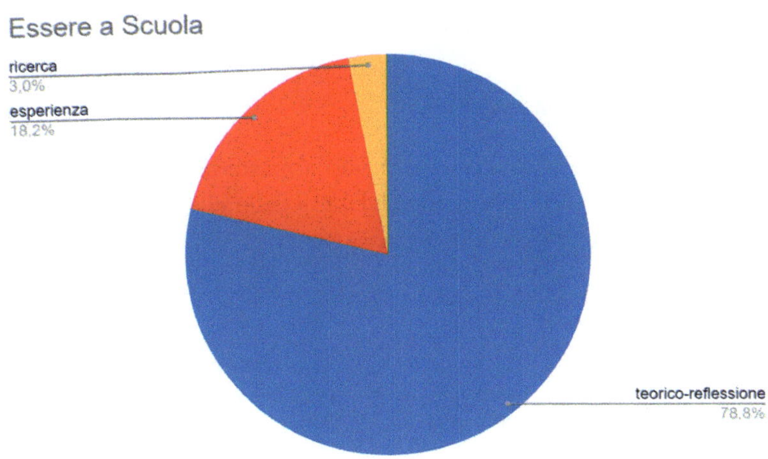

Figura 2 - «Essere a Scuola» - *Distribuzione degli articoli per tipo di contributo*

[7] Tra i temi maggiormente richiamati negli articoli segnaliamo il ruolo della valutazione per l'apprendimento, l'autovalutazione di Istituto e la cultura della valutazione.

Ci si è domandati se all'interno del corpus vi fossero riferimenti diretti all'embedded assessment e alla logica valutativa trifocale (autovalutazione, eterovalutazione, valutazione fra pari). Tra i 60 articoli di «Scuola Italiana Moderna», l'embedded assessment viene tematizzato soltanto in 5 (di cui 4 scritti da autori CREMIT); 27 volte si fa riferimento ad autovalutazione, valutazione fra pari, eterovalutazione, con un forte sbilanciamento su quest'ultima (23 occorrenze). Tra i 33 articoli di «Essere a Scuola», l'embedded assessment viene citato in 2 articoli (scritti entrambi da autori del CREMIT) e altrettante volte si fa cenno alle logiche etero-valutative e peer in connessione alle pratiche di documentazione. Pensando anche alla funzione svolta dalle riviste di aggiornamento professionale, è la competenza valutativa quella su cui gli articoli selezionati si focalizzano pensando al Lettore Modello, ovvero nel 68,3% degli articoli di «SIM» e nel 55,6% degli articoli di «Essere a Scuola»; segue la competenza didattica, ovvero si discute di valutazione collocandola in stretto riferimento al processo di progettazione nel 15% degli articoli di «SIM» e nel 29,6% degli articoli di «Essere a Scuola».

La rubrica è la più citata tra gli strumenti valutativi negli articoli di «SIM» (10 occorrenze); interessante notare come tale riferimento sia presente nella quasi totalità dei casi negli articoli che fanno richiamo esplicito ai processi di autovalutazione, sottolineando, ad esempio, come il cambio di paradigma abbia effetto sui ruoli classicamente assunti da studenti e docenti, e a alla pratica della valutazione fra pari, della quale vengono messi in luce i benefici[8].

Infine, possiamo affermare che nella quasi totalità degli articoli analizzati non si tematizza la valutazione in relazione al metodo degli Episodi di Apprendimento Situato, portando all'attenzione dei lettori riflessioni di ampio respiro.

3.2. L'analisi delle progettazioni degli EAS

I 73 EAS analizzati si distribuiscono in modo abbastanza uniforme all'interno delle cinque classi di Scuola Primaria, passando dal 18% delle classi prima e seconda per arrivare al 20% di classe terza, al 25% di classe quarta e al 19% di classe quinta.

[8] Le seguenti citazioni sono tratte da alcuni articoli di «Scuola Italiana Moderna»: «La conoscenza della rubrica di valutazione ha fornito agli studenti gli indicatori e le condizioni per poter cambiare il ruolo da "sottoposti" alla valutazione a "partecipanti attivi"» [03_NOV14]; «Introducendo la valutazione tra pari, la valutazione degli obiettivi di apprendimento di ordine superiore (le competenze), può avvenire più spesso in quanto l'osservazione e la lettura della realtà possono essere suddivise e condivise tra più soggetti ricercatori, ovvero tra tutti gli studenti della classe. Alcune prestazioni, come ad esempio le competenze sociali adoperate dal singolo e l'impegno messo dallo studente nel lavoro di gruppo, non sono facilmente accessibili all'insegnante, quindi la valutazione tra pari si configura come l'unica fonte da cui attingere tali informazioni importanti. In aggiunta, far sperimentare personalmente cosa vuol dire valutare e giudicare la prestazione dei compagni, tenendo conto dei criteri socialmente condivisi e stabiliti in classe, costituisce un supporto aggiuntivo alla formulazione delle aspettative, lo sviluppo della capacità di autoregolazione, la consapevolezza e la metacognizione» [04_DIC14].

Gli ambiti disciplinari coperti dagli EAS sono abbastanza variegati e in 35 casi su 73 gli EAS sono stati dichiarati pluridisciplinari (quasi il 50%): 32 su 73 risultano essere afferenti all'insegnamento di italiano e ulteriori 32 alla lingua straniera (inglese). Inoltre, 19 sono legati all'insegnamento di arte e immagine e 16 a tecnologia. Si distaccano di molto le materie scientifiche, con solo 11 EAS di matematica e altrettanti legati alle scienze. Infine, 9 EAS risultano attribuiti agli insegnamenti di storia e geografia e solo 5 a musica.

Sempre rimanendo alla presentazione dei 73 EAS, si rileva come la durata stimata sia variabile, con una prevalenza di EAS della durata maggiore alle 6 ore (34 su 73), mentre 23 EAS risultano rimanere tra le 4 e le 6 ore e 14 tra le 2 e le 4 ore.

Entrando nel merito degli aspetti legati alla valutazione, come si può dedurre dal grafico in Figura 3, la maggioranza degli strumenti valutativi vengono attribuiti alla fase operatoria (46 su 73), 17 alla fase preparatoria e solo 14 alla fase ristrutturativa.

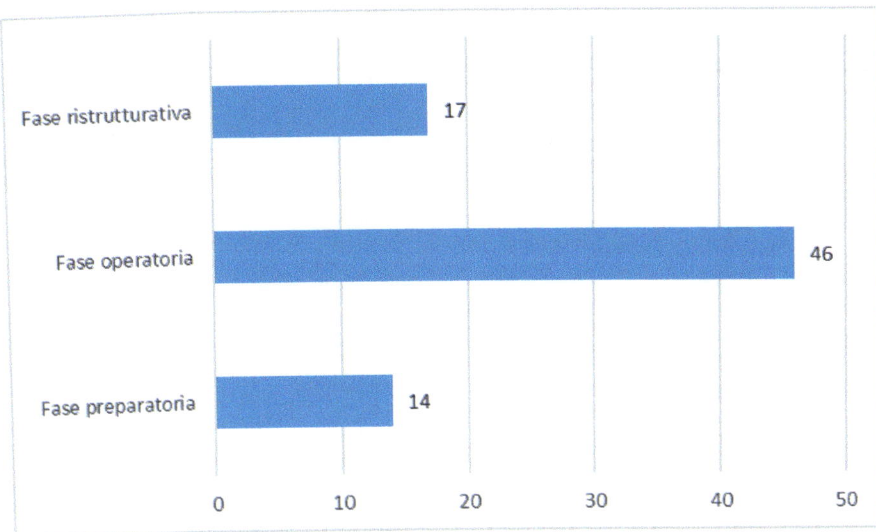

Figura 3 - Presenza di strumenti valutativi nelle fasi dell'EAS

Infine, nella quasi totalità delle progettazioni EAS (65 su 73) non vi sono richiami espliciti al registro e all'e-portfolio; solo un EAS utilizza sia il registro che l'e-portfolio e 7 integrano il lavoro didattico con la documentazione degli apprendimenti tramite e-portfolio.

Facendo riferimento al lavoro di analisi dei ricercatori sugli EAS selezionati, in prima battuta ci si è concentrati sulle competenze sviluppate all'interno delle progettazioni (Figura 4). Se l'allineamento dei ricercatori è quasi perfetto sullo sviluppo di competenze disciplinari all'interno degli EAS – si sostiene che in tutti i 73 EAS è prevista la competenza disciplinare – diversificata è la visione data sulle altre competenze: la competenza di lavoro di gruppo viene sviluppata in media solo nel 16% del campione degli EAS e tendenzialmente i ricercatori hanno tra loro uno scarto di accordo del 12% (con un picco di distanza tra il ricercatore 1 e il ricercatore 3).

La competenza del presentare/argomentare viene sviluppata anch'essa solo dal 18% degli EAS ma l'accordo tra i ricercatori in questo caso è quasi perfetto, così come sullo sviluppo del fare ricerca, che rimane in media al 13% all'interno del campione, mentre la competenza dell'imparare a imparare viene sviluppata solo in media nel 3% degli EAS selezionati.

Infine, è necessario soffermarsi sulla competenza digitale: se in media il 37% degli EAS sviluppano competenza digitale, il grado di accordo dei ricercatori ha uno scarto piuttosto elevato (11%).

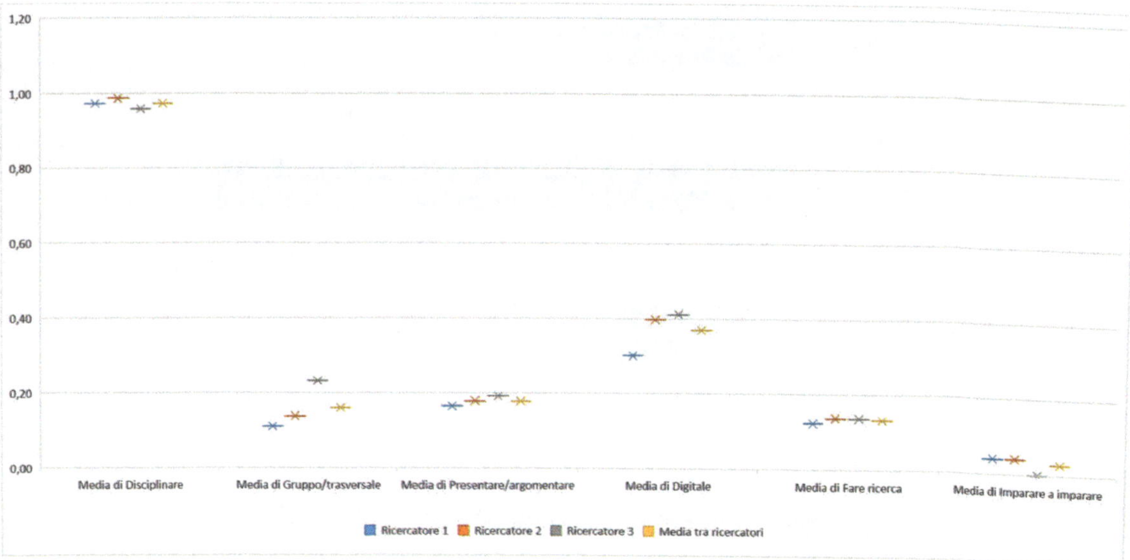

Figura 4 - Competenze sviluppate all'interno delle progettazioni

Entrando negli esiti dell'analisi dell'impianto valutativo e soffermandosi sulla valutazione dello sguardo trifocale che l'azione didattica dovrebbe avere, l'accordo tra i ricercatori per tutti e tre i cardini della valutazione è quasi perfetto (Figura 5): l'eterovalutazione risulta essere presente nel 100% degli EAS, mentre l'autovalutazione in media nell'89% dei casi (con uno scarto di accordo tra ricercatori del 7%). Incuriosisce, invece, il dato circa la valutazione tra pari, che viene implementata solo nell'11% degli EAS (come media tra i ricercatori).

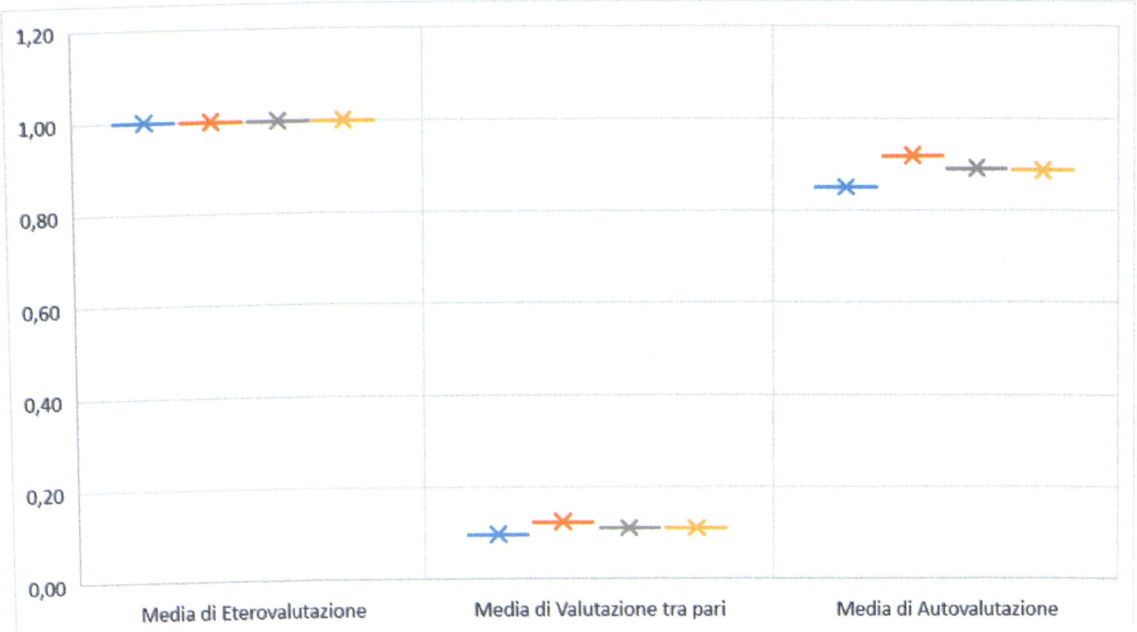

Figura 5 - Lo sguardo trifocale della valutazione

Soffermandosi poi sullo strumento della rubrica, come cardine dell'Embedded Assessment, l'analisi si è focalizzata sul tipo di rubrica presente negli EAS (di processo, di prodotto o sia di processo che di prodotto) e sul suo collegamento con le fasi dell'EAS. Come si può notare, la rubrica maggiormente utilizzata è quella che integra sia il processo che il prodotto (84% in media), con solo il 5% di scarto tra i ricercatori. La rubrica di processo è presente in media nel 3% degli EAS mentre la rubrica di prodotto è presente in media nel 13% dei casi (con uno scarto di accordo tra i ricercatori del 5%) (Figura 6).

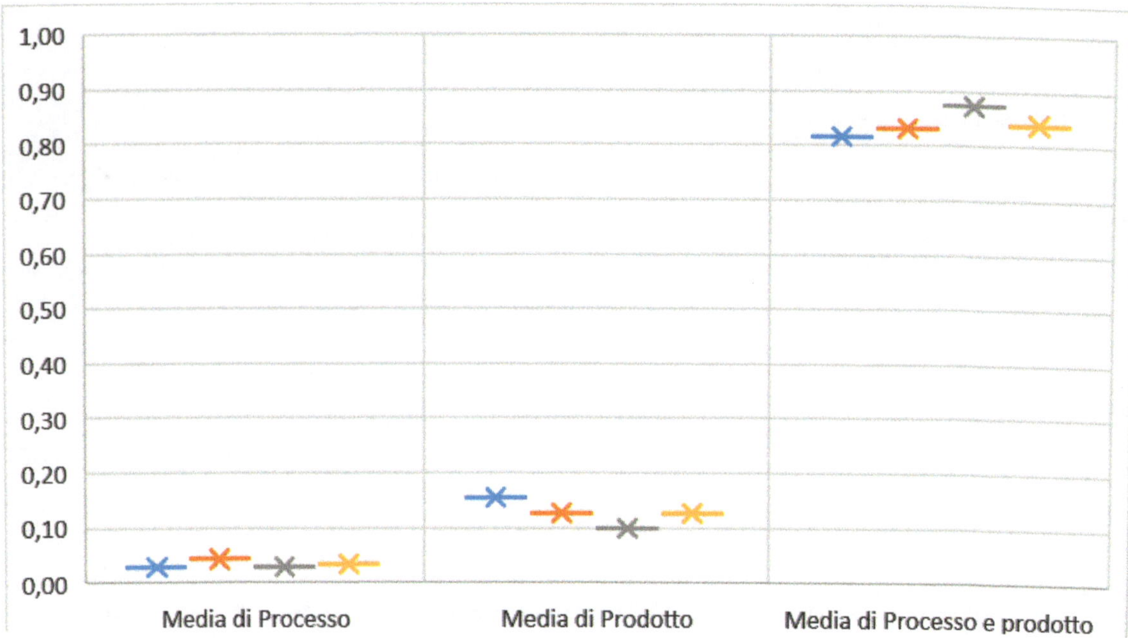

Figura 6 - Tipo di rubrica valutativa

Riflettendo, invece, sul collegamento tra la rubrica e le fasi dell'EAS, in media nel 94% del campione la rubrica si collega a tutte e tre le fasi, mentre solo in media nel 6% dei casi si collega esclusivamente alla fase preoperatoria e operatoria. Lo scarto tra ricercatori per entrambe le valutazioni risulta quasi perfetto (2% di scarto di accordo in entrambi) (Figura 7).

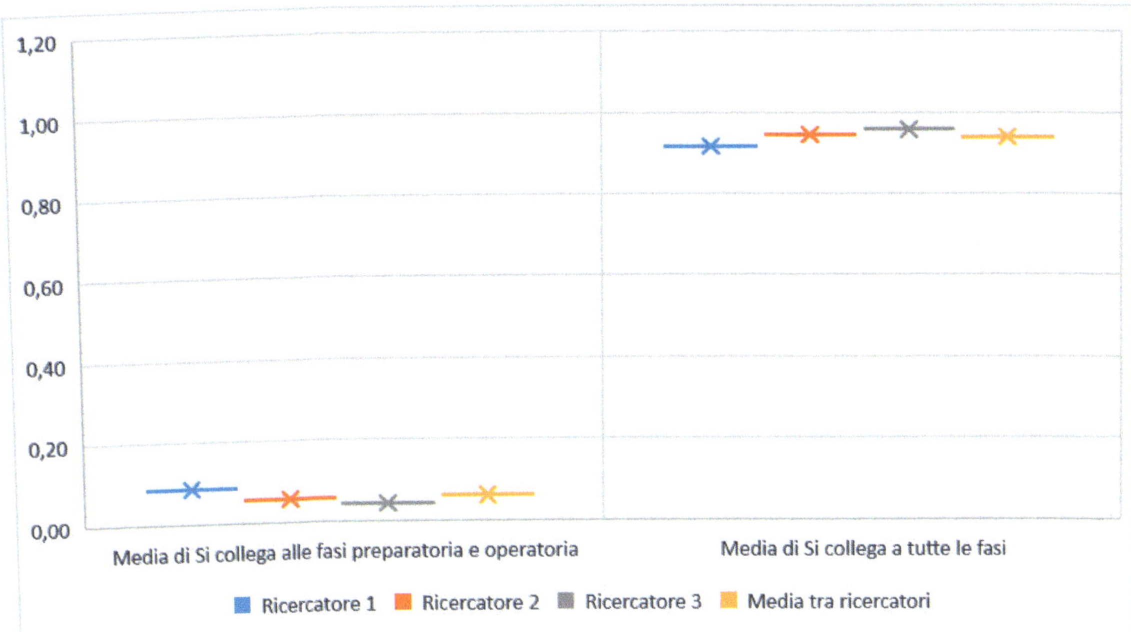

Figura 7 - Collegamento della rubrica alle fasi dell'EAS

L'analisi del campione dei 73 EAS ha voluto soffermarsi su due tipi di allineamento: quello tra obiettivi e rubrica e quello tra rubrica e prove di valutazione, utilizzando una scala Likert (1 = sì, 2 = più si che no, 3 = più no che sì; 4 = no) .

In prima istanza, osservando l'allineamento tra rubrica e obiettivi, ci si rende conto di come sia molto frastagliato il panorama: la totale presenza di allineamento emerge in media solo nel 37% dei casi, mentre emerge come in media nel 16% dei casi sia tendente alla presenza ma non con allineamento totale. Se si osserva ulteriormente la parte più negativa del grafico, in media nel 16% dei casi c'è la tendenza a non avere totale allineamento tra rubrica e obiettivi, mentre solo in media nel 2% dei casi c'è totale assenza di allineamento tra gli obiettivi e la rubrica. In tutti e quattro i livelli, lo scarto di accordo tra ricercatori fluttua tra l'1% e il 2% (Figura 8).

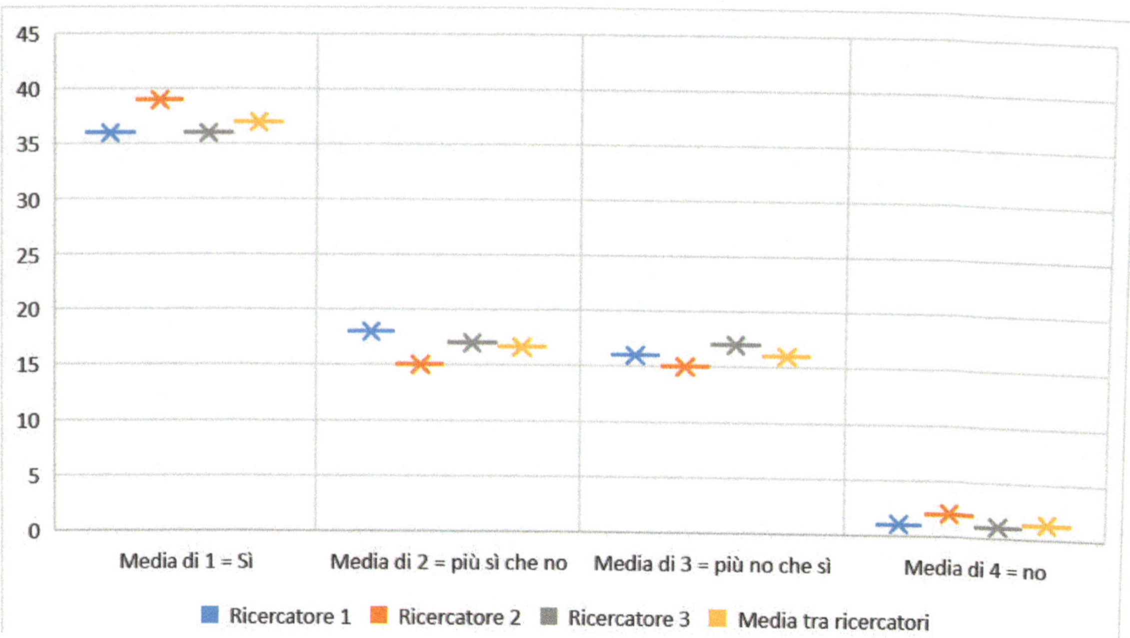

Figura 8 - Allineamento tra obiettivi e rubrica valutativa

Infine, l'analisi dell'allineamento tra obiettivi e prove valutative vede un maggior scarto tra i ricercatori. L'allineamento tra obiettivi e prove valutative è totalmente presente in media solo nel 5% dei casi (con uno scarto di accordo del'1% tra i ricercatori) mentre si ha un allineamento non totale ma presente in media nel 47% degli EAS, anche se lo scarto di accordo tra ricercatori è del 6%. Guardando alla parte di maggiore assenza dell'allineamento, in media nel 18% dei casi l'allineamento non risulta totalmente assente (con uno scarto nel grado di accordo tra ricercatori del 7%) mentre è totalmente assente in media nel 2% dei casi (con uno scarto nel grado di accordo tra ricercatori del 3%) (Figura 9).

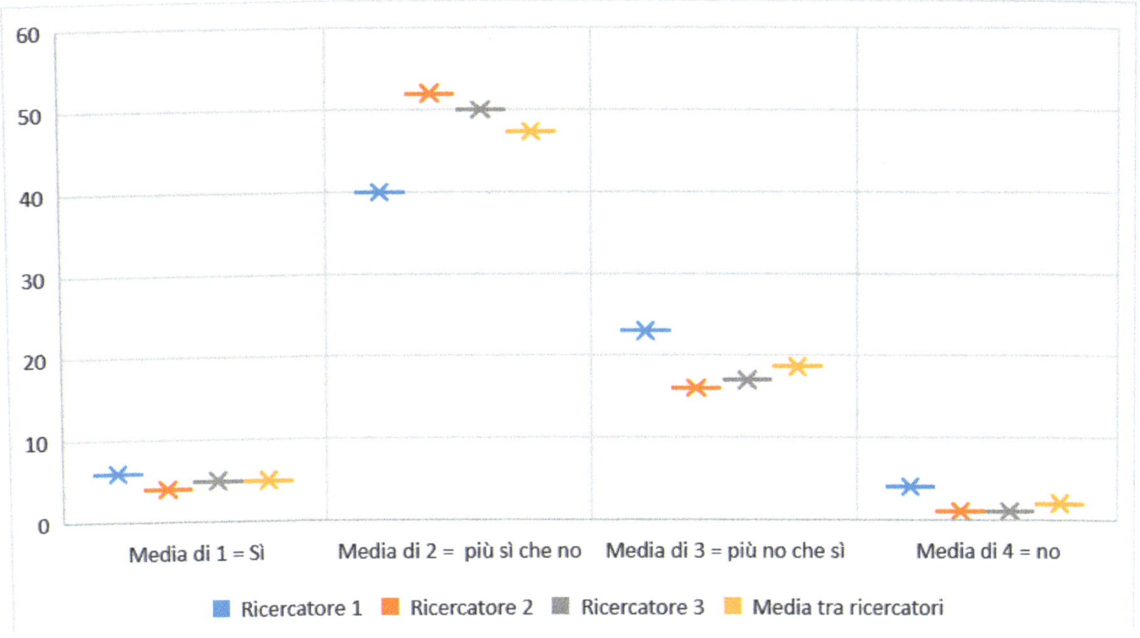

Figura 9 - Allineamento tra obiettivi e prove valutative

3.3. Riflessioni sui dati

Le considerazioni che vengono suggerite sull'embedded assessment negli (e con gli) Episodi di Apprendimento Situato sono molteplici e sicuramente tra di loro complementari e correlate.

In prima battuta, se si sposa la valutazione per competenze, il sistema di valutazione deve essere ripensato, non solo a livello di tempo e spazio (in modo che si possa realmente parlare di "valutazione diffusa") ma diviene fondamentale garantire l'allineamento tra obiettivi, strumenti di valutazione e rubriche. Questo, certamente, richiede all'insegnante uno sforzo significativo di progettazione: rivedere sempre la relazione tra obiettivi dichiarati e strumenti di valutazione esige una capacità critica da parte dell'insegnante e una visione globale del processo di apprendimento del bambino e della classe. Questo sforzo, però, porta a dei vantaggi didattici evidenti: la possibilità di rilevare davvero gli apprendimenti (in termini sia di conoscenza che di abilità) e di vederne la progressione.

In secondo luogo, è sempre più evidente la necessità, all'interno della scuola, di valorizzare le competenze trasversali che gli studenti acquisiscono lungo il percorso. Se la didattica che si promuove prevede l'attivazione degli studenti tramite il *learning by doing* e il *reflective learning* - è quanto accade nell'EAS - occorre osservare e monitorare i progressi dei bambini nel lavorare in gruppo, nel riflettere, esporre le proprie idee e discuterle con i pari e l'insegnante. Il rischio di non esplicitarle è darle per scontate, come se il loro apprendimento non dovesse essere promosso.

Infine, ci sembra importante integrare nelle pratiche valutative la peer evaluation, intesa come possibilità di imparare dai pari, non visti solo come "corpo classe" che lavora insieme, ma come "amici critici", capaci di far emergere in modo puntuale ma "alla pari" conquiste, miglioramenti e errori. Questo richiede al docente di insegnare ai propri studenti il valore del "feedback": in cosa consiste, come fornirlo e anche come riceverlo, permettendo ai bambini di aprirsi a una possibilità sempre più presente nel mondo del lavoro, quella del peer-to-peer.

4. L'urgenza di una Assessment Literacy

Emerge dal quadro dell'analisi una considerazione generale: la necessità di lavorare per incrementare la competenza valutativa dei docenti attraverso azioni formative, sviluppo di materiali da utilizzare in classe, implementando percorsi di sperimentazione e ricerca.

L'EAS può certamente funzionare come organizzatore professionale (Ferrari, Sinini, 2017) anche nei confronti dell'agire valutativo dei docenti, a patto che vengano tematizzate due dimensioni attorno a cui sviluppare una riconcettualizzazione dell'Assessment Literacy: tecnica ed etica (Hadji, 2023).

Gli aspetti tecnici dell'atto valutativo richiedono di recuperare il bagaglio della docimologia necessario per gestire la scelta e la costruzione di strumenti, la definizione degli ambiti di osservazione, la raccolta e il trattamento dei dati. Solo così diventa possibile mettere a punto l'allineamento rubrica-obiettivo-prova che vediamo emergere come problema dai dati sopra riportati, un problema che si presenta nella valutazione con o senza gli EAS. La struttura dell'EAS ha il vantaggio di obbligare i docenti a identificare gli obiettivi «a partire dagli spazi di riferimento ufficiali» (Hadji, 2023; 78), richiamando le «Indicazioni Nazionali» e gli altri documenti ufficiali, e a razionalizzarli, interrogandosi sulle loro connessioni con contenuti (disciplina) e perseguibilità (studenti).

Tale processo arriva a buon fine in due casi: in presenza di un docente formato alla valutazione o di un docente che lavora in team con altri docenti che funzionano come "amici critici". In questi due casi, nello sviluppo dell'EAS si riescono ad attivare domande in chiave di allineamento tra le diverse parti, a non perdersi nel micro, a riannodare le diverse competenze che vengono agite nelle situazioni di apprendimento.

La tecnicalità della valutazione aiuta a costruire gli strumenti, che nella Nuova Valutazione sono concepiti come situazioni. Un esempio lo possiamo trovare nel *trigger:* «uno strumento di valutazione, nel senso di un mezzo destinato a innescare in modo adeguato un comportamento la cui osservazione fornirà elementi utili per verificare se una determinata aspettativa è stata soddisfatta» (Hadji, 2023; 103).

Ci sembra infine che proprio la tecnicalità consenta anche di raggiungere l'integrazione tra il piano dell'assessment - grazie al design di situazioni osservative delle competenze dello studente - e quello dell'evaluation - grazie all'esplicitazione della pratica didattica del docente e alla valutazione del suo impatto.

La seconda dimensione, quella etica, porta a interrogarsi sulla legittimità della valutazione. Da questo punto di vista ci si interroga sul perché valutare e sul problema del valore. Da questo punto di vista proprio Hadji indica, ricorrendo a quattro aggettivi, le sfide che la valutazione deve affrontare: democratica, libera dalla paura, ragionata, umanistica.

Con il primo richiama la necessità di «costruire un référent *che abbia la massima legittimità possibile*» (Hadji, 2023; 176) «interrogandosi sul valore nel modo corretto. Non: "quanto vale un uomo?" , ma: "cosa dà valore a un uomo?"» (Hadji, 2023; 180). Per liberare la valutazione dalla paura, propone di spostare il voto da una forma che attiva situazioni competitive, di confronto sociale, che rendono visibili le differenze e minacciano l'identità e l'autostima, a situazioni cooperative basate su sfide epistemologiche, legate alla conoscenza. Una valutazione dove la dimensione informativa diventa prioritaria, la cui utilità è data dal suo prendersi cura attraverso la creazione «[...] delle condizioni per uno sviluppo positivo delle persone toccate dalla valutazione» (Hadji, 2023; 224). La terza caratteristica, diventare "ragionata", si riferisce al caso in cui non si lasci spazio alla «quantofrenia» ossia a «un certo uso malsano della quantificazione, caratterizzato da un utilizzo eccessivo del linguaggio matematico per tradurre i fenomeni sociali e umani. Un tale uso ha l'effetto di semplificare indebitamente la realtà sociale» (Hadji, 2023; 245) e di finire per sostenere una "società del voto". Infine umanistica perché «esprime l'idea di una valutazione attenta a porsi al servizio dell'Uomo» (Hadji, 2023; 278).

I quattro aggettivi rappresentano quattro passaggi che aprono alla dimensione educativa della valutazione e tornano a interrogare l'EAS nel suo essere Embedded Assessment at School. Sulla dimensione tecnica e su quella etica si apre quindi la necessità di sostenere processi di *Assessment Literacy* per il personale (non solo) della scuola.

Strumenti della ricerca
Dal seguente QR Code è possibile accedere ai due strumenti di analisi.

XII

Gli EAS per la rianimazione cardiopolmonare

Alessandra Carenzio, Sara Lo Jacono[1]

1. Il contesto

Per comprendere il senso del contributo ci soffermiamo su alcuni dati di contesto illuminanti: il 70% degli arresti cardiaci avviene davanti a testimoni (non sanitari), ma solo nel 15% dei casi si dà avvio alla rianimazione cardiopolmonare. Se si intervenisse in maniera rapida, tempestiva e corretta, molte delle oltre 60 mila persone colpite da arresto cardiaco - in Italia - potrebbero essere salvate. Le possibilità che una vittima ha di sopravvivere aumentano di due o tre volte, se i testimoni presenti iniziano la rianimazione (rispetto alla situazione in cui si assiste senza procedere con nessuna manovra).

L'occasione che ci ha portato a incontrare questi dati e questi temi è stata la partecipazione al progetto Erasmus+ *LifeForce*[2], che ha messo insieme le energie di 4 Paesi (Cipro, Germania, Grecia e Italia). *LifeForce*, acronimo di *Learning Initiative For Elementary School Fun Oriented Resuscitation Coaching Europewide*, ha voluto sviluppare strumenti e materiali creativi per la formazione/sensibilizzazione dei bambini tra i 6 e i 10 anni rispetto alle manovre di rianimazione cardiopolmonare (BLS-D - Basic Life Support and defibrillation), ma anche formare gli insegnanti, insistendo sull'importanza di includere il primo soccorso nel curricolo di scuola in ambito Europeo.

[1] Concettualizzazione e cura e analisi dei dati, Alessandra Carenzio e Sara Lo Jacono; impostazione metodologica, Alessandra Carenzio; Alessandra Carenzio ha materialmente scritto il § 1 e il sottoparagrafo 3.2, Sara Lo Jacono il § 2 e il sottoparagrafo 3.1, le due autrici condividono la scrittura delle conclusioni. Revisione, editing e supervisione scientifica sono a cura di Pier Cesare Rivoltella.

[2] KA2 - Cooperation for Innovation and the Exchange of Good Practices, KA201 Strategic Partnerships for School Education, 2020-1-EL01-KA201-079184.

Nella Figura 1 abbiamo raccolto i personaggi del kit di *LifeForce*.

Figura 1 - I personaggi di LifeForce

La collaborazione con l'Italian Resuscitation Council[3] nell'ambito del progetto ha aperto piste di lavoro, convergenze e sintonie metodologiche che hanno dato origine alla riflessione che approfondiamo in questo contributo, ragionando sulle impostazioni metodologiche dell'impianto formativo adottato e progettato da IRC e quelle tipiche dell'EAS. Quali elementi di convergenza? Su quali pilastri si basano? A partire da queste domande, il paragrafo che segue prova a ragionare sull'incontro metodologico e di

[3] IRC (Italian Resuscitation Council), Gruppo Italiano per la Rianimazione Cardiopolmonare, nasce nell'ottobre del 1994 con lo scopo primario di diffondere la cultura e l'organizzazione della rianimazione cardiopolmonare in Italia. In Internet, https://www.ircouncil.it/. D'ora in poi IRC.

approccio, lasciando al terzo paragrafo il compito di descrivere i due contesti principali nei quali la combinazione tra EAS e BLS-D potrebbe concretizzarsi: la formazione degli adulti (laici e sanitari) e la scuola. Di seguito la sintesi degli step che hanno portato alle riflessioni e alle proposte contenute nel capitolo.

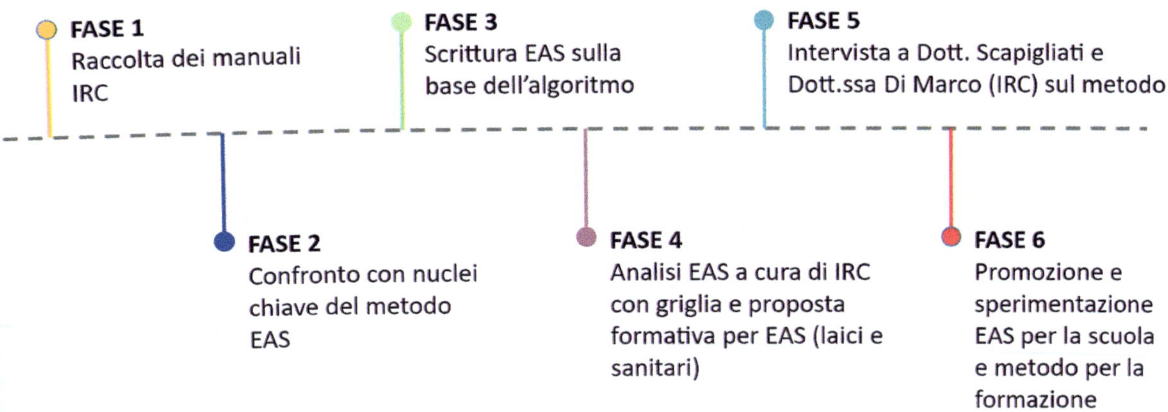

Figura 2 - Step di lavoro

2. Metodo EAS e formazione BLS-D: impostazioni metodologiche a confronto

Dalle discussioni che hanno animato il biennio di collaborazione sul progetto *Life-Force*, è emerso fin da subito che vi erano diversi punti di contatto tra l'EAS e l'impianto utilizzato da IRC per la formazione di laici e sanitari. Per mettere alla prova questa somiglianza, abbiamo preso in esame i quattro manuali di cui IRC si serve:

- BLS-D per operatori non sanitari;
- BLS-D per operatori sanitari;
- Emergenze in età pediatrica;
- BLS-D Pediatrico per operatori sanitari.

Come prima cosa, il manuale per operatori non sanitari e i manuali dedicati alle emergenze in età pediatrica (sia quello rivolto ai laici e alle famiglie, sia quello rivolto agli operatori sanitari) adottano un approccio esperienziale. Il manuale per operatori non sanitari si apre infatti con la sezione "Cosa saprai fare": chi affronta il manuale, e quindi il BLS-D, per la prima volta, scopre subito quali sono le competenze che svilupperà durante e grazie al percorso ("progettazione a ritroso" o *backward design*). In seconda battuta, si potrà confrontare con il passaggio formativo successivo: "Come fare le cose da fare" è infatti il capitolo in cui si fa esperienza e si vede, passaggio per passaggio, quali sono le azioni da compiere, quali le manovre da realizzare. Solo a questo punto arriva la teoria: "Ma cosa significa" è il capitolo che recupera la teoria di base (ad esempio, la differenza tra un infarto e un arresto cardiaco, la rianimazione cardio-polmonare o ancora la defibrillazione). Per concludere, il manuale approfondisce i casi particolari (ad esempio, quando la vittima è una donna in gravidanza, un lattante, ecc.) e il quadro normativo.

Seppur con un'organizzazione interna molto differente, i manuali delle emergenze in età pediatrica fanno uso dello stesso stile: si aprono con "Al termine di questo capitolo il lettore sarà in grado di...", trovano il loro sviluppo negli approfondimenti teorici, per poi chiudere ogni capitolo con i "Punti chiave di apprendimento", che riassumono e fissano i concetti più importanti.

Come dicevamo, la logica che sta dietro ai tre manuali è la stessa: dapprima mostrano cosa il corsista saprà fare, ossia anticipano quello che sarà l'oggetto del percorso (framework concettuale); poi approfondiscono con esempi concreti i concetti teorici (momento operatorio); infine chiudono il percorso proponendo una mappa o un riassunto per punti di quanto visto lungo tutto il testo (debriefing e lezione a posteriori).

Diversamente dagli altri tre, il manuale che si rivolge agli operatori sanitari ha un'impostazione molto più teorica e formale: questo perché, come confermato dal Comitato Formazione di IRC, il manuale "BLS-D per operatori sanitari" è costruito in base al presupposto che il testo funga solo da aggiornamento, avendo gli operatori già pre-conoscenze importanti che permettono di lasciare sullo sfondo la dimensione motivazionale e di costruzione di un lessico di base, necessarie invece nei tre manuali già analizzati. In questo caso, ad esempio, non si fa semplicemente riferimento alle azioni e alla manovre, bensì ciascuna viene dettagliata, approfondendo ciò che succede alle funzioni vitali del paziente e al funzionamento dei suoi organi in seguito all'applicazione di ciascuna di esse.

Se volessimo riassumere, potremmo facilmente suddividere gli elementi chiave dell'impostazione IRC come segue:

- l'adozione di metodologie attive;
- la costruzione di architetture simulative e immersive;
- l'anticipazione;
- la scelta di organizzare il momento formativo in micro-fasi;
- la logica flipped (prima le pratiche e l'esplorazione, poi la teoria);
- il riconoscimento del fare per sapere/capire le tecniche base;
- l'attenzione per i meccanismi di apprendimento (ripetizione, imitazione ed esperienza sono parte integrante della formazione al BLS-D);
- la ristrutturazione per fissare le pratiche (corrette) e per riflettere sulla dimensione emotiva parte integrante del percorso di apprendimento.

Come si capisce le consonanze con il metodo EAS sono importanti e ben riconoscibili.

3. BLS-D, EAS e formazione

I due scenari principali che vedono il coinvolgimento del metodo EAS sono quello della formazione degli adulti, laici e sanitari, e quello della scuola, anche alla luce della legge 116 del 4 agosto 2021[4]. I due ambiti si prestano a diverse sperimentazioni. Nel contributo ci limitiamo a predisporre modelli e strumenti che sono passati attraverso due canali: il confronto metodologico con lo sguardo medico, grazie all'intervista con la dott.ssa Di Marco, responsabile dell'area formativa di IRC, e con il dott. Trevisan, membro del Comitato Formazione, nel caso della formazione degli adulti; la progettazione di EAS per la scuola, l'analisi e la revisione dei materiali da parte dello staff medico, grazie al lavoro del dott. Scapigliati, per quanto riguarda i contenuti.

3.1. La formazione degli adulti

Viste le consonanze che abbiamo fin qui analizzato tra il metodo EAS e l'organizzazione della formazione da parte di IRC, abbiamo intervistato due persone interne al Comitato Formazione di IRC: Samantha Di Marco, infermiera, e responsabile del Comitato Formazione di IRC, di cui fa parte dal 2008; Alessandro Trevisan, medico legale, socio IRC dal 1997, istruttore e componente del Comitato Formazione.

Trevisan conosce il metodo EAS "da studente": si è laureato qualche anno fa in Scienze dell'Educazione, ha studiato il manuale *Fare didattica con gli EAS* (Rivoltella, 2013) nel corso dell'esame di Pedagogia interculturale. Non si sente esperto, ma «appassionato e innamorato del metodo». Leggendo il libro, si è accorto del nesso tra quanto proposto da Rivoltella e la pratica "irchica" e ha quindi condiviso il suo entusiasmo con i colleghi. Lo conferma Samantha: «Ce ne ha parlato Alessandro (del metodo, ndr), [...] con un entusiasmo infinito, che quando abbiamo iniziato a sentirne parlare, abbiamo detto: "Bene, ok, accendiamola!"».

Ciò che più colpisce la Di Marco del metodo EAS è «la capacità di indurre gli studenti a riflettere insieme e arrivare a dei risultati, che quindi sono solidi perché sono creati da loro»; il ruolo del docente, visto come conduttore o facilitatore con cui confrontarsi per consolidare quanto appreso. A convincere, poi, è il fatto che, secondo Samantha, «è un metodo che facilita veramente la riflessione, che è quello che tutti noi vorremmo negli studenti». Con l'EAS, gli studenti «iniziano a pensare».

IRC «sta cercando di costruire dei formatori 2.0 che siano in grado di condurre i nostri candidati in aula ad apprendere in maniera strutturata e profonda; attraverso questo metodo riusciamo a raggiungere questo obiettivo, perché non somministriamo delle soluzioni, ma siamo dei facilitatori di apprendimento» (Di Marco). A rendere così attrattivo il metodo per l'IRC è anche «l'importanza dell'apprendimento in gruppo,

[4] Cfr. in Internet, URL: https://www.gazzettaufficiale.it/eli/id/2021/08/13/21G00126/sg.

dell'apprendimento tramite l'esperienza, che è uno dei capisaldi di una delle tre fasi dell'EAS» (Trevisan).

Come si può vedere, entrambi i responsabili della formazione IRC sembrano apprezzare molto il metodo EAS per le sue caratteristiche e vi riconoscono quelle attenzioni che cercavano di tenere nella progettazione della formazione IRC. Si è quindi pensato di approfondire il tema, chiedendo ai due intervistati come l'EAS potrebbe essere applicato al contesto della formazione al BLS-D.

La Di Marco sostiene che il metodo EAS sarebbe utile nella formazione in ambito sanitario in generale, perché mette i corsisti nella condizione di imparare a lavorare insieme, come gruppo, approfondendo il tema oggetto della lezione finché ne sentono la necessità, per poi, solo a quel punto, discuterne con il docente al fine di comprendere quanto ciò che si è studiato possa essere applicabile e avere ricadute concrete nel mondo reale: «Secondo me è bellissimo [...]. Potrebbe essere molto applicabile nel mondo della sanità, dove hai la necessità di fare in modo che lo studente - che non è solo studente, ma professionista - rifletta su quello che fa». Aggiunge Trevisan: «Anticipare la preparazione a casa diventa per me fondamentale per far divenire i nostri allievi veramente consapevoli di quello che andranno a fare».

Secondo il parere dei due responsabili della formazione, il metodo EAS sarebbe spendibile, in modo diverso, sia per la formazione dei laici che per la formazione dei sanitari. Nel primo caso, infatti, a essere maggiormente apprezzato è il fatto di permettere ai formandi di immergersi subito nel contenuto, riservando tutto il tempo dell'aula alla sperimentazione, alla messa in pratica di quanto appreso, che nella formazione al primo soccorso è indispensabile. Nel secondo caso, invece, a vincere è l'importanza che l'EAS attribuisce alla dimensione gruppale e all'approccio al contenuto delle lezioni, inedito e differente rispetto a ciò a cui i medici sono abituati.

Il metodo ha la peculiarità di non avere come unico scopo quello di lavorare sul contenuto, ma di dare molta rilevanza anche alla dimensione sociale ed esperienziale. Una delle difficoltà che Trevisan riscontra, infatti, è la «mentalità centrata sui contenuti», mentre a suo giudizio l'allievo dovrebbe rileggere l'importanza e la funzione dell'aula, sapere «che quando deve andare a seguire un corso, [...] non va lì per "essere riempito" di qualcosa [di cui] magari poi non rimane proprio niente, perché il contenitore non è preparato, non è pronto».

Le logiche dell'EAS, a oggi, vengono applicate nei corsi formatori[5], non ancora nei corsi esecutori; questo perché i formatori devono essere i primi a essere convinti della bontà del metodo, visto che sono coloro che poi andranno, a loro volta, a formare gli

[5] IRC eroga 3 differenti tipologie di corsi: il corso esecutori, destinato alle persone che eseguono la disciplina, ossia gli utilizzatori finali: gli infermieri o i laici che imparano a fare la rianimazione cardio-polmonare; il corso formatori è dedicato alle persone individuate come potenziali istruttori, quindi i futuri formatori; il corso direttori si rivolge, appunto, ai direttori, ossia istruttori di grande esperienza che fungono da garanti del metodo e dei contenuti.

esecutori. A colpire positivamente la Di Marco, tuttavia, è il fatto che abbiano iniziato ad applicare le logiche dell'EAS nel corso per IRC più prestigioso, che è il corso direttori, e nonostante si sia appena partiti, sono già cambiati di moltissimo i contenuti in aula: «Abbiamo elevato il contenuto in aula, perché i partecipanti hanno già riflettuto prima. Hanno già parlato - prima - di quello che porteremo in aula e quindi sono più "vivi". [...]. Se hanno la possibilità di confrontarsi con gli altri prima e di iniziare a ragionare, a lavorare insieme, un po' più pronti sono, fanno meno fatica e in aula si divertono di più. Che è quello che poi ci interessa».

La rete di istruttori di IRC è molto vasta e capillare e «dover convincere duemila istruttori dell'importanza di questo cambiamento è forse la cosa più complessa, però partendo dai gruppi più solidi e scendendo man mano, ci siamo resi conto che, se iniziamo a convincere quelli "solidi" a essere entusiasti - quindi i nostri direttori di corso iniziano a essere entusiasti di questo - riescono a far sì che i nostri formatori abbiano voglia di mettersi in campo anche su questo, perché un po' di fatica iniziale c'è, non è così facile. È un po' anche un cambiamento culturale, un po' perché devi fare in modo che l'aula non sia più istruttore-centrica e a tutti noi piace sentirci parlare alla fine, no? [...] Forse la difficoltà più grande è quella di spostare il focus». Ciò da cui occorre partire, ribadisce Trevisan, «è centrarsi sul gruppo e sugli apprendimenti e sulle competenze dei nostri candidati».

Cosa si può fare, quindi, per poter usare il metodo EAS in maniera condivisa e ordinaria tra tutti i formatori e IRC? Lo dice senza troppi giri di parole Samantha Di Marco: «Delle istruzioni per l'uso», o ancora, aggiunge Alessandro Trevisan, «Vedere qualche maestro, nel senso di *master*, all'opera».

3.2. Il lavoro con i bambini

Dopo aver analizzato il rapporto tra EAS e formazione degli adulti, non ci resta che entrare nel mondo della scuola. Quali sono i riferimenti che legano le attività BLS-D alle "logiche" della scuola? Come possiamo agganciare le proposte formative alle competenze che la scuola deve costruire? Quali sono i vantaggi? Quali mediatori possiamo impiegare per avvicinare i bambini più piccoli alle pratiche di primo soccorso? È possibile e consigliabile dal punto di vista dell'efficacia e del rispetto dei più piccoli introdurre il tema a partire dalla scuola primaria, superando l'età anagrafica come vincolo di accesso e di pre-training?

L'European Resuscitation Council (ERC), sul fronte internazionale, si sta muovendo in questa direzione già da tempo, come indicano le linee guida europee sul primo soccorso per cominciare - dalla scuola primaria - a imparare le manovre di rianimazione cardiopolmonare e, aspetto non secondario, a fare da ponte per traghettare queste conoscenze anche in famiglia e nella società allargata.

In Italia, la legge 116 del 4 agosto 2021, voluta e sostenuta da IRC e dal dott. Andrea Scapigliati, rende ancora più decisiva la scelta di iniziare fin da bambini a lavorare su questi temi e imparare a gestire le situazioni di emergenza. Il testo definitivo della legge, composto da 9 articoli, prevede per la scuola l'obbligo dell'introduzione della formazione alle manovre di rianimazione cardiopolmonare (articolo 5); l'obbligo per le società sportive professionistiche e dilettantistiche di dotarsi di defibrillatori; uno stanziamento di 10 milioni di euro per la diffusione nei prossimi cinque anni dei DAE in luoghi molto frequentati come aeroporti, stazioni ferroviarie, porti, scuole e università e sui mezzi di trasporto; la possibilità per tutti i cittadini, in assenza di personale sanitario o di personale non sanitario formato al primo soccorso, di essere autorizzati a utilizzare i DAE.

Nello specifico, l'articolo 5[6] indica che:

- «le iniziative di formazione di cui al presente comma devono comprendere anche le tecniche di rianimazione cardiopolmonare di base, l'uso del defibrillatore semiautomatico e automatico esterno e la disostruzione delle vie aeree da corpo estraneo. Nell'organizzazione delle iniziative di formazione devono essere adottate speciali misure di attenzione nei confronti degli studenti, in modo da tenere conto della sensibilità connessa all'età. Le predette iniziative sono estese al personale docente e al personale amministrativo, tecnico e ausiliario»;
- le scuole di ogni ordine e grado, nell'ambito della propria autonomia, organizzano le iniziative di formazione di cui al comma 10 dell'articolo 1 della legge 13 luglio 2015, n. 107, come modificato dal comma 1 del presente articolo, programmando le attività, anche in rete, in accordo con le strutture sanitarie e di volontariato;
- ogni scuola, nell'ambito della propria autonomia, il giorno 16 ottobre, in concomitanza con la «Giornata mondiale della rianimazione cardiopolmonare», può altresì dedicare iniziative specifiche di informazione all'arresto cardiaco e alle conseguenti azioni di primo soccorso, con le risorse umane, strumentali e finanziarie disponibili a legislazione vigente.

Si tratta di una call for action che possiamo riassumere in poche battute: alla scuola nel suo complesso vanno indirizzate iniziative di formazione capillari; occorre immaginare percorsi didattici specifici in relazione all'età; la scuola è incentivata alla presa in carico di quanto indicato, partecipando alla giornata dedicata alla rianimazione, che può diventare occasione di incontro, formazione, showdown dei progetti e sensibilizzazione.

Alla luce di questa cornice, per favorire il lavoro didattico degli insegnanti, abbiamo progettato alcuni EAS pronti per essere sperimentati in classe. Gli EAS fanno parte di un pacchetto di proposte dedicate al tema del BSL-D. L'obiettivo è di promuovere

[6] Vedi nota 4.

nei bambini la conoscenza delle sequenze delle azioni (l'algoritmo)[7] che regolano le procedure per la rianimazione cardiopolmonare, la sensibilizzazione e la promozione di una cultura dell'aiuto.

L'algoritmo a cui fanno riferimento gli EAS è frutto del lavoro di revisione e riformulazione di quello dedicato al BLS-D, posto in essere durante il progetto citato in apertura (*LifeForce*), per adeguarlo ai più piccoli e per renderlo comprensibile. Non si tratta di addestrare tecnici in miniatura, ma di supportare nella scuola e nei bambini la solidarietà e la cultura della prevenzione in funzione del benessere della comunità, considerando anche l'analisi di alcuni vincoli tecnici, fisici e legislativi legati all'età dei bambini (il peso non adeguato allo svolgimento di alcune manovre o l'uso del DAE). Non possiamo chiedere a un bambino di usare il defibrillatore, ma possiamo chiedergli di riconoscerlo, di sapere come funziona, a cosa serve, dove trovarlo e come renderlo accessibile agli adulti.

L'algoritmo consente a ciascuno di imparare le azioni che portano ad assistere una persona, a partire dall'analisi veloce dello scenario in termini di sicurezza (camion, macchine, buche, pericoli che potrebbero aggravare l'intervento), passando per la verifica della risposta della vittima, la corretta verifica della respirazione, la ricerca di aiuto (gestire una chiamata, rispondere alle domande, non perdere di vista la situazione), le compressioni toraciche, la ventilazione e la ricerca (in questo caso) di un defibrillatore. Si tratta, dunque, del cuore del kit didattico, che comprende carte e scenari per i più piccoli. Gli scenari possono essere usati come sfondo, come attivatori, come "luogo" da esplorare con domande e riflessioni che incontrano alcune logiche del metodo EAS. Oltre alle carte e agli scenari, il kit include: una storia per imparare i termini in gioco (*Alphabet story*), una guida per i bambini (*Pupil's handbook*) e una guida didattica per gli insegnanti (*Teacher's handbook*), canzoni e giochi sulle emozioni, poster da appendere in classe, una piattaforma e-learning[8].

Il pacchetto, dunque, comprende nove EAS, due dei quali dedicati all'intero ciclo dell'algoritmo. Il riferimento è alla "catena della sopravvivenza" ("chain of survival"), rappresentativa di due concetti base: il primo riguarda il fatto che siamo parte di una catena di azioni e di persone, che si aiutano a vicenda, come testimoni attivi, aiutanti, operatori, medici; il secondo riguarda la logica dell'algoritmo stesso, che procede per azioni concatenate necessarie in questa specifica sequenza.

Tutti gli EAS sono pensati per la scuola primaria, tranne il secondo che è stato progettato per la scuola secondaria di primo grado. I successivi EAS (dal 3 al 9) sono, invece, dedicati a uno stage o livello preciso dell'algoritmo. La logica è semplice: quando

[7] Per accedere al documento, curato dall'autorevole Uniklinik Köln, rimandiamo al sito del progetto dove è possibile reperire il poster dell'algoritmo nelle diverse lingue dei Paesi coinvolti nel lavoro: https://project-lifeforce.eu/wp-content/uploads/2022/12/Posters_BLS_steps_final_EN.pdf

[8] Si rimanda al sito, in Internet, https://project-lifeforce.eu/.

ci esercitiamo su uno step preciso, occorre immaginarlo sempre all'interno del sistema nel suo complesso. Ci siamo concentrati soprattutto sulla scuola primaria alla luce del target del progetto *Lifeforce* e pensando alle diverse esperienze sul campo: per i più grandi è semplice adattare le modalità classiche della formazione e del training BLS-D con esperienze innovative che utilizzino il digitale come supporto. Si pensi alla App immaginata da IRC e lanciata a fine 2022.

L'immagine che segue racconta i 7 step dell'algoritmo, come adattamento dell'algoritmo prodotto da ERC nel 2021 (European Resuscitation Council Guidelines on Basic Life Support).

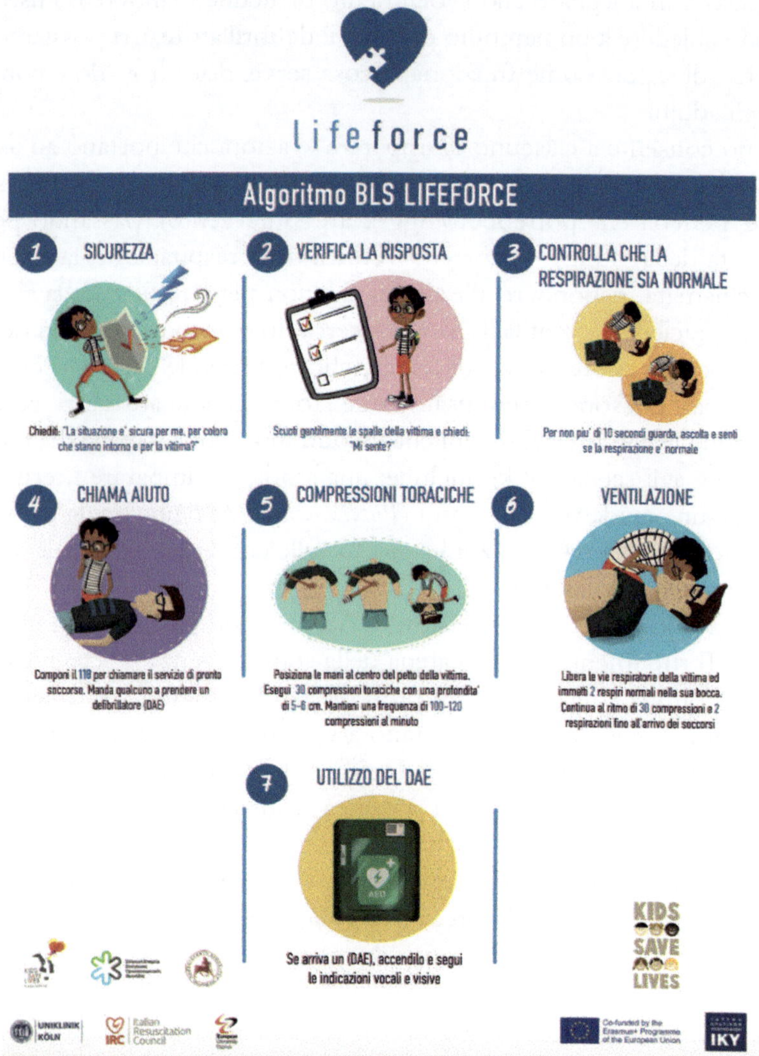

Figura 3 - L'algoritmo (materiale prodotto nell'ambito del progetto Erasmus+ Lifeforce)

La scelta di dedicare gli EAS alle diverse classi è senza dubbio utile in chiave progressiva e si fonda sulla selezione di tecniche, stimoli, attività diverse. Non significa, però, che i bambini della prima classe possano occuparsi solo della sicurezza (per fare un esempio), infatti devono conoscere tutti gli step, concentrandosi via via sui singoli aspetti che l'EAS mette a fuoco. Come si vedrà, il linguaggio, i mediatori e gli obiettivi procedono per gradi di complessità, con una diversificazione chiara anche pensando alle attività di simulazione, di scrittura, di creazione, di elaborazione riflessiva nelle tre fasi dell'EAS.

Nulla vieta all'insegnante di adattare i materiali e portare l'EAS in un contesto classe diverso. Dipende dai bambini, dalle routine didattiche, dalle autonomie conseguite, dalle pratiche agite. Nel corso della descrizione delle attività vengono suggerite alternative (più complesse o più semplici) per estendere la proposta oltre la classe indicata. Sempre per fare altri esempi, l'EAS dedicato ai defibrillatori è pensato per le classi quarte e quinte, ma questo non significa che i bambini delle classi precedenti non siano interessati. Al contrario, per loro non si immaginerà una mappatura del territorio, ma un disegno dei DEA e la spiegazione base del loro funzionamento, mentre per i più grandi (scuola secondaria di primo grado) si potrà lavorare più in profondità sul funzionamento del cuore.

Facciamo qualche esempio. La fase preparatoria di un EAS potrebbe prevedere un'attività di *esplorazione* e di *osservazione*: cercare i defibrillatori presenti nel proprio territorio per produrre una mappa interattiva, utile a tutta la comunità. O ancora, pensando ai più piccoli e alla necessità di costruire un vocabolario di base, possiamo chiedere alla classe divisa in piccoli gruppi, di mettere in ordine (nel corso della fase operatoria) le azioni previste in uno step dell'algoritmo e realizzare disegni o registrazioni audio per fissare l'ordine delle sequenze necessarie al suo completamento. L'artefatto cognitivo potrebbe essere appeso in classe o nei corridoi, per sensibilizzare tutta la comunità scolastica, o portato a casa per creare un ponte importante con la famiglia.

Oppure, la fase operatoria potrebbe prevedere una simulazione della chiamata di aiuto ("Chiama aiuto"). Qui si tratta di conoscere e ricordare il numero di emergenza, chiedere a qualcuno di comporlo o comporlo in autonomia, usare il vivavoce per avere le mani libere (prima riflessione: a cosa serve questo accorgimento?) e riuscire a fornire le giuste indicazioni all'operatore (dove sono, in quale via, con chi, cosa vedo, come sta la vittima, seguendo le indicazioni e le richieste fornite in maniera calma e responsabile). L'algoritmo, nella sua forma grafica, può diventare la mappa di ciascun EAS tematico per costruire il framework concettuale o nel debriefing finale.

Come nel caso della pastorale (cfr. il prossimo capitolo), alcune indicazioni sono d'obbligo in termini di "etiquette" o "EAStiquette":

- occorre visionare i materiali e le risorse prima di proporre l'EAS, soprattutto pensando alle prime classi della scuola primaria;
- ciascun insegnante può adattare gli stimoli e le attività alla propria realtà, soprattutto immaginando la sensibilità dei bambini a scenari e situazioni che hanno a che fare con l'emergenza;

- non è possibile svolgere solo una parte dell'EAS (si perderebbe il senso dell'attività);
- sono messe a disposizione rubriche, poster, elenchi e risorse grafiche per una libera circolazione, pur rimanendo necessario citare la fonte senza modificare la risorsa.

Di seguito riportiamo l'elenco degli EAS costruiti.

N.	Titolo	Tematica	Destinatari
1	Tum-Tum ha bisogno di aiuto!	Intero algoritmo	Primaria, classe terza
2	"Chain of survival": siamo parte di una catena	Intero algoritmo	Secondaria 1°
3	Osserva: quanto è sicuro?	Sicurezza	Primaria, classe prima e seconda
4	Una risposta che salva la vita	Verifica la risposta	Primaria, classe terza, quarta e quinta
5	Il respiro conta	Verifica che il respiro sia normale	Primaria, classe seconda e terza
6	112: un numero da ricordare	Chiama aiuto	Primaria, classe prima e seconda
7	Un Kahoot sulla compressione toracica	Compressioni toraciche	Primaria, classe quarta e quinta
8	Il respiro che cura	Ventilazione	Primaria, classe quarta e quinta
9	Defibrillatori in vista	Utilizzo del DAE	Primaria, classe quarta e quinta

Tabella 1 - Elenco degli EAS progettati

Gli EAS sono raccolti in una repository accessibile online[9] e sono raggiungibili tramite QR code.

[9] In Internet, https://urly.it/3tfq6

Pensando al tema in oggetto, la logica che occorre adottare con i bambini è quella di sviluppare una prima consapevolezza verso la possibilità di essere di aiuto, ma in maniera accorta. L'EAS ci sembra funzionale alla costruzione di un percorso graduale, capace di concretizzare indicazioni e operazioni che coinvolgono il corpo, oltre alla mente e alla memoria, e soprattutto capace di sostenere la collaborazione tra pari (riprendendo alcuni nodi che la formazione in ambito BLS-D reputa centrali).

4. *Rilievi conclusivi*

Per chiudere il contributo restituiamo alcune considerazioni che abbiamo costruito a partire dall'analisi degli EAS (a cura di IRC[10]), attraverso un modulo pensato per entrare in profondità nelle proposte per la scuola. Il modulo online è composto da sei domande (anticipate da una domanda per identificare l'EAS oggetto dell'analisi): due domande sono relative allo stimolo, tre alla valutazione dell'attività proposta nella fase operatoria (usando il differenziale semantico), una sul metodo EAS, chiedendo di esprimere il proprio accordo rispetto a una batteria di affermazioni (con una scala Likert); chiude uno spazio per i commenti. Sono stati raccolti nove moduli (uno per EAS). Grazie a queste analisi è stato possibile tornare sui materiali e su una riflessione: non esistono al momento video o clip adeguate ai bambini della scuola del primo ciclo. I materiali presenti in rete, a parte *Tum-Tum* (rivolto a un pubblico della scuola dell'infanzia e della prima classe della primaria), non sono pensati per arrivare ai bambini, spesso sono lunghi e - anche attraverso tagli mirati - sono troppo complessi e non usano codici adeguati. Nella gran parte dei casi, i video disponibili sono in inglese (pensiamo soprattutto ai video animati) e la traduzione automatica in italiano potrebbe riportare termini inesatti (aspetto che in questo campo è da evitare).

Il lavoro che porteremo avanti, nei prossimi mesi, sarà quello di costruire script e registrare stimoli video da impiegare negli EAS e in altre occasioni di sensibilizzazione, di attivazione e di incontro con la scuola. Alcuni video, infatti, come fa osservare Scapigliati, sono «troppo complessi anche in relazione all'attività proposta e vanno mediati adeguatamente».

Rispetto ai materiali usati nella fase anticipatoria, si tratta di prodotti valutati come stimolanti e certamente non noiosi, mentre nei contenuti i video andrebbero perfezionati, come anticipato, per essere più riconoscibili in relazione alla fascia di età. Per questo, nella fase anticipatoria degli EAS è stata progettata l'attività in anticipo, ma non

[10] Si ringrazia il dott. Andrea Scapigliati, medico, anestesista rianimatore, Dirigente medico con incarico di Alta Specializzazione, ricercatore confermato e professore aggregato del Dipartimento di Scienze biotecnologiche di base, cliniche intensivologiche e perioperatorie (Facoltà di Medicina e Chirurgia) dell'Università Cattolica di Roma e past President di IRC.

è stato possibile collocare un video-stimolo breve da usare in classe come ulteriore attivatore.

Passando alla fase operatoria, le attività sono stimolanti e coinvolgenti, mentre in relazione all'algoritmo e agli step siamo tornati su alcuni spunti, avendo ricevuto un parere medio (valore 3) in alcuni casi. Bene, invece, la valutazione ricevuta in termini di completezza, pensando all'attività di gruppo e alle tecniche del BLS-D. Solo in un caso siamo dovuti intervenire per semplificare l'attività: «questo step - riconosce Scapigliati - è particolarmente complesso anche per gli addetti ai lavori. Sarebbe utile predisporre materiale video specifico o fare riferimento a simulazioni».

Infine, gli EAS consentono di approfondire lo step dell'algoritmo (il disaccordo emerge solo in un caso, sul quale siamo intervenuti), sono creativi (prevale l'accordo, anche molto sostenuto), aiutano a costruire abilità e competenze.

L'ultimo feedback da parte di IRC conferma quanto immaginato: per svolgere l'EAS occorre una formazione BLS-D. Questo aspetto ci riporta all'esigenza di accompagnare le scuole attraverso un percorso formativo per tutti, anche in relazione alla cornice legislativa citata nel contributo. Per poter spiegare la tecnica della ventilazione è necessario conoscerla, come nel caso delle compressioni toraciche. Certamente si tratta di un campo nel quale non vi sono risposte che possono essere improvvisate o scenari risolvibili in maniera alternativa; questo tuttavia non impedisce al metodo di portare i bambini verso una comprensione del concetto che, come visto nei manuali analizzati, passa dalla pratica, dalla simulazione e dal confronto che il debriefing garantisce. La lezione a posteriori, ancora più che per altre discipline, funziona come consolidamento e centratura, che può verificarsi solo dopo aver fatto esperienza nel proprio contesto e dopo una formazione adeguata.

Grazie alle analisi raccolte, gli EAS che proponiamo consentono di lavorare a pieno sui temi e di raggiungere le finalità immaginate: ciascuno può contribuire a salvare una vita.

XIII

Oltre la scuola: EAS e pastorale

Alessandra Carenzio, Eleonora Mazzotti, Anna Molinari, Marco Rondonotti[1]

1. Introduzione e impianto

Se pensiamo al metodo EAS, spesso lo sguardo è orientato al contesto della scuola: lo dimostrano i libri e i saggi sul metodo, che puntano l'attenzione sulle competenze e sulla ricognizione di incroci fecondi con le discipline. Ma in questi dieci anni il metodo si è dimostrato molto flessibile e aperto a nuovi innesti. Lo scenario che ci interessa percorrere in questo contributo, lanciando una sfida, è quello della pastorale.

Da qualche tempo, come CREMIT, siamo impegnati nella riflessione sul rapporto tra media e pastorale, dalla pastorale 1.0 alla 3.0 (Rivoltella, 2018; Carenzio, Rondonotti, 2022), dove il digitale non è più solo strumento di lavoro o semplice mediatore. Lo abbiamo fatto nella ricerca *UTOP.IE - Usi delle Tecnologie tra gli Operatori Pastorali. Un'indagine Esplorativa*, che provava a mappare alcune esperienze sul campo da parte degli operatori della pastorale, a partire dalla somministrazione di un questionario per raccogliere le rappresentazioni e le pratiche abituali (Carenzio, Rivoltella, Rondonotti, 2019 e 2020; Rondonotti, 2022) e di recente, in una ricerca di rilevante interesse nazionale promossa dall'Università Cattolica: *Generare relazioni di comunità nell'era del digitale. La sfida delle parrocchie italiane prima e dopo la pandemia* (Boccacin, 2022), condotta in chiave interdisciplinare facendo dialogare le domande e i contributi di pedagogia, psicologia, economia e sociologia.

Queste prime riflessioni, che collocano la pastorale al centro di molti quesiti per incontrare le esigenze del contesto attuale (Brambilla, Rivoltella, 2018) ci hanno portato a pensare al metodo EAS come un attivatore di cambiamento. La questione che ci muove è semplice, ma sfidante: alla luce dei documenti più importanti usciti in questi ultimi decenni, quali sono gli elementi di convergenza con il metodo EAS? Quali sono i nodi che legano pastorale ed EAS? Come potremmo "adottare" il metodo in ambito pastorale?

[1] Concettualizzazione, A. Carenzio, E. Mazzotti, M. Rondonotti; cura e analisi dei dati, A. Carenzio, M. Rondonotti; impostazione metodologica, A. Carenzio, E. Mazzotti, M. Rondonotti; A. Carenzio ha materialmente scritto i §§ 1 e 5, M. Rondonotti ha steso il § 2, E. Mazzotti e A. Molinari hanno scritto il § 3, E. Mazzotti e M. Rondonotti hanno scritto il § 4; A. Carenzio, E. Mazzotti, A. Molinari e M. Rondonotti condividono la scrittura delle conclusioni. Revisione, editing e supervisione scientifica sono di Pier Cesare Rivoltella.

Per rispondere alle questioni introdotte abbiamo immaginato un percorso di ricerca a tappe, che prende le mosse dall'individuazione dei criteri di selezione dei documenti, in funzione di una prima mappatura.

Nello specifico abbiamo definito tre criteri. Il primo è *temporale*, selezionando i documenti e i sussidi diffusi a partire dagli anni '90 (seguendo una scansione di pubblicazione che segna linee di cambiamento e di impostazione del lavoro pastorale più significative). Il secondo è *geografico* e lega la selezione alla Diocesi di Milano, anche in relazione all'idea di lanciare una sperimentazione sul campo. Il terzo è legato ai *destinatari*, individuando il target degli adolescenti, anche in relazione al tipo di impianto che l'accompagnamento educativo dovrebbe prevedere in questi anni (meno legato alla catechesi).

L'analisi dei documenti è stata seguita dalla conduzione di quattro interviste ad altrettanti educatori che conoscono e usano il metodo EAS nella realtà di lavoro pastorale. Le interviste, condotte nel mese di febbraio 2023, sono state occasione per conoscere meglio il meccanismo di aggancio, i nodi interessanti per gli educatori, i guadagni, le difficoltà, la spendibilità e gli aspetti che, più di altri, favoriscono l'adozione del metodo.

La fase successiva ha previsto la costruzione di EAS che abbiamo raccolto in una repository a disposizione dei lettori. Il senso è importante: fornire nuovi spunti di lavoro capaci di attivare le persone, di accompagnarle nel percorso di crescita. Gli EAS sono legati al tema delle virtù del digitale (Rivoltella, 2015) e ai Messaggi del Papa in occasione della Giornata Mondiale delle Comunicazioni Sociali.

2. *L'agire pastorale*

Prima ancora di affrontare queste interessanti questioni, desideriamo soffermarci brevemente su alcune considerazioni sul metodo a partire dalla prospettiva dell'agire pastorale. A riguardo, possiamo dire che l'innovazione portata dal Concilio Vaticano II possa essere sintetizzata con un radicale spostamento dal movimento «che parte dai principi teorici per arrivare alle vicende della storia», verso un'apertura della Chiesa alle vicende dell'uomo, in modo da conoscerle e comprenderle alla luce dei principi evangelici; per la verità, questo radicale cambiamento di prospettiva era già stato anticipato nel 1961 dallo stesso Giovanni XXIII, in occasione della stesura della lettera enciclica *Mater et Magistra*. A partire dalla fine degli anni '60, il nuovo orientamento ha trovato espressione nella felice formulazione *vedere, giudicare, agire*, capace di ispirare la teologia dell'azione ecclesiale per diversi decenni. Tale metodo infatti, formulato per la prima volta negli anni '20 del secolo scorso dal teologo belga Joseph Cardijn fondatore dell'Azione Cattolica Operaia, è stato ripreso e sviluppato grazie anche al contributo della teologia della liberazione, una corrente che, a partire dall'impulso impresso alla Chiesa dal Concilio Vaticano II, si è sviluppata particolarmente in America Latina sperimentando una forte vicinanza con il lavoro del noto pedagogista brasiliano Paulo Freire. Più ancora dell'approfondimento teorico e della presa di consapevolezza che la vocazione cristiana è da sempre quella di essere una chiesa profetica degli oppressi, è stata determinante la conoscenza personale tra Freire e dom Hélder Câmara, giovane sacerdote che nel 1964 fu nominato arcivescovo di Olinda e Recife, nel nord est brasiliano. Soltanto due anni prima, nel 1962, Freire aveva fondato il Servizio per l'Espansione culturale (SEC) dell'Università di Recife, la sua città natale. L'incontro tra il pedagogista e il pastore è stato molto fecondo. Non è un caso che lo stesso termine *coscientizzazione*, senza dubbio uno dei più noti tra quelli collegati alla pedagogia degli oppressi, nasca nel contesto del gruppo di lavoro del SEC e che sia stato proprio dom Hélder Câmara a tradurlo in inglese e francese, portandolo all'attenzione di molti grazie ai suoi numerosi interventi a favore degli ultimi del mondo.

Il metodo si compone di tre fasi: la prima, quella del *vedere*, consiste nell'osservare la realtà sociale e individuare le situazioni problematiche e le sfide che la Chiesa deve affrontare. Questa fase richiede un'attenta analisi della realtà, inclusa la sua storia, le sue strutture e le sue dinamiche. La seconda fase, quella che corrisponde al *giudicare*, consiste nell'interpretare la realtà e formulare un giudizio cristiano sulla base degli insegnamenti della Chiesa e della dottrina sociale. Questa fase richiede una riflessione teologica sulla realtà e una valutazione delle sfide alla luce dei principi cristiani. La terza fase consiste nell'*agire* per trasformare la realtà sociale in modo da rendere il mondo più giusto e rispondente alle esigenze dei più deboli. Questa fase richiede di compiere una serie di scelte concrete, che possono essere individuali o collettive, per rispondere alle sfide individuate nella fase precedente.

All'interno della riflessione pastorale, queste tre differenti fasi non solo consentono di indicare la scansione sequenziale dell'itinerario metodologico, ma esprimo le dimensioni costitutive che qualificano il pensiero teologico-pratico: le tre dimensioni sono come le "componenti chimiche" del pensiero teologico-pastorale. «Lo qualificano e lo determinano nella sua figura epistemica appropriata» (Lanza, 1998; 81).

Facendo riferimento al contesto italiano, possiamo annotare come il metodo pastorale del v*edere, giudicare, agire* sia stato fatto proprio dall'Azione Cattolica Italiana; l'associazione laicale è stata una delle prime organizzazioni cattoliche ad adottare il metodo e a promuoverne l'uso nella pastorale, assumendo così un ruolo fondamentale nel favorire il rinnovamento ecclesiale ispirato al Concilio Vaticano II. Proprio per questo motivo, abbiamo pensato che per rispondere alle domande poste in apertura sia possibile individuare una significativa pista di riflessione nel ritmo ternario che caratterizza sia l'EAS sia il metodo pastorale. Questa ipotesi di lavoro assume ulteriore rilevanza se consideriamo il fatto che lo stesso andamento è riscontrabile nelle modalità di lettura e di interpretazione della Bibbia, a partire dalla tradizione dell'insegnamento rabbinico fino alla pratica della lectio divina che già con i Padri della Chiesa ha rappresentato la via privilegiata per vivere l'incontro con il Cristo.

A riguardo della tradizione rabbinica, possiamo fare riferimento al *Midrash*: si tratta di un atto interpretativo, che cerca le risposte a questioni religiose (sia quelle pratiche sia quelle teologiche) scandagliando il significato delle parole della Torah. Si possono individuare due tipologie: quando il ragionamento è svolto intorno alla legge e alla pratica religiosa, prende il nome di *midrash halakhah*. L'obiettivo non è mai solo quello di fornire dettagli per applicare in maniera corretta la norma biblica, ma anche quello di conciliare il testo biblico con le prassi in uso o ancora quello di fondare biblicamente delle norme ancora non previste dal testo sacro. Il *Midrash aggadah*, invece, interpreta la narrativa biblica, esplorando questioni di etica o teologia, o creando omelie e parabole basate sul testo (tecnicamente aggadah significa "raccontare" e qualsiasi midrash che non sia halachico rientra in questa categoria). L'esegesi biblica proposta non è soltanto composta da regole ermeneutiche da applicare rigidamente, ma vi è sempre il desiderio di rispondere ai problemi contemporanei creando nuove storie, generando collegamenti tra le nuove realtà ebraiche e il testo biblico. Questo è evidente con la *petichah*, la forma omiletica rabbinica più frequente nella letteratura midrashica. La struttura di base di questa, attestata particolarmente nei *midrash haggadici*, è tripartita (Stemberger, 1995): all'inizio viene presentato un versetto che introduce la tematica che verrà affrontata, successivamente viene letto il testo biblico e avviata l'interpretazione che condurrà infine all'insegnamento.

Anche nella tradizione cristiana il testo biblico deve essere letto e meditato per consentire al fedele di accedere alla preghiera autentica, quella che nasce nell'incontro intimo con Dio e che può alimentare la Vita nuova nello Spirito. Il percorso prevede dei passaggi che si susseguono secondo un ritmo preciso dal momento che «[...] tutte le definizioni della *lectio divina* abbinano la preghiera e uno dei tempi della *lectio divina*: *lettura orante*, *preghiera meditativa* e *lettura saporosa*» (Masini, 1988; 89). I tempi della lectio divina sono dunque tre. Il primo tempo è quello dedicato all'incontro con la "Sacra Pagina", non soltanto per esaminare e studiare il testo, ma per lasciare che esso stesso ci conduca all'esplorazione di tutte le suggestioni, messaggi e ispirazioni che ci vengono incontro dalla Parola. Il secondo tempo è quello dedicato alla *meditatio* in cui guidati dall'Intelligenza interiore possiamo giungere alla comprensione di ciò che sta nel profondo della Scrittura, e alla *collatio* in cui si manifesta il desiderio di dialogo e di ricerca comunitaria. Il terzo e ultimo tempo è quello che, passando per l'*oratio*, giunge alla *contemplatio* dedicata al gustare la luce che la Parola ha donato per il proprio cammino personale.

In considerazione di quanto presentato, possiamo dire che l'EAS si inserisce pienamente in una logica radicata profondamente nella tradizione giudaico cristiana; il ritmo ternario, in cui anticipazione e fase operatoria consentono non solo di ristrutturare la propria conoscenza ma di rinnovare la consapevolezza dell'orientamento della propria azione (sia personale sia comunitaria) è proprio dell'azione ecclesiale.

Tornando ad interrogare il metodo che caratterizza l'azione ecclesiale del nostro tempo, possiamo dunque chiederci in che modo le fasi del vedere, giudicare, agire di cui abbiamo già trattato possono rappresentare una modalità efficace per rileggere e interpretare la relazione tra pastorale ed EAS. È quanto proveremo a fare nei prossimi paragrafi.

3. Analisi dei documenti

L'analisi dei documenti pastorali si è orientata su due strumenti: i *Direttori Generali per la Catechesi* e gli *Orientamenti per la pastorale* a cui si aggiunge uno sguardo ai sussidi di una diocesi, quella milanese come anticipato. Il *Direttorio catechistico generale* (del 1971) è il primo documento preso in esame, segue il successivo di vent'anni, il *Direttorio generale per la catechesi* (1997); a seguire la riedizione del 2020. Una nuova edizione perché la pastorale sia contestualizzata nel tempo in cui è inserita. Indossando le lenti dell'EAS, ci è permesso rintracciare nei tre Direttori linee e piste di lavoro per la pastorale riconducibili ad alcune logiche sottese al metodo. Fin dalle prime battute dei Direttori ritroviamo l'importanza dell'esperienza nella pastorale intesa come occasione per «favorire l'intelligibilità del messaggio cristiano» [74b; 1971], elemento che rintracciamo anche qualche riga sotto quando il documento pone l'attenzione non solo al fare esperienza durante la catechesi, ma anche al gruppo inteso come possibilità di lavoro per «una ricerca comune» [76; 1971]. Già nel primo documento preso in analisi è possibile rintracciare aspetti che rimandano alla fase operatoria dell'EAS: il fare esperienza e il lavoro di gruppo come elemento facilitante. La cornice entro cui muoversi per organizzare un incontro pastorale o una lezione di religione in classe si trova nel successivo *Direttorio* ove l'importanza è data alla capacità di situare l'incontro considerando età, territorio, contesto, vita. Leggiamo: «dopo avere preso attenta visione della situazione [del territorio], occorre procedere alla formulazione di un programma di azione. Esso determina gli obiettivi, i mezzi della pastorale catechistica e le norme che la regolano» [281; 1997].

Altra interessante attenzione che è possibile cogliere in queste poche righe sono gli elementi essenziali della pastorale, ossia il metodo e la scelta di esso coerente con la situazione. Un metodo, possiamo aggiungere, che tiene in considerazione il soggetto e lo rende protagonista del percorso. «La pastorale giovanile ha bisogno di caratterizzarsi per dinamiche pastorali e relazionali di ascolto, reciprocità, corresponsabilità e riconoscimento del protagonismo giovanile». [245; 2020].

L'analisi si è poi concentrata su un documento elaborato dalla *Conferenza Episcopale Italiana* (CEI), uno strumento pastorale che delinea linee comuni entro cui le comunità hanno tradotto la propria azione pastorale: gli *Orientamenti per l'annuncio e la catechesi in Italia* (2014). Nel documento si rintraccia il tema dell'essenzialità in relazione all'azione pastorale nell'ottica dell'evangelizzazione cristiana che trova il centro nel Vangelo stesso: «Quando si assume un obiettivo pastorale e uno stile missionario, che realmente arrivi a tutti senza eccezioni né esclusioni, l'annuncio si concentra sull'essenziale, su ciò che è più bello, più grande, più attraente e allo stesso tempo più necessario». L'annuncio evidentemente trova corrispondenza nell'essenzialità di una fede il cui aggancio è quello delle esperienze «che costellano la vita di ciascuno, da quel *desiderio di una vita felice* che è l'inizio e il punto d'arrivo di ogni avventura umana e cristiana». Assumendo poi un'attenzione alla pedagogia della fede, non viene tralasciata l'attenzione alla questione del metodo che interessa la centralità dell'esperienza di fede. In riferimento agli ««itinerari mistagogici» significa accettare modalità esperienziali, capaci di servirsi di attività di laboratorio, prevedere uscite sul territorio percorrendo distanze sempre più ampie, con l'intervento di esperti e di testimoni; definire la modulazione fra tempi di liturgia e spiritualità, riflessione e approfondimento, assunzione e restituzione creativa» (62, 2003). La scansione delle fasi dell'EAS, invece, trova evidenza nel riferimento alla modalità laboratoriale in ottica formativa delle équipe che si può ascrivere ai cosiddetti "laboratori della fede". La fase preparatoria caratterizza «l'ascolto attento del vissuto delle persone riconoscendo in esso la presenza già in atto dello Spirito»; la fase operatoria interessa «l'annuncio di una Parola di Vangelo che risuoni come buona notizia su quel vissuto»; la fase ristrutturativa comporta «la rielaborazione da parte della comunità di ciò che è avvenuto nelle persone e in se stessa».

La seconda fase di lavoro ha visto protagonisti i quaderni operativi della Diocesi di Milano (Cfr. § 3). La fioritura di sussidi e manuali per ogni momento liturgico, ha richiamato a selezionare criteri di inclusione al fine di poter ricercare nel dettaglio gli elementi sopracitati. Sono stati dunque selezionati i sussidi firmati e prodotti da FOM[2]; dedicati all'accompagnamento degli educatori degli adolescenti; nello specifico, i sussidi realizzati e rivolti all'intero anno pastorale pubblicati negli ultimi vent'anni[3]. La selezione ha portato a individuare quattro quaderni operativi che rispettassero i nostri criteri, tre dell'anno 2010 e uno dell'anno 2022.

Il primo itinerario diocesano preso in esame, "È bello con Te", presenta un percorso triennale, che funziona come una sequenza o come ciclo di incontri. I singoli anni sono identificati da un verbo: essere, avere, amare. Ciascun verbo è sviscerato in un sussidio omonimo, a cui si aggiunge un volume di *Linee guida* offerto ai responsabili[4]. Il percorso ha funzionato in diocesi per oltre dieci anni, fino al nuovo volume pastorale "Attraverso" del 2022 che presenta il senso e il metodo educativo di questa nuova Pastorale. È completato da un'omonima applicazione per smartphone che permette agli educatori di accedere ai materiali e agli stimoli offerti per poter progettare il loro incontro con gli adolescenti. I primi tre moduli presentati hanno il vantaggio pastorale di non concepire il percorso di accompagnamento alla fede solo nell'incontro di "catechesi", ma offrono uno sguardo più ampio nelle proposte e negli strumenti da poter utilizzare. Indossando gli occhiali dell'EAS, è possibile notare come ogni sussidio proponga l'individuazione di un tema chiave con il relativo obiettivo esplicitato: ogni itinerario attraversa cinque declinazioni del tema adottando una vera e propria logica modulare e di micro-apprendimento. Vengono organizzati gli spunti di riflessione seguendo quattro logiche di base: «il vissuto umano, la Parola di Dio, l'Invocazione e la preghiera e l'esperienza» (2012; 4). L'ordine non sarà consequenziale né rigido: «come

[2] Fondazione Oratori Milanesi. In Internet, *URL*: https://www.chiesadimilano.it/pgfom/.

[3] In questa fase di lavoro non sono stati selezionati i materiali prodotti da altri enti ecclesiastici o pastorali, attività per uno specifico periodo liturgico o un tema specifico.

[4] Cfr. FOM, *E' bello con te, itinerario educativo per gli adolescenti* - Linee guida, In dialogo, Milano 2011.

gli ambiti delle costruzioni a moduli, il loro ordine può cambiare a seconda delle situazioni e degli obiettivi» (*Ibi*; 5). Viene inoltre promosso il protagonismo e la diversità di ogni adolescente, invitando gli educatori delle parrocchie a «lavorare con testi, immagini e nuovi media; si possono progettare uscite e giochi educativi; occorre vivere dei momenti di incontro e di dialogo informali» (*Ibi*; 24). È interessante come si provi a sviluppare competenza in merito alla personalizzazione dell'intervento e all'introduzione di materiale che appartenga alla vita informale dell'adolescente. Fanno da corollario al sussidio una serie di schede dettagliate con attività e workshop[5]. Esse sono organizzate intorno a una tabella con obiettivi, tempi e materiali a cui segue l'esplicitazione delle fasi di lavoro che ricalcano la logica di lavoro dell'EAS: un primo cenno di analisi, per poi passare al lavoro in piccolo gruppo e concludere con la riflessione di sintesi. Già nel 2010 la diocesi di Milano proponeva ai propri educatori un lavoro attento e progettato per mettere al centro il vissuto del giovane; nel 2022, invece, il sussidio pensato è interessante e innovativo, frutto di un lungo lavoro di riflessione di anni. Per la prima volta nella pastorale degli adolescenti della diocesi, accanto ai materiali e alle attività, viene presentato un metodo per progettare gli interventi di pastorale che offre un approccio che l'operatore pastorale può adottare e declinare nel contesto parrocchiale. La logica esplicitata con tre verbi *preparare-vivere-rileggere* è perfettamente in linea con i verbi dell'EAS (Rivoltella, 2013). Si prova a convertire una catechesi con una direzione contenutistica in una proposta più ricca i cui "contenuti" sono corredati da ambienti, temi, dinamiche attraverso cui basare le esperienze forti che possono vivere gli adolescenti con i loro educatori. Il metodo per la progettazione rimanda ad azioni precise: preparare (prima dell'esperienza), vivere (durante l'esperienza), rileggere (dopo l'esperienza), messe a disposizione dell'educatore sull'App *Attraverso* (disponibile sia per IOS che per Android.) Ogni fase è ben presentata ed esplicita, con esempi pratici e stimoli adatti. Riportiamo in *Tabella 1* alcuni elementi chiave, proposti dalla diocesi, utili a rileggere in parallelo le tre fasi.

Preparare	**Vivere**	**Rileggere**
Partire da uno stimolo. Considerare quello che gli adolescenti già conoscono. Utilizzare domande guida (cosa conosco dell'esperienza che sto per vivere? Come mi interroga? Qual è la mia posizione?).	L'esperienza deve essere: - *Reale*, ancorata alla quotidianità di ciascuno. - *Continua*, richiede tempo. - *Problematica*, aperta a più possibilità. - *Complessa*, deve interessare mente, cuore e tutti i sensi.	Esempi di domande: Cosa mi ha colpito di più? Quali fatiche ho affrontato? Quali sono state le mie emozioni? Quali parole chiave mi porto dentro? Cosa mi ha dato di nuovo per il mio cammino di fede?

Tabella 1 - Elementi per la rilettura

[5] Cfr., Internet, URL: https://www.chiesadimilano.it/pgfom/files/2017/05/3841__01_01_Vissuto-attivita-Ma_come_ti_vesti.pdf.

Con i sussidi presentati, in due diverse epoche, la diocesi di Milano prova a interpretare i dettami dei *Direttori per la Pastorale* offrendo una rilettura del metodo, proponendo formazioni, applicazioni e sussidi; si inserisce in quello spazio ibrido in cui l'oratorio è un luogo di crescita ed evangelizzazione e trova nel metodo non chiusura o rigidità, piuttosto un respiro per riflettere sulla quotidianità e sulla Parola.

4. *Interviste agli educatori*

Quali sono gli spazi di sperimentazione del metodo EAS nella diocesi di Milano? Quali sono le riflessioni che gli operatori pastorali condividono rispetto all'uso degli EAS? Lo abbiamo chiesto a tre educatori che sperimentano il metodo nelle loro realtà parrocchiali e a un educatore che collabora con la FOM per la pastorale degli adolescenti della diocesi di Milano, attraverso interviste semistrutturate composte da undici domande. Analizzando le risposte raccolte, possiamo notare come tutti hanno potuto conoscere gli EAS attraverso un'esperienza di formazione condotta nei contesti parrocchiali di appartenenza, oppure in occasione del percorso di studi condotto in Università Cattolica, o ancora grazie alla FOM, che ha organizzato la nuova pastorale adolescenti, adattando e rimodulando le logiche tipiche dell'EAS. La FOM infatti propone ai gruppi giovanili parrocchiali di organizzare ogni incontro pastorale tripartendo l'intervento in *preparare, vivere e riflettere* che rispecchiano le tre logiche didattiche tipiche del metodo: *anticipare, agire e riflettere* (Rivoltella, 2013).

Gli operatori intervistati riferiscono l'utilizzo dell'EAS come un approccio innovativo e «definito» (F.24[6]) in cui gli adolescenti diventano protagonisti attivi del processo di crescita personale: quando si lavora in pastorale con gli EAS «la parola chiave è protagonismo» (F.22). È interessante mettere in luce come gli intervistati si soffermino proprio sull'impostazione del metodo che inverte i tradizionali processi su cui anche la pastorale, come la didattica, si è sempre basata; la quotidianità o l'attivazione pratica hanno avuto sempre un ruolo piuttosto marginale, trovandosi ridotte sia nei tempi che negli spazi di confronto. Con l'EAS invece l'esperienza dei ragazzi diventa un punto di partenza importante per la riflessione; così facendo «è più facile anche per il ragazzo comprendere il messaggio evangelico perché lo ha già rivisto nella sua quotidianità» (M.29) e contemporaneamente gli si offre un'occasione di confronto anche con l'educatore che «ha una presenza continua, non è né il protagonista, né è escluso dal processo pastorale» (F.22). Un altro aspetto favorevole del metodo è che anche i media possono trovare uno spazio: «nell'EAS, come strumento che porta a una sintesi o come lancio e ambiente di lancio (immagine, Padlet, video)» (M.30).

[6] Il codice identifica il genere e l'età dell'intervistato. Le trascrizioni delle interviste sono raccolte in allegato al capitolo.

Servendosi del metodo, educatori e adolescenti si vedono coinvolti nel processo di costruzione di significati condivisi ed entrambe le parti sono arricchite dall'incontro. L'esito è favorevole sotto differenti punti di vista: da una parte, «rende consapevoli gli educatori del loro operato» (M.29), dall'altra «i ragazzi sono attivi, invogliati e protagonisti dell'intervento pastorale» (F.22). Dalle parole raccolte, emerge quanto il metodo consenta di avvicinarsi alla vita degli adolescenti offrendo una maggiore libertà di pensiero e di organizzazione rispetto a un'impostazione tradizionale verticale, che troppo spesso rimane distante dalla realtà vissuta degli adolescenti.

È interessante notare come l'EAS funzioni in due direzioni: se si pone l'accento sulla logica sottesa, può essere applicato a qualsiasi area pastorale, inclusa la dimensione liturgica, diventando un momento significativo pur nel solco delle proposte ordinarie. Dunque può accadere che «non vivo semplicemente la via Crucis, ma prima propongo loro una domanda, successivamente viviamo la via Crucis, per poi trovare un momento condiviso per "rileggerla" come nei tre momenti dell'EAS» (M.30). Nella sua forma più canonica e strutturata, gli intervistati pensano che il metodo si possa trasporre ad altri contesti pastorali con diversi target: dall'iniziazione cristiana, al gruppo fidanzati o con adulti in formazione.

Al fine di supportare la progettazione dell'intervento pastorale e proporre occasioni di riflessione condivisa utilizzando il metodo «sarebbe ottimale un archivio in cui vengano caricate per tematiche delle progettazioni che hanno funzionato con materiali di supporto» (M.29). Dall'ascolto degli intervistati emergono anche alcune criticità. In primo luogo, all'educatore è chiesto di affrontare la complessità di pensare e organizzare l'incontro seguendo il metodo: «La difficoltà è che è un metodo che non puoi imparare leggendo il libro, gli educatori lo capiscono se sono venuti a fare la due giorni di preparazione a ottobre di FOM» (M.30). Inoltre per i ragazzi, da sempre abituati ad ascoltare le parole del catechista, non è scontato entrare in dialogo con i propri coetanei: «è necessario iniziare fin da piccoli, abituandoli alla partecipazione e non solo all'ascolto del catechista/educatore» (F.22). «Sono quindi necessari momenti di formazione, come quelli offerti dalla diocesi di Milano» (F.24); oltre che di approfondire i contenuti da trasmettere ai più giovani, gli educatori hanno bisogno di occasioni per soffermarsi sul metodo didattico, così da saper accompagnare i ragazzi nell'incontro con il messaggio evangelico.

Un elemento evidenziato da tutti è l'importanza di essere introdotti alla conoscenza dell'EAS: «sarebbe importante offrire momenti di riflessione condivisa in cui si provi a sperimentare il metodo a partire proprio dalla progettazione condivisa con un tutor di riferimento a cui poter chiedere consigli su come declinare al meglio il metodo EAS in pastorale» (F.22).

5. *Gli EAS per la pastorale*

La repository di EAS che abbiamo costruito[7] è composta da 12 proposte (vedi *Tabella 2*).

N.	Titolo	Virtù
1	Comunicazione e misericordia: un incontro fecondo	Misericordia
2	Consumi e scelte mediali: dalle community alle comunità	Prudenza
3	Fact checking	Fede
4	Quali occhiali indossi?	Speranza
5	Comunicare "con moderazione"	Temperanza
6	Da "sdraiati" a "produttori": oltre gli stereotipi	Fortezza
7	Contro la cyberstupidity	Fortezza
8	Dal clicktivism alla partecipazione	Carità
9	Racconti multifocali	Carità
10	Cybernonni: supportare la comunità in chiave intergenerazionale	Giustizia
11	Diventare soccorritori digitali	Carità
12	Virtualmente	Tutte

Tabella 2 - Elenco degli EAS

Prendiamo proprio l'ultimo EAS come esempio utile (*Figura 1*).

Nella fase preparatoria si chiede ai ragazzi di scegliere una virtù, a partire da due infografiche che sintetizzano gli elementi centrali e che sono messe a disposizione dell'educatore (nella cartella dell'EAS), e di descriverla immaginandola nel web. Questo primo momento è di tipo individuale e può essere collocato in domestico (come accade regolarmente nell'EAS), ma anche in aula, chiedendo ai ragazzi un lavoro personale. L'esito può essere raccolto in Padlet oppure può diventare la base del lavoro della fase successiva.

Nella fase operatoria i gruppi sono invitati a condividere i risultati e immaginare alcuni prodotti per i coetanei e la comunità (con formati diversi, dalle locandine, agli

[7] La repository prevede 12 cartelle, una per ciascun EAS, ed è accessibile al seguente link: https://drive.google.com/drive/folders/1_rzaCAD4CM9HpobHt4SN4Zj1sR4X8yuY?usp=share_link

spot, ai meme). Questo spunto operativo è decisivo e consente due guadagni: attivare un confronto nei piccoli gruppi e far parlare i ragazzi; lavorare sui consumi e le pratiche digitali, valorizzando le competenze. Produrre un *meme* non significa solo recuperare un'immagine e scrivere un testo con un font preciso.

Nella fase ristrutturativa, infine, si discuterà dell'importanza di vivere le virtù con consapevolezza, usando un ulteriore spunto grafico di chiusura, costruito *ad hoc* per rilanciare eventuali confronti e dare un esempio di ciò che può essere fatto, ovviamente dopo aver ascoltato i ragazzi e dato valore agli artefatti prodotti.

Virtualmente

Target Adolescenti

Tematica Le virtù del digitale

Indicatori Promuove interventi finalizzati a rendere il Web un ambiente per tutti, conosce le virtù e agisce per il bene dell'altro, in maniera virtuosa.

Abstract L'EAS mette al centro il tema delle virtù declinate nel digitale. Vivere il web in maniera piena, come parte integrante della propria esistenza, significa vivere in maniera virtuosa: prudenza, giustizia, fortezza, temperanza, fede, speranza e carità sono al centro del nostro agire in presenza e a distanza.

Nella fase preparatoria si chiede ai ragazzi di scegliere una virtù, sulla base del format condiviso, e di descriverla immaginandola nel web.

Nella fase operatoria i gruppi sono invitati a condividere i risultati e immaginare dei prodotti per i coetanei e la comunità (con formati diversi, dalle locandine, agli spot, ai meme).

Nella fase ristrutturativa si discuterà dell'importanza di vivere le virtù con consapevolezza.

Figura 1 - Copertina dell'EAS 12.

In chiusura, poche battute che funzionano da "etiquette" o "EAStiquette":

- occorre visionare i materiali, i video e le risorse prima di proporre l'EAS;
- ciascun educatore può adattare gli stimoli e le attività alla propria realtà;
- è possibile costruire un percorso progressivo o scegliere solo alcuni EAS;
- non è possibile svolgere solo una parte dell'EAS (si perderebbe il senso dell'attività);
- sono messi a disposizione checklist, poster, elenchi e risorse grafiche pensati per una libera circolazione, pur rimanendo necessario citare la fonte senza modificare la risorsa.

6. *Rilievi conclusivi*

Il lavoro condotto porta a tre spunti di riflessione. Il primo deriva dalla mappatura, ove si stagliano alcune parole chiave: esperienza, lavoro di gruppo, protagonismo e situazione. Tutti elementi che rimandano alla logica didattica degli episodi di apprendimento situato che abbiamo provato a declinare nell'analisi dei sussidi pastorali.

Il secondo è il guadagno delle interviste condotte, grazie all'ascolto della voce di chi quotidianamente si sperimenta con l'applicazione del metodo nella pastorale. Con loro, sosteniamo e auspichiamo una formazione a livello metodologico dell'educatore. Una via potrebbe essere la creazione di una nuova figura all'interno dell'équipe educativa delle parrocchie: un soggetto capace di accompagnare il team di lavoro a declinare al meglio il metodo.

Il terzo punto viene dal lavoro di costruzione degli EAS. Il metodo - almeno sulla carta - incontra temi, sensibilità e schemi operativi della pastorale? In che modo va declinato? Al termine di questo percorso, ci sembra che i meccanismi dell'EAS siano pienamente adatti a una pastorale che non fornisce risposte definitive, ma esige un confronto, che punta il mirino sulla collaborazione in un ambiente denso di valori, che porta alla condivisione di un cammino di crescita, che immagina l'educatore come regista e che considera la valutazione come accompagnamento/esplicitazione e non come sanzione.

Proviamo a restituire nella *Tabella 3* (nella pagina seguente) una revisione terminologica, che dobbiamo alla trasposizione del metodo da un contesto tipicamente scolastico a uno educativo.

Il metodo EAS ci sembra dotato di due caratteristiche che incontrano il contesto della pastorale: una logica prescrittiva e una logica aperta.

Da un lato, dobbiamo ricordare che tre sono le fasi e tre sono le azioni. Non possiamo decidere di lavorare solamente su due momenti, non possiamo non immaginare un'attività stimolo o dimenticare il debriefing: non sarebbe un EAS. Si tratta di aspetti che aiutano gli educatori nella gestione della complessità: gruppi spesso disomogenei per età, esperienze di vita diverse, contesti differenti, a volte anche appartenenze reli-

Fase	Verbo chiave	Azioni degli educatori	Azioni dei ragazzi
Preparatoria	Preparare	Assegna un'attività individuale Costruisce ed espone il framework concettuale Fornisce uno stimolo Dà una consegna	Svolge l'attività assegnata in anticipo, in aula o a casa Ascolta, legge, comprende, esplora, fa ricerca, confronta, raccoglie
Operatoria	Vivere	Definisce i tempi Organizza il lavoro di gruppo	Produce un artefatto in gruppo Condivide l'artefatto
Ristrutturativa	Rileggere	Analizza gli artefatti Corregge le misconception Fissa i concetti attraverso la lezione a posteriori	Analizza criticamente gli artefatti Sviluppa riflessioni sui processi attivati e sui temi Fissa i concetti

Tabella 3 - Il metodo nella pastorale

giose diverse. Questa complessità diventa più dominabile grazie a un dispositivo formale che supporta la gestione del percorso attraverso la progettazione attenta (design).

Dall'altro lato, il metodo non chiede di produrre lo stesso artefatto o di condurre la medesima esperienza: qui l'educatore può scegliere quale stimolo proporre, quale video o lettura funzioni meglio per il gruppo, può proporre diverse piste operative. Questa dinamicità, unita a una struttura chiara, diventa un potente fertilizzante.

Il rilancio guarda alla sperimentazione degli EAS e all'accompagnamento metodologico costante nel tempo: il metodo non si impara solo leggendo, ma facendo, progettando, prendendo spunto dalle pratiche che, ci auguriamo, potremo raccogliere e mettere a disposizione della comunità in ascolto.

7. La parola agli educatori[8]

7.1. Prima intervista

Anni di esperienza in parrocchia?

Questo è l'undicesimo

Come hai conosciuto il metodo EAS (formazione diretta, libri e letture, amici e colleghi educatori, parroco, Internet e social media)?

Ho conosciuto il metodo EAS con una formazione diretta fatta in oratorio agli educatori della parrocchia

Cosa ti colpisce del metodo (si lascia lo schema per discutere i dettagli)

Mi colpisce innanzi tutto che ci sia un pensiero, il protagonista non è il tema trattato, ma il ragazzo e la ragazza. Già questo può rendere il nostro lavoro più efficace perché il ragazzo non è solo coinvolto, ma protagonista.

Del metodo mi colpisce, inoltre, che il ragazzo viene subito messo di fronte all'argomento che viene trattato, nella fase in cui si riprende l'attività svolta le riflessioni non sono teoriche, ma le hanno vissute in prima persona.

Per l'educatore, nella mia esperienza, è anche più facile affrontare il tema se il ragazzo ha già fatto esperienza di quello perché viene più facile dedurre o astrarre il concetto perché è già stato vissuto.

Sicuramente è più facile anche per il ragazzo perché lo ha già rivisto nella sua quotidianità. La sincresia della prima e seconda è necessaria per non lavorare teoricamente, ma calarlo nella realtà.

Quando lo hai sperimentato e con chi? Raccontaci la tua esperienza (nota: in caso negativo: come e con chi lo useresti)

Lo sperimento in parrocchia con i gruppi adolescenti e preadolescenti ogni volta che progettiamo e facciamo l'incontro con i ragazzi. Tutto è iniziato anni fa quando il don della parrocchia che frequentavo ci ha detto che dovevamo stare con i ragazzi durante tutti i momenti, questo è fondamentale per poi andare a progettare sulla base dei ragazzi portando dentro la loro vita, le loro riflessioni, le loro esperienze e consumi di ogni tipo, anche mediali.

Quali guadagni hai ottenuto? (nota: in caso negativo: quali guadagni pensi di ottenere)

[8] Si riportano le quattro interviste svolte, sono stare rese anonime nel rispetto della privacy richiesta dagli operatori pastorali.

Sicuramente i ragazzi sono interessati e pienamente coinvolti. Non serve arrivare la sera e fare un incontro in cui si parla e basta o si riflette su qualcosa (lo hanno già fatto in altri contesti!): l'ora di incontro fatto in modo ordinato e pratico li coinvolge, li fa diventare gruppo e gli permette di sperimentarsi. Anche gli educatori sono portati a continuare su quella strada.

Pensando alla tua esperienza pastorale e al tuo contesto ecclesiale, dove potrebbe essere applicato il metodo EAS? E perché?

Spero possa essere applicato anche nel contesto di iniziazione cristiana e sarebbe bello pensare a dei gruppi di genitori che si incontrano per riflettere provando a organizzare incontri con questo metodo che li aiuti a creare comunità tra loro e un'affezione alla parrocchia.

Cosa trovi difficile da applicare, pensando al tuo contesto?

La parte più difficile pensando alla mia esperienza è strutturare la terza fase perché a volte è lasciata in libertà con alcune parole, spesso viene un po' persa o fatta velocemente.

Cosa servirebbe per poter usare il metodo EAS in maniera condivisa e ordinaria nella tua comunità (oltre alla tua esperienza)?

Per le due parrocchie che ho frequentato la pastorale giovanile vedeva sempre questa organizzazione degli incontri: uno stimolo, un lavoro pratico e una riflessione conclusiva magari seguita da una ripresa da parte dell'educatore. Forse si dovrebbe trovare un modo per poter supportare gli educatori e le catechiste a progettare gli incontri, ottimale sarebbe un archivio molto grande (diocesano!) in cui per tematiche vengono caricate delle progettazioni che hanno funzionato con materiali. Diventerebbe uno stimolo per l'educatore delle parrocchie per ricontestualizzarlo nel suo contesto.

7.2. Seconda intervista

Anni di esperienza in parrocchia?

Educatrice gruppo preadolescenti da 5 anni; in tutto 8 educatori e due sacerdoti per 80-100 ragazzi del primo triennio superiori.

Come hai conosciuto il metodo EAS (formazione diretta, libri e letture, amici e colleghi educatori, parroco, Internet e social media)?

Noi come gruppo educatori abbiamo partecipato a una formazione di 2 giorni con la FOM (un fine settimana in ottobre), dove appunto ci hanno presentato questo nuovo metodo che è comunque piaciuto; quindi ci abbiamo provato e ci siamo trovati bene. Abbiamo fatto anche attività per poter imparare ad utilizzarlo.

Le parole con cui ce lo hanno presentato sono diverse. La prima è "preparare" in cui c'è un'immagine, una canzone, una cosa comunque brevissima, ma di impatto che porti l'adolescente a farsi delle domande a destare un po' curiosità su quello che potrebbe succedere; poi appunto avviene il "vivere", che nello schema è chiamato fase operatoria, dove noi, per esempio, si fanno delle attività, delle esperienze, qualcosa anche di manuale, o comunque magari un'esperienza come andare in qualche posto a vivere qualcosa, oppure sentire una testimonianza di qualche tipo. Questa è la parte più centrale a cui segue la parte importante, quella del "rileggere" che poi viene richiamata ristrutturativa, dove gli adolescenti ripensano un po' al momento del vivere. E l'obiettivo anche di questo rileggere non è dare risposte, ma di far nascere nuove domande, nuove curiosità basandosi su quello che un po ci si porta a casa dall'esperienza del vivere.

Cosa ti colpisce del metodo (si lascia lo schema per discutere i dettagli)

Allora a me diciamo questa metodologia è piaciuta perché é molto definita. Gli incontri vecchi che facevamo con gli adolescenti erano tutti un po' a caso; diciamo invece avendo una metodologia da seguire, ci facilita il lavoro, ma anche ogni tanto, abbiamo notato, in questi mesi che stiamo usando questo metodo ce lo rende più complicato perché magari trovare lo stimolo di preparazione risulta alcune volte complicato, perché magari non si riesce a trovare la cosa giusta da fare. E poi comunque anche l'esperienza, che deve essere un momento molto centrale va ovviamente pensata bene. Quindi per me è una di sicuro un metodo che funziona anche nel nostro gruppo. Abbiamo visto che funziona. Però comunque vi un esempio: proprio quando l'anno scorso, in una riunione, preparavamo 4 incontri di fila. Adesso, con questo metodo, ne prepariamo 1. È bello. Viene bene. Fatto bene, però appunto c'è molto più lavoro dietro.

E anche un'altra cosa positiva di questo metodo è che comunque anche i ragazzi hanno imparato a come si svolge, diciamo, il momento di incontro. Quindi sanno che c'è la preparazione e sanno che c'è il vivere e sanno che c'è un rileggere.

Quindi tramite un'esperienza con la forma, è difficile da comprendere e mettere in atto quindi noi l'abbiamo capito.

Noi l'abbiamo interiorizzato bene grazie alla due giorni, e siamo stati capaci già al ritiro di pensare assieme ad altri, a come può essere strutturato un incontro, e quindi eravamo molto soddisfatti di come è andato quell'incontro. Poi tipo 2 giorni dopo avevamo la riunione con tutta l'equipe, con anche altri educatori che non c'erano. E proprio loro ci hanno fatto notare che noi eravamo quasi esaltati dal raccontare della nostra esperienza vissuta con l'utilizzo di questo metodo, e di come funzionasse. Io sono 5 anni che faccio l'educatrice, con gli adolescenti e prima non c'era metodo. C'erano delle linee guida dove non si capiva dove si volesse arrivare. Erano comunque anche un po' vecchie, e non erano per i ragazzi di oggi.

Invece, questo ci ha fatto dire "sì con questi ragazzi possiamo lavorare bene su questa cosa" e "Bene, possiamo dargli davvero qualcosa". Noi educatori eravamo davvero felicissimi di questa cosa.

Quando lo hai sperimentato e con chi? Raccontaci la tua esperienza (nota: in caso negativo: come e con chi lo useresti)

Allora, noi, dopo aver fatto la formazione con la somma, abbiamo deciso di introdurre questo metodo nel nostro gruppo adolescenti. Quindi da ottobre ad adesso e finora alla fine di quest'anno. Utilizziamo questo metodo con quel gruppo adolescenti che appunto, facciamo un incontro una volta a settimana per un'ora, essendo comunque un molto strutturato molte volte non ci basta un incontro solo per fare "preparare vedere e rileggere", ma usiamo magari 2 o anche 3 incontri. Mi viene in mente il primo incontro che abbiamo fatto che forse magari non è la perfezione del metodo, perché è la prima volta che ci approcciavamo. Volevamo lavorare un po' sul principio del pregiudizio, quindi sul rischio di giudicare la persona senza nemmeno guardarla. Perciò abbiamo deciso, come preparare, di chiedere ad alcune persone di registrare un video o un vocale, dove appunto parlavano cercando di far esprimere delle loro emozioni (Abbiamo un po' indirizzate queste persone). Poi abbiamo mandato tramite Whatsapp ai nostri adolescenti questo audio senza video dove sentivano questo susseguirsi di queste voci. Abbiamo spedito senza dire molto, dicendo solo: ascoltatevi audio. Poi all'incontro nel vivere, hanno dovuto abbinare la voce a come pensavano fosse la persona. Quindi avevamo delle immagini profilo di Whatsapp. Con le emoji loro devono scegliere se era l'uomo donna di che età, che cosa faceva nella vita, etc.. partendo, appunto, solo dalla voce. Poi, appunto, dopo che è stato fatto, è stato rivelato come erano in realtà la persona e c'è stato anche un confronto a gruppi. Come al solito questa parte iniziale è stata fatta tutti insieme, tutti gli 80. Poi ci si divide in gruppetti di circa 10 ragazzi, dove, appunto, cerchiamo comunque di farli confrontare tra di loro guidando un po' noi educatori il momento e questo è stato il vivere quindi appunto l'immaginarsi come la persona è, e scoprire com'è veramente. E poi c'è stata la fase del rileggere; in realtà la fase del rileggere noi abbiamo scelto quest'anno di strutturarla con 3 domande, che utilizziamo sempre, che sono: Quali domande mi ha fatto scaturire? Quali emozioni? E una parola che mi porta a casa, una parola che mi resta da questo incontro. Poi lo facciamo sempre, e lo ricondividiamo sul nostro profilo social. E abbiamo un profilo social del gruppo creato quest'anno, appunto per le nostre 2 comunità; prima avevano 2 profili social separati, ma noi volevamo far sentire il gruppo adolescente, un gruppo unico perciò abbiamo creato questo profilo social per sia, appunto per farli sentire gruppo, sia per altri 2 elementi importanti del metodo: la condivisione con la comunità quindi per sapere anche ai genitori al resto delle nostre 2 comunità pastorali cosa fanno gli adolescenti, e sia anche per "lasciare traccia" del rileggere. Quindi noi facciamo il rileggere in presenza però poi ricondiviamo alcune parti del rileggere sui nostri social.

Quali guadagni hai ottenuto? (nota: in caso negativo: quali guadagni pensi di ottenere)

Io vedo i ragazzi più interessati su alcune cose, perché a secondo me, è proprio il metodo che gli aiuta un po' ad aprirsi; e noi siamo davvero felici perché il metodo appunto ci permette di fare cose un po più grande diciamo, e quindi li vediamo comunque più interessati. Da questo punto di vista sono più presenti nell'incontro; prima magari invece era un semplice incontro, in cui magari vediamo un video e poi rispondi alle domande e si parla in gruppo. C'era più disinteresse. Invece così c'è maggiore interesse e anche l'utilizzo del social, dove comunque gli adolescenti ci seguono, interagiscono abbastanza; mi piace questa cosa.

Questo metodo consente proprio di non fare come negli incontri vecchi, ma di essere più vicini all'esperienza dei ragazzi. Il vantaggio è che è un metodo definito nei passaggi, però anche abbastanza libero, cioè quindi la FOM ci dice: scegliete le aree vitali per poter parlare, che sono aeree che giuste per gli adolescenti; però, appunto, ci danno anche la libertà ripensare. Insomma le tematiche sono viste in un occhio attuale, invece, il metodo vecchio era un metodo era un metodo che era più lontano da loro, più lontano dalla società attuale, diciamo, dove vivono gli adolescenti.

Pensando alla tua esperienza pastorale e al tuo contesto ecclesiale, dove potrebbe essere applicato il metodo EAS? E perché?

Un contesto che potrebbe essere molto simile al nostro potrebbe essere il gruppo preadolescenti, quello delle medie, dove comunque secondo me il metodo può essere adatto anche con loro. Poi pensando alla mia esperienza, quindi alla mia comunità, se penso al gruppo giovani, non facciamo incontri. Quindi saprei proprio dire, se funzionerebbe oppure no. Sicuramente questo metodo è un metodo valido che poi potrebbe essere anche applicato con i giovani della mia comunità.

Cosa trovi difficile da applicare, pensando al tuo contesto?

Allora qui devo partire con una premessa che mi è venuta in mente adesso. Noto da parte alcuni sacerdoti una difficoltà all'approccio di questo metodo, perché proprio, dicono: "Non vediamo Dio in questo. La presenza di Dio in questo metodo, diciamo la parola del vangelo è più assente". Quindi in alcuni contesti, per esempio, mi viene in mente il gruppo famiglie dove magari appunto parlano e fanno più riferimento al testo evangelico è di più difficile applicazione. Parlando alcuni responsabili ci hanno raccontato che sono molti i sacerdoti che "non vedono Dio, questo metodo". Quindi non è solo una cosa una comunità ristretta, ma allargato a più persone.

Cosa servirebbe per poter usare il metodo EAS in maniera condivisa e ordinaria nella tua comunità (oltre alla tua esperienza)?

Come dicevo prima, secondo me è un metodo anche applicabile con i gruppi e adolescenti, però, appunto, come ho notato io, è un metodo non comprensibile subito, che ha bisogno di essere ben spiegato. Pensando alla mia esperienza, senza la formazione che abbiamo fatto, non saremmo riusciti a capirlo fino in fondo e ad utilizzarlo in questo modo. Quindi, nel caso di un'applicazione in qualche altro contesto, credo anche in quei contesti, ci sia bisogno di una formazione o comunque di qualcuno che spieghi esattamente come viene fatto il perché viene fatto in questo modo.

7.3. Terza intervista

Anni di esperienza in parrocchia?

7 anni. Dal 2016

Come hai conosciuto il metodo EAS (formazione diretta, libri e letture, amici e colleghi educatori, parroco, Internet e social media)?

Formazione diretta organizzata in parrocchia

Cosa ti colpisce del metodo (si lascia lo schema per discutere i dettagli)

Mi colpisce sempre il fatto che la parola chiave sia il protagonismo. Anche i ragazzi hanno una voce in capitolo e delle azioni ben precise da fare e "rispettare". Si lavora prima individualmente, poi in piccolo gruppo e successivamente alla comunità: questo è un segno per rendere tutti partecipi e attivi di un processo di costruzione di significati, mai univoci e unilaterali, ma condivisi a una realtà che risponde a una stessa domanda. Mi piace anche il fatto che l'educatore abbia una presenza continua, non è né il protagonista, né è escluso dal processo pastorale.

Quando lo hai sperimentato e con chi? Raccontaci la tua esperienza (nota: in caso negativo: come e con chi lo useresti)

Sperimento l'incontro organizzato per EAS, ogni volta che progetto un incontro con il mio gruppo di adolescenti di prima e seconda superiore. Ormai è qualche anno che lavoro così ed è diventata la mia modalità di lavoro.

Normalmente la progettazione è per sommi capi, qualche volta prendo qualche appunto scritto individuando sempre lo stimolo tra i consumi tipici dei ragazzi mantenendo sempre una varietà di proposte: canzoni, video, film, serie TV.

Quali guadagni hai ottenuto? (nota: in caso negativo: quali guadagni pensi di ottenere)

I ragazzi sono attivi, invogliati e protagonisti dell'intervento pastorale, non sono questioni a loro lontane, ma appartenenti alla loro vita quotidiana. Sono quindi partecipi e propositivi durante tutte le fasi dell'incontro.

Pensando alla tua esperienza pastorale e al tuo contesto ecclesiale, dove potrebbe essere applicato il metodo EAS? E perché?

Sicuramente in tutti i contesti pastorali: dall'iniziazione cristiana, fino al gruppo giovani per mantenere attivo e presente la volontà di partecipare attivamente e in modalità collaborativa.

Cosa trovi difficile da applicare, pensando al tuo contesto?

Gli aspetti complessi sono legati alla condivisione finale dove i ragazzi, soprattutto i più piccoli, non sono ancora abituati a lavorare così: si imbarazzano o si defilano dall'esporre il risultato del loro pensiero davanti a tutti.

È necessario iniziare fin da piccoli abituandoli alla partecipazione e non solo all'ascolto del catechista/educatore.

Cosa servirebbe per poter usare il metodo EAS in maniera condivisa e ordinaria nella tua comunità (oltre alla tua esperienza)?

Come dicevo prima, è importante condividere l'intento di non solo far ascoltare, ma anche di renderli protagonisti e partecipi (non solo con piccole domandine durante il discorso!) dell'incontro. Sarebbe importante offrire momenti di riflessione condivisa in cui si provi a sperimentare il metodo a partire proprio dalla progettazione condivisa con un tutor di riferimento a cui poter chiedere consigli su come declinare al meglio il metodo EAS in pastorale.

7.4. *Quarta intervista*

Anni di esperienza in parrocchia?

Come volontario 13 anni, come educatore lavoro per la FOM, che coordina e gestisce e rafforza il lavoro degli oratori, dal 2016 con qualche progetto e da 3 anni in modo stabile.

Come hai conosciuto il metodo EAS (formazione diretta, libri e letture, amici e colleghi educatori, parroco, Internet e social media)?

L'ho conosciuto per motivi universitari, a scienze della formazione primaria negli esami di Rivoltella c'erano gli EAS, forse anche un laboratorio, quindi l'ho conosciuto per motivi accademici.

Cosa ti colpisce del metodo (si lascia lo schema per discutere i dettagli)

Più che un singolo aspetto, mi colpisce l'impostazione, da una parte ribalta processi didattici ed educativi consueti e dall'altra li rafforza. Ci avviciniamo alla vita degli adolescenti. Mi interessa l'idea di avere un momento che ribalta la situazione, che colloca la parte meccanica e in un certo senso "noiosa" prima, per avere poi un'esperienza davvero formativa. La produzione di un artefatto ad esempio.

Anche se per me è ancora più importante l'ultimo aspetto dell'EAS, ho questa certezza: imparare a rileggere le cose, altrimenti non si spiega perché tanti fanno esperienza e non imparano nulla.

La questione dei media entra molto nell'EAS, come strumento che porta a una sintesi o come lancio e ambiente di lancio (immagine, padlet, video degli educatori)

Quando lo hai sperimentato e con chi? Raccontaci la tua esperienza (nota: in caso negativo: come e con chi lo useresti)

A scuola, con i bambini grandi, sulle materie di studio come storia e geografia mi permetteva di fare arrivare i bambini con un bagaglio di concetti da mettere in pratica. Ad esempio, avevo creato delle tessere del domino con capoluogo di regione e con un'opera artistica, facendo produrre ai bambini delle carte per andare oltre con curiosità o altro. Le carte erano sia oggetto di gioco, ma anche di riflessione.

In pastorale siamo appena partiti, quest'anno abbiamo lanciato il progetto. L'idea è "parto dalla vita dei ragazzi" ad esempio cosa vuol dire guerra per me in un progetto ampio dove si lavorava alla creazione di un presepe vivente. Molti hanno parlato di guerra con se stessi, calibrando il lavoro. I ragazzi dovevano creare materiali per un presepe vivente e hanno lavorato molto su quello, la rilettura è stata fatta poi su quello, sulle loro emozioni. Hanno creato delle installazioni, scritte e cartelloni dove riportavano le loro riflessioni, condividendo con tutti i materiali, anche chi non conosceva i ragazzi poteva accedere a questi contenuti.

Quali guadagni hai ottenuto? (nota: in caso negativo: quali guadagni pensi di ottenere)

Sicuramente, rendere consapevoli gli educatori del loro operato. Spesso alla fine delle esperienze estive, l'ultimo giorno si attiva una riflessione con gli educatori volontari, invece come metodo si dà significato a questo aspetto in modo naturale. Si dà valore alla riflessione.

L'altro aspetto è fare un'esperienza che non basta da sola, non è formativa di per sé, ma che devo rileggere, devo fermarmi. È economico dal punto di vista del tempo, in un mese chiudo il tema e il lavoro.

Pensando alla tua esperienza pastorale e al tuo contesto ecclesiale, dove potrebbe essere applicato il metodo EAS? E perché?

Nella sua forma di scheletro, come preparazione-esperienza-rilettura si applica a qualsiasi aspetto, stiamo preparando la preghiera per gli adolescenti così. Anche con gli adulti diventa un momento semplice, per cui "non vivo semplicemente la via Crucis", ma prima "li lascio con una domanda", "vivo la via Crucis" e poi "posso rileggerla successivamente" come nei tre momenti dell'EAS.

Nelle forme più complesse, l'EAS per me diventa più legato alla formazione, penso ai percorsi fidanzati, oltre al lavoro con gli adolescenti, ci sono aspetti che possono rientrare anche con gli adulti.

Cosa trovi difficile da applicare, pensando al tuo contesto?

Pensando alla scuola, il fatto delle micro-progettazioni ha valore, ma rende a volte faticoso il progettare, anche per l'impostazione del lavoro dell'insegnante che vive in modo più liquido, almeno agli inizi va fatto in ambiti nei quali siamo molto forti.

In pastorale abbiamo cercato di levigare molto. Ad esempio levigare il linguaggio: preparare, vivere e rileggere sono i termini che usiamo.

Preparare significa capire a che punto sono agli adolescenti, dare pepe alla cosa, vivere significa lavorare su un'esperienza reale, problematica, continuativa e complessa, rileggere significa tirare le fila e dare opportunità di lettura in chiave di fede.

Pensando al mio contesto specifico, da me è cambiato il sacerdote, non gli educatori, ma è molto giovane e quindi abbiamo bisogno di tempo. Il nostro obiettivo è di iniziare a lavorare con il metodo, ma poi saranno gli adolescenti del 2008 a usarlo perché lo hanno vissuto e sarà per loro naturale.

La difficoltà è anche che è un metodo che non puoi imparare leggendo il libro, gli educatori lo capiscono se sono venuti a fare la due giorni di preparazione a ottobre. Abbiamo sviluppato una App e un sussidio che ha valore solo se c'è relazione formativa. "Attraverso" è il nome della App, con un'immagine che è un ponte tibetano visto da una persona. L'obiettivo è di avere sotto mano il progetto adolescenti per leggerlo, con una capacità ipertestuale che ti consente di entrare dove ti serve, con notifiche per gli appuntamenti ecc. Va messa sul tavolo quando si progetta per gli adolescenti, per poi sparire quando è stata interiorizzata. Adesso stiamo creando la sezione per la Quaresima con momenti di preghiera per gli educatori e con il commento del Vangelo del giorno, come accompagnamento spirituale.

Cosa servirebbe per poter usare il metodo EAS in maniera condivisa e ordinaria nella tua comunità (oltre alla tua esperienza)?

Educatori che lo hanno sperimentato, come dicevo prima.

Abbiamo fatto di tutto per dare lo scheletro, ma mancano i muscoli e anche una condivisione di esperienze. In una complessità del genere, educativa, avere delle idee e modificarle in relazione alle persone che hai davanti può essere interessante.

Partire al contrario, l'anno prossimo le esperienze (il divano e non l'impalcatura della casa) saranno al centro.

Come? Un sito? Una piattaforma? Una App?

Forse la piattaforma "Ora mi formo" dove sono raccolti i contenuti per gli educatori e la formazione potrebbe diventare il repository. La App ha dei limiti, anche economici, ma forse meglio la piattaforma, anche per login e la fruizione dei contenuti.

XIV

Gli EAS nell'Higher Education e per il Faculty Development

Alessandra Carenzio, Paolo Raviolo, Serena Triacca[1]

1. *EAS e Higher Education: il corso di Didattica ed Educazione Mediale*

Il metodo EAS scorre nelle pratiche della scuola, nella pastorale, in ambito sanitario, incontrando esigenze in ciascuno spazio e provando a lasciare il segno in maniera attenta e rilevante.

Per affrontare la tematica oggetto del contributo, prendiamo le mosse da un caso studio, che consideriamo particolarmente significativo per due ordini di motivi: il primo è la sua unicità nel panorama dell'Higher Education, pensando allo scenario dell'università in Italia; il secondo è la possibilità di ricostruirne in maniera dettagliata i suoi nodi salienti e qualificanti[2]. Su questo caso andremo a lavorare attraverso una chiarificazione della cornice, a partire dalla presentazione dell'insegnamento che dà il titolo al paragrafo, e una riflessione sostenuta da alcune interviste a quattro studenti che hanno seguito il corso, descritte e commentate nel paragrafo successivo. Infine, torneremo sugli aspetti di valore del metodo EAS nello spazio dell'Higher Education, come framework di revisione delle pratiche didattiche anche alla luce del quadro di riflessione di questi ultimi anni.

L'insegnamento di *Didattica ed Educazione Mediale*, previsto nel primo anno del corso di Laurea Magistrale blended in Media Education attivo dall'a.a. 2017/18 presso l'Università Cattolica di Milano, ci consente di raccontare l'incontro fecondo tra metodo EAS e Higher Education. L'impianto dell'insegnamento, infatti, è basato sul metodo EAS e orchestra le tre fasi tra apprendimento a distanza (in domestico) e in presenza (in università). Il corso di laurea è infatti organizzato in forma blended (50% online e 50% in aula fisica), prevedendo una settimana di lavoro a distanza e una settimana di la-

[1] Gli autori condividono concettualizzazione e impostazione metodologica del capitolo. Poi, nello specifico, Alessandra Carenzio ha materialmente scritto il § 1, Serena Triacca si è occupata dell'analisi dei dati e ha scritto il § 2.1 e il § 2.2, Paolo Raviolo ha scritto il § 3. Revisione, editing e supervisione scientifica sono di Pier Cesare Rivoltella.

[2] La progettazione didattica si deve a Pier Cesare Rivoltella e Alessandra Carenzio.

voro in presenza in una logica didattica che unisce lezioni in aula, momenti di didattica erogativa a distanza (videolezioni, self learning, e-tivities) e di didattica interattiva con webinar di *trouble shooting*, esercitazioni e casi.

Rispetto ai contenuti, l'insegnamento è collocato nella cornice teorica della Media Education ed è costruito per accompagnare gli studenti verso tre obiettivi: comprendere e ripercorrere il profilo epistemologico della Media Education; incontrare e sperimentare i metodi della Media Education (analisi dei testi, analisi del consumo); ricostruire i cambiamenti che la diffusione sociale dei media digitali ha portato nel campo media-educativo, supportare competenze e riflessioni nella formazione a distanza e blended (progettare, moderare, regolare e valutare tra presenza e distanza)[3].

La Figura 1 (pagina seguente) riporta la sintesi dei risultati di apprendimento attesi al termine dell'insegnamento, tratta dal relativo syllabus.

Ma torniamo alla struttura che, più del contenuto, ci sembra utile approfondire in questo spazio. L'insegnamento annuale, fin dalla sua prima edizione, è progettato seguendo il metodo EAS e prevede una struttura in tre momenti.

La *fase anticipatoria* è collocata a distanza, prima della lezione in aula, per condividere e consolidare i costrutti teorici, attraverso videolezioni e materiali di approfondimento selezionati per non pesare sul carico cognitivo del singolo modulo/livello[4] e sull'insieme del carico previsto dagli altri insegnamenti che si muovono in parallelo. Sempre in questa fase è richiesto agli studenti lo svolgimento di una e-tivity individuale contenuta nel tempo. A fare da cerniera tra il lavoro individuale e la successiva attività in aula, ogni modulo/livello prevede un webinar[5] finalizzato al troubleshooting e alla raccolta di problematiche e commenti sulle attività in anticipo.

[3] Il corso si completa idealmente grazie al collegamento attivato con due laboratori, quello di Tecnologie per la didattica - curato da Serena Triacca - e quello di Peer and Media education - curato da Michele Marangi.

[4] La diversa dicitura è dovuta a una ulteriore specifica dell'insegnamento, che viene gamificato nel secondo semestre. Questo diverso impianto impatta sulla dimensione grafica (costruzione di avatar, personaggi antagonisti e scenografie differenti), sui formati (con la produzione di hypervideo e una mappa navigabile all'inizio di ogni nuovo livello), sulla dimensione lessicale (i moduli diventano *livelli*, come in un videogioco, le e-tivity individuali diventano *sfide*, mentre le attività di gruppo diventano *missioni*) e narrativa, poiché gli studenti diventano a tutti gli effetti Media Educator in formazione, coinvolti dal professore per contrastare gli ostacoli, grazie alle competenze media-educative in costruzione. Per approfondimenti, si veda Carenzio, A., Pelizzari, F. (2023), *Gamification e narrazione: analisi di un caso*, in Mancini R., Rondonotti M. (eds), *Oltre la didattica: esperienze, narrazioni e pratiche digitali*. Città di Castello: Studium.

[5] Complessivamente sono previsti 8 webinar collocati lungo i due semestri. Il livello finale, infatti, è orientato alla sintesi del corso e non prevede riprese o anticipazioni via webinar, mentre il primo modulo introduttivo crea una base comune e non include video o contenuti da approcciare in anticipo. Ogni sessione dura 1 ora ed è accompagnata da un apposito thread in forum dove gli studenti possono condividere dubbi e domande in previsione dell'incontro. Parte del webinar, oltre a chiarimenti e domande sui contenuti, è dedicata alle attività/sfide individuali, considerando che l'attività in aula (prevista nella fase operatoria) è basata sul lavoro anticipatorio.

Figura 1 - Risultati di apprendimento attesi (tratto dal syllabus)

I risultati di apprendimento attesi al termine dell'insegnamento riguardo alla Conoscenza e Capacità di comprensione saranno:
- **riconoscere i costrutti-base della Media Literacy Education;**
- **identificare criteri, modelli e teorie della didattica supportata dai media e dalle tecnologie e della Media Literacy Education;**
- **descrivere le forme del consumo mediale giovanile e le principali strategie di prevenzione e di intervento educativo in relazione ad esso;**
- **ripercorrere le questioni chiave dell'apprendimento a distanza: la cornice storica ed epistemologica, la progettazione, la regolazione (ovvero la gestione dell'aula remota), la moderazione delle attività, la valutazione.**

I risultati di apprendimento attesi riguardo all'Applicazione pratica di Conoscenza e Capacità di comprensione saranno:
- **analizzare testi mediali in situazione didattica;**
- **applicare i quadri teorici all'allestimento di un setting tecnologico;**
- **valutare i consumi mediali degli studenti e approntare strategie di intervento educativo al riguardo;**
- **analizzare e riconoscere le implicazione del digitale nelle forme dell'apprendimento e della formazione a distanza.**

Le competenze trasversali che il corso porta a sviluppare saranno:
1. **Per l'autonomia di giudizio:**
   - **muoversi all'interno del sistema mediale esercitando competenze critiche, in termini di analisi dei formati e delle implicazioni etiche;**
2. **Per le abilità comunicative:**
   - **competenza transmediale;**
   - **selezionare dei formati più adeguati (bacheca, video, blog, podcast, ...) in base alla compito;**
   - **capacità espositiva e di presentazione di artefatti cognitivi prodotti individualmente o di gruppo;**
3. **Per la capacità di apprendere da soli:**
   - **fare sintesi dei concetti acquisiti tramite videolezioni e di collegamento tra i vari materiali/risorse proposti.**

La *fase operatoria* sposta lo scenario di lavoro in università, in un'aula fisica, che ospita il lavoro in piccolo gruppo e il confronto operativo con i costrutti teorici attraverso diversi formati (analisi di caso, progettazioni, lesson plan, produzione di materiali). Le attività prevedono sempre la costruzione di un artefatto cognitivo e vengono svolte, presentate e discusse in aula.

La *fase ristrutturativa*, sempre in aula e immediatamente successiva alla precedente (nella stessa lezione), chiude il modulo/livello con il debriefing rispetto al lavoro di piccolo gruppo e una lezione a posteriori che - a partire da quanto accaduto - consente di tornare sui costrutti, sulle modalità di lavoro e sulle competenze da far acquisire.

Nel complesso, dunque, l'EAS inizia in domestico, attraversa la "passerella connettiva" del webinar, approda in aula dove termina con la lezione a posteriori. La fase operatoria e quella ristrutturativa occupano 3 ore, mentre la fase preparatoria occupa un tempo flessibile che va da 1 ora a 1 ora e 30, dovendo gli studenti accedere alle videolezioni (che possono essere riviste più volte) e all'e-tivity individuale. Le e-tivity sono progettate per essere sostenibili, soprattutto a distanza, attraverso tre aggettivi: task comprensibili, contenuti nel tempo, attivanti.

Riportiamo di seguito un esempio tratto dal syllabus dell'insegnamento: siamo nel livello V, durante il secondo semestre, dedicato al verbo "progettare" tra presenza e distanza. Nel syllabus vengono indicati il setting (online e in aula), gli obiettivi specifici del livello, le attività, i materiali a supporto (con riferimenti precisi alle videolezioni, alle risorse in piattaforma e alla sitografia del manuale), la valutazione.

Sono tre gli hypervideo presenti nel livello dedicati rispettivamente alla presentazione del *Conversational Framework* proposto da Diana Laurillard, al concetto di carico cognitivo e ai materiali e alle forme della progettazione (tra macro e micro).

Livello	Setting	Obiettivi specifici	Attività	Tipologia di materiale a supporto
Livello V Progettare	Online	1.Riconoscere gli elementi centrali della progettazione 2.Individuare le cornici teoriche 3. Riflettere sui principi della progettazioni in situazioni didattiche blended e online	**Videolezioni** 17-19 **Webinar**: richiesta di chiarimento sui video (trouble shooting), collegato al forum presentazione sfida individuale e chiarimenti	• **Videolezione 17:** Il conversational framework • **Videolezione 18:** La gestione del carico cognitivo • **Videolezione 19:** Materiali e Forme **Test di Autovalutazione**
	Aula (3 ore) W14	- Verificare e consolidare i principali termini e concetti attraverso un'attività pratica	- Framework concettuale - Presentazione della missione - lavoro di gruppo (momento operatorio) - condivisione degli artefatti cognitivi - momento ristrutturativo	**Sitografia del manuale** "Didattica a distanza" pp. 406 - 409 **Risorse caricate in Blackboard**

Figura 2 - Livello V (tratto dal syllabus)

Sempre nel syllabus vengono indicate le sfide e le missioni, per chiudere il quadro (Figure 3 e 4).

Sfida Individuale online:
a partire dai 12 principi di Mayer (figura 10 p. 105 del manuale), si chiede di scegliere 3 principi e di provare a creare un esempio di materiale didattico coerente con i principi scelti. Caricare poi l'esempio in Blackboard.

Missione di gruppo in aula: costruzione di un lesson plan (CAP. 3, parte II, p.35) usando una griglia di progettazione (da poter usare Drive o Dropbox). Il lesson plan verrà poi presentato all'intera aula, invitata a valutare il lavoro a partire dai criteri di valutazione già condivisi.

Figura 3 e 4 - Sfida e missione (tratto dal syllabus)

Le attività individuali e di piccolo gruppo, infine, forniscono numerose evidenze che confluiscono nel sistema di valutazione diffusa prevista dall'insegnamento: oltre che dalla prova scritta di mid-term[6], collocata tra i due semestri, il voto finale è composto dall'esito dell'esame orale e dalla valutazione di 4 assignments (uno individuale e uno di gruppo per ciascun semestre) che gli studenti sono chiamati a scegliere tra quelli obbligatoriamente raccolti nell'e-portfolio personale durante l'anno. Poiché complessivamente gli studenti costruiscono 16 evidenze di apprendimento valutabili (8 individuali e 8 di gruppo), la sfida ulteriore è quella di selezionare le migliori, quelle che hanno segnato un cambio di passo o semplicemente che vengono ritenute più complete. La scelta, ovviamente, viene operata alla fine del corso, in vista dell'esame.

Ogni modulo, dunque, è a tutti gli effetti un Episodio di Apprendimento Situato che coinvolge gli studenti attraverso stimoli, attività individuali e di piccolo gruppo, debriefing e la lezione a posteriori, accompagnato da un sistema di valutazione diffusa nei tre momenti dell'EAS, con alcuni guadagni e attenzioni che vediamo nelle prossime pagine.

2. Gli EAS all'università: un'indagine qualitativa

2.1. Metodo e strumento di indagine

In questo paragrafo intendiamo concentrare la nostra riflessione sugli Episodi di Apprendimento Situato adottati come cornice metodologica nell'ambito della didattica

[6] La prova di mid-term è divisa in tre aree: la prima è dedicata alle conoscenze con domande a risposta chiusa (scelta multipla, completamento, vero/falso) e domande a risposta aperta circoscritta; la seconda è un compito autentico; la terza è dedicata alla rielaborazione dei contenuti in profondità (commenti di tracce testuali, argomentazione, discussione di un problema).

universitaria, interpellando direttamente gli studenti che hanno seguito con continuità il corso di *Didattica ed Educazione Mediale* presentato nel paragrafo precedente.

L'obiettivo dell'indagine qualitativa di cui restituiamo gli esiti è, pertanto, di raccogliere il punto di vista dei beneficiari dell'offerta formativa, ovvero di «guardare attraverso i loro occhi» (Gianturco, 2005; 14): ripercorrendo insieme l'esperienza da loro vissuta, l'intento è di far emergere benefici rilevati, fatiche sperimentate e prospettive di sviluppo.

A tal proposito, si è fatto ricorso all'intervista individuale semi-strutturata con domande aperte (Viganò, 2002). Il protocollo di intervista, la cui elaborazione ha seguito le indicazioni di Anderson (1990), è stato articolato in cinque sezioni[7]:

- introduzione dell'intervista (sezione A): i minuti iniziali hanno la funzione di mettere a proprio agio l'intervistato, richiamando lo scopo dell'intervista, la durata, la modalità di trattamento dei dati raccolti. Si richiede esplicitamente il consenso alla registrazione della sessione e all'avvio della trascrizione automatica;
- anagrafica (sezione B): dopo l'introduzione, si annotano età, status occupazionale e professione svolta;
- affondo sul metodo EAS all'interno del corso di *Didattica ed Educazione Mediale* (sezione C). Le domande contenute in questa sezione si concentrano sulla valutazione del metodo da parte degli studenti in relazione alla sua struttura, alle sue fasi costitutive e alle diverse attività proposte (lavoro individuale a distanza, webinar di troubleshooting, lavoro di gruppo in aula, lezione a posteriori), all'impianto valutativo adottato (valutazione diffusa) e ai materiali messi a disposizione (videolezioni, schede di approfondimento, tracce di lavoro);
- bilancio conclusivo (sezione D): si chiede agli intervistati di valutare se, secondo la propria esperienza, il metodo si adatta a scenari di formazione degli adulti, oltre che alla didattica universitaria;
- conclusione dell'intervista (sezione E): l'intervistatore ringrazia gli intervistati e si conferma la disponibilità a comunicare i risultati dell'indagine.

I ricercatori hanno convenuto di incontrare i soggetti tramite una *e-interview*, ovvero un'intervista sincrona online (Salmons, 2015), adottando un sistema di videocomunicazione familiare a intervistati e intervistatori. Risiedendo in luoghi differenti, questa modalità è stata preferita all'intervista telefonica, sia per la ricchezza del medium, sia per la consuetudine di studenti ed ex-studenti all'utilizzo di sistemi di videocomunicazione, grazie alla proposta formativa del corso di laurea blended.

Per la natura idiografica dello studio, la selezione degli studenti da intervistare è stata condotta sulla base di una scelta ragionata (Di Franco, 2010). Abbiamo bilanciato le

[7] Le 11 domande previste sono inserite nelle sezioni centrali (B, C, D). Il protocollo, con domande organizzate secondo un criterio di gradualità, è inserito in calce al contributo in forma integrale (Allegato 1).

interviste per genere e status lavorativo rilevato all'epoca dell'iscrizione, individuando quattro studenti iscritti al corso di laurea magistrale in Media Education tra gli anni accademici 2018/19 e 2021/22 e che, come accennavamo, hanno partecipato con regolarità alle lezioni in sede, alle proposte di webinar serali e alle e-tivity. Abbiamo altresì curato che la provenienza degli intervistati fosse eterogenea per ateneo: una sola studentessa ha conseguito la laurea triennale in Università Cattolica, uno studente si è laureato in un ateneo lombardo (già adulto lavoratore, >40), i rimanenti in atenei ubicati fuori della Lombardia (Tabella 1).

Genere	Anno di nascita	Ateneo di provenienza	**Anno di iscrizione**	**Status occupazionale (rilevato al momento dell'iscrizione al CdL)**	**Status iscrizione**
F	1996	NON_UCSC (fuori Lombardia)	2018/19	lavoratrice	laurea conseguita
M	1992	NON_UCSC (fuori Lombardia)	2019/20	non lavoratore	laurea conseguita
F	1999	UCSC	2021/22	non lavoratrice	iscrizione in corso, laurea non conseguita
M	1978	NON_UCSC (Lombardia)	2021/22	lavoratore	iscrizione in corso, laurea non conseguita

Tabella 1 - Il quadro degli intervistati

I quattro soggetti sono stati contattati via e-mail per sondarne la disponibilità a essere intervistati: tutti hanno risposto tempestivamente e favorevolmente, prendendo accordi diretti con l'intervistatrice per individuare il momento più adatto allo svolgimento dell'intervista[8].

[8] Ringraziamo Sara Lo Jacono, e-tutor del corso di laurea, per il supporto in fase di individuazione dei quattro studenti. Allo stesso modo, ringraziamo Martina Morreale per la conduzione di tre delle quattro interviste (l'ultima è stata gestita da Serena Triacca).

2.2. *Risultati*

Quali sono le riflessioni che studenti ed ex studenti hanno condiviso rispetto alla loro esperienza diretta con gli EAS? Innanzitutto, i quattro intervistati, due già laureati e due attualmente iscritti al secondo anno, hanno incontrato per la prima volta il metodo EAS durante il corso di *Didattica ed Educazione Mediale*; solamente la studentessa proveniente dall'Università Cattolica si era precedentemente accostata allo studio del metodo che era proposto in un insegnamento da lei frequentato. Analizzando le risposte raccolte, possiamo notare una convergenza degli intervistati rispetto al primo stimolo (*«Ogni modulo è stato strutturato come un EAS. Tale struttura ti ha aiutato? In che modo?»*). Tutti, infatti, riconoscono valida la struttura dell'EAS, in particolare rispetto all'opportunità di mettersi gioco in prima persona e sperimentarsi nell'applicazione dei concetti, grazie al *learning by doing*:

«Mi è sembrato, rispetto ad altri corsi e ad altri metodi, che quel tipo di corso mi abbia permesso di memorizzare e interiorizzare meglio i concetti, grazie anche all'applicazione dei concetti grazie all'esperienza pratica» (F_L_26)

«A livello di approfondimento mi ha aiutato molto, anche perché ci ha permesso concretamente di applicare le nozioni teoriche e quindi di avere una consapevolezza più concreta sull'argomento, sulla tematica che si andava ad indagare. E poi c'era questo breve debriefing finale, dove si potevano fare delle considerazioni, guardare alle criticità, ai punti di forza e sviluppare nuove riflessioni, nuove evoluzioni successive di alcune tematiche…» (M_NL_31)

Questo anche senza che ogni elemento del quadro generale fosse completamente a fuoco:

«[...] ti permette di approcciarti in modo diverso al contenuto e capisci realmente ciò che hai fatto nell'attività solo alla fine, cioè che hai l'effettiva spiegazione del "perché l'ho fatta". E quindi dici: "Ah sì, l'ho fatto pensando di farne una certa cosa invece pensa te, guarda a che cosa sono arrivata". Quindi, a livello di competenze ti dà effettivamente anche una spinta in più, nel senso che ti permette di dare la prova delle tue competenze, quindi a livello del fare, ma anche poi ti fa capire la spiegazione del perché lo hai fatto» (F_NL_24)

Questa stessa intervistata attualmente iscritta al secondo anno, che ha cambiato recentemente il suo status occupazionale divenendo lavoratrice, rileva che il metodo usato continuativamente potrebbe risultare *«abbastanza pesante»*, pur mettendone in luce le positività:

«[...] ho notato un investimento non solo di ovviamente tempo, appunto, che lo studente deve impiegare più tempo, e effettivamente a creare. Anche ovviamente a progettarlo, sono consapevole anche

di questo. È forse questo il bello, sia studiarlo che praticarlo, che ecco capisci che c'è tanto lavoro e devi lavorare tanto anche tu» (F_NL_24)

Rispetto al lavoro preparatorio a distanza (e-tivity individuale), gli intervistati paiono bilanciare guadagni e fatiche. Se da una parte le difficoltà maggiori hanno riguardato la gestione del tempo e la comprensione della consegna, nuovamente viene messo l'accento sul valore dell'imparare facendo e del ritorno ricorsivo sui concetti all'interno del ritmo ternario dell'EAS. Un altro aspetto favorevole segnalato dagli studenti è stata la possibilità di confrontarsi con il docente durante le sessioni di troubleshooting online. Per sua impostazione, come richiamato nel paragrafo introduttivo, la struttura modulare dei corsi prevede una lezione in presenza ogni due settimane. In tal senso, le occasioni di confronto non mediato dalla tecnologia, quelle canonicamente intese, diminuiscono e il confronto sincrono è preferito rispetto al confronto in forum:

«Sicuramente io direi di sì [ndr. che i webinar sono stati utili], *secondo me proprio per il tipo di percorso. Il fatto che ci fossero pochi momenti in presenza, diciamo così pochi momenti di confronto "diretto" rendeva tutti i vari strumenti disponibili per il corso secondo me più di valore. Era il momento in cui, appunto, se effettivamente si era lavorato, se si stava lavorando in modo assiduo per il corso, era il momento in cui poter magari sistemare qualche dubbio oppure semplicemente confrontarsi in una maniera produttiva» (F_L_26)*

Il webinar serale, da uno studente adulto lavoratore, è stato concepito come *«impegno gravoso»*, ma utile per non "perdere il ritmo" nella frequenza del corso:

«[...] 45 minuti, un'oretta di tempo, consentivano di fare quel richiamino alla settimana sugli argomenti precedenti, che in realtà avevano questa funzione secondo me molto utile proprio di richiamo, era come mettere un puntaspilli, un post-it, un segnalibro sull'argomento trattato, quindi li ho considerati in questo modo» (M_L_44)

È interessante notare come la riflessione sul lavoro di gruppo porti gli intervistati a rilevare criticità ascrivibili a qualsiasi situazione didattica impostata su una forte attivazione degli studenti. In particolare, i rilievi segnalati riguardano le sfide portate dal lavorare in gruppi composti dai docenti e non autodeterminati. Tuttavia, i benefici paiono superare le fatiche ed essere guidati a lavorare con chi non si conosce risulta essere motivo di *«crescita personale e professionale»* (M_NL_31), anche grazie alla presenza di studenti lavoratori che portano dei *«dati di realtà»* con cui confrontarsi (F_NL_24):

«Il lavoro in gruppo, secondo me soprattutto il fatto di farlo in presenza, permette un livello di confronto e soprattutto di elaborazione del compito che mi permette ancora oggi di riuscire a progettare in team» (F_L_26)

A valle della fase operatoria, comprensiva del momento dello showdown degli artefatti, al docente spetta di gestire il debriefing e la lezione a posteriori, che "chiudono il cerchio" dell'EAS. Sono considerati da tutti gli intervistati due passaggi essenziali, una *«sorta di "ti porto sul binario giusto", però ti mostro anche le deviazioni che tu puoi fare effettivamente e poi andare anche avanti»* in un *«circolo continuo di ricerca»* (F_NL_24). Altro elemento di valore riconosciuto e tracciato anche in letteratura (Gibbs&Simpson, 2004) è la tempestività del feed-back:

«Io ho trovato estremamente interessante l'inserimento del feedback finale, tant'è che io stesso lo applico attualmente, quando faccio i lavori di esposizione di gruppo, perché notavo che io in primis ero concentrato su quello che avevo appena fatto e quindi ero interessato a sapere se avevo fatto bene e se avevo fatto male, e se avevo fatto male dove avevo fatto male, e come poterlo correggere quindi. Poi ovviamente, persone attente come il professor Rivoltella o la professoressa Carenzio che seguivano passo passo, facevano delle osservazioni a cui magari proprio io non avevo neanche pensato. Mi dicevo: "tu pensa, io non avevo riflettuto su questa cosa!". E a questo punto qui il feedback valutativo finale, una restituzione sul tuo lavoro, ti dava davvero e la tua soglia di attenzione, dato che avveniva dopo la tua esposizione, era alta, quindi non ti perdevi niente di quello che ti veniva detto» (M_L_44)

Emblematiche le parole di questa ex studentessa rispetto alla lezione a posteriori, che ha percepito come un "déjà-vu":

«L'ho trovato per la mia esperienza personale utile, nel senso che alla fine venivano, cioè sembrava quasi... adesso lo dico un po' così... sembrava quasi di averla già sentita la lezione, nonostante fosse totalmente nuova nei concetti teorici o comunque la prima volta che la sentivamo, effettivamente quel tipo di lezione, però, aver fatto tutte le fasi precedenti non so come dire, la rendeva in qualche modo familiare e quindi secondo me più facile da immagazzinare. Come se ci fosse stata già un'altra lezione prima, che in realtà non c'è stata» (F_NL_24)

Le parole dell'intervistata fanno pensare alla progettazione EAS come una "trama" tessuta in seta, un filato tanto leggero da non essere quasi percepito, pur essendo estremamente resistente.

Quanto alla valutazione diffusa, gli intervistati concordano sul suo valore, anche a dispetto di aspettative iniziali non così positive: non solo la valutazione non è concentrata unicamente sulla rilevazione delle conoscenze, ma il fatto che fosse *«a step»* (M_NL_31; M_L_44) ha portato a evitare *«le studiate»* (F_L_26). Costringe, insomma, a *«stare sul pezzo»* (F_NL_24):

«Col fatto che non lavoravo, stare sul pezzo non mi creava problemi, anzi rispetto alla triennale che è stata tutta diciamo tradizionale, essere sempre stimolata [...] c'è un tipo di stimolazione molto più intensiva che ti permette, secondo me anche di riflettere di più e di iniziare magari anche a studiare.

Io leggevo anche i libri intanto e quindi alla fine avevo proprio il quadro abbastanza completo. Non li facevo alla fine. Quindi sì, cioè ti permette proprio appunto di stare sul pezzo. Ma secondo me di chi lavora fa fatica proprio a gestire questo tempo… […] diventando lavoratrice sento il peso di questa stimolazione continua, cioè delle videolezioni, dei lavori da consegnare, penso che sia molto più faticoso rispetto a prima» (F_NL_24)

«Nel caso di esami in cui devi studiare e basta, se devi lavorare, se hai altre cose da fare, tendi sempre a relegare tutto quanto alla fine, ma relegare tutto quanto alla fine vuol dire aumentare a dismisura il carico sul finale e creare ovviamente problematiche di sovraccarico. Invece, strutturando in questo modo si arriva a sviluppare piccoli pezzettini passo per passo, quindi è una sorta di avvicinarsi a un obiettivo» (M_L_44)

La struttura dell'EAS, ancor più se riletta nella cornice di un corso di laurea blended, combina i tre classici approcci dell'e-learning che promuovono apprendimento autonomo (*content-driven*), attivo (individuale, *wrap-around*) e collaborativo (di gruppo, *peer-to-peer*) (Piras, Reyes, Trentin, 2020).

Rispetto alla prima tipologia, che si fonda sulla fruizione di materiali didattici strutturati e che richiede ai docenti particolari attenzioni in fase di progettazione, agli intervistati è stato chiesto di esprimersi. Più che la quantità degli e-content, in un caso esplicitamente segnalata come elemento di difficile gestione (*«[…] ci sono talmente tanti materiali che inseriscono che a volte, proprio per la questione del tempo, non riesci a guardare, ma non perché dici non ho voglia, ma perché devo fare gli altri»* F_NL_24), ne è stata apprezzata la qualità e la varietà di formato per consentire "più punti di accesso al sapere" (Gardner, 1999) e l'integrazione con la bibliografia suggerita.

Tutti concordano nell'adozione del metodo EAS nella formazione degli adulti, per la possibilità di offrire esperienze di apprendimento che consentano di *«mettersi in qualche modo alla prova senza avere già la spiegazione antecedente»* (F_L_26), ma con l'attenzione a garantire uno scaffolding adeguato in quanto *«[…] non è facile per le persone uscire dalla dinamica lezione-compito-valutazione»* (F_L_26) e un impianto valutativo che preveda l'effettivo allineamento fra risultati di apprendimento attesi e valutazione delle competenze (*«Utilizzerei il metodo EAS con l'accorgimento anche di garantire una valutazione che sia equilibrata con il percorso fatto»* F_NL_24).

Alla luce di quanto finora detto, il bilancio dell'esperienza è decisamente positivo. Tutti infatti concordano nel ritenere il metodo EAS adatto alla didattica universitaria, mettendo in luce come gli embedded task aiutino a spostare l'attenzione dalla valutazione alle esperienze di apprendimento, per trarne il massimo giovamento in termini di costruzione di competenze facendo perno sulla motivazione intrinseca:

«Si adatta al tipo di apprendimento che si vuole raggiungere, cioè non un apprendimento per avere la valutazione, ma un apprendimento per acquisire delle competenze. Permette di vedere l'insegnamento non come un "ostacolo" da superare con l'esame finale» (F_L_26)

Richiamando Lorna Earl (2013), possiamo registrare un cambiamento nelle percezioni dell'intervistata, soprattutto se riferita alla sua esperienza pregressa: da una "valutazione dell'apprendimento" a una "valutazione per e come apprendimento".

Per concludere, un altro elemento che rende il metodo EAS praticabile e adatto alla didattica universitaria, soprattutto nei moduli articolati su 3 ore, è il rispetto dei ritmi dell'attenzione e del carico cognitivo:

«Quando sono tre ore di trasmissione, di lezione frontale, la gente inizia a farsi i fatti propri col computer, a guardare il cellulare, a leggere le cose online [...]. Il metodo EAS consente di spezzare la noia, la disattenzione, che comunque chiaramente aumenta man mano che la lezione va avanti... [ndr. il metodo] *ti rilancia all'interno di un'azione dove tu diventi il protagonista e quindi da questo punto di vista si adatta perfettamente, soprattutto se i moduli sono da tre ore, allora lì è perfetto» (M_L_44).*

3. *Riflessioni conclusive*

La domanda da porsi a questo punto è: perché utilizzare gli EAS nella didattica universitaria? La risposta è emersa abbastanza chiaramente dall'analisi delle interviste agli studenti, ma vale la pena di provare a collocare la riflessione nel contesto in evoluzione dell'istruzione superiore.

Mentre nell'ambito scolastico l'attenzione alle forme della didattica e alla didattica attiva è considerata, almeno dagli anni '90, un elemento di riflessione centrale, nella didattica universitaria il tema del come insegnare è diventato un focus più recentemente.

La questione ha iniziato a emergere in modo sempre più esplicito nel mondo accademico europeo seguendo le tappe del processo di Bologna che, a partire dalla Convenzione di Lisbona (1997), ha stimolato la progressiva convergenza dei sistemi dell'istruzione superiore dei paesi europei verso quella che è divenuta la European Higher Education Area (EHEA).

Il disegno dell'EHEA ha introdotto anche un nuovo approccio alla valutazione della didattica e della ricerca a livello europeo che, pur nel rispetto delle autonomie nazionali, ha portato tutti i paesi europei a sviluppare organizzazioni e sistemi per misurare e valutare la qualità della didattica e della ricerca delle proprie istituzioni educative superiori.

In questo scenario l'attenzione alla didattica si è concentrata prima su aspetti quantitativi, ma si va sempre più avvicinando alla qualità della didattica intesa anche come capacità di attivazione e coinvolgimento degli studenti.

Anche la progressiva diffusione della didattica universitaria online ha influito su questi processi, grazie allo sviluppo delle tecnologie e delle infrastrutture e a una accresciuta familiarità con la dimensione digitale. Questa modalità ha caratterizzato nell'anno accademico 2021-2022 nel nostro paese più del 15% degli iscritti a un corso universitario (Minerva *et al.*, 2022), nel 2000 erano ancora meno del 2%.

Nel caso della didattica online, soprattutto nella sua dimensione asincrona, la progettazione è fondamentale e la ricerca di soluzioni in grado di rendere il discente un partecipante attivo nel suo percorso di apprendimento ha stimolato interesse per metodologie come l'EAS, in grado di guidare il docente in un percorso di progettazione pensato appositamente per essere messo in campo anche in una dimensione digitale blended oppure completamente online.

La pandemia da Covid-19, con il prolungato lockdown che ha reso necessario, ha contribuito a sottolineare la centralità della didattica anche nel contesto dell'istruzione superiore. Con il passaggio repentino alla didattica a distanza di tutti i corsi universitari la questione di come trasporre la didattica, con quali tempi e quali modalità, è stata discussa ampiamente, anche se nella contingenza la soluzione adottata più frequentemente è stata la mera trasposizione della didattica frontale (Raviolo, 2022). La pandemia è scoppiata proprio nel momento in cui in molte università italiane stava emergendo il tema del Faculty Development che, almeno negli atenei italiani, vede la formazione del docente universitario per la didattica come elemento chiave (Lotti, Lampugnani, 2020). La promozione di una didattica innovativa attraverso la formazione specifica dei docenti novizi e in servizio rappresenta quasi sempre l'obiettivo principale dei diversi Teaching and Learning Center, strutture organizzative specificamente pensate per supportare lo sviluppo professionale dei docenti universitari.

Le caratteristiche del metodo EAS, ovvero il ricorso a diverse strategie didattiche integrate, la possibilità di creare nuclei didattici autonomi, la valutazione diffusa, ne consentono una collocazione tanto come modello di didattica interattiva declinabile in aula o in contesti a distanza, quanto come strategia per la formazione professionale dei docenti stessi.

Come abbiamo visto nello studio di caso che abbiamo presentato, il metodo EAS consente di disegnare una didattica che si sviluppa trasversalmente in aula e a casa, integrando momenti di lavoro individuale e momenti di lavoro in gruppo, sfruttando gli strumenti digitali per la collaborazione all'interno del gruppo e per la realizzazione degli artefatti. Il metodo EAS vede, quindi, momenti di lavoro sincrono e momenti di lavoro individuale asincrono, consentendo una progettazione flessibile anche per corsi blended o telematici.

Nella formazione dei docenti universitari il metodo EAS offre la possibilità nel contempo di progettare una didattica laboratoriale, indispensabile in questo contesto, e di offrire un esempio di pratica didattica attiva, implementabile dagli stessi docenti nei rispettivi contesti disciplinari. Il metodo offre, inoltre, la possibilità di valorizzare i diversi ruoli dei docenti e dei tutor nel contesto di apprendimento, passando dalla fase di anticipazione svolta in autonomia, al tutoring nella fase operatoria, al vero e proprio ruolo di guida e valutazione nella fase ristrutturativa.

Un ulteriore aspetto che rende il modello dell'EAS interessante nell'ambito dell'Higher Education è la dimensione della valutazione. Sviluppare percorsi didattici arricchiti da momenti strutturati in forma di EAS offre la possibilità di creare e-tivity strutturate i cui dati e prodotti possono andare a costituire un portfolio valutativo utile a supportare il docente nella valutazione finale. La valutazione basata non solo su una prova finale, ma anche su un portfolio, rappresenta una alternativa per migliorare le pratiche valutative rendendole più affidabili (Carenzio, 2021b), anche in caso di valutazioni condotte parzialmente o totalmente in modalità a distanza, introducendo quindi pratiche effettive di *educative assessment* (Montalbetti, 2021).

In sintesi l'EAS può rappresentare un framework utile per innovare la didattica nell'Higher Education e in generale nelle proposte didattiche rivolte agli adulti. Per le sue caratteristiche offre l'opportunità di alternare momenti di attivazione e di ristrutturazione cognitiva e si presta a modelli didattici ibridi e self-paced, presenziali, blended o a distanza. Può avere un potenziale anche nella formazione professionale dei docenti, assicurando autonomia e offrendo occasioni di confronto tra pari. In ultimo rende possibile anche forme di valutazione diffusa per migliorare la validità della valutazione finale.

Trascrizioni delle interviste
Dal seguente QR Code è possibile accedere
alla trascrizione integrale delle quattro interviste:

La traccia dell'intervista

A. Introduzione

- Saluti iniziali, presentazione dell'intervistatore, comunicazione dell'obiettivo e della durata dell'intervista, specifica sulla modalità di trattamento dei dati raccolti, richiesta di consenso alla registrazione della sessione e all'avvio della trascrizione automatica.

B. Anagrafica

1. Età, status occupazionale e professione attuale

C. Il metodo dell'EAS nel corso di "Didattica ed educazione mediale"

2. Il corso è stato strutturato secondo il metodo EAS *[ndr. richiamo alle fasi preparatoria, operatoria, ristrutturativa]*. Prima di frequentare il corso, quale conoscenza avevi del metodo?
3. Ogni modulo è stato strutturato come un EAS. Tale struttura ti ha aiutato? In cosa?
4. Pensando alla fase di lavoro individuale a distanza (e-tivity), quali fatiche hai sperimentato? Quali guadagni?
5. Pensa ai Webinar di troubleshooting. Ti sono stati utili? Perchè?
6. Pensando alla fase di lavoro di gruppo in aula (e-tivity), quali fatiche hai sperimentato? Quali guadagni?
7. L'ultimo step della fase ristrutturativa prevedeva la lezione a posteriori. Cosa ne pensi? Ti aiutato a entrare in profondità sui contenuti?
8. Il corso ha adottato un sistema di valutazione diffusa, per permettere ai docenti (e a voi) di valutare, oltre alle conoscenze, la vostra capacità di riflettere e realizzare artefatti. Cosa ne pensi? Il sistema ti ha aiutato ad essere più riflessivo o a mettere in campo abilità e competenze pregresse (ad esempio una capacità artistica ecc.)
9. Cosa pensi dei materiali didattici che sono stati forniti in ciascun modulo?

D. Bilancio conclusivo

10. Se dovessi strutturare un corso per adulti, adotteresti l'EAS come cornice metodologica? Perché? Se sì, quali accorgimenti adotteresti?
11. Alla luce della tua esperienza, ritieni che il metodo EAS si adatti alla didattica universitaria? In che termini?

E. Conclusione

- Saluti e ringraziamenti, comunicazione della disponibilità a comunicare i risultati dell'indagine.

Gli autori

Veronica Baffi
Insegnante di scuola dell'infanzia, è laureata in Scienze della Formazione Primaria e ha conseguito il Master di II livello in *Media Education Manager* presso l'Università Cattolica di Brescia. Collabora con il Centro di Ricerca CREMIT. È conduttrice del Laboratorio di *Progettazione Educativa* nel corso di studi in Scienze dell'educazione presso l'Università Cattolica di Milano.

Enrica Bricchetto
Ph.D. in Storia contemporanea e Media educator, ha insegnato italiano e storia in un istituto di istruzione superiore torinese. Attualmente è ricercatrice presso l'Istituto piemontese per la Storia della Resistenza e della Società contemporanea "G. Agosti" di Torino (Istoreto), collabora con il CREMIT come formatrice ed è redattrice della rivista «Essere a Scuola». Già autrice di saggi di storia del Novecento e di manuali scolastici per SEI e Laterza, ha pubblicato con l'editrice il volume *Fare storia con gli EAS. A lezione di Mediterraneo* (ELS La Scuola, 2016).

Claudia Canesi
Insegnante di lingua inglese, coordina la sezione di scuola secondaria presso l'Ospedale "Papa Giovanni XXIII" di Bergamo. Coordinatore dei laboratori del Corso di Studi in Scienze della Formazione primaria all'Università Cattolica di Milano, è docente del laboratorio di Tecnologie dell'istruzione presso l'Università Cattolica di Brescia. Samsung Educational Ambassador, da anni collabora con il CREMIT per attività di ricerca e formazione. Dal 2019 è membro dell'Equipe Formativa Territoriale del Ministero dell'Istruzione per la Lombardia. Scrive sulla rivista «Essere a scuola».

Gianna Cannì
Ph.D. in Storia delle Scritture femminili e Media educator, insegna in un istituto di istruzione superiore catanese. Collabora con il CREMIT come formatrice ed è redattrice della rivista «Essere a scuola». Già autrice di saggi sulla letteratura femminile e di manuali scolastici per la SEI, ha pubblicato il volume *Didattica interculturale con gli EAS. L'aula come spazio narrativo di inclusione* (Scholé, 2018).

Alessandra Carenzio
Professore Associato di Didattica (M-PED/03) presso l'Università Cattolica di Milano, è coordinatrice e membro del direttivo del CREMIT e della redazione della rivista «Essere a Scuola». Si occupa del rapporto tra didattica e tecnologie nella cornice della cultura digitale. Tra i suoi lavori: *Media, educazione e ricerca in Europa* (Vita e Pensiero, 2009) e *Black Mirror. Media, società, educazione* (Sholé, 2023, con Elisa Farinacci).

Laura Comaschi

Dottore magistrale in *Progettazione pedagogica e interventi socio-educativi*, ha conseguito il Master internazionale di primo livello in *Comunicazione e Formazione* presso le Università di Lugano e Cattolica di Milano. Collabora con il CREMIT e svolge attività di formazione e di ricerca su temi inerenti la Media Education. Conduce il laboratorio di *Progettazione Educativa* presso l'Università Cattolica di Milano. Cura con Michele Marangi la rubrica *Inquadrature di Media Education* sulla rivista «Essere a scuola».

Simona Ferrari

Professore Associato di Didattica (M-PED/03) presso l'Università Cattolica di Milano, è coordinatrice e membro del Direttivo di CREMIT. I suoi interessi di ricerca sono legati ai temi dell'innovazione didattica e della prevenzione educativa al tempo del digitale. Ha curato *Comunità e corresponsabilità educativa. Soggetti, compiti e strategie* (Pensa MultiMedia, 2019, con Monica Amadini e Simonetta Polenghi).

Fabio Fiore

Insegnante di storia e filosofia nei licei, perfezionato in Media Education, è Ph.D. in Filosofia della storia. Tra i suoi lavori: *Rincorrere o resistere? Sulla crisi della scuola e gli usi della storia*, in «Passato e presente», 1/2001; *Esercizi di pensiero. Fare filosofia con gli EAS* (con G. Morrone, Scholé, 2019);. Ha curato: *Media storia e cittadinanza* (P.C. Rivoltella ed E. Bricchetto, La Scuola, 2012) e, di H. Rosa, *Pedagogia della risonanza* (Scholé, 2020), che ha tradotto con G. Nugara.

Maria Cristina Garbui

Ph.D. Student presso l'Università Cattolica di Milano nell'ambito del percorso dottorale del Programma Operativo Nazionale Ricerca e Innovazione 2014-2020. La sua attività di ricerca indaga il rapporto tra apprendimento e neuroscienze, in particolare il ruolo del meccanismo inibitorio, dell'embodiment e delle emozioni nei processi formativi. Collabora con il CREMIT dal 2018 e cura la rubrica *Nuovi social e didattica* sulla rivista «Essere a scuola» in collaborazione con Martina Migliavacca.

Marta Giudici

Insegnante di scuola primaria, è laureata in Scienze della Formazione Primaria ed è dottore magistrale in *Media Education* presso l'Università Cattolica di Milano. Collabora con il centro di ricerca CREMIT. È conduttrice del laboratorio di *Tecnologie Didattiche* per l'insegnamento di Didattica e Tecnologie per l'istruzione presso l'Università Cattolica di Brescia e del laboratorio di *Didattica Generale* presso l'Università Cattolica di Milano.

Sara Lo Jacono

Ph.D. internazionale in *Formazione Pedagogico-Didattica degli insegnanti* all'Università di Burgos, è Assegnista di ricerca di Didattica (M-PED/03) presso l'Università di Verona. Collabora dal 2012 con il CREMIT, dove si occupa di documentazione e progettazione e svolge attività di formazione e ricerca, in particolare sul rapporto tra media e scuola per la prevenzione dei comportamenti a rischio.

Michele Marangi
Docente di *Tecnologie dell'istruzione e dell'apprendimento* e *Peer & Media Education* all'Università Cattolica di Milano, collabora con il CREMIT. Supervisore e formatore sull'uso dei media in ambito pedagogico, sociale, culturale e aziendale, ha scritto *Insegnare cinema* (Utet, 2004) e *Addomesticare gli schermi* (Scholé, 2023).

Rita Marchignoli
Insegnante di scuola primaria e Animatore Digitale, è membro dell'Equipe Territoriale Formativa del Ministero dell'Istruzione per l'Emilia Romagna e del Servizio Marconi TSI ER. Da anni collabora con il CREMIT nella formazione degli insegnanti. Ha pubblicato con Michael Lodi *EAS e pensiero computazionale. Fare coding nella scuola primaria* (ELS La Scuola, 2016). Scrive sulla rivista «Essere a scuola».

Elisa Marchisoni
Insegnante di scuola primaria, è laureata in Matematica e ha conseguito il Master di secondo livello in Media Education Manager presso l'Università Cattolica di Brescia. Dal 2016 conduce i laboratori di *Didattica della Matematica* e di *Geometria Elementare* presso l'Università Cattolica di Milano. Insieme a Laura Montagnoli ha pubblicato il volume *Fare matematica con gli EAS* (Scholé, 2018).

Giorgia Mauri
Ph.D. Student nel Dottorato Nazionale in "Learning Sciences and Digital Technologies", svolge attività di ricerca e formazione presso il centro di ricerca CREMIT nell'ambito della Media Education. In particolare si occupa di Digital Storytelling e Universi Virtuali per la didattica e la formazione.

Eleonora Mazzotti
Ph.D. Student in "Medium e medialità" all'Università Telematica E-campus. Svolge la sua attività di ricerca e formazione presso il centro di ricerca CREMIT dell'Università Cattolica. Si occupa in particolare dei temi legati alla Media Education, sia nella scuola che in contesti non formali, e del rapporto tra digitale e sviluppo di comunità in ambito sociale e pastorale.

Salvatore Messina
Ricercatore di Didattica (M-PED/03) all'Alma Mater Studiorum - Università di Bologna, collabora con il CREMIT dal 2015. Nelle sue ricerche si occupa di tecnologie educative, progettazione e innovazione didattica, con particolare attenzione alla didattica speciale e all'Intelligenza Artificiale. Tra i suoi ultimi lavori: *Progettazione e valutazione inclusiva con gli Episodi di Apprendimento Situato (EAS). Metodologie, ricerche e strumenti* (Aracne, 2022).

Anna Molinari
Insegnante di scuola primaria, è laureata in Scienze della Formazione Primaria ed è dottore magistrale in Media Education presso l'Università Cattolica di Milano. Collabora con il Centro di Ricerca CREMIT. È conduttrice del Laboratorio di Tecnologie Didattiche per l'insegnamento di *Didattica e Tecnologie per l'istruzione* presso l'Università Cattolica di Milano.

Laura Montagnoli
Dottore magistrale in Matematica e Ph.D. in *Formazione della Persona*, è insegnante di matematica e scienze nella scuola secondaria e docente di *Matematica Elementare* e *Geometria Elementare* presso l'Università Cattolica del Sacro Cuore di Milano. Si occupa di formazione degli insegnanti (matematica, didattica e coding). Ha pubblicato per Scholé: *Poligoni a tutto tondo* (2020) e *Fare matematica con gli EAS* (2018, con Elisa Marchisoni).

Martina Morreale
Dottore magistrale in Media Education presso l'Università Cattolica di Milano, è Ph.D. Student nel Dottorato Nazionale in "Learning Sciences and Digital Technologies". Svolge attività di ricerca e formazione presso il CREMIT. Ha contribuito con diversi saggi alla pubblicazione curata da P.C. Rivoltella, *Community shopping: Retail, responsabilità sociale e sostegno alla scuola* (Scholé, 2022).

Rosaria Pace
Ph.D. presso la Scuola Superiore ISUFI dell'Università del Salento, è stata assegnista di ricerca presso l'Università di Foggia e l'Università Cattolica di Milano. Collaboratrice del CREMIT, opera come e-tutor e project manager di progetti di ricerca e formazione sui temi dell'innovazione didattica in scuola e sul binomio apprendimento e tecnologie digitali. Tra i suoi lavori: *Digital Humanities. Una prospettiva didattica* (Carocci, 2016).

Stefano Pasta
Ricercatore di Didattica (M/PED 03) all'Università Cattolica del Sacro Cuore di Milano, è collaboratore del CREMIT. Si occupa di Cittadinanza Onlife. È segretario di redazione di «Scholé. Rivista di educazione e studi culturali». Per Scholé ha pubblicato *Razzismi 2.0. Analisi socio-educativa dell'odio online* (2018) e ha curato *Crescere onlife. L'Educazione civica digitale progettata da 74 insegnanti-autori* (2022, con Pier Cesare Rivoltella).

Federica Pelizzari
Ph.D. Student in "Scienze della Persona e della Formazione" presso l'Università Cattolica di Milano. Collabora con il CREMIT dal 2016, svolgendo attività di formazione e ricerca. Negli anni ha maturato interesse verso la Media Education, il Coding e la Gamification, intese come metodologie didattiche innovative, e verso applicativi e ambienti di apprendimento.

Paolo Raviolo
Professore associato di didattica e pedagogia speciale (M-PED/03) presso l'Università Telematica E-Campus. Si occupa di temi legati alla media education, all'e-learning e all'impatto del digitale sull'educazione e sulla formazione. Condirettore della «Rivista di Ricerca e Didattica Digitale» (RRDD), membro del comitato scientifico del CREMIT e del direttivo della SIREM (Società Italiana di Ricerca sull'Educazione Mediale), è attualmente presidente del permanent steering group dell'International Conference on Higher Education Learning Methodologies and Technologies Online (HELMETO).

David Maria Rivoltella
Laureato in Scienze motorie e dello sport presso l'Università Cattolica di Milano, presso la stessa Università ha conseguito il Master in *Specialista della formazione fisica per i settori giovanili nel calcio* e ha ottenuto la corrispondente qualifica dalla FIGC. Preparatore atletico professionista, collabora con il CREMIT e opera come formatore applicando il metodo EAS alla preparazione atletica e all'allenamento.

Marco Rondonotti
Ricercatore di Didattica (M-PED/03) all'Università Statale di Milano e Docente stabile di *Pedagogia* e *Didattica generale e dell'IRC* presso l'Istituto Superiore di Scienze Religiose (ISSR) di Novara, è collaboratore del CREMIT e membro della redazione della Rivista «Essere a Scuola». Si occupa in particolare di tecnologie di comunità. Ha pubblicato *Connessioni comunitarie. Le tecnologie di comunità e i contesti ecclesiali* (Scholé, 2022).

Alessandro Sacchella
Docente di scuola Primaria e CPIA, attualmente in distacco presso l'Università Cattolica di Brescia come referente del Tirocinio e Coordinatore didattico dei laboratori di Scienze della formazione primaria. Esperto Invalsi, coordina la sezione "Fare scuola" della rivista «Essere a scuola». È coautore dei libri: *Aiutiamoli a Imparare. Sviluppare i Processi Cognitivi con le Neuroscienze* (Erickson, 2014) e *Le indicazioni scolastiche in classe* (La Scuola, 2013).

Nicola Scognamiglio
Dottore magistrale in Filosofia della Storia presso l'Università Statale di Milano, ha insegnato *Metodi per l'intervento educativo e speciale* presso l'Università Cattolica di Milano. Già docente di italiano e storia in un istituto di istruzione superiore di Milano, ha collaborato, come esperto di didattica interculturale, con diverse ONG. nel settore della cooperazione internazionale. Tra i suoi ultimi lavori: *Narrazioni AudioVisive. Ambienti per progettare episodi di apprendimento situato* (ELS La Scuola, 2018); *Sulla comunicazione multimodale* (Biblion, 2021).

Anna Soldavini
Insegnante di scuola primaria, è dottore magistrale in Media Education presso l'Università Cattolica di Milano. Collabora con il CREMIT e svolge attività di formazione degli insegnanti. Ha pubblicato *In viaggio con Dante nella scuola primaria. EAS per una didattica dei valori* (con F. Gagliardi, ELS La Scuola, 2017). Scrive sulla rivista «Essere a scuola».

Serena Triacca
Ricercatrice di Didattica (M/PED 03) all'Università Cattolica del Sacro Cuore di Milano, collabora con il CREMIT in attività di ricerca e formazione ed è technical editor del journal «REM. Research on Education and Media». Si occupa di Education Technology e innovazione didattica, con specifiche attenzioni per l'e-learning, il blended learning, il tutoring online. Ha pubblicato: *Didattica dell'immagine. Insegnare con la fotografia nella scuola primaria* (Scholé, 2020).

Elena Valgolio
Insegnante di scuola primaria, ha conseguito i Master di II livello in *Media Education Manager* e in *Governance della scuola dell'autonomia.* Al momento è in distacco presso l'Università Cattolica di Milano come Tutor organizzatore del Tirocinio di Scienze della formazione primaria. Coordina i progetti di formazione del CREMIT e il Master in *Media Education Manager.* Cura la rubrica didattica "Dossier materiali e strumenti" sulla rivista «Essere a scuola».

Camilla Zabaglio
Dottore in Scienze dei processi formativi e Master in "Comunicazione e formazione", è collaboratrice dal 2010 del CREMIT, dove si occupa di progettazione e svolge attività di formazione degli insegnanti. È conduttrice dei laboratori di *Didattica generale* e *Didattica e tecnologie dell'istruzione* presso l'Università Cattolica di Brescia.

Bibliografia

Agamben G. (2008), *Che cos'è un dispositivo?*, Nottetempo, Roma.

Amarelli P., Ferraboschi L., Metelli L., Sacchella A. (2013), *Le indicazioni scolastiche in classe. Guida alla lettura e alla progettazione*, La Scuola, Brescia.

Anderson G. (1990), *Fundamentals of Education Research*, The Falmer Press, London.

Andrade H.G. (2000), *Using Rubrics to Promote Thinking and Learning*, in «Educational Leadership», 57(5), pp. 13-18.

Annali della Pubblica Istruzione (2012), *Indicazioni per il curricolo della scuola dell'Infanzia e del primo ciclo*, Le Monnier, Firenze.

Asbury, E., Plomin, R. (2014), *G come geni. L'impatto della genetica sull'apprendimento*, tr. it. Raffaello Cortina, Milano 2015.

Auge M. (2009), *Nonluoghi. Introduzione a una antropologia della surmodernità*, Eleuthera, Milano.

Ausubel D.P. (2004), *Educazione e processi cognitivi: guida psicologica per insegnanti*, FrancoAngeli, Milano.

Barenberg J., Berse I., Dutke S. (2011), *Executive Functions in Learning Processes: Do They Benefit from Physical Activity?*, in «Educational Research Review», 6(3), pp. 208-222.

Barnett R., Coate K. (2005), *Engaging the Curriculum in Higher Education*, Open University Press, London.

Bartolini Bussi M.G., Maschietto M. (2006), *Macchine matematiche: dalla storia alla scuola*, Springer, Milano.

Beljan J. (2017), *Schule als Resonanzraum und Entfremdungszone. Eine neue Perspektive auf Bildung*, Beltz Juventa, Weinheim Basel.

Benadusi L., Molina S. (eds.) (2018), *Le competenze. Una mappa per orientarsi*, il Mulino, Bologna.

Berthoz A. (2009), *La semplessità*, tr. it. Codice, Torino 2011.

Berthoz A. (2021), *L'inibizione creatrice*, Codice Edizioni, Torino.

Bertolini C., Pintus A. (2022), *L'Ordinanza 172/2020 e la valutazione nella scuola primaria: la proposta di un modello di ricerca-formazione*, in «Pedagogia Oggi», 20(1), pp. 93-100.

Biesta G.J.J. (2017), *Riscoprire l'insegnamento*, tr. it. Raffaello Cortina, Milano 2022.

Biondi G. (2007), *La scuola dopo le nuove tecnologie*, Apogeo, Milano.

Boccacin L. (ed.) (2022), *Generare relazioni di comunità nell'era del digitale. La sfida delle parrocchie italiane prima e dopo la pandemia*, Scholé, Brescia.

Bochicchio F., Rivoltella P.C. (2017), *L'agire organizzativo. Manuale per i professionisti della Formazione*, La Scuola, Brescia.

Bonaiuti G. (2014), *Le strategie didattiche*, Carocci, Roma.

Brambilla F.G., Rivoltella P.C. (2018), *Tecnologie pastorali*, Scholé, Brescia.

Bricchetto E. (2016), *Fare storia con gli EAS. A lezione di Mediterraneo*, ELS - La Scuola, Brescia.

Bricchetto E. (2018), *I bambini di Moshe. Un libro e un EAS (Bambini da un altro pianeta)*, in «Historia Ludens», https://tinyurl.com/bdej4y7s

Bricchetto E. (2021), *L'EAS, lezione Blended, in Didattica Digitale Integrata (DDI)*, in «Essere a Scuola», numero speciale - aprile 2021.

Bricchetto E. (2022a), *Il metodo degli EAS: una proposta per affrontare la crisi dell'insegnamento della storia e il confronto con il presente*, in «Novecento.org», n.18, https://tinyurl.com/ye24d756

Bricchetto E. (2022b), *I contenuti digitali accessibili della collana Ri-creazioni*, in «Essere a Scuola», 1, settembre 2022, pp. 74-76.

Brint S. (2007), *Scuola e società*, il Mulino, Bologna.

Brookhart S.M. (2011), *Educational Assessment Knowledge and Skills for Teachers*, in «Educational Measurement: Issues and Practice», 30(1), pp. 3-12.

Brown J.S., Duguid P. (1991). *Organizational Learning and Communities-of-Practice: Toward a Unified View of Working, Learning, and Innovation*, in «Organization Science», vol. 2, 1, pp. 40-57.

Bruner J. (1966), *Verso una teoria dell'istruzione*, tr. it. Armando Editore, Roma 1995.

Bruner J. (1992), *La ricerca del significato. Per una psicologia culturale*, Bollati Boringhieri, Milano.

Bruner, J. (1996), *La cultura dell'educazione. Nuovi orizzonti per la scuola*, tr. it. Feltrinelli, Milano 1997.

Campo C. (1987), *Gli imperdonabili*, Adelphi, Milano.

Cannì G. (2018), *Didattica interculturale con gli EAS. L'aula come spazio narrativo di inclusione*, Scholé, Brescia.

Cannon L. *et al.* (2021), *Unstuck and On Target! An Executive Function Curriculum to Improve Flexibility, Planning and Organization*, Paul Brookes, Baltimore.

Carenzio A. (2016), *Microprogettare nel metodo EAS*, in Rossi P.G., Giaconi C. (eds.), *Micro-progettazione: pratiche a confronto. PROPIT, EAS, Flipped Classroom*, FrancoAngeli, Milano.

Carenzio, A. (2021a), *Flipped Learning e metodo EAS*, in Rivoltella P.C. (ed.), *Apprendere a distanza. Teorie e metodi*, Raffaello Cortina, Milano, pp. 151-158.

Carenzio A. (2021b), *La valutazione diffusa*, in Rivoltella P.C. (ed.), *Apprendere a distanza. Teorie e metodi*, Raffaello Cortina, Milano, pp. 379-387.

Carenzio A. (2022), *La microprogettazione: il lesson plan e gli EAS*, in Rivoltella P.C., Rossi P.G. (eds), *Il nuovo agire didattico*, Scholé, Brescia, pp. 23-32.

Carenzio A., Farinacci E., Mazzotti E., Rondonotti M. (2023), *Oltre la scuola: emergenze pastorali. Pratiche digitali durante la pandemia*, in Mancini R., Rondonotti R., *Oltre la didattica: esperienze, narrazioni e pratiche digitali*, Studium, Città di Castello.

Carenzio A., Lombi L., Boccacin L., Rivoltella P.C. (2020), *Social e digital media nelle diete di consumo e nelle pratiche professionali degli operatori pastorali*, in Rossi P.G., Garavaglia A., Petti L. (eds.), *Le Società per la società: ricerca, scenari, emergenze sull'educazione al tempo del digitale*, Pensa Multimedia, Lecce.

Carenzio A., Messina S. (2022), *Episodes of Situated Learning: A Methodological Framework to Encourage Inclusion at School*, in «Journal of Inclusive Methodology and Technology in Learning and Teaching», Anno 2, Numero 3.

Carenzio A., Pasta S. (2021), *Comunità di pratica*, in Rivoltella P.C. (ed.), *Apprendere a distanza. Teorie e metodi*, Raffaello Cortina, Milano, pp. 159-171.

Carenzio A., Rondonotti M. (2022), *Media Education e pastorale*, in *Dizionario di dottrina sociale della Chiesa*, Vita e Pensiero, Milano.

Carenzio A., Rondonotti M., Rivoltella P.C. (2019), *Connessioni comunitarie: la media education nell'azione pastorale*, in Bruni F., Garavaglia A., Petti L. (eds.), *Media education in Italia. Oggetti e ambiti della formazione*, FrancoAngeli, Milano.

Carenzio A., Rondonotti M., Rivoltella P.C. (2020), *UTOP.IE - Usi delle Tecnologie tra gli Operatori Pastorali. Un'indagine Esplorativa*, in Panciroli C. (ed.), *Animazione digitale per la didattica*, FrancoAngeli, Milano.
Caruana F., Borghi A. (2016), *Il cervello in azione*, il Mulino, Bologna.
Castoldi M. (2011), *Progettare per competenze. Percorsi e strumenti*, Carocci, Roma.
Castoldi M. (2013), *Curricolo per competenze. Percorsi e strumenti*, Carocci, Roma.
Castoldi M. (2016), *Valutare e certificare le competenze*, Carocci, Roma.
Castoldi M. (2017), *Costruire unità di apprendimento. Guida alla progettazione a ritroso*, Carocci, Roma.
Castoldi M. (2021), *Valutare gli insegnamenti nella scuola primaria*, Mondadori Education, Milano.
Cavarero A. (1997), *Tu che mi guardi, tu che mi racconti. Filosofia della narrazione*, Feltrinelli, Milano.
Cavarero A. (2013), *Inclinazioni. Critica della rettitudine*, Raffaello Cortina, Milano.
CEI (1971), *Direttorio catechistico generale*, Libreria Editrice Vaticana, Città del Vaticano.
CEI (1997), *Direttorio generale per la catechesi*, Libreria Editrice Vaticana, Città del Vaticano.
CEI (2014), *Incontriamo Gesù. Orientamenti per l'annuncio e la catechesi in Italia*, Paoline Editoriale Libri, Milano:
CEI (2020), *Direttorio per la catechesi*, Libreria Editrice Vaticana, Città del Vaticano.
Cerini G. (2012), *Una certa idea di valutazione*, Carocci, Roma.
Cicchitelli G. (2008), *Statistica. Principi e metodi*, Milano, Pearson.
Colombo F. (2020), *Ecologia dei media. Manifesto per una comunicazione gentile*, Vita e Pensiero, Milano.
Colombo F., Eugeni R. (1996), *Il testo visibile. Teoria, storia e modelli di analisi*, Carocci, Roma.
Conole G. (2013), *Designing for Learning in an Open World*, Springer, New York.
Cope B., Kalantzis M. (eds)(2000), *Multiliteracy*, Routledge, London.
Cope B., Kalantzis M. (2004), *Designs for Learning*, in «E–Learning», 1, 1, pp. 38-99.
Cope B., Kalantzis M. (2009), *Multiliteracies. New Literacies, New Learning*, in «Pedagogies. An International Journal», 4/3.
Cope B., Kalantzis M. (2010), *The Teacher as a Designer. Pedagogy in a New Media Age*, in «E-Learning and Digital Media», 7, 3, pp. 200-222.
Costa A.L., Kallick B (2007), *Le disposizioni della mente. Come educarle insegnando*, Libreria Ateneo Salesiano, Roma.
Creswell J., Plano Clark V. (2017), *Designing and Conducting Mixed Methods Research*, SAGE Publications Inc.
Criscione A. (1998), *Ricerca didattica e storia*, in Deiana G. (ed.), *La storia tra ricerca e didattica*, Liceo Scientifico "S. Allende", Milano.
Cubeddu C., Taddia F. (2019), *Penso parlo posto. Breve guida alla comunicazione non ostile*, Il Castoro, Milano.
Damasio A.R. (1994), *L'errore di Cartesio. Emozione, ragione, cervello umano*, trad. it. Adelphi, Milano 1995.
Damiano E. (2007), *Il sapere dell'insegnare. Introduzione alla didattica per concetti con esercitazioni*, FrancoAngeli, Milano.
Damiano E. (2013), *La mediazione didattica per una teoria dell'insegnamento*, FrancoAngeli, Milano.
D'Amore B., Sbaragli S. (2011), *Principi di base di Didattica della Matematica*, Pitagora, Bologna.
Da Re F. (2013), *La didattica per competenze*, Pearson, Milano.
Davis K., Gardner H. (2014), *Generazione App. La testa dei giovani e il nuovo mondo digitale*, tr. it. Feltrinelli, Milano.

Dehaene S. (2019), *Imparare. Il talento del cervello, la sfida delle macchine*, Raffaello Cortina, Milano.

Delamont S. (1983), *Interaction in the Classroom. Contemporary Sociology of the School*, tr. it. Milano, Hoepli 2021.

Di Franco G. (2010), *Il campionamento nelle scienze umane. Teoria e pratica*, FrancoAngeli, Milano.

Earl L.M. (2013), *Assessment as Learning: Using Classroom Assessment to Maximize Student Learning*, Corwin Press, New York.

EASNIE [European Agency for Special Needs and Inclusive Education] (2011), *Teacher Education for Inclusion Across Europe: Challenges and Opportunities*, EASNIE, Odense.

Eberle B. (1970), *Scamper On*, Prufrock Pr.

Ena E. (2017), *Essere a Scuola: la rivista come opportunità*, in «Essere a Scuola», 0.

Eugeni R. (2015), *La condizione postmediale*, La Scuola, Brescia.

Falcinelli F. (2012), *Le tecnologie dell'educazione*, in Rivoltella P.C, Rossi P.G. (eds.), *L'agire didattico*, La Scuola, Brescia.

Fedeli D., Pascoletti S., Zanon F. (2022), *Attività motorie e funzioni esecutive. Metodi e percorsi per la scuola primaria*, Carocci, Roma.

Fele G., Paoletti I. (2003), *Interazione in classe*, il Mulino, Bologna.

Ferraboschi, L. (2021), *La complessità della essenzializzazione del curricolo*, in «Essere a Scuola», 4, pp. 38-41.

Ferrari S., Sinini G. (2017), *Eas: "Organizzatore professionale". Dispositivo per la formazione iniziale e continua degli insegnanti*, in Magnoler P., Notti A.M., Perla L. (eds.), *La professionalità degli insegnanti: la ricerca e le pratiche*. Pensa Multimedia, Lecce, pp. 245-260.

Ferreira M.A., Oliveira C.S., Duarte A., O'Neill H. (2016), *Earthquake Hazards: Integrated Marketing Campaign*, in Falsaperla S., Langer H., Mangiagli S., Scarfì L. (eds), *Miscellanea Ingv. 2nd General Meeting Knowrisk. Know Your City, Reduce Seismic Risk Through Non-Structural Elements*, Centro Editoriale Nazionale INGV, pp. 45-46.

Ferri P. (2008), *La scuola digitale. Come le nuove tecnologie cambiano la formazione*, Bruno Mondadori, Milano.

Ferri P. (2013), *La scuola 2.0. Verso una didattica aumentata*, Spaggiari, Reggio Emilia.

Fini A. - Vanni L. (2004), *Learning object e metadati. Quando, come e perché avvalersene*, Erickson, Trento.

Fiore F. (2020), *Introduzione* a Rosa H. (2020), *Pedagogia della risonanza*, Scholé, Brescia, pp. 5-52.

Fiore F., Morrone G. (2019), *Esercizi di pensiero. Fare filosofia con gli EAS*, Scholé, Brescia.

Floridi L., (ed.) (2015), *The Onlife Manifesto. Being Human in a Hyperconnected Era*, Springer Cham.

Floridi L., (2017), *La quarta rivoluzione. Come l'infosfera sta trasformando il mondo*, Raffaello Cortina, Milano.

Francastel P. (2005a), *Guardare il teatro*, Mimesis, Milano.

Francastel P. (2005b), *Lo spazio figurativo dal Rinascimento al Cubismo*, Mimesis, Milano.

Frith C. (2007), *Inventare la mente. Come il cervello crea la nostra vita mentale*, tr. it., Raffaello Cortina, Milano 2009.

Gallese V., Guerra M. (2015), *Lo schermo empatico. Cinema e neuroscienze*, Raffaello Cortina, Milano.

Gallese V., Lakoff G. (2005), *The Brain's Concepts: the Role of the Sensory-Motor System in Conceptual Knowledge*, in «Cognitive Neuropsychology», 22 (3/4), pp. 259-261.

Gallese V., Migone P., Eagle M.E. (2006), *La simulazione incarnata: i neuroni specchio, le basi neurofisiologiche dell'intersoggettività e alcune implicazioni per la psicoanalisi*, in «Psicoterapia e Scienze Umane», XL, pp. 543-580.

Galli della Loggia E. (2019), *L'aula vuota. Come l'Italia ha distrutto la sua scuola*, Marsilio, Venezia.
Garbui M.C., Rivoltella D., Giudici M., Mauri G., Molinari A., Baffi V., Frigerio M. (2021), *EAS e innovazione: il paradigma dell'educazione motoria*, in «Essere a Scuola», 2, pp. 16-23.
Gardner H. (1983), *Formae mentis. Saggio sulla pluralità delle intelligenze*, tr. it. Feltrinelli, Milano 1987.
Gardner H. (1999), *Sapere per comprendere*, Feltrinelli, Milano.
Gardner H. (2022), *Una mente sintetica. Indagine sulle mie intelligenze*, Feltrinelli, Milano.
Geary J (2005), *La vita in una frase. La fulminante storia del pensiero breve*, tr. it. Rizzoli, Milano 2008.
Gee J.P. (2013), *Come un videogioco. Insegnare e apprendere nella scuola digitale*, Raffaello Cortina, Milano.
Giannandrea L. (2009), *Valutazione come formazione. Percorsi e riflessioni sulla valutazione scolastica*, Edizioni Università di Macerata, Macerata.
Gianturco G. (2005), *L'intervista qualitativa: dal discorso al testo scritto*, Guerini scientifica, Milano.
Gibbs G., Simpson C. (2004), *Conditions under Which Assessment Supports Students' Learning*, in «Learning and Teaching in Higher Education», 1, 3-31.
Goffman E. (1961), *Asylums. Le istituzioni totali: i meccanismi dell'esclusione e della violenza*, tr. it. Einaudi, Torino 2003.
Goldberg E. (2009), *La sinfonia del cervello*, tr.it., Ponte alle Grazie, Milano 2010.
Goldberg E. (2019), *La vita creativa del cervello. Le neuroscienze nell'era dell'innovazione*, Salani, Milano.
Gomez Zaccarelli F., Fishman B.J. (2017), *Design-Based Implementation Research: Building Bridges Between Practice and Research*, in De Oliveira Lucas P., Ferrareto Lourenco R. (eds.), *Temas e Rumos as Pesquisas em Linguística (Aplicada). Questões Empíricas, Éticas e Praticas*, vol 2, pp. 211-228, Pontes Editores, Campinas, SP.
Gonnet J. (1999), *Éducation aux médias*, PUF, Paris, tr.it. *Educazione, formazione e media*, Armando, Roma 2001.
Gottschall J. (2014), *L'istinto di narrare. Come le storie ci hanno resi umani*, Bollati Boringhieri, Torino.
Greppi C. (2018), *Traumi seriali. Dalla Grande Guerra di Peaky Blinders alla spiaggia di Dunkirk* in V. Colombi, C. Greppi, E. Manera, G. Olmoti, R. Roda (eds), *I linguaggi della contemporaneità. Una didattica digitale per la storia*, con introduzione di G. De Luna, pp. 139-151, il Mulino, Bologna.
Grion V. - Restiglian E. (2021), *Il punto di vista degli insegnanti sulla valutazione fra pari: risultati di una ricerca empirica*, in «RicercAzione», 13(1), pp. 39-56.
Grotowski J. (1968), *Per un teatro povero*, tr. it. Feltrinelli, Milano 1970.
Gui M. (2019), *Il digitale a scuola. Rivoluzione o abbaglio?* il Mulino, Bologna.
Habermas J. (1986), *Teoria dell'agire comunicativo*, il Mulino, Bologna.
Hadji C. (1992), *La valutazione delle azioni educative*, tr. it. ELS - La Scuola, Brescia 2017.
Hadji C. (2023), *Una valutazione dal volto umano. Oltre i limiti della società della performance*, Scholé, Brescia.
Herold D.M., Greller M.M. (1977), *Feedback: The Definition Of A Construct*, in «Academy of Management Journal», 20(1), pp. 142-147.
Hildén R. - Fröjdendahl B. (2018), *The Dawn of Assessment Literacy: Exploring The Conceptions of Finnish Student Teachers In Foreign Languages*, in «Apples-Journal of Applied Language Studies», 12(1), pp. 1-24.
Houdé O. (2017), *Apprendre à résister*, Les Éditions Le Pommier, Paris.
Houdé O. - Borst G. (2018), *Le cerveau et les apprentissages*, Éditions Nathan, Avon.
James G., Witten D., Hastie T., Tibshirani T. (2017), *An Introduction to Statistical Learning*, Springer, Berlin.

Jenkins H. (2006), *Cultura convergente*, ed. it. Apogeo, Milano 2007.

Jenkins H. (2009), *Culture partecipative e competenze digitali. Media Education per il XXI secolo*, tr. it., Guerini e Associati, Milano 2010.

Jensen K.B., Jankowsky N.W. (eds.) (2020), *A Handbook of Qualitative Methodologies for Mass Communication*, Routledge, London-New York.

Kafka F. (1914), *Nella colonia penale*, Feltrinelli, Milano 2001.

Kress G. (2009), *Multimodalità. Un approccio socio-semiotico alla comunicazione contemporanea*, tr. it. Progedit, Bari 2015.

Laborde C. (1995), *Occorre apprendere a leggere e scrivere in Matematica?*, in «*La matematica e la sua didattica*», 2, pp. 121-135.

Laici C. - Pentucci M. - Giannandrea L. - Rossi P.G. (2020), *Un artefatto visuale per la progettazione didattica: l'app DEPIT*, in Rossi P.G. - Garavaglia A. - Petti L. (eds.), *Ricerca, scenari, emergenze sull'educazione al tempo del digitale. 3: Le Società per la società: ricerca, scenari, emergenze*, Pensa Multimedia, Lecce, pp. 158-167.

Lam R. (2019), *Teacher Assessment Literacy: Surveying Knowledge, Conceptions and Practices of Classroom-Based Writing Assessment in Hong Kong*, in «System», 81, pp. 78-89.

Lanza S. (1998), *Progetto, discernimento, verifica pastorale*, in Centro Orientamenti Pastorali, Creatività dello Spirito e programmazione pastorale, *Atti della XLVIII Settimana nazionale di aggiornamento pastorale*, Edizioni Dehoniane, Roma.

Laurillard D. (2012), *Insegnamento come scienze della progettazione. Costruire modelli pedagogici per apprendere con le tecnologie*, tr. it., FrancoAngeli, Milano 2014.

Lévinas E. (1984), *Nomi propri*, tr. it. Marietti, Casale Monferrato.

Levy P. (1997), *Cybercultura. Gli usi sociali delle nuove tecnologie*, tr. it. Feltrinelli, Milano 1998.

Lévy P. (2002), *L'intelligenza collettiva*, Feltrinelli, Milano.

Lodrini T. (ed.) (2004), *L'apprendimento collaborativo: percorsi di formazione. Materiali e strumenti per le scuole*, FrancoAngeli, Milano.

Lotti A., Lampugnani P.A. (2020), *Faculty development in Italia: valorizzazione delle competenze didattiche dei docenti universitari*, in «Faculty development in Italia», Genova University Press, Genova.

Marangi M. (2004), *Insegnare cinema. Lezioni di didattica multimediale*, Utet, Torino.

Marchignoli R., Lodi M. (2016), *EAS e pensiero computazionale. Fare Coding nella scuola primaria*, ELS La Scuola.

Marchisoni E., Montagnoli L. (2018), *Fare matematica con gli EAS*, Scholé, Brescia.

Marchisoni E., Montagnoli L. (2021), *Produrre matematica*, in «EAS Essere a Scuola», 2, ottobre 2021, pp. 33-35, Morcelliana, Brescia.

Masini M. (1988), *Iniziazione alla "Lectio divina". Teologia, metodo, spiritualità, prassi*, Messaggero, Padova.

Massa R. (1997), *Cambiare la scuola. Educare o istruire?*, Roma-Bari, Laterza.

Mastrocola P. - Ricolfi L. (2021), *Il danno scolastico. La scuola progressista come macchina della disuguaglianza*, La nave di Teseo, Milano.

Mazur E. (1991), *Can We Teach Computers to Teach?*, in «Computers in Physics», gen./feb., pp. 31-38. In Internet, URL: http://goo.gl/Bvbwg.

McKendry J. *et al.* (1995), *The "Homeopathic" Fallacy*, in «Learning from Hypertext Interaction», July, pp. 75-82.

Messina S. (2022), *Progettazione e valutazione inclusiva con gli EAS. Metodologie, ricerche e strumenti*, Aracne, Roma.

Messina L. - De Rossi M. (2015), *Tecnologie, formazione e didattica*, Carocci, Roma.

Minerva T. - De Santis A. - Bellini C. - Sannicandro K. (2022), *A Time Series Analysis of Students Enrolled in Italian Universities From 2000 to 2021*, in «Italian Journal of Educational Research», 29, pp. 9-22.

Ministero dell'Istruzione (2020), Ordinanza ministeriale del 4 dicembre n. 172 - *Linee Guida. La formulazione dei giudizi descrittivi nella valutazione periodica e finale della scuola primaria*, https://tinyurl.com/y8hnsrx3.

MIUR (2012), *Indicazioni nazionali per il curricolo della scuola dell'infanzia e del primo ciclo d'istruzione*, Roma.

MIUR (2018), *Indicazioni nazionali e nuovi scenari*, Roma.

Montalbetti K. (2021), *Innovare la valutazione all'università: si può, anzi si deve!*, in «Education Sciences, Society-Open Access», 12(2).

Montessori M (1952), *La mente del bambino (mente assorbente)*, Garzanti, Milano.

Morin E. (1990), *De l'interdisciplinarité*, in *Carrefour des sciences. Actes du Colloque du Comité National de la Recherche Scientifique sur l'interdisciplinarité, 12-13 février 1990, Palais de l'UNESCO*, Éditions du CNRS, Paris, pp. 21-29.

Morin E. (1994a), *Interdisciplinarité et transdisciplinarité*, in «Transversales Sciences/Cultures», vol. 29, pp.4-8.

Morin E. (1994b), *Sur l'interdisciplinarité*, in «Bulletin Interactif du Centre International de Recherches et Études transdisciplinaires», vol. 2. In Internet, URL: (http://ciret-transdisciplinarity.org/bulletin/b2c2.php).

Morton B. (2014), *Florence Gordon*, tr. it. Sonzogno di Marsilio, Venezia 2015.

Munn Z. - Peters M.D. - Stern C. - Tufanaru C. - McArthur A., Aromataris E. (2018), *Systematic Review or Scoping Review? Guidance for Authors when Choosing between A Systematic or Scoping Review Approach*, in «Bmc Medical Research Methodology», 18, pp. 1-7.

Musacchio G. *et al.* (2019), *KnowRISK on Seismic Risk Communication: The Set-Up of a Participatory Strategy - Italy Case Study*, in Rupakhety R., Olafsson S., Bessason B. (eds), *Proceedings of the International Conference on Earthquake Engineering and Structural Dynamics. ICESD 2017*, in «Geotechnical, Geological and Earthquake Engineering», vol. 47.

Musacchio G., Eva E., Crescimbene M., Pino N.A., Cugliari L. (2021), *A Protocol to Communicate Seismic Risk in Schools. Design, Test and Assessment in Italy*, in «Annals of Geophysics», 64(3), SE325, pp. 1-24.

Nicoli D.E.(2021), *Generare il curricolo rinnovato*, Tecnodid, Napoli.

Nigris E., Agrusti G. (eds.), (2021), *Valutare per apprendere. La nuova valutazione descrittiva nella scuola primaria*, Pearson Italia, Torino.

Novak J.D. (2001), *L'apprendimento significativo*, Erickson, Trento.

Nussbaum M. (2012), *Non per profitto*, tr. it., Bologna, il Mulino 2013.

Oliveira C.S., Lopez M. (2016), *Preface*, in Falsaperla S., Langer H., Mangiagli S., Scarfì L. (eds), *Miscellanea Ingv. 2nd General Meeting Knowrisk. Know Your City, Reduce Seismic Risk Through Non-Structural Elements, 33, Centro Editoriale Nazionale Ingv*, p. 9.

Panciroli C., Macauda A. (2019), *Spazi digitali per educare al Patrimonio: il MOdE, Museo Officina dell'Educazione*, in *Studi avanzati di educazione museale*, Edizioni Scientifiche Italiane, Napoli, pp. 49-62.

Panciroli C., Rivoltella P.C. (2023), *Pedagogia algoritmica. Per una riflessione educativa sull'Intelligenza Artificiale*, Scholé, Brescia.

Pascoletti C. (2014), *Il movimento crea la mente*, Anicia, Roma.

Pasta S. (2018), *Razzismi 2.0. Analisi socio-educativa dell'odio online*, Scholé, Brescia.

Pasta S. (2021a), *Postverità e datificazione. Nuove conoscenze e nuove consapevolezze dall'educazione civica digitale*, in «Scholé. Rivista di educazione e studi culturali», LIX, 1/2021, pp. 51-63.

Pasta S. (2021b), *Detection di odio antimusulmano tra machine learning e valutazione qualitativa*, in S. Polenghi, F. Cereda, P. Zini (eds.), *La responsabilità della pedagogia nelle trasformazioni dei rapporti sociali. Storia, linee di ricerca e prospettive*, Pensa Multimedia, Lecce-Rovato (BS), pp. 1169-1179.

Pasta S. (2022), *L'onlife interroga la (didattica della) storia: postverità, consumi culturali, distorsioni e banalizzazioni*, in «Annali online della Didattica e della Formazione Docente», vol. 14, n. 23/2022, pp. 96-112.

Pasta S. (2023a), *L'onlife interroga la (didattica della) storia: postverità, consumi culturali, distorsioni e banalizzazioni*, in «Novecento.org», 19, giugno 2023. In Internet https://tinyurl.com/3mxzvkw2.

Pasta S. (2023b), *Hate Speech Research: Algorithmic and Qualitative Evaluations. A Case Study of Anti-Gypsy Hate on Twitter*, in «REM. Research on Education and Media», 15(1), pp. 130-139.

Pasta S., Rivoltella P.C. (eds.) (2022), *Crescere onlife. L'Educazione civica digitale progettata da 74 insegnanti-autori*, Scholé Morcelliana, Brescia.

Pennac D. (2007), *Diario di scuola*, Feltrinelli, Milano 2010.

Perticari P. (1996), *Attesi imprevisti*, Bollati Boringhieri, Torino.

Pham M.T. - Rajić A. - Greig J.D. - Sargeant J.M. - Papadopoulos A., McEwen S.A. (2014), *A Scoping Review of Scoping Reviews: Advancing the Approach and Enhancing the Consistency. Research Synthesis Methods*, 5(4), pp. 371-385.

Piaget J. (1948), *Dove va l'educazione*, tr. it. Armando, Roma 1974.

Piaget J. (1972), *L'épistémologie des relations interdisciplinaires*, tr. it. in Piaget J., Bruner J.S., Olson D.R., Karplus R., *Pedagogia strutturalista*, a cura di F. Ceva, Paravia, Torino 1982, pp. 81-100.

Piaget J., Bruner J.S., Olson D.R., Karplus R. (1982), *Pedagogia strutturalista*, Paravia, Torino.

Piras V., Reyes M.C., Trentin G. (2020), *Come disegnare un corso online. Criteri di progettazione didattica e della comunicazione*, FrancoAngeli, Milano.

Plake B.S., Impara J.C., Fager J.J. (1993), *Assessment Competencies of Teachers: A National Survey*, in «Educational Measurement: Issues and Practice», 12(4), pp. 10-12.

Potter J. - McDougall J. (2017), *Digital Media, Culture and Education. Theorising Third Space Literacies*, Palgrave Macmillan, London.

Raviolo, P. (2022), *The Impact of Covid-19 on Italian Higher Education in the Context of the European Scenario*, in *Helmeto 2022 Book of Abstracts*, Studium, Roma, p. 16.

Raviolo P., Pasta S. (2022), *Mediawar. Tecnologie e conflitto nella guerra Russia-Ucraina: rappresentazione mediale e discorsivizzazione nel web sociale*, in «Scholé. Rivista di educazione e studi culturali», LX(2), pp. 323-338.

Resnick M. (2018), *Come i bambini. Immagina, crea, gioca e condividi. Coltivare la creatività con il Lifelong Kindergarten del MIT*, Centro Studi Erickson, Trento.

Rivoltella P.C. (2012), *Neurodidattica. Insegnare al cervello che apprende*, Raffaello Cortina, Milano.

Rivoltella P.C. (2013), *Fare didattica con gli EAS. Episodi di Apprendimento Situato*, La Scuola, Brescia.
Rivoltella P.C. (2014a), *Episodes of Situated Learning. A New Way to Teaching and Learning*, in «REM», 6, pp. 79-88.
Rivoltella P.C. (2014b), *La previsione. Neuroscienza, apprendimento, didattica*, La Scuola, Brescia.
Rivoltella P.C. (ed.) (2014c), *Smart Future. Didattica, media digitali e inclusione*, FrancoAngeli, Milano.
Rivoltella P.C. (2015), *Didattica inclusiva con gli EAS*, La Scuola, Brescia.
Rivoltella P.C. (2016), *Che cos'è un EAS*, La Scuola, Brescia.
Rivoltella P.C. (2017a), *Scuola, cultura e società. Cambiamento, rivoluzioni e gattopardismo*, in A. Mariani (ead.), *L'agire scolastico*, ELS - La Scuola, Brescia, pp. 165-184.
Rivoltella P.C. (2017a), *Tecnologie di comunità*, ELS - La Scuola, Brescia.
Rivoltella P.C. (2017b), *Media education*, ELS - La Scuola, Brescia.
Rivoltella P.C. (2018a), *Un'idea di scuola*, Scholé, Brescia.
Rivoltella P.C. (2018b), *Quale presenza ecclesiale nell'attuale contesto comunicativo. Relazione principale alla conferenza episcopale italiana 71° assemblea generale. Roma 21-24 maggio 2018*, disponibile su https://comunicazionisociali.chiesacattolica.it/wp-content/uploads/sites/4/2018/05/22/Relazione-Pier-Cesare-Rivoltella-Assemblea-generale-maggio.docx
Rivoltella P.C. (2019), *Editoriale*, in «Essere a scuola», ottobre.
Rivoltella P.C. (2020), *Nuovi alfabeti*, Scholé, Brescia.
Rivoltella P.C. (2021a), *Apprendere a distanza. Teorie e metodi*, Raffaello Cortina, Milano.
Rivoltella P.C. (2021b), *Drammaturgia didattica. Corpo, pedagogia, teatro*, Scholé, Brescia.
Rivoltella P.C. (2022), *Educating to Digital Citizenship: Conceptual Development and A Framework Proposal*, in «Journal of e-Learning and Knowledge Society», 18(3), pp. 52-57.
Rivoltella P.C. (2022), *Il nuovo agire didattico*, Scholé, Brescia, pp. 269-277.
Rivoltella P.C., Ardizzone P.F. (eds.) (2008), *Media e tecnologie per la didattica*, Vita e Pensiero, Milano.
Rivoltella P.C., Rossi P.G. (eds.) (2022), *Il nuovo agire didattico. Manuale per l'insegnante*, Scholé, Brescia.
Rivoltella P.C., Limone P., Pace R. (2014), *La Community degli insegnanti. Dal Clinic al Web*, in Rivoltella P.C.(ed.), *Smart Future. Didattica, media digitali e inclusione*, FrancoAngeli, Milano, pp. 163-186.
Rizzolatti G., Sinigaglia C. (2006), *So quel che fai. Il cervello che agisce e i neuroni specchio*, Raffaello Cortina, Milano.
Rizzolatti G., Sinigaglia C. (2019), *Specchi nel cervello. Come comprendiamo gli altri dall'interno*, Raffello Cortina, Milano.
Rizzolatti G., Camarda R., Fogassi L., Gentilucci M., Luppino G., Matelli M. (1988), *Functional Organization of Inferior Area 6 in the Macaque Monkey: II. Area F5 And The Control Of Distal Movements*, in «Experimental Brain Research», 71, pp. 491-507.
Roncaglia G. (2018), *L'età della frammentazione. Cultura del libro e scuola digitale*, Laterza, Roma-Bari.
Rondonotti M. (2022), *Connessioni comunitarie. Le tecnologie di comunità e i contesti ecclesiali*, Scholé, Brescia.
Rosa H. (2010), *Accelerazione e alienazione*, tr. it. Einaudi, Torino 2015.
Rosa H. (2016), *Resonanz. Eine Soziologie der Weltbeziehung*, Suhrkamp, Berlin.

Rosa H. (2018), *Unverfügbarkeit*, Residenz Verlag, Wien - Salzburg
Rosa H. (2020), *Pedagogia della risonanza. Conversazione con Wolfgang Endres*, Scholé, Brescia.
Rosa H. (2022), *Accelerazione e risonanza. Etica ed educazione per l'Antropocene. Intervista con N. Wallenhorst*, tr. it. Scholé, Brescia 2023.
Rossi P.G. (2011), *Didattica enattiva. Complessità, teorie dell'azione, professionalità docente*, FrancoAngeli, Milano.
Rossi P.G. (2016), *Progettazione didattica e professionalità docente. PROPIT: l'artefatto progettuale come mediatore didattico*, in P.G. Rossi - C. Giaconi (eds.), *Micro-progettazione: pratiche a confronto. PROPIT, EAS, Flipped Classroom*, FrancoAngeli, Milano, pp. 13-38.
Rossi P.G., Pentucci M. (2021). *La progettazione come azione simulata. Didattica dei processi e degli ecosistemi,* FrancoAngeli, Milano.
Rossi P.G., Rivoltella P.C. (2019), *Tecnologie per l'educazione*, Pearson, Milano.
Sawyer K.R. (2015), *A Call to Action: The Challenges of Creative Teaching and Learning*, in «Teachers College Record: The Voice of Scholarship in Education», 117, pp. 1-34.
Salmons J. (2015), *Qualitative Online Interviews: Strategies, Design, and Skills*, Sage Publications, Thousand Oaks, California.
Scells H., Zuccon G., Koopman B., Clark J. (2020), *Automatic Boolean Query Formulation for Systematic Review Literature Search*, in *Proceedings of the web conference 2020* (pp. 1071-1081).
Scierri I.D. (2023), *Il voto" muto": tra luci e ombre del passaggio dal voto al giudizio descrittivo nella scuola primaria. Le opinioni dei docenti*, in «Q-Times Webmagazine», 1, pp. 519-540.
Scognamiglio N. (2017), *Narrazioni AudioVisive. Ambienti per progettare Episodi di Apprendimento Situato*, ELS La Scuola, Brescia.
Scognamiglio N. (2021), *Sulla comunicazione multimodale. Progettare Episodi di Apprendimento Situato in Narrazioni AudioVisive*, Biblion edizioni, Milano.
Sibilio M. (2017), *Vicarianza e didattica. Corpo, cognizione, insegnamento*, La Scuola, Brescia.
Soldavini A., Gagliardi F. (2016), *In viaggio con Dante nella scuola primaria. EAS e didattica dei valori*, La Scuola, Brescia.
Stemberger G. (1995), *Introduzione al Talmud e al Midrash*, Città Nuova Editrice, Roma.
Stiggins R.J. (1991), *Assessment Literacy*, in «Phi Delta Kappan», 72(7), pp. 534-539.
Sweller J., Jeroen J., van Merriënboer G., Paas F. (2019), *Cognitive Architecture and Instructional Design: 20 Years Later*, in «Educational Psychology Review», 31, pp. 261-292.
Tamaro S. (2019), *Alzare lo sguardo. Il diritto di crescere, il dovere di educare*, Solferino, Milano.
Thaler R.H., Sunstein C.R. (2008), *Nudge. La spinta gentile*, tr. it. Feltrinelli, Milano 2014.
Torello E. (2011), *La documentazione generativa multimediale a scuola*, in «Rivista Scuola IaD», 3. In Internet, URL: https://tinyurl.com/y2fus5rz.
Toschi L. (2011), *La comunicazione generativa*, Apogeo, Milano.
Touraine A. (1997), *Libertà, uguaglianza, diversità. Si può vivere insieme?*, tr. it. Il Saggiatore, Milano 2009.
Trevarthen C. (2011), *Le Funzioni delle emozioni nell'Infanzia. La Regolazione e Comunicazione del ritmo, l'Empatia reciproca ed il Significato nello Sviluppo Umano*, in Fosha D., Siegel D.J., Solomon M.F. (eds), *Attraversare le emozioni*, Mimesis, Milano.
Triacca S. (2013), *Job Aids*, in Rivoltella P.C., *Fare didattica con gli EAS*, La Scuola, Brescia, pp. 179-181.

Triacca S. (2014), *Recensione* a *Rivoltella, Pier Cesare, Fare Didattica Con Gli Eas. Episodi Di Apprendimento Situato, La Scuola, Brescia 2013*, in «Scuola Italiana Moderna», settembre, pp. 69-71.

Tricco A.C., Antony J., Zarin W., Strifler L., Ghassemi M., Ivory J., ..., Straus S.E. (2015), *A Scoping Review of Rapid Review Methods*, in «BMC medicine», 13(1), pp. 1-15.

Trinchero R. (2016), *Costruire, valutare, certificare competenze. Proposte di attività per la scuola*, FrancoAngeli, Milano.

Turner V. (1982), *Dal rito al teatro*, tr. it. il Mulino, Bologna 1986.

Van Gennep, A. (1909), *I riti di passaggio*, tr. it. Bollati Boringhieri, Torino 1981.

Viganò R. (2002), *Pedagogia e sperimentazione: metodi e strumenti per la ricerca educativa*, Vita e pensiero, Milano.

Vinatier I., Altet M. (2008), *Analizzare e comprendere le pratiche di insegnamento*, PUR, Rennes.

von Uexkull J. (1933), *Ambienti animali e ambienti umani. Una passeggiata in mondi sconosciuti e invisibili*, illustrazioni di G. Kriszat, tr. it. Quodlibet, Macerata 2010.

Wiggins G. (1998), *Educative Assessment. Designing Assessments To Inform and Improve Student Performance*, Jossey-Bass Publishers, San Francisco.

Wilson M., Sloane K. (2000), *From Principles to Practice: An Embedded Assessment System*, in «Applied measurement in education», 13(2), pp. 181-208.

Wittgenstein L. (1953), Ricerche filosofiche, tr. it. Einaudi, Torino 1967.

Wohlin C. (2014), *Guidelines for Snowballing in Systematic Literature Studies and a Replication in Software Engineering*, in Shepperd M. (ed.), *Proceedings of the 18th International Conference on Evaluation and Assessment in Software Engineering*, Association for Computing Machinery, pp. 1-10.

World Health Organization (WHO) (2017), *World Health Statistics 2017: Monitoring Health for the SDGs, Sustainable Development Goals*, WHO, Geneva.

Xu Y., Brown G.T. (2016), *Teacher Assessment Literacy in Practice: A Reconceptualization*, in «Teaching and Teacher Education», 58, pp. 149-162.

Zan R. (2007), *Difficoltà in matematica. Osservare, interpretare, intervenire*, Springer, Milano.

Zoletto D. (2022), *Superdiversità. Testi e linguaggi per educare nelle classi a elevata complessità*, Scholé, Brescia.

Zollo I., Kourkoutas E., Sibilio M. (2015), *Creatività, pensiero divergente e pensiero laterale per una didattica semplessa*, in «Educational Reflective Practices», 1, pp. 5-17.

Sommario

Pier Cesare Rivoltella
Introduzione 5

Pier Cesare Rivoltella
I. *Lo sfondo concettuale dell'EAS. Learning by design, apprendimento situato, microlearning* 9

1. La genesi del costrutto: cosa è morto e cosa è vivo dell'EAS, 9 - 2. Learning by Design: da Freinet, a Barbiana, a DEPIT, 11 - 3. L'apprendimento significativo, 16 - 4. I presupposti embodied dell'EAS, 19 - 5. La questione del Microlearning, 22 - 6. Questioni da sviluppare, 24

Maria Cristina Garbui e David Maria Rivoltella
Scheda 1 - *EAS e motoria: l'estensione applicativa del metodo, la sperimentazione didattica* 27

Pier Cesare Rivoltella e Alessandro Sacchella
II - *EAS e curricolo* 39

1. Il Curricolo: significato e articolazioni, 39 - 2. Il curricolo generativo nella logica EAS, 41 - 3. Gli EAS e il curricolo: macro e microprogettazione, 43 - 4. L'essenzialità: il curricolo breve, Esemplarità e trasferibilità, 47 - 5. La trasversalità: gli EAS tra le discipline, 51 - 6. L'apertura: gli EAS dentro e fuori la classe, 55

Serena Triacca
Scheda 2 - *Progettare EAS, tra macro e micro: il progetto DEPIT* 57

Enrica Bricchetto e Gianna Cannì
III - *Il formato dell'EAS: tra canone e flessibilità* 67

1. La sintassi dell'EAS: cauto elogio della progettazione esplicita, 67 - 2. Pensare il cambiamento: EAS e attualità, 71 - 3. Spiegare l'EAS: rendere riconoscibili le fasi del lavoro, 74 - 4. La flessibilità dell'EAS: i contesti, 77

Enrica Bricchetto
Scheda 3 - *I formati dell'EAS: l'editoria* 82

Rita Marchignoli
Scheda 4 - *I formati dell'EAS: la formazione* 92

Anna Soldavini
Scheda 5 - *I formati dell'EAS: la didattica* 98

Claudia Canesi
Scheda 6 - *EAS, progettazione implicita e pratiche dell'insegnante* 107

Sommario

Gianna Cannì, Laura Montagnoli, Elena Valgolio
IV. *La didattica per EAS tra primo e secondo ciclo* 111

1. Declinare gli EAS: uno sguardo d'insieme, 111 - 2. Sviluppare l'autonomia cognitiva, 116 - 3. Gestire i tempi, 118 - 4. La situazione-stimolo, 119 - 5. I mediatori didattici, 121 - 6. L'artefatto, 122

Elisa Marchisoni
Scheda 7 - *L'EAS e le discipline: il caso della matematica* 127

Salvatore Messina
Scheda 8 - *L'EAS come dispositivo professionalizzante per l'insegnamento inclusivo* 133

Alessandro Sacchella, Elena Valgolio
Scheda 9 - *Valutare con Gli EAS* 141

Fabio Fiore e Pier Cesare Rivoltella
V. *L'EAS e il dispositivo di scuola* 155

1. La scuola dispositivo e l'EAS come elemento di rottura, 155 - 2. Gli EAS e l'innovazione della scuola, 157 - 3. Gli EAS come dispositivi di risonanza, 162 - 4. L'aula come limen: EAS e appropriazione trasformativa, 165

Fabio Fiore
Scheda 10 - *Didattica della risonanza* 170

Salvatore Messina, Federica Pelizzari, Serena Triacca
VI - *Il metodo EAS nel dibattito scientifico nazionale e internazionale: una revisione della letteratura* 175

1. Dieci anni di diffusione del metodo EAS, 175 - 2. La revisione della letteratura: metodo e strumenti, 177 - 3. Risultati , 180 - 4. Riflessioni conclusive, 191

Veronica Baffi, Marta Giudici, Giorgia Mauri, Stefano Pasta, Elena Valgolio
VII - *La discorsivizzazione dell'#EAS 2.0. "Una lezione a posteriori dalle misconception nel web"* 193

1. (S)parlare di EAS: interrogarsi sulla perdita del controllo, 193 - 2. La discorsivizzazione dell'EAS nel web, 194 - 3. Le *misconception*: cause e significati, 200 - 4. Conclusioni, 205

Laura Comaschi, Sara Lo Jacono, Eleonora Mazzotti, Martina Morreale
VIII - *Il metodo nella rivista* «Essere a scuola». *Un'analisi degli EAS pubblicati* 207

1. Sei anni di rivista, 207 - 2. La presenza dell'EAS nella rivista: lo studio quantitativo, 208 - 3. La presenza e l'uso della tecnologia nell'EAS: lo studio qualitativo, 214 - 4. Rilievi conclusivi, 222

Michele Marangi, Nicola Scognamiglio, Camilla Zabaglio
IX. *L'attività di formazione sugli EAS condotta dal CREMIT* 223

1. Il modello della formazione EAS: teoria, pratica, riflessione in azione, 225 - 2. La progettazione degli Episodi di Apprendimento Situato, 228 - 3. Formazione EAS e PTOF, 231 - 4. Formazione EAS e Media Education, 235 - 5. Uno sguardo in prospettiva, 236

Elena Valgolio, Rosaria Pace
X. *EAS e pratiche d'aula* 239

1. Il metodo e la sua rilettura, 239 - 2. La fase dell'incorporazione, 240 - 3. La prova dell'aula, 243 - 4. La narrazione dei docenti, 249 - 5. Prospettive di azione, 252

Federica Pelizzari, Serena Triacca, Simona Ferrari
XI. *Embedded Assessment in School? Valutare con gli EAS nella scuola primaria* 255

1. La sfida del New Assessment nella Scuola Primaria, 255 - 2. L'EAS alla prova dell'Embedded Assessment: una ricerca esplorativa, 257 - 3. I risultati della ricerca, 260 - 4. L'urgenza di una Assessment Literacy, 270

Alessandra Carenzio, Sara Lo Jacono
XII. *Gli EAS per la rianimazione cardiopolmonare* 273

1. Il contesto, 273 - 2. Metodo EAS e formazione BLS-D: impostazioni metodologiche a confronto, 275 - 3. BLS-D, EAS e formazione, 277 - 4. Rilievi conclusivi, 285

Alessandra Carenzio, Eleonora Mazzotti, Anna Molinari, Marco Rondonotti
XIII. *Oltre la scuola: EAS e pastorale* 287

1. Introduzione e impianto, 287 - 2. L'agire pastorale, 288 - 3. Analisi dei documenti, 291 - 4. Interviste agli educatori, 294 - 5. Gli EAS per la pastorale, 296 - 6. Rilievi conclusivi, 298 - 7. La parola agli educatori, 300

Alessandra Carenzio, Paolo Raviolo, Serena Triacca
XIV. *Gli EAS nell'Higher Education e per il Faculty Development* 309

1. EAS e Higher Education: il corso di Didattica ed Educazione Mediale, 309 - 2. Gli EAS all'università: un'indagine qualitativa, 313 - 3. Riflessioni conclusive, 320

Gli autori 325

Bibliografia 331

Nella stessa collana

1. Christopher Day - Cosimo Laneve (eds.), *Analysis of educational practices. A Comparison of Research Models*
   9788835026747 - pp. 256 - € 18,00
2. Cosimo Laneve, *Manuale di didattica. Il sapere sull'insegnamento*
   9788828401490 - pp. 448 - € 29,50
3. Pierpaolo Triani, *Disagi dei ragazzi, scuola, territorio. Per una prospettiva integrata*
   9788835028437 - pp. 224 - € 15,50
4. Alfredo Giunti, *La scuola come centro di ricerca*
   9788835028635 - pp. 320 - € 22,00
5. Italo Fiorin, *Scuola accogliente, scuola competente. Pedagogia e didattica della scuola inclusiva*
   9788835028499 - pp. 192 - € 13,00
6. Italo Fiorin (ed.), *Una scuola di qualità*
   9788835030836 - pp. 224 - € 15,00
7. Roberto Rezzaghi, *Manuale di didattica della religione* (II ed.)
   9788828403081 - pp. 256 - € 21,00
8. Pier Cesare Rivoltella - Pier Giuseppe Rossi (eds.), *L'agire didattico. Manuale per l'insegnante*
   Cfr. n. 48
9. Renato Manganotti - Nicola Incampo, *Insegnante di religione. Guida pratica*
   9788835032762 - pp. 288 - € 19,00
10. Giuseppe Bertagna (ed.), *Fare laboratorio. Scenari culturali ed esperienze di ricerca nelle scuole del secondo ciclo*
    9788835033219 - pp. 448 - € 23,00
11. Salvatore Intorrella, *Identità professionale e apprendimento nell'arco di vita*
    9788835033103 - pp. 96 - € 7,50
12. Giuseppe Bertagna - Pierpaolo Triani (eds.), *Dizionario di didattica, Concetti e dimensioni operative*
    9788828401391 - pp. 448 - € 23,90
13. Pier Cesare Rivoltella, *Fare didattica con gli EAS. Episodi di Apprendimento Situato* (II ed.)
    9788835034933 - pp. 256 - € 17,50
14. Italo Fiorin - Mario Castoldi - Damiano Previtali, *Dalle* Indicazioni *al curricolo scolastico*
    9788835035244 - pp. 96 - € 8,50
15. Paola Amarelli - Luciana Ferraboschi - Laura Metelli - Alessandro Sacchella, *Le* Indicazioni *scolastiche in classe. Guida alla lettura e alla progettazione*
    9788835035268 - pp. 190 - € 14,00
16. Beate Weyland, *Media e spazi della scuola. Dove, come e perché*
    9788835035220 - pp. 128 - € 11,00
17. Sereno Innocenti (ed.), *Disegni-amo. Manuale per disegnare, progettare, costruire* (II ed.)
    9788828405122 - pp. 256 - € 25,00
18. Rosanna Cima - Rita Finco, *Imparare e insegnare tra lingue diverse. Con CD multimediale*
    9788835036036 - pp. 128 - € 14,50
19. Italo Fiorin, *Insegnare ad apprendere. Orientamenti per una buona didattica*
    9788835036067 - pp. 224 - € 16,50
20. Scuola Audiofonetica di Mompiano, *Il laboratorio di linguistica operazionale. Imparare a leggere e a scrivere nella scuola primaria*, a cura di Francesca Scattorelli e Monica Taraschi
    9788835038962 - pp. 190 - € 15,50

21. Maria De Benedetti, *Psicologia e didattica. Per un progetto uomo*
9788835033110 - pp. 192 - € 12,00
22. Alessandra La Marca, *Competenza digitale e saggezza a scuola*
9788835036227 - pp. 256 - € 17,50
23. Andreas Fröhlich, *La Stimolazione Basale. Per bambini, adolescenti e adulti con pluridisabilità*, edizione italiana a cura di Mario Rolli
9788828401728 - pp. 224 - € 15,50
24. Daniele Lodi - Massimo Barbieri - Maica Buiani - Giovanni Seghi, *Corporeità e difficoltà di apprendimento. Motricità e successo educativo* (II ed.)
9788828404187 - pp. 192 - € 17,00
25. Elena Rivolta - Simona Caravita - Sarah Miragoli - Silvia Capraro, *A scuola contro il bullismo*
9788835036029 - pp. 160 - € 11,50
26. APRED - Analisi delle Pratiche Educative, *Nella Terra di Mezzo. Una ricerca sui Supervisori del Tirocinio*, a cura di Cosimo Laneve e Francesca Pasolini
9788835039433 - pp. 352 - € 19,50
27. Luciano Galliani (ed.), *L'agire valutativo. Manuale per docenti e formatori*
9788828404910 - pp. 416 - € 30,00
28. Jael Kopciowski, *Il Metodo Feuerstein. L'apprendimento mediato*
9788835040361 - pp. 256 - € 20,50
29. Sergio Cicatelli, *Guida all'insegnamento della religione cattolica. Secondo le nuove Indicazioni* - nuova edizione
9788828404613 - pp. 416 - € 30,00
30. Pier Cesare Rivoltella, *Didattica inclusiva con gli EAS*
9788835042600 - pp. 336 - € 22,50
31. Luigi d'Alonzo - Fabio Bocci - Stefania Pinnelli, *Didattica speciale per l'inclusione*
9788835040736 - pp. 256 - € 18,50
32. Maurizio Sibilio - Francesca D'Elia (eds.), *Didattica in movimento. L'esperienza motoria nella scuola dell'infanzia e nella scuola primaria* (II ed.)
9788828403463 - pp. 416 - € 30,00
33. Cosimo Laneve, *Scrivere tra desiderio e sorpresa. Scala didattica*
9788835042969 - pp. 224 - € 15,50
34. Loredana Perla - Maria Grazia Riva (eds.), *L'agire educativo. Manuale per educatori e operatori socio-assistenziali*
9788835043874 - pp. 416 - € 30,00
35. Luigi d'Alonzo, *Marginalità e apprendimento*
9788828402695 - pp. 192 - € 16,50
36. Gian Matteo Sabatino, *Tutti a scuola. Lo* ius culturae *e l'inclusione degli studenti stranieri*
9788835040873 - pp. 256 - € 21,50
37. Leonarda Longo, *Insegnare con la* flipped classroom. *Stili di apprendimento e "classe capovolta"*
9788835043829 - pp. 160 - € 12,50
38. Giovanni Meneghello - Claudio Girelli, *Le parole sono un gioco. Scoprire il piacere di leggere e scrivere in famiglia*
9788835046127 - pp. 160 - € 12,50
39. Giovanni Meneghello - Claudio Girelli, *Giocare con le parole. Sostenere l'alfabetizzazione emergente nella scuola dell'infanzia*
9788828404644 - pp. 160 - € 14,00
40. Giovanni Meneghello - Claudio Girelli, *Sillabe globali per leggere e scrivere. Promuovere la letto-scrittura nella scuola primaria*
9788835045298 - pp. 160 - € 12,50

41. Annamaria Colombo, *La voce che insegna. Come usarla ed educarla* 9788887229702 - pp. 96 - € 10,50
42. Rita Marchignoli - Michael Lodi, *EAS e pensiero computazionale. Fare* coding *nella scuola primaria* (II ed.)
9788828405061 - pp. 160 - € 15,00
43. Enrica Bricchetto, *Fare storia con gli EAS. A lezione di Mediterraneo. Nella scuola secondaria di II grado*
9788835045526 - pp. 192 - € 14,50
44. Vincenza Leone - Marzia Luzzini, *Fare CLIL con gli EAS. Nella scuola primaria*
9788835045502 - pp. 240 - € 16,50
45. Franco Bochicchio - Pier Cesare Rivoltella (eds.), *L'agire organizzativo. Manuale per i professionisti della formazione*
9788837230395 - pp. 448 - € 30,00
46. Maurizio Sibilio (ed.), *Vicarianza e didattica. Corpo, cognizione, insegnamento*
9788835046172 - pp. 512 - € 35,00
47. Charles Hadji, *La valutazione delle azioni educative*, Premessa di Pier Cesare Rivoltella (II ed.)
9788835046158 - pp. 208 - € 16,50
48. Pier Cesare Rivoltella - Pier Giuseppe Rossi (eds.), *L'agire didattico. Manuale per l'insegnante*, nuova edizione riveduta e ampliata
9788826500089 - pp. 480 - € 27,00
49. Luigi d'Alonzo, *Motivare i demotivati a scuola*
9788826500096 - pp. 208 - € 17,00
50. Elena Piritore, *Fare EAS con la musica*
9788826500294 - pp. 224 - € 18,50
51. Nicola Scognamiglio, *Narrazioni AudioVisive. Ambienti per progettare Episodi di Apprendimento Situato*
9788826500270 - pp. 144 - € 13,00
52. Anna Soldavini - Francesca Gagliardi, *In viaggio con Dante nella scuola primaria. EAS e didattica dei valori*
9788826500287 - pp. 240 - € 17,50
53. Luigi d'Alonzo, *Disabilità e potenziale educativo*, nuova edizione riveduta e ampliata
9788828404712 - pp. 208 - € 19,00
54. Pier Cesare Rivoltella, *Media education. Idea, metodo, ricerca* 9788828401414 - pp. 272 - € 22,00
55. Stefano Macchia - Alfonso D'Ambrosio, *Scienze con gli EAS. Con trentatré esperimenti usando smartphone e tablet*
9788828400103 - pp. 174 - € 17,00
56. Elisa Marchisoni - Laura Montagnoli, *Fare matematica con gli EAS*
9788828400233 - pp. 160 - € 14,00
57. Gianna Cannì, *Didattica interculturale con gli EAS. L'aula come spazio narrativo di inclusione*
9788828400400 - pp. 240 - € 19,00
58. Luigi d'Alonzo (ed.), *Autismo. Kit di strumenti per l'inclusione nella scuola. Il modello TAE*
9788828400349 - pp. 208 - € 23,00
59. Loredana Perla (ed.), *Valutare per valorizzare. La documentazione per il miglioramento di scuola, insegnanti, studenti*
9788828400813 - pp. 384 - € 27,00
60. Fabio Fiore - Giuseppe Morrone, *Esercizi di pensiero. Fare filosofia con gli EAS*
9788828400691 - pp. 192 - € 16,00
61. Giuseppe Pelosi, *EAS e grammatica. Le nuove pratiche linguistiche* 9788828400806 - pp. 128 - € 12,00
62. Filippo Gomez Paloma - Paola Damiani, *Manuale delle "scuole ECS". The Neuroeducational Approach*
9788828401087 - pp. 368 - € 27,00

63. Alessandra La Marca, *Soft Skills e saggezza a scuola*
9788828401308 - pp. 192 - € 16,50

64. Maurizio Sibilio, *L'interazione didattica*
9788828401322 - pp. 208 - € 18,00

65. Stefano Bonometti - Luca Guerra, *Didattica della bioetica*
9788828401315 - pp. 144 - € 14,00

66. Serena Triacca, *Didattica dell'immagine. Insegnare con la fotografia nella scuola primaria,* Prefazione di Pier Cesare Rivoltella
9788828401162 - pp. 336 - € 25,00

67. Laura Montagnoli - Serena Crespi - Maria Dal Fabbro - Claudia Panzeri, *Poligoni a tutto tondo. Didattica della geometria nella scuola del primo ciclo*
9788828401681 - pp. 240 - € 19,00

68. Cesare Scurati, *Nuove didattiche. Linee di ricerca e proposte formative* 9788828402411 - pp. 208 - € 18,00

69. Scuola Audiofonetica di Mompiano, *Sordità e inclusione scolastica. La prospettiva multidimensionale*
9788828401667 - pp. 208 - € 18,00

70. Francesco Casolo - Gabriella Frattini, *Educazione motoria. Percorsi ludici di apprendimento*
9788828402923 - pp. 320 - € 25,00

71. Giuseppina Cannella - Giuseppina Rita Jose - Mangione - Pier Cesare Rivoltella, *A scuola nelle piccole scuole. Storia, metodi, didattiche*
9788828403739 - pp. 336 - € 25,00
9788828402831 - disponibile gratuitamente in formato digitale sul sito www. morcelliana.net

72. Alessandra La Marca - Caterina Bono, *Didattica universitaria e sviluppo delle competenze di scrittura*
9788828403944 - pp. 208 - € 18,00

73. Pier Cesare Rivoltella (ed.), *Community Shopping. Retail, responsabilità sociale e sostegno a scuola*
9788828440403 - pp. 176 - € 16,00

75. Stefano Pasta - Pier Cesare Rivoltella (eds.), *Crescere Onlife. L'Educazione civica digitale progettata da 74 insegnanti-autori*
9788828404606 - pp. 272 - € 26,00

76. Alessandra La Marca (ed.), *Ricerca didattica e formazione degli insegnanti*
9788828404620 - pp. 256 - € 25,00

77. Carol Ann Tomlinson, *La ricerca didattica in classe. Per rispondere ai bisogni di tutti gli alunni,* a cura di L. d'Alonzo
9788828404521 - pp. 224 - € 20,00

78. Silvia Gilardoni (ed.), *Apprendere e insegnare le lingue: la ricerca nella didattica*
9788828404576 - pp. 368 - € 27,00

79. Pier Cesare Rivoltella - Piergiuseppe Rossi, *Nuovo agire didattico*
9788828404316 - pp. 384 - € 28,00

80. Leonarda Longo, *Leadership all'Università*
9788828404507 - pp. 144 - € 13,00

81. Luigi d'Alonzo - Roberta Sala (eds.), *Il profilo di apprendimento. Conoscere per differenziare*
9788828404835 - pp. 288 - € 24,00

82. Pier Cesare Rivoltella (ed.), *Gli EAS, tra didattica e pedagogia di scuola*
9788828405627 - in lavorazione